utb 6539

Eine Arbeitsgemeinschaft der Verlage

Brill | Schöningh – Fink · Paderborn
Brill | Vandenhoeck & Ruprecht · Göttingen – Böhlau · Wien · Köln
Verlag Barbara Budrich · Opladen · Toronto
facultas · Wien
Haupt Verlag · Bern
Verlag Julius Klinkhardt · Bad Heilbrunn
Mohr Siebeck · Tübingen
Narr Francke Attempto Verlag – expert verlag · Tübingen
Psychiatrie Verlag · Köln
Psychosozial-Verlag · Gießen
Ernst Reinhardt Verlag · München
transcript Verlag · Bielefeld
Verlag Eugen Ulmer · Stuttgart
UVK Verlag · München
Waxmann · Münster · New York
wbv Publikation · Bielefeld
Wochenschau Verlag · Frankfurt am Main

Dietmar Ernst / Hanspeter Gondring / Joachim Häcker / Beatrice Rohloff

Risikomanagement in der Immobilienwirtschaft

Schritt für Schritt

UVK

Umschlagmotiv: © primeimages · iStockphoto

Bibliografische Information der Deutschen Nationalbibliothek

Die Deutsche Nationalbibliothek verzeichnet diese Publikation in der Deutschen Nationalbibliografie; detaillierte bibliografische Daten sind im Internet über http://dnb.dnb.de abrufbar.

DOI: https://doi.org/10.36198/9783838565392

– Ein Unternehmen der Narr Francke Attempto Verlag GmbH + Co. KG
Dischingerweg 5 · D-72070 Tübingen

Internet: www.narr.de
eMail: info@narr.de

Einbandgestaltung: siegel konzeption | gestaltung

Druck: Elanders Waiblingen GmbH

utb-Nr. 6539
ISBN 978-3-8252-6539-7 (Print)
ISBN 978-3-8385-6539-2 (ePDF)
ISBN 978-3-8463-6539-7 (ePub)

MIX
Papier | Fördert gute Waldnutzung
FSC® C016368
www.fsc.org

Inhalt

Abbildungsverzeichnis

Tabellenverzeichnis

Einleitung

Immobilienunternehmen stehen vor der Herausforderung, ein modernes, flexibles und effizientes Risikomanagement zu implementieren, das alle relevanten Risikobereiche abdeckt.

Risiko ist eines der zentralen Themen in der Immobilienbranche. Jegliche Aktivität eines Immobilienunternehmens ist mit einem gewissen Risiko behaftet. Die dabei auftretenden Risiken können den verschiedenen Phasen des Immobilienlebenszyklus zugeordnet werden. Hierbei ist eine Aufteilung in die Bau-/Entstehungsphase, Investmentphase, Nutzungsphase und Verwertungsphase möglich.

Risikoliste Immobilie			
Bau- / Entstehungsphase	Investmentphase	Nutzungsphase	Verwertungsphase
Standortrisiko	Vermarktungsrisiko	Mietkonditionenrisiko	Rückbau- und Entsorgungsrisiko
Baurisiko / Boden- und Baugrundrisiko	Inflationsrisiko	Bonitätsrisiko/ Adressenrisiko	
Projektentwicklungs-risiko	Energieerlös- und Mehraufwandsrisiko	Mieterklumpenrisiko	
	Währungsrisiko	Mietpreisänderungs-risiko	
	Investitionsrisiko	Risiko der Gebäude-substanz	
	Zinsaufwandsrisiko	Leerstandsrisiko	
	Finanzierungsrisiko	Risiko des zufälligen Untergangs / Beschädigung / Großschadenereignis / Vandalismus und Umweltrisiken	
	rechtliche Risiken (Objekt) politisch, steuerrechtlich und juristisch	Bewirtschaftungs-kostenrisiko	
	Kostenüberschreitungs-risiko	Kündigungsrisiko	
		Transitionsrisiko	

Quelle: Vgl. Urschel, 2010, S. 464-544, eigene Darstellung.

Tabelle 1: Klassifizierung von Immobilienrisiken

In diesem Buch lernen Sie Risiken zu quantifizieren, zu simulieren und abzusichern. Denn jedes Immobilienunternehmen muss die Risiken im Rahmen eines quantitativen Risikomanagements beherrschen und steuern.

Es gibt mehrere Risiken, die ein Immobilienunternehmen beachten muss. Das erste Risiko ist das Marktrisiko. Zur Analyse der Marktrisiken werden die Konditionen von Krediten zur Finanzierung von Immobilienkäufen durch regelmäßige Ermittlung über Zinsbindungsfristen und Darlehensausläufe ermittelt. Das Marktrisiko beschreibt das Risiko, dass der Marktwert des Portfolios von dem zu erwartenden Wert abweicht.

Das operationelle Risiko stellt für Immobilienunternehmen die Gefahr von Verlusten dar, die in Folge der Inadäquanz oder des Versagens von internen Prozessen und Systemen oder in Folge von externen Ereignissen auftreten.

Ein weiteres Risiko ist das Kapital-/Liquiditätsausstattungsrisiko, welches größtenteils bei fälligen Darlehen, erhöhten Bewirtschaftungskosten und der Kündigung von Mieterinnen und Mietern besteht.

Literatur-Review

Aufgrund des primären Interesses an den inhaltlichen Aspekten des Risikomanagements wird sich innerhalb der Literaturrecherche grundsätzlich an den typischen Charakteristika der qualitativ-analytischen Literaturanalysen orientiert. Oberstes Ziel ist es dabei, sich auf Beiträge in Fachzeitschriften und Herausgeberwerken zu fokussieren und auf diese zurückzugreifen. Hierfür wurde zunächst eine Suche in der nationalen Datenbank WISO, Springer sowie den internationalen Datenbanken Science Direct, ProQuest Ebook Central, EconBiz sowie EBSCO durchgeführt. Dazu stellt die Vielzahl an möglichen Suchbegriffen auch bei der Erschließung der internationalen Literatur eine weitere Hürde dar. Somit war es nicht möglich, konkrete Forschungsaktivitäten anhand weniger Suchbegriffe festzumachen. Aufgrund dessen wurden ergänzend zu den vielfältig vorhandenen Suchbegriffen Studien, die sich allgemein mit der Thematik des Risikomanagements befassen, herangezogen. Zudem wurde die Suche ebenfalls um das Schneeballsystem angereichert, um weitere Publikationen ausfindig zu machen. Auf Basis der vorangegangenen Ausführungen wurden während der Literaturanalyse sowohl Publikationen aus wissenschaftlichen Fachzeitschriften zum Themengebiet des allgemeinen quantitativen Risikomanagements und damit tangierenden Fachbereichen als auch Monografien herangezogen.

Des Weiteren fehlt es an einem allgemeinen Rahmen zur Einordnung der einzelnen Beiträge. Die Ursache hierfür ist, dass sich der Blickwinkel der einzelnen Autoren hinsichtlich ihres beruflichen Hintergrunds, des Problemfeldes und der Zielgruppe der Publikationen unterscheidet. Zu differenzieren ist einerseits die Zielgruppe, deren Ausrichtung auf der Praxis beruhen, und die Zielgruppe, welche eine wissenschaftliche Ausrichtung aufweist.

Den Themenschwerpunkt im Rahmen des Stands der Forschung repräsentieren die in der Literaturrecherche identifizierten Studien, welche Aussagen über die Risikoerkennung, Risikovermeidung und Risikobeurteilungen aufzeigen. Dies sind hauptsächlich Beiträge, welche praxisnah ausgerichtet sind und auf qualitativen Methoden basieren. In den wissenschaftlich ausgerichteten Publikationen ist vorwiegend von quantitativen Methoden, deren Ursprung in dem finanzwirtschaftlichen Risikomanagement zu finden ist, die Rede. Diese werden als Grundlage für das immobilienwirtschaftliche Risikomanagement verwendet, da in diesem Bereich noch wenig Publikationen in Bezug auf die quantitativen Methoden vorliegen. Im Folgenden werden einige Studien und Facetten des quantitativen Risikomanagements dargelegt.

In seinem Buch aus dem Jahr 2012 gibt *Brandtner* einen umfassenden Überblick über die modernen Methoden der Risiko- und Präferenzmessung, die für verschiedene finanzwirtschaftliche Anwendungen relevant sind. Der Autor erläutert die theoretischen Grundlagen der Erwartungsnutzentheorie, der Prospect Theory und der nicht erwarteten Nutzenmodelle. Des Weiteren werden die Vorzüge und Grenzen dargelegt. Er zeigt weiterhin, wie diese Modelle empirisch überprüft und geschätzt werden können, indem er verschiedene experimentelle und ökonometrische Verfahren vorstellt. Anhand von Beispielen aus der Finanzpraxis demonstriert er, wie die unterschiedlichen Präferenzstrukturen der Akteure das Risikoverhalten und die Portfolioentscheidungen beeinflussen.

In der jüngsten Forschung geht hervor, dass Wissenschaftler versuchten, die quantitativen Risikomanagement-Methoden basierend auf mathematischen Modellen darzustellen. Dabei werden Wahrscheinlichkeiten und das Ausmaß möglicher Ereignisse beschrieben. Vorwiegend sind dies Schadenereignisse aus der Versicherungs- und Finanzbranche. Diese Methoden umfassen u.a. Szenarioanalysen, Sensitivitätsanalysen, Monte-Carlo-Simulationen, Entscheidungsbaumverfahren und Portfoliooptimierung. Quantitative Risikomanagement-Methoden erfordern eine sorgfältige Auswahl und Validierung der Eingangsparameter, Annahmen und Verteilungen, die das Risiko charakterisieren. Sie sind auch mit Unsicherheiten und Limitationen behaftet, die berücksichtigt werden müssen. Quantitative Risikomanagement-Methoden können nützliche Informationen und Erkenntnisse für die Risikosteuerung liefern, indem sie z.B. die optimale Allokation von Kapital und Ressourcen, die Identifizierung von Risikotreibern und -abhängigkeiten, die Bewertung von Risikotransferoptionen oder die Messung der Risikoeffizienz unterstützen.[1]

Der Wissenschaftler *Gleißner* kommt in seinen Aufsätzen aus dem Jahr 2017 zu dem Schluss, dass die Risikoanalyse ein wesentlicher Bestandteil der Bewertung von Projekten, insbesondere in der Projektfinanzierung ist. Die Risikoquantifizierung erfordert die Anwendung geeigneter Methoden und Modelle, die das Risiko in monetären Größen ausdrücken können, z.B. durch die Berechnung des Erwartungswerts, des Value at Risk oder des risikoadjustierten Barwerts. Die Risikoaggregation ermöglicht die Berücksichtigung von Korrelationen und Diversifikationseffekten zwischen den verschiedenen Risikokategorien und -quellen, die das Projekt beeinflussen können, z.B. Marktrisiken, Kreditrisiken, Liquiditätsrisiken oder operationelle Risiken. Die Risikoanalyse sollte in einem iterativen Prozess durchgeführt werden, der eine ständige Überprüfung und Anpassung der Annahmen, Parameter und Ergebnisse an die veränderten Rahmenbedingungen erlaubt. Die Risikoquantifizierung erfordert die Anwendung geeigneter mathematischer Modelle und Verfahren, die die Unsicherheit und Komplexität der Risiken angemessen abbilden.[2]

Gleißner zeigt in seinen Aufsätzen aus dem Jahr 2018 und 2019, wie in der Vergangenheit der Schwerpunkt der Forschung vor allem auf dem qualitativen Risikomanagement des KonTraG 1998 lag. Das Risikomanagement in Deutschland hat sich seit dem KonTraG 1998 stark weiterentwickelt, aber es gibt noch Verbesserungspotenziale, insbesondere bei der Integration von Risiko- und Chancenaspekten in die strategische Planung und Entscheidungsfindung. Die Risikoanalyse sollte nicht nur die Eintrittswahrscheinlichkeit und den Schadensumfang von Risiken bewerten, sondern auch deren Auswirkungen auf die Zielerreichung, die Erfolgsfaktoren und die Wettbewerbsposition berücksichtigen. Die Risikoaggregation sollte die Abhängigkeitsstruktur der Risiken abbilden, die durch Korrelationen, Ursache-Wirkungs-Beziehungen oder gemeinsame Treiber bestimmt wird. Die Risikoaggregation kann mit verschiedenen Methoden durchgeführt werden, z. B. mit Monte-Carlo-Simulation und Copula-Modellen.[3]

Das Herausgabewerk von *Gleißner et al.* (2024) bietet einen umfassenden Leitfaden für die Risikoanalyse, Bewertung und Management von M&A-Transaktionen, die zu den komplexesten und herausforderndsten Unternehmensentscheidungen gehören. Die Autoren erläutern die verschiedenen Schritte des M&A-Prozesses von der strategischen Planung über die Due Dili-

---

[1] Vgl. Cottin 2012; Finke 2017; Höse 2022; Funke 2023.

[2] Vgl. Gleißner 2017a; Gleißner 2017b.

[3] Vgl. Gleißner 2018; Gleißner 2019.

gence bis hin zum Post-Merger-Management. Hierbei stellen sie dar, wie die potenziellen Risiken und Chancen jeder Phase systematisch identifiziert, bewertet und gesteuert werden können. Dabei werden sowohl qualitative als auch quantitative Methoden zur Risikoquantifizierung angewendet, die anhand von Fallstudien und Praxisbeispielen veranschaulicht werden. Das Ergebnis der Autoren ist, dass die Risikoanalyse auf einer Kombination von qualitativen und quantitativen Methoden basiert, die jeweils Vor- und Nachteile aufweisen und je nach Situation angepasst werden müssen. Außerdem sollte die Risikoanalyse immer mit einer Wertanalyse verbunden werden, um die optimale Entscheidung unter Berücksichtigung von Risiko und Chance zu treffen.[4]

Die Arbeit von *Knobloch* aus dem Jahr 2021 untersucht, wie sich das Gesamtrisiko eines Portfolios aus dichotomen Risiken, d.h. Risiken, die nur zwei mögliche Ausgänge haben (z.B. Zahlung oder Nichtzahlung), mithilfe des zentralen Grenzwertsatzes quantifizieren lässt. Er zeigt, dass unter bestimmten Bedingungen die Verteilungsfunktion des Gesamtschadens durch eine Normalverteilung approximiert werden kann. Er wendet diese Methode auf ein hypothetisches Portfolio von Kreditrisiken an und vergleicht die Ergebnisse mit einer exakten Berechnung der Verteilungsfunktion. Er kommt zu dem Schluss, dass die Approximation sehr gut funktioniert, solange die einzelnen Risiken nicht zu groß sind und die Anzahl der Risiken im Portfolio ausreichend hoch ist. Er diskutiert außerdem die Vorteile und Grenzen des zentralen Grenzwertsatzes für die Risikoquantifizierung.[5]

Die relevante Literatur im Bereich der Immobilienwirtschaft wird im Folgenden dargelegt. Risiken bei Immobilieninvestitionen können aus verschiedenen Quellen stammen, z.B. Marktrisiken, Finanzierungsrisiken, Projektrisiken, Umweltrisiken, Betriebsrisiken oder Rechtsrisiken. Diese Risiken müssen identifiziert, analysiert, bewertet und gesteuert werden, um den Erfolg der Investition zu sichern. Die Risikoanalyse ist die systematische Untersuchung der Eintrittswahrscheinlichkeit und der möglichen Auswirkungen eines Risikos. Dabei werden quantitative und qualitative Methoden angewendet, wie z.B. Risikomatrix, Sensitivitätsanalyse, Szenarioanalyse oder Monte-Carlo-Simulation. Die Risikobewertung ist die Zuordnung eines monetären Werts zu einem Risiko, um dessen Relevanz für die Investitionsentscheidung zu bestimmen. Dabei werden verschiedene Konzepte verwendet, wie z.B. Risikoprämie, Value at Risk, Conditional Value at Risk oder Expected Shortfall. Die Risikosteuerung ist die Auswahl und Implementierung geeigneter Maßnahmen, um die Risiken zu reduzieren, zu vermeiden, zu übertragen oder zu akzeptieren. Dabei werden verschiedene Instrumente eingesetzt, wie z.B. Diversifikation, Hedging, Versicherung oder Rücklagenbildung.[6]

In dem Buch von *Wehrspohn* und *Ernst* (2022) wird die Rolle von Verteilungen als Grundlage des quantitativen Risikomanagements thematisiert. Die Autoren geben einen Überblick über verschiedene Verteilungsmodelle, wie z.B. die Normalverteilung, die Lognormalverteilung, die Gumbelverteilung, die Paretoverteilung oder die Studentsche *t*-Verteilung, und erklären deren Eigenschaften, Anwendbarkeit und Limitationen. Sie illustrieren die Relevanz von Verteilungen für das Risikomanagement anhand mehrerer Anwendungsfälle aus der Finanz- und Immobilienwirtschaft, wie z.B. die Bewertung von Finanzinstrumenten, die Messung von Risikomaßen, die Portfoliooptimierung oder die Schätzung von Immobilienrenditen.[7]

Das Herausgabewerk von *Lutz* und *Klaproth* aus dem Jahr 2012 beschäftigt sich mit dem Risikomanagement im Immobilienbereich, insbesondere mit den technischen und wirtschaftlichen

[4] Vgl. Gleißner 2024.

[5] Vgl. Knobloch 2022.

[6] Vgl. Gondring 2013.

[7] Vgl. Wehrspohn 2022.

Risiken, die mit der Planung, dem Bau, dem Betrieb und der Vermarktung von Immobilien verbunden sind. Die Autoren erläutern die Grundlagen des Risikomanagements, die verschiedenen Arten von Risiken und deren Messung, sowie die Methoden zur Risikoanalyse, -bewertung, -steuerung und -überwachung. Sie stellen auch verschiedene Instrumente und Strategien zur Risikominimierung und -optimierung vor, wie z.B. Versicherungen, Hedging, Diversifikation, Outsourcing oder Kooperationen.[8]

Besonders im Bereich der Portfolioanalyse sind Veröffentlichungen in der Immobilienbranche vorzufinden. Dabei werden die bisherigen Entwicklungen und Best Practices des quantitativen Risikomanagements in verschiedenen Bereichen wie der Immobilienbewertung, der Asset-Allokation oder dem Stress-Testing untersucht. Es werden verschiedene Methoden und Instrumente des Risikomanagements vorgestellt, wie z.B. die Risikoidentifikation, die Risikoquantifizierung, die Risikoaggregation, die Risikosteuerung oder das Risikocontrolling. Es wird die Bedeutung und Anwendung von Risikokennzahlen, Risikosimulationen, Risikoindikatoren oder Risikoberichten erläutert. Außerdem werden die Herausforderungen und Grenzen des Risikomanagements in der Immobilienwirtschaft, wie z.B. die Datenverfügbarkeit, die Modellunsicherheit, die Marktineffizienz oder die regulatorischen Anforderungen diskutiert. Im Speziellen werden theoretische Modelle und ein praktisches Modell dargelegt, die auf der Portfoliotheorie von Markowitz basieren und die spezifischen Eigenschaften von Immobilien berücksichtigen. Das theoretische Modell erlaubt die Auswahl von Portfolios, die auf der Effizienzlinie liegen und somit das höchste Rendite-Risiko-Verhältnis bieten. Das praktische Modell integriert zusätzlich qualitative Faktoren, wie z.B. die Lage, die Nutzungsart oder die Mieterstruktur der Immobilien, und ermöglicht eine dynamische Anpassung der Portfolios an veränderte Marktbedingungen.[9]

Die obige Darstellung des relevanten Forschungsstandes signalisiert, dass die quantitativen Risikomanagement-Methoden im Bereich der Immobilienwirtschaft weitestgehend unerforscht sind. Der Fokus lag bisher auf dem qualitativen Risikomanagement.

Literatur

Brandtner, M. (2012): Moderne Methoden der Risiko- und Präferenzmessung: Konzeption, entscheidungstheoretische Implikationen und finanzwirtschaftliche Anwendungen, Gabler Verlag.

Cottin, C./Döhler, S. (2012): Risikoanalyse: Modellierung, Beurteilung und Management von Risiken mit Praxisbeispielen, Springer-Verlag.

Finke, R. (2017): Grundlagen des Risikomanagements: quantitative Risikomanagement-Methoden für Einsteiger und Praktiker, VCH.

Funke, B./Rohlfs, T. (2023): Risikomanagement im Versicherungsunternehmen: Identifizierung, Bewertung und Steuerung, VVW GmbH.

Gleißner, W. (2017)a: Risikoanalyse, Rating, Projektfinanzierung: Bewertung der Projektentwicklung eines Bauträgers, in: Risiko Manager, 07/2017, S. 30 – 34.

Gleißner; W. (2017)b: Risikoanalyse, Risikoquantifizierung und Risikoaggregation, in: WiSt, 9/2017, S. 4 – 11

---

[8] Vgl. Lutz 2012.

[9] Vgl. Maier 1999; Maier 2007; Wellner 2003; Wellner 2020; Urschel 2010; Wiedemann 2005; Oertel 2018.

Gleißner, W. (2018): Risikomanagement 20 Jahre nach KonTraG. Auf dem Weg zum entscheidungsorientierten Risikomanagement, in: Der Betrieb, 71 Jg., Nr. 46, S. 2769-2774.

Gleißner, W. (2019)a: Risikoanalyse (II): Ein Leitfaden zur Risikoquantifizierung, in: Controller Magazin, Heft 3/2019, S. 31 – 35.

Gleißner, W. (2019)b: Risikoanalyse (I): Grundlagen der Risikoquantifizierung, in: Controller Magazin, Heft 2/2019, S. 42 – 46.

Gleißner, W. u.a. (2024): M&A-Transaktionen: Leitfaden für Risikoanalyse, Bewertung und Management, Erich Schmidt Verlag, Berlin.

Gondring, Hanspeter (2013): Immobilienwirtschaft: Handbuch für Studium und Praxis. 3. Aufl. Verlag Franz Vahlen, München. S. 686-762.

Höse, S./Huschens, S. (2022): Ereignisrisiko: Statistische Verfahren und Konzepte zur Risikoquantifizierung, Springer Spektrum.

Knobloch, R. (2021) : Die quantitative Risikobewertung bei einem Portfolio von dichotomen Risiken mithilfe des zentralen Grenzwertsatzes, Forschung am ivwKöln, No. 2/2021, Technische Hochschule Köln, Institut für Versicherungswesen (ivwKöln), Köln, URL: https://nbn-resolving.de/urn:nbn:de:hbz:832-cos4-9286 (abgerufen am 25.05.2024).

Lutz, U./Klaproth, T. (2012): Riskmanagement im Immobilienbereich: Technische und wirtschaftliche Risiken, Springer.

Maier, K. M. (1999): Risikomanagement im Immobilienwesen. Frankfurt a.M. 1999

Maier, K. M. u.a. (2007): Risikomanagement im immobilien- und Finanzwesen – Ein Leitfaden für Theorie und Praxis. 3. überarb. und erweit. Aufl. Frankfurt a.M.: Knapp.

Oertel, C. (2018): Quantitatives Risikomanagement in der Immobilienwirtschaft: Bisherige Entwicklungen, Best Practices und Ableitung einer Evolutionsmatrix, Springer Gabler.

Urschel, O. (2010): Risikomanagement in der Immobilienwirtschaft: ein Beitrag zur Verbesserung der Risikoanalyse und -bewertung, KIT Scientific Publishing.

Wehrspohn, U./Ernst, D. (2022): Verteilungen als Grundlage des quantitativen Risikomanagements: Eine Übersicht verschiedener Anwendungsfälle, Springer Gabler.

Wellner, K. (2003): Entwicklung eines Immobilien-Portfolio-Management-Systems zur Optimierung von Rendite-Risiko-Profilen dieversifizierter Immobilien-Portfolios. Norderstedt: Books on Demand.

Wellner, K.; Stoehr, J. J.; Bals, W. (2020): Immobilien-Portfolio-Management und Immobilien-Asset-Management, in: Schäfer, J.; Conzen, G.. Praxishandbuch Immobilien-Investition, 3. Aufl., München: C.H. Beck 2020, S. 683-707.

Wiedenmann, M. (2005): Risikomanagement bei der Immobilien-Projektentwicklung unter besonderer Berücksichtigung der Risikoanalyse und Risikoquantifizierung, Norderstedt: Books on Demand.

Genereller Aufbau der Case Study

Die Case Study ist in zwei Courses unterteilt. Der erste Course ist in drei Course Units unterteilt und der zweite Course in fünf Course Units.

Course 1 beschäftigt sich mit der Risikoanalyse und ist in folgende Course Units unterteilt:

- Course Unit 1: Grafische Darstellung von Risiken
- Course Unit 2: Varianz und Standardabweichung
- Course Unit 3: Modelle zur Berechnung der Volatilität

Course 2 beinhaltet die Anwendung von quantitativen Instrumenten im Risikomanagement und Risikoanalyse und ist in folgende Course Units unterteilt:

- Course Unit 1: Unterschiedliche Arten des Value at Risk und der Lower Partial Moments sowie Extremwerttheorie
- Course Unit 2: Bestimmung von Portfoliorisiken
- Course Unit 3: Modellierung nicht-abgesicherter Risiken
- Course Unit 4: Investitionsrechnung
- Course Unit 5: MaRisk (Mindestanforderungen an das Risikomanagement)

Detaillierter Aufbau der Case Study

Course 1: Risikoanalyse
Course Unit 1: Grafische Darstellung von Risiken

- Sie erhalten einen Datensatz, bestehend aus dem DAXsubsector Real Estate Performance-Index.
- Sie lernen die unterschiedliche Berechnung von diskreten und stetigen Renditen kennen und können diese für unterschiedliche Zeiträume berechnen.
- Sie sind in der Lage, stetige und diskrete Renditen grafisch darzustellen und die dahinterstehenden statistischen Konzepte zu erklären.
- Sie können die Größen *Schiefe* und *Wölbung* berechnen und ihre Inhalte interpretieren.

Course Unit 2: Varianz und Standardabweichung

- Sie berechnen die Varianz und Standardabweichung sowie die Semi-Varianz und SemiStandardabweichung.
- Sie sind in der Lage, diese Größen für unterschiedliche Zeitperioden zu berechnen.

Course Unit 3: Modelle zur Berechnung der Volatilität

- Sie beherrschen und verstehen die verschiedenen Verfahren, um gleitende Volatilitäten zu berechnen, und können diese erklären.
- Sie können Unterschiede und Gemeinsamkeiten zwischen den EWMA-, ARCH- und GARCH-Modellen erklären sowie Vor- und Nachteile dieser Verfahren aufzeigen.
- Sie können Optimierungen für diese Verfahren durchführen.

Course 2: Quantitative Instrumente im Risikomanagement
Course Unit 1: Unterschiedliche Arten des Value at Risk und der Lower Partial Moments sowie Extremwerttheorie

- Sie berechnen den Value at Risk, den Relativen Value at Risk und den Conditional Value at Risk (expected shortfall) für diskrete und stetige Renditen.
- Sie können Vor- und Nachteile bei der Verwendung diskreter und stetiger Renditen bei der Value-at-Risk-Berechnung erklären.
- Sie sind in der Lage, die Ergebnisse grafisch darzustellen.
- Sie beherrschen die Konzepte der Lower Partial Moments, können diese berechnen und interpretieren.
- Sie kennen die Besonderheiten der Extremwerttheorie und können diese zu den Value-at-Risk-Konzepten abgrenzen sowie Vor- und Nachteile benennen.
- Sie sind in der Lage, Risiken mit der Extremwerttheorie zu berechnen.

Course Unit 2: Bestimmung von Portfoliorisiken

- Sie können das Portfoliorisiko mit der Varianz-Kovarianz-Methode berechnen und das Konzept in die moderne Kapitalmarkttheorie einordnen.
- Sie beherrschen Portfoliorisikoberechnung mit Hilfe der historischen Simulation und können die Unterschiede zur Varianz-Kovarianz-Methode erklären.
- Sie sind in der Lage, Monte-Carlo-Simulationen für normalverteilte und kalibrierte Risikoparameter durchzuführen und Unterschiede in den Ergebnissen zu erklären.
- Sie kennen das Konzept der Copula-Funktionen, können dieses erklären und zur Berechnung des Portfoliorisikos anwenden.

Course Unit 3: Modellierung nicht-abgesicherter Risiken

- Sie sind in der Lage, absicherbare und nicht-absicherbare Risiken im Unternehmen zu identifizieren.
- Sie kennen unterschiedliche Instrumente, um Finanzrisiken absichern zu können.
- Sie können nicht-absicherbare Risiken in den Businessplan eines Unternehmens einbauen.
- Sie kennen die Unterschiede zwischen Planwerten und Erwartungswerten.
- Sie aggregieren Einzelrisiken im Businessplan mit Hilfe der Monte-Carlo-Simulation.
- Sie berechnen basierend auf der Monte-Carlo-Simulation unterschiedliche Risikokennziffern.

Course Unit 4: Investitionsrechnung

- Sie beherrschen das Ertragswertverfahren.
- Sie können ein DCF-Verfahren anwenden.
- Sie erlernen Ertragssteuern und Finanzierungshilfen in der Investitionsrechnung zu berücksichtigen.
- Sie können die Verbindung von Investitionsplanung und Investitionskontrollen erkennen und Investitionskontrollen durchführen.

- Sie führen eine Berechnung unter Zugrundelegung des Standardmodells und der Veranlagungssimulation durch.
- Sie ermitteln für die Investitionsrechnung relevante Kennzahlen und Kennzahlensysteme, können diese definieren sowie interpretieren.

Course Unit 5: MaRisk (Mindestanforderungen an das Risikomanagement)

- Sie erstellen eine Risikostrategie.
- Sie können Stresstestszenarien aufbauen.
- Sie lernen die Anforderungen an das Informationsmanagement und Reporting abzuleiten.

Philosophie des Buchs

In diesem Buch lernen Sie quantitatives Risikomanagement anhand von Fallstudien praxisnah einzusetzen. Dabei verwenden wir unseren Ansatz des Financial-Modeling-basierten Engineerings. „Modellieren heißt Kapieren“. Dies mag etwas „flapsig“ klingen, ist aber der erfolgversprechendste Weg, sich komplexe Sachverhalte anzueignen. Sie werden sehen, dass Sie für die Fallstudien überschaubare mathematische und statistische Vorkenntnisse benötigen. Der Lernerfolg und das Verständnis der Modelle und Theorien erfolgt durch das Modellieren.

Wir verwenden als Software Excel. Excel ist sehr variabel, sehr verbreitet, die Grundfunktionen sind relativ einfach erlernbar, es gibt gute Kontrollmöglichkeiten, und relativ große Datenmengen können verarbeitet werden. Ergänzend benutzen wir in diesem Buch das Excel-Add-In „Risk Kit“, welches uns weitere statistische und stochastische Möglichkeiten bis hin zur Monte-Carlo-Simulation ermöglicht. Es kann aber auch jede andere Software von anderen Anbietern verwendet werden. Vielfach stehen kostenfreie Testversionen zur Verfügung. Im Aufbau und der Funktionsweise sind diese alle sehr ähnlich und für unsere Zwecke vollkommen ausreichend. Teilnehmer des „Certified Financial Engineer (CFE)“ und der MBA in „Applied Quantitative Finance” eine kostenfreie Vollversion von Risk Kit für ein halbes Jahr.

Wir wollen unser Buch einem breiten Leserkreis zugänglich machen. Der Leser soll, wie im Titel erwähnt, Schritt für Schritt die Funktionsweise des Risikomanagements im Immobilienbereich nachvollziehen können.

Deshalb können Sie unter der Verlags-Homepage

www.utb.de

die in diesem Buch behandelten Excel-Spreadsheets herunterladen. Diese Spreadsheets basieren auf dem Lehrkonzept des Financial Modeling, das aus den folgenden fünf Schritten besteht:

Schritt 1: Unter wird das Assignment erläutert. Dort ist die genaue Aufgabenstellung gegeben.

Schritt 2: Hintergründe zu diesem Themenkomplex sind unter aufgeführt.

Schritt 3: Hier lernen Sie unter *fx* die jeweiligen Formeln kennen, mit denen das Ergebnis des jeweiligen Assignments berechnet werden kann.

Schritt 4: Unter ist die jeweilige Umsetzung in Excel dargestellt. Am Ende eines jeden Assignments sehen Sie im Rahmen eines Excel-Screenshots das Excel-Ergebnis mit allen Zahlen im Überblick.

Schritt 5: Abschließend finden Sie unter Literaturhinweise und unter Verweise auf das Excel-Tool.

Das Framework der Excel-Datei ist analog zu dem im Buch aufgeführten Excel-Arbeitsblättern gehalten. Sie können sich somit zuerst die Inhalte von Schritt 1 und Schritt 2 selbst erarbeiten, indem Sie die relevanten Stellen im Buch lesen.

Wir empfehlen dann gemäß Schritt 3 die Formeln aus dem Buch in die heruntergeladenen Excels zu übernehmen.

Im Schritt 4 vervollständigen Sie dann die zum jeweiligen Assignment gehörenden Zellen in dem entsprechenden Ordner. Zuletzt können Sie dann Ihr Ergebnis mit dem Excel-Screenshot im Buch vergleichen. Sollten Sie Abweichungen feststellen, können Sie wieder zurück zu Schritt 2 gehen und solange Änderungen vornehmen, bis Ihr Excel-Arbeitsblatt exakt dem Screenshot im Buch gleicht. Learning by doing!

Background-Informationen zur Case Study „RISIKOMANAGEMENT IN DER IMMOBILIENWIRTSCHAFT"

Financial Engineering im Risikomanagement

Sie sind Head of Risk Management bei der Real Estate Group und haben die Aufgabe, das bestehende Risikomanagement von der Real Estate Group durch die Instrumente des Financial Engineerings quantitativ zu stärken. Sie werden vom CFO der Real Estate Group gebeten, ein Konzept für dieses Projekt „Financial Engineering im Risikomanagement" zu entwickeln, die Inhalte festzulegen und dieses bereits auf das bestehende Risikomanagement von der Real Estate Group anzuwenden.

COURSE 1: RISIKOANALYSE

Nach diesen einleitenden Informationen über unsere Case Study wollen wir nun endlich mit Course 1 beginnen.

Course 1 behandelt folgende Themen:

- Course Unit 1: Grafische Darstellung von Risiken
- Course Unit 2: Varianz und Standardabweichung
- Course Unit 3: Modelle zur Berechnung der Volatilität

Quantitative Beschreibung von Risiken

Sie haben sich entschlossen, zunächst die Risiken des DAXsubsector Real Estate Performance-Index anhand historischer Daten zu analysieren. Hierzu finden Sie die Indexpunkte ab dem 31.12.t(5) rückwirkend für die letzten 5 Jahre in der Excel-Datei *Case Study Risikomanagement Teil 1*. Die Zeitreihe läuft genau vom 02.01.t(1) bis zum 29.12.t(5). In Formeln wird für die konkreten Datumsangabe die Variable t verwendet. $t = 1$ bezeichnet die Rendite am 02.01.t(1). Für die Risikoanalyse benötigen Sie die Renditen. Sie möchten wissen, welche Verteilung die historischen Renditen der Indexpunkte besitzen, um geeignete Risikomaße anwenden zu können. Hierzu ermitteln Sie die Häufigkeitsverteilung, Verteilungsfunktion und Dichtefunktion der Renditen.

Course Unit 1: Grafische Darstellung von Risiken

Assignment 1: Renditeberechnung

Aufgabe

Berechnen Sie die diskrete, tägliche Rendite und die stetige, tägliche Rendite für den DAXsubsector Real Estate Performance-Index ab dem 31.12.t(5) rückwirkend für die letzten 5 Jahre.

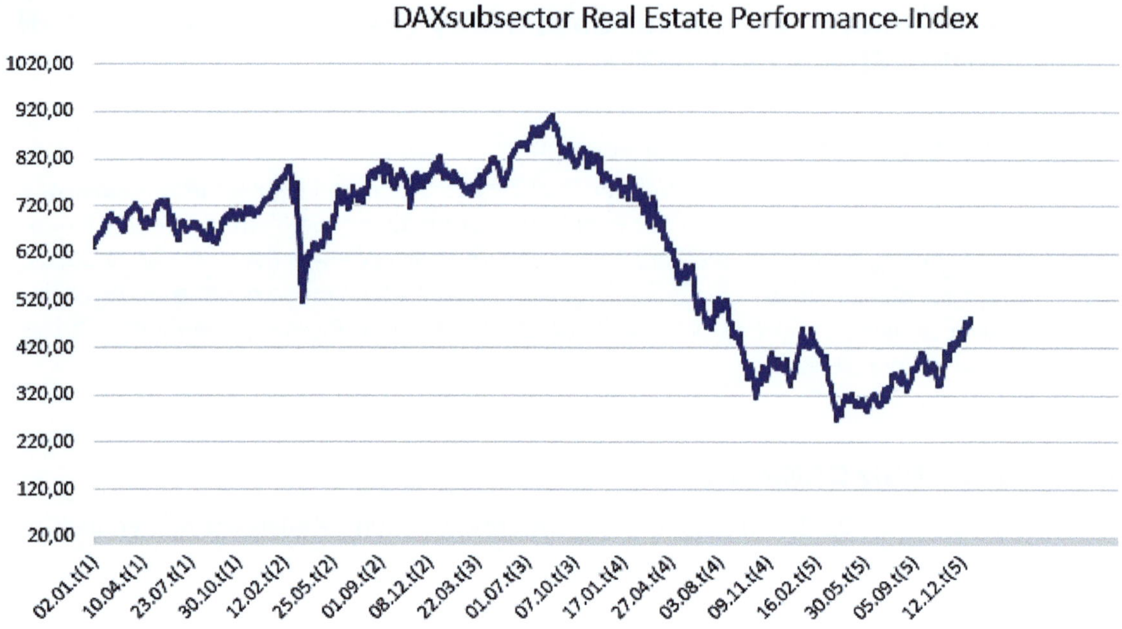

Abbildung 1: DAXsubsector Real Estate Performance-Index

Inhalt

Der wichtigste Punkt im Risikomanagement ist zunächst die Frage: Was ist eigentlich Risiko? Der traditionelle Ansatz sieht vor, dass das Risiko an den Zielen eines Unternehmens ausgerichtet wird. Werden die vorgegebenen Ziele verfehlt, so ist dies schlecht, werden die Ziele erfüllt oder übererfüllt, so ist das gut. Die Ziele in einem Unternehmen kann man in finanzielle und produktive Ziele unterteilen. Wir konzentrieren uns hier auf die finanziellen Ziele und betrachten Risiken, die aus Vermögenswerten wie Immobilien, Wechselkurse und Zinsen entstehen. Bei der Definition von Risiko lehnen wir uns an die Sichtweise der Mathematik und Statistik an und verstehen unter **Risiko** die **Abweichung vom Erwartungswert**.

Risiken gehen aus den Veränderungen von Preisen oder Werten für Vermögensgegenstände hervor. Diese können **absolut** gemessen (der DAXsubsector Real Estate Performance-Index ist um 5,00 Indexpunkte gestiegen) oder **relativ** gemessen werden (der DAXsubsector Real Estate Performance-Index ist um 5,0% gestiegen). Das Verwenden der relativen Veränderungen erlaubt es, Risiken unterschiedlicher Vermögensgegenstände zu vergleichen und zu einem Gesamtrisiko zu aggregieren. Die relativen Wertveränderungen werden bei verzinslichen Finanzprodukten als Zinsen und bei anderen Finanzprodukten als Wertänderung bezeichnet. Wir verwenden hier den einheitlichen Begriff der **Rendite**. Hier können wir wiederum

- diskrete Renditen und
- stetige Renditen unterscheiden.

Die relative Wertveränderung oder diskrete Rendite r^d betrachtet zwei einzelne Zeitpunkte (Anlagezeitpunkt und das Ende des Anlagezeitraumes) bzw. mehrere Anlagezeitpunkte innerhalb eines Anlagezeitraums.

Bei einer stetigen Rendite r^s wird davon ausgegangen, dass das eingesetzte Kapital kontinuierlich verzinst wird. Der Unterschied zur diskreten Rendite liegt in der Betrachtung der Zeiträume, in denen die Anlage verzinst wird. Es kann durchaus sein, dass eine Anlage nicht nur monatlich, sondern auch wöchentlich, täglich oder sogar stündlich oder auch in noch kürzeren Intervallen verzinst wird. Bei einer stetigen Rendite unterstellt man infinitesimal (unendlich) kleine Anlageperioden. Je kleiner die Verzinsungszeiträume sind, desto geringer ist der Unterschied zwischen der diskreten und der stetigen Rendite.

Im Risikomanagement stellt sich stets die Frage, ob wir diskrete oder stetige Renditen als Grundlage für unsere weiteren Berechnungen verwenden wollen. Die Entscheidung für die diskrete oder für die stetige Rendite machen wir im Folgenden von der vorhandenen Datenbasis abhängig. Arbeitet man mit empirischen Daten und empirischen Verteilungen, bietet es sich an, die relevanten Risikoparameter mit der intuitiv verständlichen diskreten Rendite zu berechnen. Dies gilt auch für die historische Simulation. Wollen wir hingegen Risikoberechnungen auf Grundlage von Normalverteilungen vornehmen, dann entscheiden wir uns für stetige Renditen, da Normalverteilungen mit steigen Renditen besser modelliert werden können. Dies gilt auch für die Berechnung des Portfoliorisikos mit der Varianz-Kovarianz-Methode und der Monte-Carlo-Simulation, bei denen eine Normalverteilung der Risikofaktoren und des Portfolios angenommen wird bzw. eine eigene Dichtefunktion durch Kalibrierung erstellt wird. Ferner setzen wir stetige Rendite bei der Modellierung stochastischer Prozesse ein.

Wichtige Formeln

fx

Berechnung der diskreten, täglichen Rendite:

$$r_t^d = \frac{W_t - W_{t-1}}{W_{t-1}} = \frac{W_t}{W_{t-1}} - 1$$

Formel 1

r_t^d = diskrete Rendite zum Zeitpunkt t, hier am Tag t
W_t = Wert zum Zeitpunkt t, hier am Tag t
W_{t-1} = Wert zum Zeitpunkt $t-1$

Arbeitsmappe: `Case Study Risikomanagement Teil 1` ➲ Arbeitsblatt: `Renditen`

Excel-Beispiel: `D8=C8/C7-1`

Berechnung der stetigen, täglichen Rendite:

$$r_t^s = ln\left(\frac{W_t}{W_{t-1}}\right)$$

Formel 2

r_t^s = stetige Rendite zum Zeitpunkt t, hier am Tag t
W_t = Wert zum Zeitpunkt t, hier am Tag t
W_{t-1} = Wert zum Zeitpunkt $t-1$

Excel-Beispiel: `E8=LN(C8/C7)`

Vorgehensweise

- Erstellen Sie eine Spalte für den DAXsubsector Real Estate Performance-Index (Spalte `C`). Verlinken Sie die Zellen dieser Spalte mit den Werten aus dem Tabellenblatt Annahmen DAXsubsector Real Estate, so dass der DAXsubsector Real Estate Performance-Index für den angegebenen Zeitraum auf dem Tabellenblatt Renditen angezeigt werden.
- Berechnen Sie die diskrete, tägliche Rendite gemäß der oben aufgeführten Formel `D8=C8/C7-1`.
- Berechnen Sie danach die stetige, tägliche Rendite gemäß der oben aufgeführten Formel `E8=LN(C8/C7)`.

Ergebnis

Asset	Immobilien
Währung	in Euro

Datum	DAXsubsector Real Estate Performance-Index	Diskrete Rendite	Stetige Rendite	absolute Veränderung
02.01.t(1)	634,73			
03.01.t(1)	638,23	0,55%	0,55%	3,50
04.01.t(1)	646,31	1,27%	1,26%	8,08
07.01.t(1)	650,42	0,64%	0,63%	4,11
08.01.t(1)	655,22	0,74%	0,74%	4,80
09.01.t(1)	654,58	-0,10%	-0,10%	-0,64
10.01.t(1)	650,51	-0,62%	-0,62%	-4,07
11.01.t(1)	662,56	1,85%	1,84%	12,05
14.01.t(1)	659,99	-0,39%	-0,39%	-2,57

Abbildung 2: Diskrete und stetige Renditen

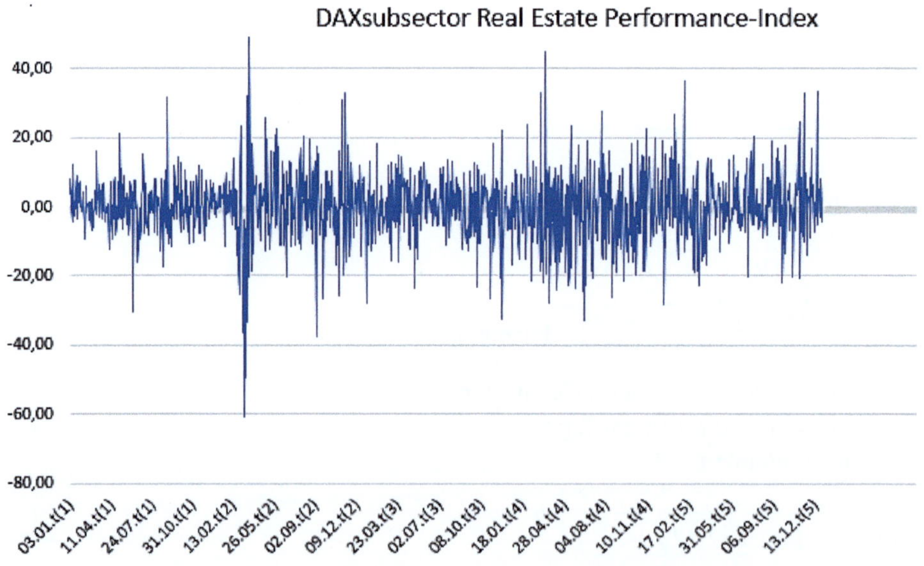

Abbildung 3: DAXsubsector Real Estate Performance-Index absolute Veränderung

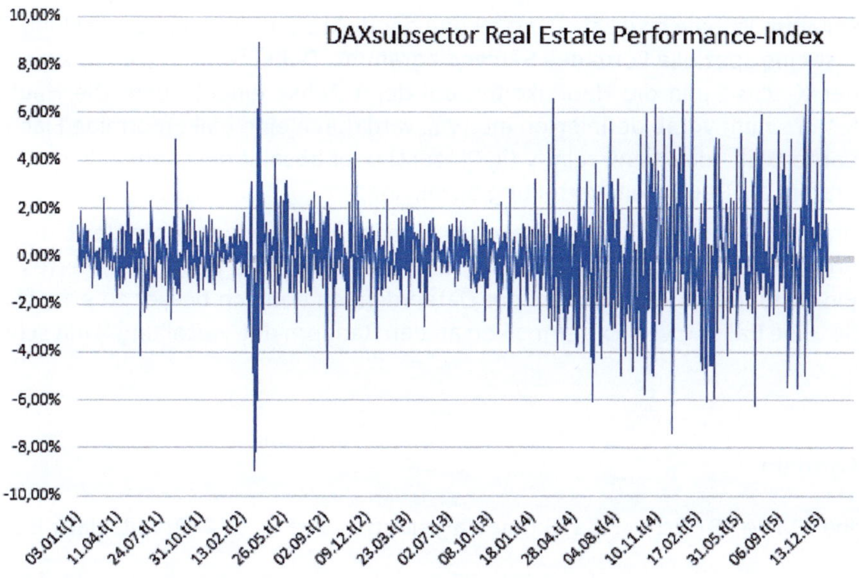

Abbildung 4: DAXsubsector Real Estate Performance-Index diskrete Rendite

Literatur und Verweis auf das Excel-Tool

Ernst, D., Häcker, J. (2021): Risikomanagement im Unternehmen Schritt für Schritt, UTB, Course 1 - Assignment 1.

Ernst, D., Häcker J. (2016): Financial Modeling, 2. Aufl., Schäffer-Poeschel, S. 610-611.

Hull, J. C. (2014): Risikomanagement: Banken, Versicherungen und andere Finanzinsitutionen, 3. Aufl., Pearson, S. 592-593.

Wüst, K. (2014): Risikomanagement: Eine Einführung mit Anwendungen in Excel, UTB, S. 27-43.

Siehe Excel-Datei: `Case Study Risikomanagement Teil 1`, Excel-Arbeitsblatt `Renditen`

Assignment 2: Erstellung eines Histogramms

Aufgabe

Erstellen Sie ein Histogramm für die diskreten, täglichen Renditen des DAXsubsector Real Estate Performance-Index ab dem 31.12.t(5) rückwirkend für die letzten 5 Jahre, um die Häufigkeitsverteilung grafisch aufzuzeigen. Wählen Sie eine geeignete Einteilung der Daten in sinnvolle Klassen.

Inhalt

Risiko ist die Abweichung vom Erwartungswert. Die Hauptaufgabe des Risikomanagements besteht darin, aus den Risiken der Vergangenheit Schlüsse für die Risiken der Zukunft zu ziehen. Am besten kann das gelingen, wenn lange Zeitreihen historischer Daten vorliegen. Dies gilt beispielsweise für Aktienkurse, Rohstoffpreise, Wechselkurse oder Zinsen. Um Risiken grafisch darzustellen, werden Histogramme eingesetzt.

Ein **Histogramm** ist eine grafische Darstellung der diskreten Häufigkeitsverteilung statistischer Daten. Es ist eine spezielle Form des Säulendiagramms. Dabei werden die Merkmalsausprägungen auf der X-Achse und die Häufigkeiten auf der Y-Achse eingetragen. Die Häufigkeit eines Messwertes in einem vorab definierten Intervall wird durch eine balkenförmige Fläche über dem Intervall dargestellt – dies kann relativ (in Prozent) oder absolut geschehen. In der Statistik wird ein Histogramm als Häufigkeitsverteilung bezeichnet.

Ein Histogramm vermittelt einen schnellen grafischen Überblick über die Verteilung von Renditen. Dadurch kann die Größe der Streuung und das Risiko des Vermögenswertes verdeutlicht werden. Ein Histogramm erlaubt, größere Datenmengen deutlich besser zu erfassen als mit einer Tabelle. Eine Ballung von Extremrisiken an den Rändern der Verteilung kann schnell erkannt werden.

fx Wichtige Formeln

Arbeitsmappe: `Case Study Risikomanagement Teil 1` ➲ Arbeitsblatt: `Histogramm`

Bestimmung des Minimums der Renditen:

Excel-Beispiel: `H8=MIN(D8:D1278)`

Bestimmung des Maximums der Renditen:

Excel-Beispiel: `H9=MAX(D8:D1278)`

Bestimmung des Mittelwerts der Renditen:

Excel-Beispiel: `H10=MITTELWERT(D8:D1278)`

Bestimmung der Anzahl der Renditen:

Excel-Beispiel: `H11=ANZAHL(D8:D1278)`

Vorgehensweise

- Für die Erstellung des Histogramms werden zunächst die diskreten, täglichen Renditen in Spalte `D` berechnet.
- Dann werden
  - das Minimum `H8=MIN(D8:D1278)`,
  - das Maximum `H9=MAX(D8:D1278)`,
  - der Mittelwert `H10=MITTELWERT(D8:D1278)` sowie
  - die Anzahl der Renditen `H11=ANZAHL(D8:D1278)`

  mit den jeweiligen Excel-Funktionen berechnet.
- Dies hilft, passende Intervalle (Klassenbereiche) für das Histogramm festzulegen.

- Zur Erstellung des Histogramms wird hier der Klassenbereich in den Zellen F14:F32 festgelegt. Die Angaben stammen aus dem Arbeitsblatt Annahmen allgemein.
- In unserem Excel-Beispiel reicht der Klassenbereich von -9% und erhöht sich jeweils in 1,0%-Schritten auf 9%.
- Mittels der Analyse-Funktion HISTOGRAMM lässt sich die Verteilung sehr leicht ermitteln.
- Zur Funktion kommt man in Excel über Daten ➲ Analyse ➲ Datenanalyse ➲ Histogramm. Für den Fall, dass in Ihrer Excel-Version Analyse nicht aktiviert ist, gehen Sie über Datei ➲ Optionen ➲ Add-Ins ➲ Los ... und setzen ein Häkchen bei Analysis ToolPak und am besten gleich auch bei Solver Add-In, das wir später auch benötigen. Bestätigen Sie Ihre Auswahl mit OK.

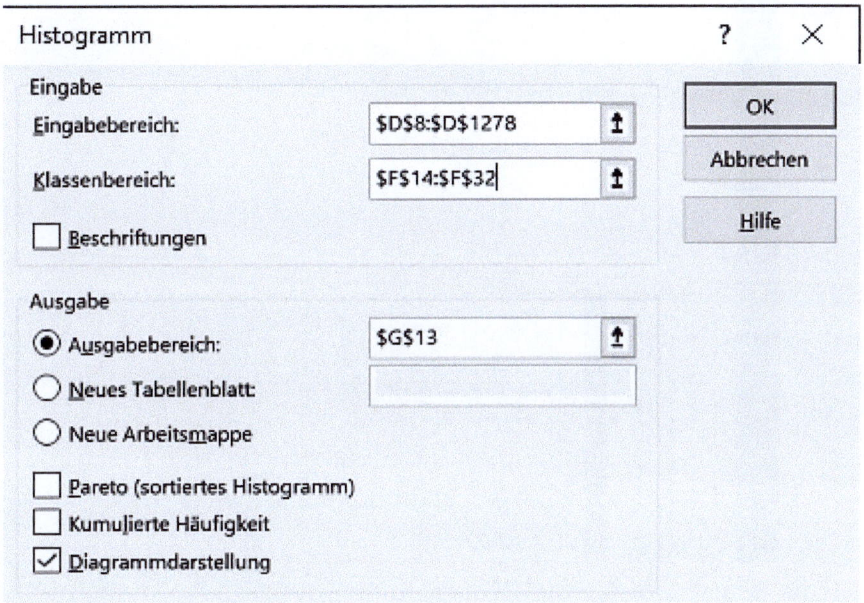

Abbildung 5: Eingaben zur Erstellung eines Histogramms

- Abbildung 5 zeigt den Eingabebereich zur Erstellung des Histogramms.
- Als Eingabebereich werden die diskreten, täglichen Renditen D8:D1278 eingegeben, als Klassenbereich die vorher bestimmten Klassenobergrenzen in den Zellen F14:F32 und als Ausgabebereich die Zelle G13, ab der das Ergebnis angezeigt werden soll.
- Des Weiteren wird das Feld Diagrammdarstellung angeklickt, um sofort ein Schaubild aus den Daten zu erhalten.
- Es werden die n Klasse und Häufigkeit automatisch eingefügt und berechnet.
- Es empfiehlt sich aus optischen Gründen, das Schaubild in Excel nachträglich noch an das eigene Design anzupassen.

Ergebnis

Asset	Immobilien
Währung	in Euro

Datum	DAXsubsector Real Estate Performance-Index	Diskrete Rendite
02.01.t(1)	634,73	
03.01.t(1)	638,23	0,55%
04.01.t(1)	646,31	1,27%
07.01.t(1)	650,42	0,64%
08.01.t(1)	655,22	0,74%
09.01.t(1)	654,58	-0,10%
10.01.t(1)	650,51	-0,62%
11.01.t(1)	662,56	1,85%
14.01.t(1)	659,99	-0,39%
15.01.t(1)	661,55	0,24%
16.01.t(1)	661,20	-0,05%
17.01.t(1)	660,76	-0,07%
18.01.t(1)	666,12	0,81%
21.01.t(1)	675,18	1,36%
22.01.t(1)	671,92	-0,48%
23.01.t(1)	678,86	1,03%
24.01.t(1)	679,98	0,16%
25.01.t(1)	686,91	1,02%
28.01.t(1)	686,91	0,00%
29.01.t(1)	694,00	1,03%
30.01.t(1)	697,28	0,47%
31.01.t(1)	695,91	-0,20%
01.02.t(1)	695,09	-0,12%
04.02.t(1)	699,10	0,58%
05.02.t(1)	700,91	0,26%
06.02.t(1)	700,89	0,00%
07.02.t(1)	695,77	-0,73%
08.02.t(1)	686,52	-1,33%
11.02.t(1)	692,53	0,88%
12.02.t(1)	690,63	-0,27%
13.02.t(1)	688,98	-0,24%
14.02.t(1)	689,84	0,12%
15.02.t(1)	690,10	0,04%
18.02.t(1)	691,29	0,17%

Histogramm

Minimum	-8,93%
Maximum	8,93%
Mittelwert	-0,01%
Anzahl der Beoabachtungen	1271

Klasse	Klasse	Häufigkeit
-9,00%	-9,00%	0
-8,00%	-8,00%	2
-7,00%	-7,00%	1
-6,00%	-6,00%	4
-5,00%	-5,00%	4
-4,00%	-4,00%	21
-3,00%	-3,00%	36
-2,00%	-2,00%	63
-1,00%	-1,00%	153
0,00%	0,00%	346
1,00%	1,00%	367
2,00%	2,00%	159
3,00%	3,00%	49
4,00%	4,00%	29
5,00%	5,00%	19
6,00%	6,00%	9
7,00%	7,00%	5
8,00%	8,00%	1
9,00%	9,00%	3
	und größer	0

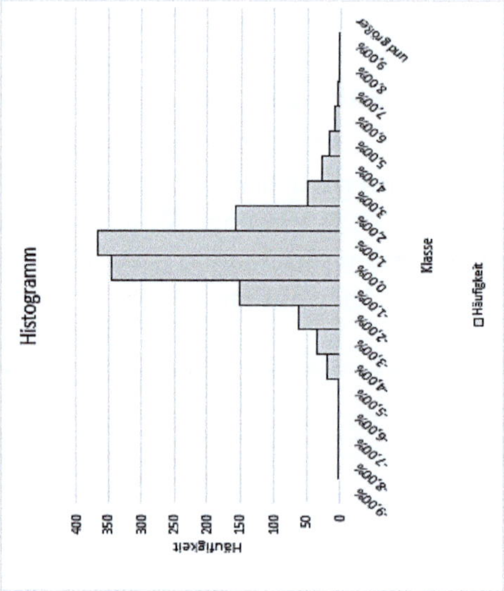

Abbildung 6: Erstellung eines Histogramms

Literatur und Verweis auf das Excel-Tool

Ernst, D., Häcker, J. (2021): Risikomanagement im Unternehmen Schritt für Schritt, UTB, Course 1 - Assignment 2.

Ernst, D., Häcker J. (2016): Financial Modeling, 2. Aufl., Schäffer-Poeschel, S. 640-645.

Gleißner, W. (2016): Grundlagen des Risikmanagements, 3. Aufl., Vahlen, S. 25-28.

Siehe Excel-Datei `Case Study Risikomanagement Teil 1`, Excel-Arbeitsblatt `Histogramm`

Assignment 3: Erstellung einer Dichtefunktion und einer Verteilungsfunktion

Aufgabe

Erstellen Sie eine Dichtefunktion und eine Verteilungsfunktion für die stetigen, täglichen Renditen des DAXsubsector Real Estate Performance-Indexes basierend auf der Annahme einer Normalverteilung.

Inhalt

Bei einer diskreten Zufallsvariable gibt es endlich viele mögliche Beobachtungswerte, zu denen jeweils eine positive Wahrscheinlichkeit gehört. Daher können den Beobachtungswerten Wahrscheinlichkeiten zugeordnet werden. Im stetigen Fall gibt es dagegen unendlich viele theoretisch mögliche Realisationen. Die Wahrscheinlichkeit, mit der ein bestimmter Wert eintritt – berechnet als Anzahl der günstigen Werte durch Anzahl der im stetigen Fall infinitesimal vielen möglichen Werte – ist dementsprechend für alle Werte gleich Null. Daher gibt es bei stetigen Zufallsvariablen keine Wahrscheinlichkeitsfunktion.

An ihre Stelle tritt in diesem Fall die **Dichtefunktion**. Eine Dichtefunktion gibt an, wie dicht die betrachteten Variablen um einen beliebigen Punkt verteilt sind. Je höher die Dichte an dieser Stelle ist, desto höher ist die Wahrscheinlichkeit, dass eine Variable aus diesem Bereich realisiert wird.

Eine **Verteilungsfunktion** beschreibt den Zusammenhang zwischen einer Zufallsvariable und deren Wahrscheinlichkeiten. Sie gibt an, mit welcher Wahrscheinlichkeit eine Zufallsvariable höchstens einen bestimmten Wertebereich annimmt. Die Wahrscheinlichkeitsfunktion beschreibt damit die kumulative Wahrscheinlichkeit. Die Dichtefunktion ist die erste Ableitung der Verteilungsfunktion.

Eine der wichtigsten stetigen Wahrscheinlichkeitsverteilungen, ist die **Normalverteilung**. Die Dichtefunktion der Normalverteilung hat ein glockenförmiges Aussehen. Das Aussehen und die Eigenschaften der Normalverteilung werden durch zwei Parameter bestimmt:

- Erwartungswert μ: Er beschreibt die Zahl, die die Zufallsvariable im Mittel annimmt.
- Standardabweichung σ: Sie zeigt die Streuung um den Erwartungswert.

Die gesamte Fläche, die von der Kurve der Normalverteilung eingeschlossen wird (daher das Integral von $-\infty$ bis ∞), hat stets einen Wert von Eins.

Die Standardnormalverteilung ist eine Normalverteilung, bei der der Erwartungswert = 0 und die Standardabweichung = 1 sind.

fx Wichtige Formeln

Berechnung des Erwartungswerts, der dem Mittelwert der stetigen, täglichen Renditen entspricht: $\bar{r}_t$

$$\mu = \bar{r}_t = \frac{1}{n}\sum_{t=1}^{n} r_t$$

Formel 3

μ = Erwartungswert der Rendite
$\bar{r}_t$ = Mittelwert der Rendite
n = Anzahl der Beobachtungen
r_t = Rendite im Zeitpunkt t

Arbeitsmappe: `Case Study Risikomanagement Teil 1` ➲ Arbeitsblatt: `Dichte-& Verteilungsfunktion`

Excel-Beispiel: `E7=MITTELWERT(Renditen!E8:E1278)`

Berechnung der Standardabweichung (ausgehend von einer Stichprobe) der stetigen, täglichen Renditen:

$$\sigma = \sqrt{\frac{1}{n-1}\sum_{t=1}^{n}(r_t - \bar{r}_t)^2}$$

Formel 4

σ = Standardabweichung der Rendite
n = Anzahl der Beobachtungen
r_t = Rendite im Zeitpunkt t
$\bar{r}_t$ = Mittelwert der Rendite

Excel-Beispiel: `E8=STABW.S(Renditen!E8:E1278)`

Bestimmung der Wahrscheinlichkeit der Renditen:

Excel-Beispiel: `B11='Annahmen allgemein'!C37`

Berechnung der Perzentile der Normalverteilung (als Perzentile werden die Quantile von 0,0001 bis 0,99 in Schritten von 0,0001 bezeichnet):

Excel-Beispiel: `C11=NORM.INV(B11;$E$7;$E$8)`

Interpretation:

- 0,01% der Renditen sind kleiner als -6,82%.
- 50,00% der Renditen sind kleiner als -0,02%.

Berechnung der Dichte der Normalverteilung:

Excel-Beispiel: `D11=NORM.VERT(C11;$E$7;$E$8;FALSCH)`

Interpretation: Es gibt keine ökonomische Interpretation für die Dichte.

Berechnung der kumulierten Wahrscheinlichkeit:

Excel-Beispiel: `E11=NORM.VERT(C11;$E$7;$E$8;WAHR)`

Interpretation:

- Die Wahrscheinlichkeit, dass die stetige, tägliche Rendite höchstens einen Wert von -6,82% annimmt, beträgt 0,01%.
- Die Wahrscheinlichkeit, dass die stetige, tägliche Rendite höchstens einen Wert von -0,02% annimmt, beträgt 50,00%.

Vorgehensweise

- Erstellen Sie eine Spalte für die Wahrscheinlichkeiten (Spalte B). Verlinken Sie die Zellen dieser Spalte mit den Werten aus dem Tabellenblatt `Annahmen allgemein`, so dass die Wahrscheinlichkeiten auf dem Tabellenblatt `Dichte- & Verteilungsfunktion` angezeigt werden.
- Berechnen Sie die Werte der Normalverteilung `C11=NORM.INV(B11;$E$7;$E$8)`, die Dichte `D11=NORM.VERT(C11;$E$7;$E$8;FALSCH)` und die kumulierte Wahrscheinlichkeit gemäß der oben aufgeführten Formel `E11=NORM.VERT(C11;$E$7;$E$8;WAHR)`.

Ergebnis

Asset	Immobilien
Währung	in Euro

Annahmen	
Mittelwert	-0,0226%
Standardabweichung	1,8289%

Wahrschein-lichkeit	Normal-verteilung	Dichte	kummulierte Wahrscheinlichkeit
0,0001	-0,0682	0,0216	0,0001
0,0002	-0,0650	0,0414	0,0002
0,0003	-0,0630	0,0605	0,0003
0,0004	-0,0615	0,0790	0,0004
0,0005	-0,0604	0,0972	0,0005
0,0006	-0,0595	0,1150	0,0006
0,0007	-0,0587	0,1326	0,0007
0,0008	-0,0579	0,1500	0,0008
0,0009	-0,0573	0,1671	0,0009
0,0010	-0,0567	0,1841	0,0010
0,0020	-0,0529	0,3467	0,0020
0,0030	-0,0505	0,5003	0,0030
0,0040	-0,0487	0,6478	0,0040
0,0050	-0,0473	0,7906	0,0050

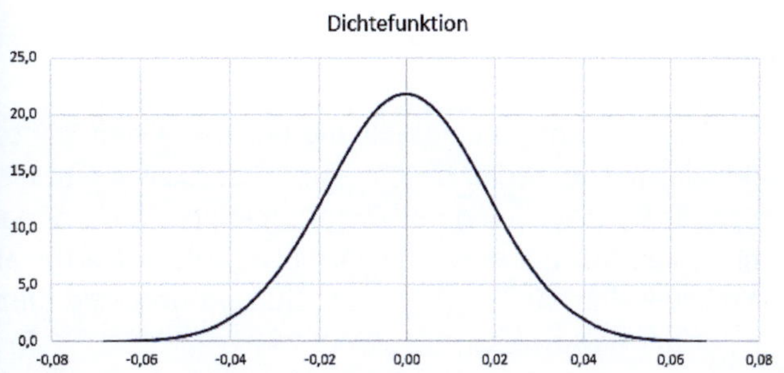

Abbildung 7: Erstellung einer Dichtefunktion

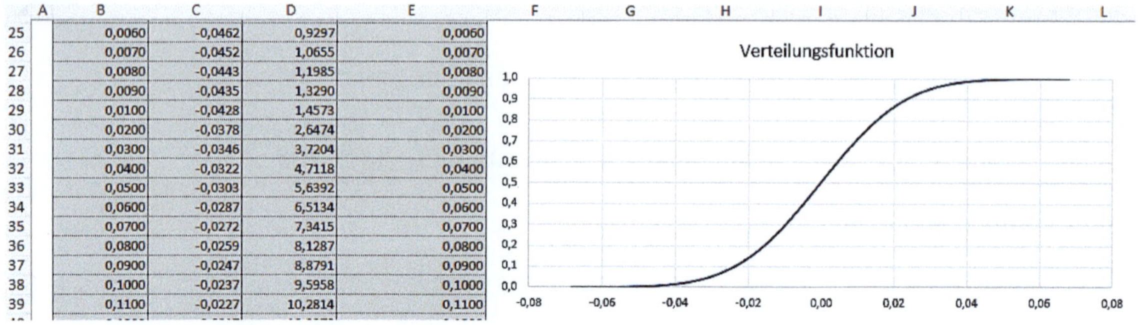

	A	B	C	D	E
25		0,0060	-0,0462	0,9297	0,0060
26		0,0070	-0,0452	1,0655	0,0070
27		0,0080	-0,0443	1,1985	0,0080
28		0,0090	-0,0435	1,3290	0,0090
29		0,0100	-0,0428	1,4573	0,0100
30		0,0200	-0,0378	2,6474	0,0200
31		0,0300	-0,0346	3,7204	0,0300
32		0,0400	-0,0322	4,7118	0,0400
33		0,0500	-0,0303	5,6392	0,0500
34		0,0600	-0,0287	6,5134	0,0600
35		0,0700	-0,0272	7,3415	0,0700
36		0,0800	-0,0259	8,1287	0,0800
37		0,0900	-0,0247	8,8791	0,0900
38		0,1000	-0,0237	9,5958	0,1000
39		0,1100	-0,0227	10,2814	0,1100

Abbildung 8: Erstellung einer Verteilungsfunktion

Literatur und Verweis auf das Excel-Tool

Ernst, D., Häcker, J. (2021): Risikomanagement im Unternehmen Schritt für Schritt, UTB, Course 1 - Assignment 3.

Ernst, D., Häcker J. (2016): Financial Modeling, 2. Aufl., Schäffer-Poeschel, S. 640-645.

Gleißner, W. (2016): Grundlagen des Risikmanagements, 3. Aufl., Vahlen, S. 25-28.

Vanini, U. (2012): Risikomanagement, Schäffer-Poeschel, S. 56-57.

Wüst, K. (2014): Risikomanagement: Eine Einführung mit Anwendungen in Excel, UTB, S. 294-303.

Siehe Excel-Datei `Case Study Risikomanagement Teil 1`, Excel-Arbeitsblatt `Dichte- & Verteilungsfunktion`

Assignment 4: Berechnung der Schiefe (Skewness)

Aufgabe

Berechnen Sie die Schiefe (Skewness) für die diskreten, täglichen Renditen des DAXsubsector Real Estate Performance-Index.

Interpretieren Sie das Ergebnis und vergleichen Sie Ihre Aussage mit dem Histogramm.

Inhalt

Schiefe (Skewness) und Wölbung (Kurtosis) sind Maße, die die Abweichung einer Verteilung von der Normalverteilung beschreiben. Der Exzess gibt die Differenz der Wölbung der betrachteten Funktion zur Wölbung der Dichtefunktion einer normalverteilten Zufallsgröße an, die eine Wölbung von Null aufweist. Bei normalverteilten Werten sind sowohl Schiefe als auch Exzess gleich Null. Je weiter die Werte von der Null entfernt sind, umso weniger wahrscheinlich sind die Daten nicht normalverteilt.

Die **Schiefe** gibt an, ob die Verteilung symmetrisch ist oder nicht. Die Schiefe (Skewness) ist eine statistische Kennzahl, die die Art und Stärke der Asymmetrie einer Wahrscheinlichkeitsverteilung beschreibt. Sie zeigt an, ob und wie stark die Verteilung nach rechts (rechtssteil, linksschief, negative Schiefe) oder nach links (linkssteil, rechtsschief, positive Schiefe) geneigt ist. Jede nicht symmetrische Verteilung heißt schief.

Die Schiefe kann jeden reellen Wert annehmen.

- Bei negativer Schiefe (Schiefe < 0) spricht man von einer linksschiefen oder rechtssteilen Verteilung. Sie fällt in typischen Fällen auf der linken Seite flacher ab als auf der rechten.
- Bei positiver Schiefe (Schiefe > 0) spricht man von einer rechtsschiefen oder linkssteilen Verteilung. Sie fällt typischerweise umgekehrt auf der rechten Seite flacher ab als auf der linken.

fx

Wichtige Formeln

Folgende Formel liegt der Berechnung der Schiefe zugrunde. Es wird eine Stichprobe als Datengrundlage angenommen:

$$Schiefe = skewness = \frac{n_3}{\sigma^3}$$

Formel 5

n_3 = zentrales Moment 3. Ordnung
σ^3 = dritte Potenz der Standardabweichung

Man dividiert also das zentrale Moment 3. Ordnung durch die dritte Potenz der Standardabweichung.

$$n_3 = \frac{n}{(n-1)\cdot(n-2)}\sum_{t=1}^{n}(r_t - \overline{r_t})^3$$

Formel 6

$$\sigma^3 = \left(\sqrt{\frac{1}{n-1}\sum_{t=1}^{n}(r_t - \overline{r_t})^2}\right)^3$$

Formel 7

Durch den „Korrekturfaktor“ $\frac{n}{(n-1)\cdot(n-2)}$ wird der Schätzer für die Schiefe erwartungstreu.

Arbeitsmappe: `Case Study Risikomanagement Teil 1` ➲ Arbeitsblatt: `Schiefe & Wölbung`

Berechnung der Schiefe:

Excel-Beispiel: `K18=K16/K17`

Berechnung der Schiefe mit Hilfe der Excel-Funktion:

Excel-Beispiel: `K19=SCHIEFE(D8:D1278)`

Vorgehensweise

- Die Schiefe kann händisch und über die Excel-Funktion `SCHIEFE` berechnet werden.
- Bei Verwendung der Excel-Funktion `SCHIEFE` müssen lediglich die Renditen eingegeben werden. Nachteil der Excel-Funktion `SCHIEFE` ist, dass sie eine Blackbox darstellt und man zunächst nicht weiß, wie die Berechnung erfolgt und ob eine Stichprobe oder Grundgesamtheit der Daten unterstellt wird.
- Wenn man die Excel-Funktion `SCHIEFE` nachvollzieht, wird zunächst das zentrale Moment 3. Ordnung unter der Annahme einer Stichprobe berechnet. Hierzu wird zunächst für alle Renditen `(D8:D1278)` die Differenz zwischen den Renditen und deren Mittelwert berechnet. Die Ergebnisse werden mit der Zahl drei potenziert `(F8:F1278)`. Danach wird aus diesen Ergebnissen die Summe der dritten Potenz berechnet `K11=SUMME (F8:F1278)` berechnet. Im nächsten Schritt ermitteln wir den Korrekturfaktor für eine endliche Population `K15=ANZAHL(D8:D1278)/((ANZAHL(D8:D1278)-1)*(ANZAHL(D8:D1278)-2))`. Wird die Summe der dritten Potenz `(K11)` mit dem Korrekturfaktor `(K15)` multipliziert, resultiert daraus das zentrale Moment dritter Ordnung `(K16=K15*K11)`.
- Danach wird die dritte Potenz der Standardabweichung ebenfalls unter Annahme einer Stichprobe berechnet `(K17=STABW.S(D8:D1278)^3)`.
- Dividiert man das zentrale Moment 3. Ordnung durch die dritte Potenz der Standardabweichung, resultiert die Schiefe `K18=K16/K17`.
- Die Schiefe von 0,157059394 besagt, dass die vorliegende Verteilung eine leicht rechtsschiefe oder leicht linkssteile Form besitzt. Insgesamt kann sie jedoch als sehr symmetrisch beschrieben werden. Dies wird auch durch Abbildung 9 deutlich. Die Dichte entspricht nicht der Wahrscheinlichkeit.

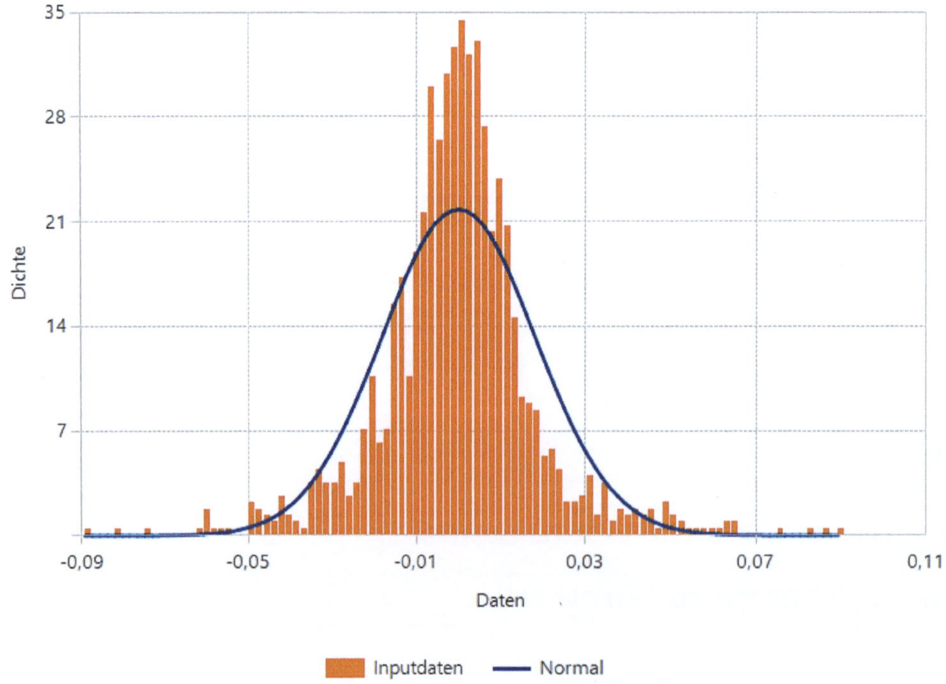

Abbildung 9: Vergleich des Histogramms und der Normalverteilung mit Hilfe der Schiefe

Erstellung der Grafik mit Risk Kit

Die diskreten Renditen in Spalte D markieren.

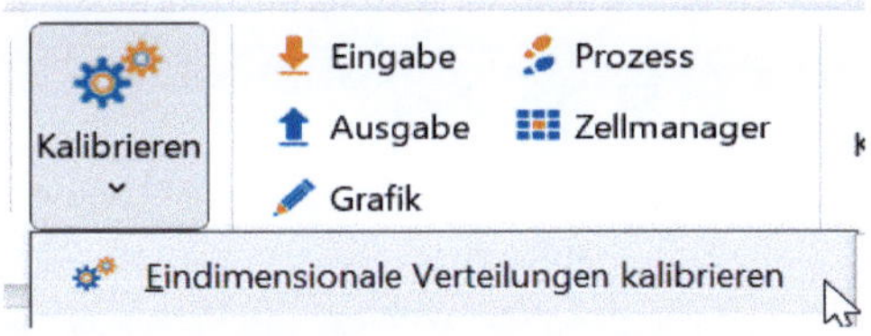

Abbildung 10: Eindimensionale Verteilungen kalibrieren

Bei dem Schnellfilter „Alles auswählen“

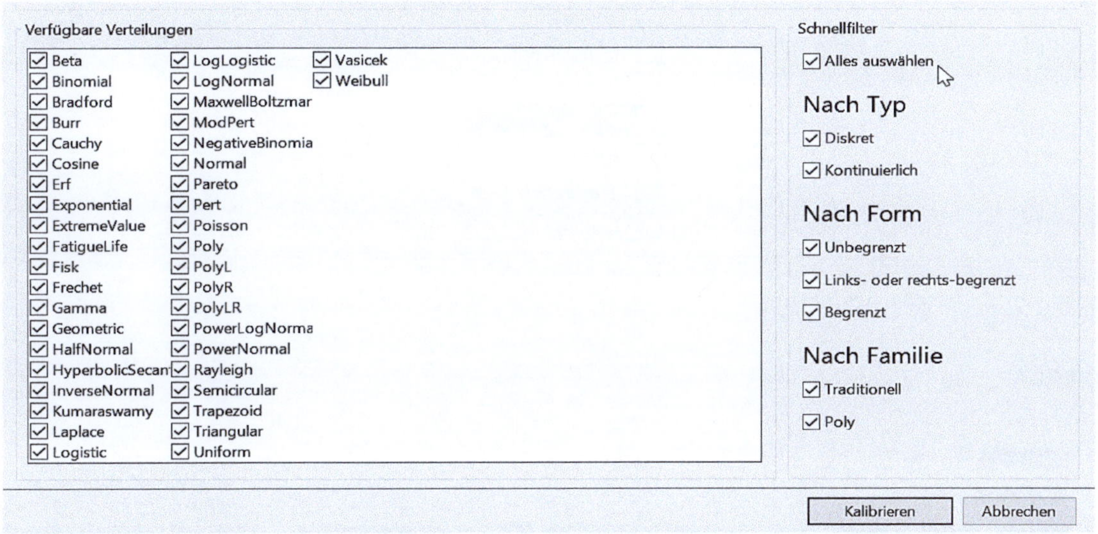

Abbildung 11: Kalibrieren

Danach auf „Kalibrieren“ drücken.

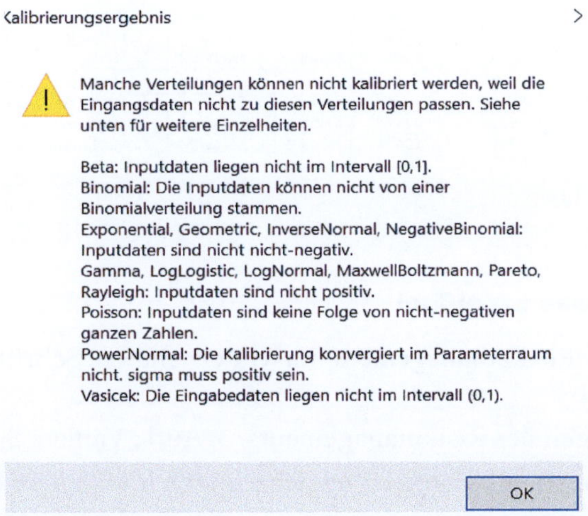

Abbildung 12: Meldung der Kalibrierung

Mit OK bestätigen.

Bei der Verteilung `Normal` auswählen

Abbildung 13: Verteilungsfunktion

Ergebnis

Asset	Immobilien
Währung	In Euro

Datum	DAXsubsector Real Estate Performance-Index	Diskrete Rendite	$(r_t - \bar{r}_t)^2$	$(r_t - \bar{r}_t)^3$	$(r_t - \bar{r}_t)^4$
02.01.t(1)	634,73				
03.01.t(1)	638,23	0,55%	3,10586E-05	1,73090E-07	9,64636E-10
04.01.t(1)	646,31	1,27%	1,61770E-04	2,05753E-06	2,61695E-08
07.01.t(1)	650,42	0,64%	4,11913E-05	2,64368E-07	1,69672E-09
08.01.t(1)	655,22	0,74%	5,53345E-05	4,11617E-07	3,06191E-09
09.01.t(1)	654,58	-0,10%	8,42545E-07	-7,73375E-10	7,09883E-13
10.01.t(1)	650,51	-0,62%	3,79315E-05	-2,33615E-07	1,43880E-09
11.01.t(1)	662,56	1,85%	3,45320E-04	6,41702E-06	1,19246E-07
14.01.t(1)	659,99	-0,39%	1,45926E-05	-5,57441E-08	2,12944E-10
15.01.t(1)	661,55	0,24%	5,86870E-06	1,42172E-08	3,44417E-11
16.01.t(1)	661,20	-0,05%	2,21081E-07	-1,03950E-10	4,88767E-14
17.01.t(1)	660,76	-0,07%	3,67949E-07	-2,23194E-10	1,35387E-13
18.01.t(1)	666,12	0,81%	6,67610E-05	5,45487E-07	4,45703E-09
21.01.t(1)	675.18	1.36%	1.86596E-04	2.54891E-06	3.48181E-08

Mittelwert	-0,01%
Standardabweichung	0,018297159
$\sum (r_t - \bar{r}_t)^2$	0,425178257
$\sum (r_t - \bar{r}_t)^3$	0,001219929
$\sum (r_t - \bar{r}_t)^4$	0,000905814
Schiefe:	
m/((m-1)*(m-2))	0,000788643
m_3	0,000000962
Standardabweichung^3 = S^3	0,000006126
Schiefe Formel	0,157059394
Schiefe Excel	0,157059394

Abbildung 14: Berechnung der Schiefe

Literatur und Verweis auf das Excel-Tool

Ernst, D., Häcker, J. (2021): Risikomanagement im Unternehmen Schritt für Schritt, UTB, Course 1 - Assignment 4.

Gleißner, W. (2016): Grundlagen des Risikmanagements, 3. Aufl., Vahlen, S. 210.

Hull, J. C. (2014): Risikomanagement: Banken, Versicherungen und andere Finanzinsitutionen, 3. Aufl., Pearson, S. 563.

Romeike, F., Hasger, P. (2013): Erfolgsfaktor Risikomanagement 3.0, 3. Aufl., Springer Gabler, S. 447-448.

Siehe Excel-Datei `Case Study Risikomanagement Teil 1`, Excel-Arbeitsblatt `Schiefe & Wölbung`

Assignment 5: Berechnung der Wölbung (Kurtosis)

Aufgabe

Berechnen Sie die Wölbung (Kurtosis) für die diskreten, täglichen Renditen des DAXsubsector Real Estate Performance-Index.

Interpretieren Sie das Ergebnis und vergleichen Sie Ihre Aussage mit dem Histogramm.

Inhalt

Die **Wölbung** (Kurtosis) beschreibt, ob die Verteilung im Gegensatz zur Normalverteilung spitz oder abgeflacht ist. Die Wölbung (Kurtosis) ist eine Maßzahl für die Steilheit bzw. „Spitzigkeit" einer (eingipfligen) Wahrscheinlichkeitsverteilung. Der **Exzess** gibt die Differenz der Wölbung der betrachteten Funktion zur Wölbung der Dichtefunktion einer normalverteilten Zufallsgröße an. Entspricht die Wölbung der betrachteten Funktion der Wölbung einer Normalverteilung, beträgt der Exzess Null.

- Ein positiver Exzess zeigt eine spitz zulaufende Verteilung (eine so genannte leptokurtische Verteilung) an.
- Ein negativer Exzess zeigt eine flache Verteilung (platykurtische Verteilung) an.

Eine spitze Verteilung hat einen positiven Exzess. Hier liegen dann mehr Beobachtungen als gewöhnlich in den Enden der Verteilung, weshalb diese auch *heavy-tailed* genannt wird.

Ein negativer Exzess beschreibt eine abgeflachte Verteilung. Eine solche Verteilung hat im Vergleich zur Normalverteilung dünne Enden *(light-tailed)*.

Wichtige Formeln

Folgende Formel liegt der Berechnung der Kurtosis zugrunde:

$$Wölbung = Kurtosis = \frac{n_4}{\sigma^4}$$

Formel 8

n_4 = zentrales Moment 4. Ordnung
σ^4 = vierte Potenz der Standardabweichung

Man dividiert also das zentrale Moment 4. Ordnung durch die vierte Potenz der Standardabweichung.

Folgende Formel liegt der Berechnung des Exzesses zugrunde:

$$Exzess = Kurtosis - Kurtosis\ (Normalverteilung)$$

Formel 9

Zieht man von der ermittelten Kurtosis die Kurtosis der Normalverteilung ab, erhält man den *Exzess.* Die Kurtosis einer Normalverteilung beträgt immer 3. Mit Hilfe des Exzesses kann festgestellt werden, inwieweit die Wölbung einer Verteilung der Wölbung der bekannten Normalverteilung gleicht.

Die Formel für das zentrale Moment 4. Ordnung lautet:

$$n_4 = \frac{n \cdot (n+1)}{(n-1) \cdot (n-2) \cdot (n-3)} \sum_{t=1}^{n} (r_t - \overline{r_t})^4$$

Formel 10

Durch den „Korrekturfaktor“ $\frac{n \cdot (n+1)}{(n-1) \cdot (n-2) \cdot (n-3)}$ wird der Schätzer für die Kurtosis erwartungstreu.

$$\sigma^4 = \left(\sqrt{\frac{1}{n} \sum_{t=1}^{n} (r_t - \overline{r_t})^2} \right)^4$$

Formel 11

Auch die Kurtosis der Normalverteilung in Höhe von 3 muss noch wie folgt angepasst werden, um erwartungstreu zu sein.

$$3 \cdot \frac{(n-1)^2}{(n-2) \cdot (n-3)}$$

Formel 12

Arbeitsmappe: `Case Study Risikomanagement Teil 1` ➲ Arbeitsblatt: `Schiefe & Wölbung`

Berechnung der Kurtosis:

Excel-Beispiel: `K26=K24/K25`

Berechnung des Exzesses:

Excel-Beispiel: `K27=K24/K25-K23`

Berechnung des Exzesses mit Hilfe der Excel-Funktion:

Excel-Beispiel: `K28=KURT(D8:D1278)`

Vorgehensweise

- Die Wölbung/Kurtosis kann händisch und über die Excel-Funktion `KURT` berechnet werden.
- Bei Verwendung der Excel-Funktion `KURT` müssen lediglich die Renditen eingegeben werden. Nachteil der Excel-Funktion `KURT` ist wiederum, dass sie eine Blackbox darstellt und

man zunächst nicht weiß, wie die Berechnung erfolgt und ob eine Stichprobe oder Grundgesamtheit der Daten unterstellt wird.

- Wenn man die Excel-Funktion `KURT` nachvollzieht, wird zunächst das zentrale Moment 4. Ordnung unter der Annahme einer Stichprobe berechnet. Hierzu wird zunächst für alle Renditen `(D8:D1278)` die Differenz zwischen den Renditen und deren Mittelwert berechnet. Die Ergebnisse werden mit der Zahl vier potenziert `(G8:G1278)`. Danach wird aus diesen Ergebnissen die Summe der vierten Potenz berechnet `K12=SUMME(G8:G1278)` berechnet. Im nächsten Schritt ermitteln wir den Korrekturfaktor für eine endliche Population `K22 =(ANZAHL(D8:D1278)*(ANZAHL(D8:D1278)+1))/((ANZAHL(D8:D1278)-1)*(ANZAHL(D8:D1278)-2)*(ANZAHL(D8:D1278)-3))`. Wird die Summe der vierten Potenz `(K12)` mit dem Korrekturfaktor (K22) multipliziert, resultiert daraus das zentrale Moment vierter Ordnung (`K24=K22*K12`).
- Danach wird die vierte Potenz der Standardabweichung ebenfalls unter Annahme einer Stichprobe berechnet `K25=STABW.S(D8:D1278)^4`.
- Dividiert man das zentrale Moment 4. Ordnung durch die vierte Potenz der Standardabweichung, resultiert die Kurtosis `(K26=K24/K25)`.
- Nach Abzug der korrigierten Kurtosis der Normalverteilung erhält man den Exzess, den man wie oben angegeben interpretieren kann `K27=K24/K25-K23`.
- Dasselbe Resultat erhalten wir durch die Excel-Funktion `KURT`, wobei diese eigentlich den Exzess und nicht die Kurtosis berechnet `K29=KURT(D8:D1278)`. Es lohnt sich daher stets, die Excel-Funktionen kritisch nachzuvollziehen.
- Eine positive Kurtosis von 3,386601141 deutet auf eine spitz zulaufende Verteilung (eine so genannte leptokurtische Verteilung) hin. Dies wird auch durch Abbildung 15 deutlich.

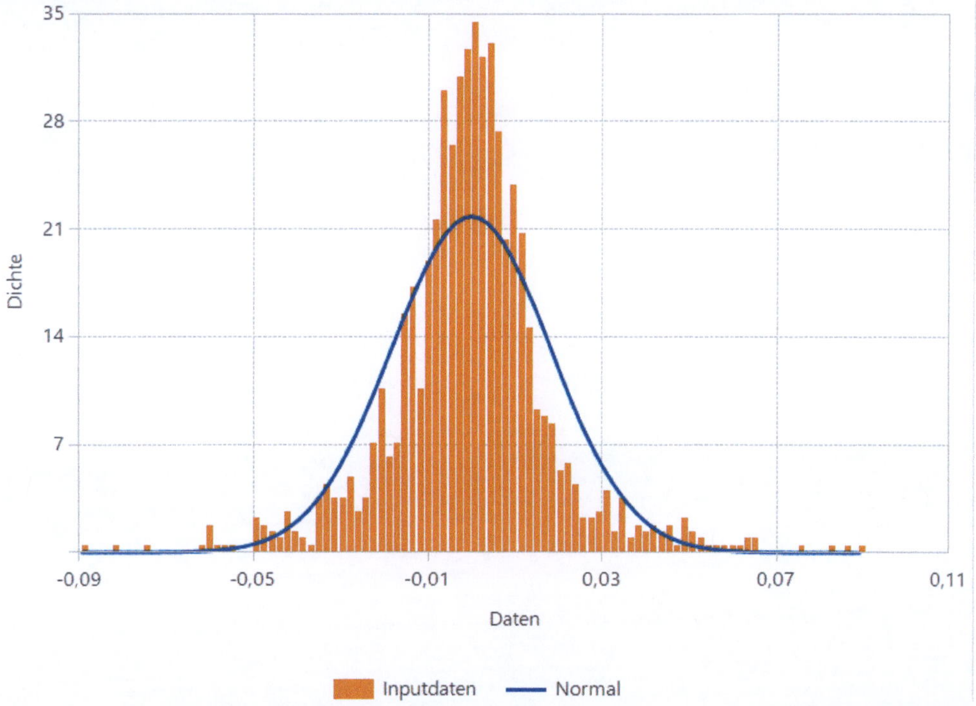

Abbildung 15: Vergleich des Histogramms und der Normalverteilung mit Hilfe der Wölbung

Ergebnis

	A	B	C	D	E	F	G	H	I	J	K
20		21.01.t(1)	675,18	1,36%	1,86596E-04	2,54891E-06	3,48181E-08				
21		22.01.t(1)	671,92	-0,48%	2,27479E-05	-1,08495E-07	5,17466E-10		Wölbung:		
22		23.01.t(1)	678,86	1,03%	1,07900E-04	1,12081E-06	1,16423E-08		(m*(m+1))/((m-1)*(m-2)*(m-3)		0,000791130
23		24.01.t(1)	679,98	0,16%	2,91963E-06	4,98876E-09	8,52425E-12		(3*(m-1)^2)/((m-2)*(m-3))		3,007099656
24		25.01.t(1)	686,91	1,02%	1,05070E-04	1,07700E-06	1,10396E-08		m_4		0,000000717
25		28.01.t(1)	686,91	0,00%	3,46549E-09	2,04008E-13	1,20096E-17		Standardabweichung^4 = S^4		0,000000112
26		29.01.t(1)	694,00	1,03%	1,07754E-04	1,11853E-06	1,16109E-08		Wölbung	Formel	6,393700797
27		30.01.t(1)	697,28	0,47%	2,28971E-05	1,09565E-07	5,24278E-10		Exzess	Formel	3,386601141
28		31.01.t(1)	695,91	-0,20%	3,63249E-06	-6,92319E-09	1,31950E-11		Exzess	Excel	3,386601141
29		01.02.t(1)	695,09	-0,12%	1,25316E-06	-1,40284E-09	1,57040E-12				

Abbildung 16: Berechnung der Wölbung

Literatur und Verweis auf das Excel-Tool

Ernst, D., Häcker, J. (2021): Risikomanagement im Unternehmen Schritt für Schritt, UTB, Course 1 - Assignment 5.

Gleißner, W. (2016): Grundlagen des Risikmanagements, 3. Aufl., Vahlen, S. 210.

Hull, J. C. (2014): Risikomanagement: Banken, Versicherungen und andere Finanzinsitutionen, 3. Aufl., Pearson, S. 563.

Romeike, F., Hasger, P. (2013): Erfolgsfaktor Risikomanagement 3.0, 3. Aufl., Springer Gabler, S. 447-448.

Siehe Excel-Datei `Case Study Risikomanagement Teil 1`, Excel-Arbeitsblatt `Schiefe & Wölbung`

Assignment 6: Berechnung der Varianz

Aufgabe

Berechnen Sie die Varianz für die stetigen, täglichen Renditen des DAXsubsector Real Estate Performance-Index basierend auf der Annahme einer Stichprobe.

Inhalt

Die **Varianz** ist ein Streuungsmaß, welches die Verteilung von Werten um den Mittelwert kennzeichnet.

Wichtige Formeln

Berechnung der Varianz (ausgehend von einer Stichprobe) der stetigen, täglichen Renditen:

$$\sigma^2 = \frac{1}{n-1}\sum_{t=1}^{n}(r_t - \bar{r}_t)^2$$

Formel 13

σ^2 = Varianz der Renditen
n = Anzahl der Beobachtungen
r_t = Rendite im Zeitpunkt t
$\bar{r}_t$ = Mittelwert der Rendite

Besselsche Korrektur: Warum teilt man durch *n - 1* statt *n*?

- Der Stichprobenmittelwert $\bar{r}_t$ ist selbst geschätzt.
- Dadurch wird ein Freiheitsgrad „verbraucht".
- Ohne diese Korrektur unterschätzt man im Mittel die wahre Populationsvarianz.

Wann teilt man durch *n*?
Wenn man entweder

- die Varianz der Grundgesamtheit kennt (z. B. theoretische Daten), oder
- die Varianz der Stichprobe selbst beschreiben möchte (z. B. zur Modellierung, siehe die Assignments zur Modellierung der Volatilität).

Arbeitsmappe: `Case Study Risikomanagement Teil 1` ➲ Arbeitsblatt: `Varianz und Standardabweichung`

Excel-Beispiel: `I8=VAR.S(D8:D1278)`

Vorgehensweise

- Berechnen Sie die Varianz basierend auf den stetigen, täglichen Renditen in der Spalte `D`.

Ergebnis

Asset	Immobilien
Währung	in Euro

Datum	DAXsubsector Real Estate Performance-Index	Stetige Rendite
02.01.t(1)	634,73	
03.01.t(1)	638,23	0,55%

Berechnung	
Mittelwert	-0,15%
Varianz	0,03%

Abbildung 17: Berechnung der Varianz

Literatur und Verweis auf das Excel-Tool

Ernst, D., Häcker, J. (2021): Risikomanagement im Unternehmen Schritt für Schritt, UTB, Course 1 - Assignment 6.

Ernst, D., Häcker J. (2016): Financial Modeling, 2. Aufl., Schäffer-Poeschel, S. 646-647.

Gleißner, W. (2016): Grundlagen des Risikmanagements, 3. Aufl., Vahlen, S. 25-28.

Hull, J. C. (2014): Risikomanagement: Banken, Versicherungen und andere Finanzinsitutionen, 3. Aufl., Pearson, S. 247-248.

Romeike, F., Hasger, P. (2013): Erfolgsfaktor Risikomanagement 3.0, 3. Aufl., Springer Gabler, S. 125-126.

Vanini, U. (2012): Risikomanagement, Schäffer-Poeschel, S. 52.

Wüst, K. (2014): Risikomanagement: Eine Einführung mit Anwendungen in Excel, UTB, S. 56-62.

Siehe Excel-Datei `Case Study Risikomanagement Teil 1`, Excel-Arbeitsblatt `Varianz und Standardabweichung`

Assignment 7: Berechnung der annualisierten und unterperiodigen Varianz

Aufgabe

Berechnen Sie aus der täglichen Varianz die annualisierte Varianz für 250 Handelstage. Berechnen Sie danach ausgehend von der annualisierten Varianz die monatliche Varianz.

Inhalt

Der **Vergleich von Risiken** hat nur Sinn, wenn dieselben Zeiträume betrachtet werden. So hat es beispielsweise keinen Sinn, Varianzen auf Monatsebene mit Varianzen auf Jahresebene zu vergleichen. Aus diesem Grund sollten Risiken für unterschiedliche Zeiträume vergleichbar gemacht werden.

Bei der Berechnung der Varianz und der Standardabweichung werden als Berechnungsgrundlage stetige Renditen präferiert. Stetige Renditen haben gegenüber diskreten Renditen die Eigenschaft und den Vorteil der Zeitadditivität. Das bedeutet, dass bei stetigen Renditen sich die Rendite über einen längeren Zeitraum als Summe der Renditen über die kurzen Zeiträume berechnen lässt.

Wichtige Formeln

Ist die Varianz für eine Periode mit der Länge t gegeben (z. B. die tägliche Varianz) gegeben, so gilt für die Varianz einer Periode, die $n \cdot t$ Zeiteinheiten (z. B. die annualisierte Varianz) umfasst:

$$\sigma^2_{annualisiert} = \sigma^2_t \cdot n$$

Formel 14

$\sigma^2_{annualisiert}$ = Varianz der Rendite auf Jahresebene
σ^2_t = unterjährige Varianz der Rendite
t = einzelne unterjährige Periode, z. B. Tag
n = Anzahl der Perioden

Arbeitsmappe: `Case Study Risikomanagement Teil 1` ➲ Arbeitsblatt: `Varianz und Standardabweichung`

Excel-Beispiel: `I9=I8*H9`

Für die Umrechnung der Varianz der Rendite auf Jahresebene in eine unterjährige Varianz der Rendite gilt:

$$\sigma^2_t = \sigma^2_{annualisiert} \cdot \frac{1}{n} = \frac{\sigma^2_{annualisiert}}{n}$$

Formel 15

Excel-Beispiel: `I10=I9/H10`

Vorgehensweise

- Berechnen Sie die annualisierte und monatliche Varianz basierend auf den obigen Formeln.

Ergebnis

Asset	Immobilien
Währung	in Euro

Datum	DAXsubsector Real Estate Performance-Index	Stetige Rendite
02.01.t(1)	634,73	
03.01.t(1)	638,23	0,55%
04.01.t(1)	646,31	1,26%
07.01.t(1)	650,42	0,63%

Berechnung		
Mittelwert		-0,15%
Varianz		0,03%
annualisierte Varianz	250	8,36%
monatliche Varianz	12	0,70%

Abbildung 18: Berechnung der annualisierten und unterjährigen Varianz

Literatur und Verweis auf das Excel-Tool

Ernst, D., Häcker, J. (2021): Risikomanagement im Unternehmen Schritt für Schritt, UTB, Course 1 - Assignment 7.

Ernst, D., Häcker J. (2016): Financial Modeling, 2. Aufl., Schäffer-Poeschel, S. 649-650.

Hull, J. C. (2014): Risikomanagement: Banken, Versicherungen und andere Finanzinsitutionen, 3. Aufl., Pearson, S. 246-248.

Wüst, K. (2014): Risikomanagement: Eine Einführung mit Anwendungen in Excel, UTB, S. 56-62.

Siehe Excel-Datei `Case Study Risikomanagement Teil 1`, Excel-Arbeitsblatt `Varianz und Standardabweichung`

Assignment 8: Berechnung der Standardabweichung

Aufgabe

Berechnen Sie die Standardabweichung für die stetigen, täglichen Renditen des DAXsubsector Real Estate Performance-Index basierend auf der Annahme einer Stichprobe.

Inhalt

Die **Standardabweichung** ist die durchschnittliche Entfernung aller gemessenen Ausprägungen eines Merkmals vom Durchschnitt. Die Standardabweichung kann entweder direkt oder als Wurzel der Varianz berechnet werden.

Wichtige Formeln

Berechnung der Standardabweichung (ausgehend von einer Stichprobe) der stetigen, täglichen Renditen:

$$\sigma = \sqrt{\frac{1}{n-1}\sum_{t=1}^{n}(r_t - \bar{r}_t)^2}$$

Formel 16

σ = Standardabweichung der Rendite
n = Anzahl der Beobachtungen
r_t = Rendite im Zeitpunkt t
$\bar{r}_t$ = Mittelwert der Rendite

Arbeitsmappe: `Case Study Risikomanagement Teil 1` ➲ Arbeitsblatt: `Varianz und Standardabweichung`

Excel-Beispiel: `I11=STABW.S(D8:D1278)`

Berechnung der Standardabweichung (ausgehend von einer Stichprobe) als Wurzel der Varianz:

$$\sigma = \sqrt{\sigma^2} = \sqrt{Var[r]}$$

Formel 17

σ = Standardabweichung der Rendite

σ^2 = Varianz

Excel-Beispiel: `I12=WURZEL(I8)`

Vorgehensweise

- Berechnen Sie die Standardabweichung direkt. `I11=STABW.S(D8:D1278)`
- Berechnen Sie zunächst die Varianz und ziehen Sie dann die Wurzel. `I12=WURZEL(I8)`

Ergebnis

	A	B	C	D	E	F	G	H	I
1									
2		Asset	Immobilien						
3									
4		Währung	in Euro						
5									
6		Datum	DAXsubsector Real Estate Performance-Index	Stetige Rendite		Berechnung			
7		02.01.t(1)	634,73			Mittelwert			-0,15%
8		03.01.t(1)	638,23	0,55%		Varianz			0,03%
9		04.01.t(1)	646,31	1,26%		annualisierte Varianz		250	8,36%
10		07.01.t(1)	650,42	0,63%		monatliche Varianz		12	0,70%
11		08.01.t(1)	655,22	0,74%		Standardabweichung			1,83%
12		09.01.t(1)	654,58	-0,10%		Standardabweichung			1,83%

Abbildung 19: Berechnung der Standardabweichung

Literatur und Verweis auf das Excel-Tool

Ernst, D., Häcker, J. (2021): Risikomanagement im Unternehmen Schritt für Schritt, UTB, Course 1 - Assignment 8.

Ernst, D., Häcker J. (2016): Financial Modeling, 2. Aufl., Schäffer-Poeschel, S. 647-649.

Gleißner, W. (2016): Grundlagen des Risikmanagements, 3. Aufl., Vahlen, S. 25-28.

Hull, J. C. (2014): Risikomanagement: Banken, Versicherungen und andere Finanzinsitutionen, 3. Aufl., Pearson, S. 246-248.

Romeike, F., Hasger, P. (2013): Erfolgsfaktor Risikomanagement 3.0, 3. Aufl., Springer Gabler, S. 125-127.

Vanini, U. (2012): Risikomanagement, Schäffer-Poeschel, S. 52.

Wüst, K. (2014): Risikomanagement: Eine Einführung mit Anwendungen in Excel, UTB, S. 56-62.

Siehe Excel-Datei `Case Study Risikomanagement Teil 1`, Excel-Arbeitsblatt `Varianz und Standardabweichung`

Assignment 9: Berechnung der annualisierten und unterperiodigen Standardabweichung

Aufgabe

Berechnen Sie aus der täglichen Standardabweichung die annualisierte Standardabweichung für 250 Handelstage. Berechnen Sie danach ausgehend von der annualisierten Standardabweichung die monatliche Standardabweichung.

Inhalt

Auch beim **Vergleich der Standardabweichung** ist es notwendig, dieselben Zeiträume zu betrachten. So müssen beispielsweise Standardabweichungen auf Jahresebene mit Standardabweichungen auf Jahresebene verglichen werden. Aus diesem Grund sollten Risiken für unterschiedliche Zeiträume vergleichbar gemacht werden.

Wichtige Formeln

Die Standardabweichung wird folgendermaßen annualisiert:

$$\sigma_{annualisiert} = \sigma_t \cdot \sqrt{n}$$

Formel 18

$\sigma_{annualisiert}$ = Standardabweichung der Rendite auf Jahresebene
σ_t = unterjährige Standardabweichung der Rendite
t = einzelne unterjährige Periode, z. B. Tag
n = Anzahl der Perioden

Arbeitsmappe: `Case Study Risikomanagement Teil 1` ➲ Arbeitsblatt: `Varianz und Standardabweichung`

Excel-Beispiel: `I13=I11*WURZEL(H13)`

Für die Umrechnung der Standardabweichung der Rendite auf Jahresebene in eine unterjährige Standardabweichung der Rendite gilt:

$$\sigma_t = \sigma_{annualisiert} \cdot \frac{1}{\sqrt{n}} = \frac{\sigma_{annualisiert}}{n}$$

Formel 19

Excel-Beispiel: `I14=I13/WURZEL(H14)`

Vorgehensweise

- Berechnen Sie die annualisierte und monatliche Standardabweichung basierend auf den obigen Formeln.
- Relevant ist insbesondere die annualisierte Standardabweichung. Sie beträgt 28,92%. Geht man davon aus, dass die Volatilität (= Standardabweichung) am Aktienmarkt ca. 20% be-

trägt, so sieht man, dass die Indexpunkte im Vergleich dazu (zumindest für den betrachteten Zeitraum) deutlich risikobehafteter sind.

Ergebnis

Asset	Immobilien
Währung	in Euro

Datum	DAXsubsector Real Estate Performance-Index	Stetige Rendite
02.01.t(1)	634,73	
03.01.t(1)	638,23	0,55%
04.01.t(1)	646,31	1,26%
07.01.t(1)	650,42	0,63%
08.01.t(1)	655,22	0,74%
09.01.t(1)	654,58	-0,10%
10.01.t(1)	650,51	-0,62%
11.01.t(1)	662,56	1,84%

Berechnung		
Mittelwert		-0,15%
Varianz		0,03%
annualisierte Varianz	250	8,36%
monatliche Varianz	12	0,70%
Standardabweichung		1,83%
Standardabweichung		1,83%
annualisierte Standardabweichung	250	28,92%
monatliche Standardabweichung	12	8,35%

Abbildung 20: Berechnung der annualisierten und unterjährigen Standardabweichung

Literatur und Verweis auf das Excel-Tool

Ernst, D., Häcker, J. (2021): Risikomanagement im Unternehmen Schritt für Schritt, UTB, Course 1 - Assignment 9.

Ernst, D., Häcker J. (2016): Financial Modeling, 2. Aufl., Schäffer-Poeschel, S. 649-650.

Hull, J. C. (2014): Risikomanagement: Banken, Versicherungen und andere Finanzinsitutionen, 3. Aufl., Pearson, S. 246-248.

Wüst, K. (2014): Risikomanagement: Eine Einführung mit Anwendungen in Excel, UTB, S. 56-62.

Siehe Excel-Datei `Case Study Risikomanagement Teil 1`, Excel-Arbeitsblatt `Varianz und Standardabweichung`

Assignment 10: Berechnung der Semivarianz und der Semistandardabweichung

Aufgabe

Berechnen Sie die Semivarianz und die Semistandardabweichung für die stetigen, täglichen Renditen des DAXsubsector Real Estate Performance-Index basierend auf der Annahme einer Stichprobe.

Inhalt

Im Unterschied zu den Gesamtrisikomaßen konzentrieren sich die **Semivarianz** und die **Semistandardabweichung** auf den oberen oder unteren Bereich einer Verteilung. Die Semivarianz und die Semistandardabweichung zählen daher zu den einseitigen Risikomaßen. Die Semistandardabweichung misst die durchschnittliche negative Abweichung vom Erwartungswert. Damit kann das Downside-Potenzial sehr gut beschrieben werden.

Da sowohl die Varianz als auch die Standardabweichung durch die Berücksichtigung von positiven und negativen Abweichungen von einem Mittelwert zweidimensionale bzw. symmetrische Risikomaße darstellen, entsprechen diese nicht zwangsläufig dem Interesse der Risikomanager. Bei der Bewertung von Risiken mit der Semivarianz und der Semistandardabweichung fällt z. B. bei Immobilien, die eingekauft werden, das Augenmerk auf die alleinige Betrachtung der positiven Abweichungen von einem beobachteten Mittelwert. Wurden hingegen bereits Anlagen in Immobilien vorgenommen, so besteht das Risiko in den negativen Abweichungen vom Erwartungswert. Im vorliegenden Beispiel betrachten wir die negativen Abweichungen vom Erwartungswert, also das Risiko bei einer bereits vorgenommenen Investition in den DAXsubsector Real Estate Performance-Index.

fx Wichtige Formeln

Die Formel für die Semivarianz basierend auf einer Stichprobe lautet:

$$\text{SemiVar}[r] = \frac{1}{n-1}\sum_{r_t<\overline{r}_t}(r_t - \overline{r}_t)^2$$

Formel 20

$\text{SemiVar}[r]$	= Semivarianz der Rendite
n	= Anzahl der Beobachtungen
$r_t < \overline{r}_t$	= Renditen mit einer negativen Abweichung vom Mittelwert
r_t	= Mittelwert der Rendite

Arbeitsmappe: `Case Study Risikomanagement Teil 1` ➲ Arbeitsblatt: `Semi-VAR & Semi-STD`

Berechnung der Semivarianz:

Excel-Beispiel: `K9=SUMME(H9:H1278)/(ANZAHL(H9:H1278)-1)`

Analog zur Standardabweichung ergibt sich die Semistandardabweichung gemäß:

$$\text{SemiSTD}[r] = \sqrt{\frac{1}{n-1}\sum_{r_t<\overline{r}_t}(r_t - \overline{r}_t)^2}$$

Formel 21

$\text{SemiSTD}[r]$ = Semistandardabweichung der Rendite

Berechnung der Semistandardabweichung:

Excel-Beispiel: `K10=WURZEL(K9)`

Vorgehensweise

- Zunächst werden wiederum aus den DAXsubsector Real Estate Performance-Index die stetigen, täglichen Renditen berechnet (`Spalte D`).
- Dann wird der Mittelwert der stetigen, täglichen Rendite berechnet (`Zelle K7`).
- Darauffolgend werden die Abweichungen der stetigen, täglichen Renditen vom Mittelwert berechnet (`Spalte F`). Es sollen hierbei nur die negativen Abweichungen ausgewählt werden. Dies erfolgt in Excel durch eine `WENN`-Funktion, die positive Werte mit dem Befehl `""` löscht und negative Werte stehen lässt `F9 =WENN(D9-$K$7>0;"";D9-$K$7)`. Wenn Chance, dann kein Wert, sonst Gefahr und ein Wert wird ausgewiesen. Wenn die Chance größer ist als Null, besteht keine Gefahr.
- Nachdem die Abweichungen berechnet wurden, werden die negativen Werte quadriert `H9=WENN(F9="";"";F9^2)`.
- Schließlich werden die Semivarianz der Stichprobe `K9=SUMME(H9:H1278)/(ANZAHL(H9:H1278)-1)` und die Semistandardabweichung der Stichprobe `K10=WURZEL(K9)` berechnet.
- Die Semistandardabweichung beträgt 1,85%. Der Risikowert bei einer einseitigen Betrachtung der negativen Abweichungen vom Erwartungswert liegt damit etwas höher als die Standardabweichung, die einen Wert von 1,83% ausweist.

Ergebnis

Asset	Immobilien	
Einheit	in Euro	

Datum	DAXsubsector Real Estate Performance-Index	Stetige Rendite	$(r_i^{sm}-\mu)$ DAXsubsector Real Estate Performance-Index	$(r_i^{sm}-\mu)^2$ DAXsubsector Real Estate Performance-Index
02.01.t(1)	634,73			
03.01.t(1)	638,23	0,55%		
04.01.t(1)	646,31	1,26%		
07.01.t(1)	650,42	0,63%		
08.01.t(1)	655,22	0,74%		
09.01.t(1)	654,58	-0,10%	-0,08%	0,0001%
10.01.t(1)	650,51	-0,62%	-0,60%	0,0036%
11.01.t(1)	662,56	1,84%		
14.01.t(1)	659,99	-0,39%	-0,37%	0,0013%
15.01.t(1)	661,55	0,24%		

	DAXsubsector Real Estate Performance-Index
Mittelwert	-0,022%
Semi-VAR	0,03%
Semi-STD	1,85%

Abbildung 21: Berechnung der Semivarianz und der Semistandardabweichung

Literatur und Verweis auf das Excel-Tool

Ernst, D., Häcker, J. (2021): Risikomanagement im Unternehmen Schritt für Schritt, UTB, Course 1 - Assignment 10.

Ernst, D., Häcker J. (2016): Financial Modeling, 2. Aufl., Schäffer-Poeschel, S. 657-660.

Romeike, F., Hasger, P. (2013): Erfolgsfaktor Risikomanagement 3.0, 3. Aufl., Springer Gabler, S. 127-128.

Wüst, K. (2014): Risikomanagement: Eine Einführung mit Anwendungen in Excel, UTB, S. 62-65.

Siehe Excel-Datei `Case Study Risikomanagement Teil 1`, Excel-Arbeitsblatt `Semi-VAR & Semi-STD`

Course Unit 3: Modelle zur Berechnung der Volatilität

Assignment 11: Berechnung der gleitenden Volatilität

Aufgabe

Berechnen Sie die gleitende Volatilität als die tägliche gleitende Volatilität für die stetigen, täglichen Renditen des DAXsubsector Real Estate Performance-Index basierend auf den letzten 30 und den letzten 250 Handelstagen.

Inhalt

Die Schätzwerte für die Volatilität schwanken stark, je nachdem, welche Zeiträume als Datenbasis gewählt werden. Um die Genauigkeit der Schätzung der Varianz bzw. der Standardabweichung zu verbessern, favorisiert man in der Statistik normalerweise möglichst viele Daten. Damit unterstellt man aber gleichzeitig eine konstante Streuung, d. h. eine im Zeitablauf konstante Volatilität. Solche auf langen Zeiträumen basierende Volatilitäten geben demgemäß das Ausmaß an, indem sich ein Markt langfristig betrachtet, typischerweise bewegt. Um die Stärke der laufenden Variabilität zu erfassen, ist es üblich, die Länge des Beobachtungszeitraumes zu verkürzen und die Standardabweichung rollierend für eine fixe Zeitspanne zu berechnen. Diese verkürzte historische Berechnungsbasis wird dann immer weiter zum aktuellen Rand hin verschoben. Daraus resultiert eine Zeitreihe, deren einzelne Elemente als gleitende Durchschnitte berechnet werden. Man spricht von der **gleitenden Volatilität**.

Die am häufigsten verwendeten gleitenden Volatilitäten sind die 30-und 250-Tage-Volatilität. Hierbei wird die Standardabweichung (hier die tägliche Standardabweichung) auf Basis der letzten 29 Renditen (30 Handelstage) berechnet bzw. die der letzten 249 Renditen (250 Handelstage). Zu beachten ist, dass die 30- und 250-Tage-Volatilität nach wie vor eine Tagesvolatilität ist. Die 30 und 250 Tage bezeichnen lediglich die Analyseperiode. Entscheidend ist die Rendite. Wenn es sich wie hier um eine stetige, tägliche Rendite handelt, ist auch die Volatilität eine tägliche, unabhängig davon, wie viele Werte in die Berechnung einbezogen werden.

In der Praxis haben sich bei der Berechnung der gleitenden Volatilität zwei Vereinfachungen durchgesetzt, die wir hier bei den folgenden Berechnungen beibehalten wollen:

1 Das arithmetische Mittel wird bei der Berechnung der gleitenden Volatilität auf Tagesbasis gleich Null gesetzt. Diese Annahme wird dadurch gerechtfertigt, dass die erwartete Änderung des Marktpreises auf Tagesbasis keine praktische Relevanz besitzt.

2 *n*-1 wird durch *n* ersetzt. Diese Veränderung führt vom erwartungstreuen Schätzer zum Maximum-Likelihood-Schätzer, der für die folgenden Modelle noch eine wichtige Rolle spielen wird.

Wichtige Formeln

Formal ist die gleitende historische Volatilität unter Berücksichtigung der oben genannten Vereinfachungen definiert als:

$$\sigma_t = \sqrt{\frac{1}{n} \cdot \sum_{i=0}^{n} r_{t+1-i}^2}$$

Formel 22

n = Anzahl der Beobachtungen

i = 1, 2, 3, …, n; Laufvariable, die über n Beoabachtungen zurückgeht, beginnend bei i=1 (aktuelle Beobachtung)

Arbeitsmappe: `Case Study Risikomanagement Teil 1` ➲ Arbeitsblatt: `Gleitende Volatilität`

Berechnung der 30-Tage-Volatilität:

Excel-Beispiel: `F37=WURZEL(SUMME(E8:E36)/ANZAHL(E8:E36))`

Berechnung der 250-Tage-Volatilität:

Excel-Beispiel: `G257=WURZEL(SUMME(E8:E256)/ANZAHL(E8:E256))`

Vorgehensweise

- Berechnen Sie basierend auf den DAXsubsector Real Estate Performance-Index die stetigen Renditen `(D)` und unter Berücksichtigung der oben getroffenen Vereinfachungen die täglichen Varianzen `(Spalte E)`. Danach werden die 30- und 250-Tage-Volatilität gemäß der obigen Formel berechnet. Diese lautet für die 30-Tage-Volatilität `F37=WURZEL(SUMME(E8:E36)/ANZAHL(E8:E36))` und für die 250-Tage-Volatilität `G257=WURZEL(SUMME(E8:E256)/ANZAHL(E8:E256))`.
- Bitte beachten Sie, dass die Ergebnisse der Berechnungen wiederum Tagesrenditen sind, basierend auf einer Datengrundlage von 30 bzw. 250 Handelstagen. 30 bzw. 250 Handelstagen entsprechen 29 bzw. 249 Renditewerten.

Ergebnis

	A	B	C	D	E	F	G
31		05.02.t(1)	700,91	0,26%	0,00%		
32		06.02.t(1)	700,89	0,00%	0,00%		
33		07.02.t(1)	695,77	-0,73%	0,01%		
34		08.02.t(1)	686,52	-1,34%	0,02%		
35		11.02.t(1)	692,53	0,87%	0,01%		
36		12.02.t(1)	690,63	-0,27%	0,00%		
37		13.02.t(1)	688,98	-0,24%	0,00%	0,75%	
38		14.02.t(1)	689,84	0,12%	0,00%	0,75%	
39		15.02.t(1)	690,10	0,04%	0,00%	0,71%	
40		18.02.t(1)	691,29	0,17%	0,00%	0,70%	
41		19.02.t(1)	689,10	-0,32%	0,00%	0,69%	

Abbildung 22: Berechnung der 30-Tage-Volatilität

	A	B	C	D	E	F	G
251		17.12.t(1)	713,13	0,03%	0,00%	0,78%	
252		18.12.t(1)	712,81	-0,04%	0,00%	0,77%	
253		19.12.t(1)	716,33	0,49%	0,00%	0,76%	
254		20.12.t(1)	721,75	0,75%	0,01%	0,75%	
255		23.12.t(1)	723,30	0,21%	0,00%	0,76%	
256		27.12.t(1)	729,92	0,91%	0,01%	0,76%	
257		30.12.t(1)	727,77	-0,29%	0,00%	0,75%	0,97%
258		02.01.t(2)	731,59	0,52%	0,00%	0,74%	0,97%
259		03.01.t(2)	735,25	0,50%	0,00%	0,74%	0,97%
260		06.01.t(2)	732,23	-0,41%	0,00%	0,67%	0,97%
261		07.01.t(2)	733,96	0,24%	0,00%	0,68%	0,97%
262		08.01.t(2)	733,34	-0,08%	0,00%	0,65%	0,97%

Abbildung 23: Berechnung der 250-Tage-Volatilität

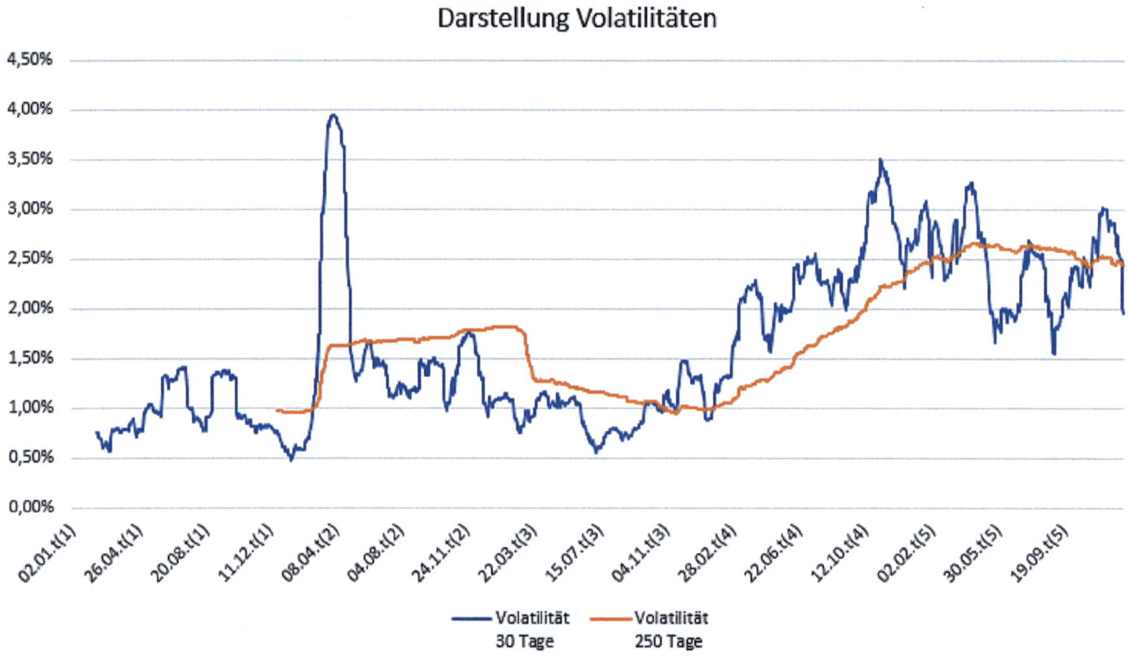

Abbildung 24: Darstellung 30-Tage-Volatilität und 250-Tage-Volatilität

Literatur und Verweis auf das Excel-Tool

Ernst, D., Häcker, J. (2021): Risikomanagement im Unternehmen Schritt für Schritt, UTB, Course 1 - Assignment 11.

Hull, J. C. (2014): Risikomanagement: Banken, Versicherungen und andere Finanzinsitutionen, 3. Aufl., Pearson, S. 256-257.

Romeike, F., Hasger, P. (2013): Erfolgsfaktor Risikomanagement 3.0, 3. Aufl., Springer Gabler, S. 465-469.

Siehe Excel-Datei `Case Study Risikomanagement Teil 1`, Excel-Arbeitsblatt `Gleitende Volatilität`

Assignment 12: Berechnung der gleitenden Volatilität mit linear fallenden Gewichten und mit exponentiell fallenden Gewichten

Aufgabe

Berechnen Sie die gleitende Volatilität mit linear fallenden Gewichten und mit exponentiell fallenden Gewichten für die stetigen, täglichen Renditen des DAXsubsector Real Estate Performance-Index auf Basis der letzten 250 Handelstage.

Inhalt

Bei der gleitenden Volatilität haben wir bislang die Varianzen $r_{n-1}^2, r_{n-2}^2, \ldots, r_{n-m}^2$ gleichgewichtet. Da bei der Schätzung der gegenwärtigen Volatilität die jüngeren Werte eine höhere Aussagekraft besitzen, ist es unser Ziel, diese stärker zu gewichten. Hierzu verwenden wir linear abnehmende Gewichte und exponentiell abnehmende Gewichte. Dies führt zur gleitenden Volatilität mit linear abnehmenden Gewichten und zur gleitenden Volatilität mit exponentiell abnehmenden Gewichten.

Wichtige Formeln

Die Formel für die gleitende Volatilität mit fallenden Gewichten lautet:

$$\sigma_t = \sqrt{\sum_{i=1}^{n} \alpha_i \cdot r_{t+1-i}^2}$$

Formel 23

α_i = Gewichtungsfaktor
n = Anzahl der Beobachtungen
i = 1, 2, 3, …, n; Laufvariable, die über n Beobachtungen zurückgeht, beginnend bei i=1 (aktuelle Beobachtung)

Die Variable α_i weist einen Wert > 0 und < 1 auf und beschreibt das Gewicht, das der Beobachtung vor i Tagen beigemessen wird. Die Gewichte α_i sind so zu modellieren, dass jüngere Werte höhere Gewichte und ältere Wert niedrigere Gewichte erhalten. Die Summe der Gewichte α_i muss Eins ergeben, d. h.

$$\sum_{i=1}^{n} \alpha_i = 1$$

Formel 24

Bei linear fallenden Gewichten gilt

$$\alpha_i = \frac{n+1-i}{\sum_{i=1}^{n} i}$$

Formel 25

Der Nenner $\sum_{i=1}^{n} i$ ist die Normierung (damit die Summe aller Gewichte = 1 ist). Das ist eine sogenannte arithmetische Reihe und ergibt:

$$\sum_{i=1}^{n} i = \frac{n \cdot (n+1)}{2}$$

Bei exponentiell fallenden Gewichten gilt:

$$\alpha_i = (1-\lambda) \cdot \lambda^{i-1}$$ Formel 26

$\lambda \in [0,1]$ = Senkungsrate

Die Gewichte α_i fallen mit der Rate λ, wenn wir in der Zeit rückwärts gehen. Jedes Gewicht ist das λ-fache des vorhergehenden Gewichts.

$$\alpha_i = \lambda \cdot \alpha_{i+1}$$ Formel 27

Arbeitsmappe: `Case Study Risikomanagement Teil 1` ➲ Arbeitsblatt: `Gl.Vola lin. und exp.fall. Gew.`

Berechnung der linear fallenden Gewichte:

Excel-Beispiel: `L8=J8/SUMME($K$8:$K$256)`

Berechnung der gewichteten 250-Tage-Varianz:

Excel-Beispiel: `G257=SUMMENPRODUKT(E9:E256;$L$9:$L$256)`

Berechnung der 250-Tage-Volatilität:

Excel-Beispiel: `H257=WURZEL(G257)`

Berechnung der exponentiell fallenden Gewichte:

Excel-Beispiel: `R8=(1-$R$3)*$R$3^(Q8-1)`

Berechnung der gewichteten 250-Tage-Varianz:

Excel-Beispiel: `N257=SUMMENPRODUKT(E8:E256;$R$8:$R$256)`

Berechnung der 250-Tage-Volatilität:

Excel-Beispiel: `O257=WURZEL(N257)`

Vorgehensweise

- Berechnen Sie in Spalte `D` die stetigen, täglichen Renditen.
- Berechnen Sie in Spalte `E` basierend auf den stetigen, täglichen Renditen die tägliche Varianz.
- Berechnen Sie in Spalte `L` die Gewichte der täglichen Varianz α_i für linear fallende Gewichte `L8=J8/SUMME($K$8:$K$256)`.
- Bitte beachten Sie, dass die Ergebnisse der Berechnungen wiederum Tagesrenditen sind, basierend auf einer Datengrundlage von 250 Handelstagen.
- Berechnen Sie die gleitende Varianz mit linear fallenden Gewichten `G257=SUMMENPRODUKT(E8:E256;$L$8:$L$256)`.
- Berechnen Sie daraufhin die gleitende Volatilität mit linear fallenden Gewichten `H257=WURZEL(G257)`.
- Berechnen Sie in Spalte `R` die Gewichte der täglichen Varianz α_i mit Hilfe des Faktors λ in Zelle `R3` gemäß der Formel `R8=(1-$R$3)*$R$3^(Q8-1)`.
- Bitte beachten Sie, dass die Ergebnisse der Berechnungen wiederum Tagesrenditen sind, basierend auf einer Datengrundlage von 250 Handelstagen.
- Berechnen Sie die gleitende Varianz mit exponentiell fallenden Gewichten `N257=SUMMENPRODUKT(E8:E256;$R$8:$R$256)`.
- Berechnen Sie daraufhin die gleitende Volatilität mit exponentiell fallenden Gewichten `O257=WURZEL(N257)`.

Ergebnis

	B	C	D	E	G	H	J	K	L
1									
2	Asset	Immobilien							
3							n	250	
4	Währung	in Euro							
5					bei linear fallenden Gewichten		bei linear fallenden Gewichten		
6	Datum	DAXsubsector Real Estate Performance-Index	Stetige Rendite	tägliche Varianz = r_n^2	Gew. Varianz 250 Tage	Gew. Volatilität 250 Tage	$n-i$	i	α_i
7	02.01.t(1)	634,73							
8	03.01.t(1)	638,23	0,55%	0,0000302			1	249	0,00%
9	04.01.t(1)	646,31	1,26%	0,0001583			2	248	0,01%
10	07.01.t(1)	650,42	0,63%	0,0000402			3	247	0,01%
11	08.01.t(1)	655,22	0,74%	0,0000541			4	246	0,01%
12	09.01.t(1)	654,58	-0,10%	0,0000010			5	245	0,02%
13	10.01.t(1)	650,51	-0,62%	0,0000389			6	244	0,02%
14	11.01.t(1)	662,56	1,84%	0,0003369			7	243	0,02%
15	14.01.t(1)	659,99	-0,39%	0,0000151			8	242	0,03%
16	15.01.t(1)	661,55	0,24%	0,0000056			9	241	0,03%
17	16.01.t(1)	661,20	-0,05%	0,0000003			10	240	0,03%
18	17.01.t(1)	660,76	-0,07%	0,0000004			11	239	0,04%

Abbildung 25: Berechnung der linear fallenden Gewichte

	A	B	C	D	E	F	G	H	I	J	K	L
250		16.12.t(1)	712,92	1,06%	0,0001127					243	7	0,78%
251		17.12.t(1)	713,13	0,03%	0,0000001					244	6	0,78%
252		18.12.t(1)	712,81	-0,04%	0,0000002					245	5	0,79%
253		19.12.t(1)	716,33	0,49%	0,0000243					246	4	0,79%
254		20.12.t(1)	721,75	0,75%	0,0000568					247	3	0,79%
255		23.12.t(1)	723,30	0,21%	0,0000046					248	2	0,80%
256		27.12.t(1)	729,92	0,91%	0,0000830					249	1	0,80%
257		30.12.t(1)	727,77	-0,29%	0,0000087		9,75589E-05	0,0098772				
258		02.01.t(2)	731,59	0,52%	0,0000274		9,68729E-05	0,0098424				100,00%
259		03.01.t(2)	735,25	0,50%	0,0000249		9,63373E-05	0,0098152				
260		06.01.t(2)	732,23	-0,41%	0,0000169		9,57858E-05	0,0097870				
261		07.01.t(2)	733,96	0,24%	0,0000056		9,51711E-05	0,0097556				
262		08.01.t(2)	733,34	-0,08%	0,0000007		9,44666E-05	0,0097194				
263		09.01.t(2)	733,39	0,01%	0,0000000		9,37232E-05	0,0096811				
264		10.01.t(2)	733,50	0,01%	0,0000000		9,29753E-05	0,0096424				
265		13.01.t(2)	739,26	0,78%	0,0000612		9,22384E-05	0,0096041				
266		14.01.t(2)	739,32	0,01%	0,0000000		9,19912E-05	0,0095912				
267		15.01.t(2)	739,14	-0,02%	0,0000001		9,12528E-05	0,0095526				
268		16.01.t(2)	745,12	0,81%	0,0000649		9,05149E-05	0,0095139				

Abbildung 26: Berechnung der 250-Tage-Volatilität für linear fallende Gewichte

	M	N	O	P	Q	R
1						
2						
3					**Lambda λ**	0,95
4						
5		***bei exponentiell fall. Gewichten***			***bei exponentiell fall. Gewichten***	
6		**Gew. Varianz 250 Tage**	**Gew. Volatilität 250 Tage**		***i***	α_i
7						
8					249	0,00%
9					248	0,00%
10					247	0,00%
11					246	0,00%
12					245	0,00%
13					244	0,00%
14					243	0,00%
15					242	0,00%
16					241	0,00%
17					240	0,00%

Abbildung 27: Berechnung der exponentiell fallenden Gewichte

	M	N	O	P	Q	R
250					7	3,68%
251					6	3,87%
252					5	4,07%
253					4	4,29%
254					3	4,51%
255					2	4,75%
256					1	5,00%
257		0,0000550	0,0074143			
258		0,0000527	0,0072566			100,00%
259		0,0000514	0,0071691			
260		0,0000501	0,0070761			
261		0,0000484	0,0069581			

Abbildung 28: Berechnung der 250-Tage-Volatilität für exponentiell fallende Gewichte

Abbildung 29: Darstellung gewichtete Volatilität bei linear fallenden Gewichten und gewichtete Volatilität bei exponentiell fallenden Gewichten.

Literatur und Verweis auf das Excel-Tool

Ernst, D., Häcker, J. (2021): Risikomanagement im Unternehmen Schritt für Schritt, UTB, Course 1 - Assignment 12.

Hull, J. C. (2014): Risikomanagement: Banken, Versicherungen und andere Finanzinsitutionen, 3. Aufl., Pearson, S. 256-257.

Romeike, F., Hasger, P. (2013): Erfolgsfaktor Risikomanagement 3.0, 3. Aufl., Springer Gabler, S. 465-469.

Siehe Excel-Datei `Case Study Risikomanagement Teil 1`, Excel-Arbeitsblatt `Gl.Vola lin. und exp.fall. Gew.`

Assignment 13: Berechnung der Volatilität mit dem EWMA-Modell

Aufgabe

Berechnen Sie die Volatilität mit dem EWMA-Modell für die stetigen, täglichen Renditen des DAXsubsector Real Estate Performance-Index.

Inhalt

Der Ansatz der gleitenden Volatilität mit exponentiell abnehmenden Gewichten weist den Nachteil auf, dass der Senkungs- bzw. Gewichtungsfaktor λ vom Financial Engineer festgelegt wird, ohne dass ein direkter Bezug zu den vorliegenden, historischen Daten vorliegen muss. Diese Schwäche wird durch das Modell der exponentiell gewichteten gleitenden Durchschnitte (**EWMA-Modell** = exponentially weighted moving volatility) behoben. Beim EWMA-Modell werden die historischen Werte ebenfalls exponentiell gewichtet, so dass in der nahen Vergangenheit liegende Werte ein höheres Gewicht gegenüber älteren Werten erhalten. Zu diesem Zwecke wird wiederum der Gewichtungsfaktor λ verwendet, welcher auch als Verzögerungsfaktor bezeichnet wird. Sein Wert liegt stets zwischen 0 und 1.

Im Rahmen des EWMA-Modells wird nun aber derjenige Wert des Gewichtungsfaktors λ geschätzt, der die historischen Daten der bedingten EWMA-Varianzen am besten erklärt. Hierzu verwenden wir die **Maximum-Likelihood-Methode**. Die Maximum-Likelihood-Methode berechnet den Wert des Parameters λ, der die Wahrscheinlichkeit für das Auftreten der historischen Werte (hier EWMA-Varianz) maximiert. Es wird der Parameter λ so bestimmt, dass er die bisher eingetretenen Beobachtungen am besten beschreibt.

Wichtige Formeln

Die Formel für den Schätzwert der Varianz nach dem EWMA-Modell lautet:

$$\sigma_t^2 = \lambda \cdot \sigma_{t-1}^2 + (1-\lambda) \cdot r_{t-1}^2 \qquad \text{Formel 28}$$

$\lambda \in [0,1]$ = Senkungsrate bzw. Glättungsfaktor – steuert den Einfluss vergangener Daten

Das EWMA-Modell zeigt, dass mit nur zwei Werten, dem Schätzwert für die Varianz des Vortags σ_{t-1}^2 und der tatsächlichen Veränderungsrate am Vortag r_{t-1}^2, sich die Varianz für den nächsten Tag schätzen lässt. In dem Schätzwert für die Varianz des Vortags sind historische Werte der täglichen Veränderungen enthalten, die mit exponentiell sinkenden Gewichten berücksichtigt werden, je weiter sie in der Vergangenheit liegen. Zur Demonstration dieses Sachverhalts bietet sich die Auflösung der Rekursionsformel an.

$$\sigma_t^2 = (1-\lambda) \cdot \sum_{i=1}^{t-1}(\lambda^{i-1} \cdot r_{t-i}^2 + \lambda^{t-1} \cdot \sigma_1^2) \text{ mit } i = 1 \text{ bis } t-1$$

Formel 29

σ_1^2 ist der Startwert. Von diesem ausgehend wird rekursiv (rekursiv bedeutet, dass nicht aus der ganzen Historie direkt, sondern nur aus dem Vorwert gerechnet wird) von t = 1 bis t-1 gegangen. Der Summand $\lambda^{t-1} \cdot \sigma_1^2$ strebt gegen Null, da λ regelmäßig kleiner Eins ist und λ^{t-1} mit wachsendem t gegen Null strebt. Dies führt zur folgenden Vereinfachung:

$$\sigma_t^2 = (1-\lambda) \cdot \sum_{i=1}^{t-1}(\lambda^{i-1} \cdot r_{t-i}^2) \text{ mit } i = 1 \text{ bis } t-1$$

Formel 30

Der Gewichtungsfaktor λ^{i-1} für die historischen Veränderungsraten r_{t-i}^2wird umso kleiner, je größer i ist, das heißt, je weiter die Beobachtung in der Vergangenheit liegt.

Anstatt die unendliche Summe zu verwenden, wird das Verfahren rekursiv geschrieben und führt zur Formel 30. Diese Darstellung ist rechnerisch effizient und intuitiv: Der neue Schätzwert ist ein gewichteter Mittelwert aus der bisherigen Volatilität und der aktuellen quadrierten Rendite. Die vereinfachte EWMA-Formel ist dadurch möglich, dass die Gewichtungsstruktur exponentiell ist und die Summe der älteren Terme σ_{t-1}^2 bereits enthalten ist.

Wir überlegen uns nun, wie die Maximum-Likelihood-Methode zur Schätzung des Parameters λ eingesetzt werden kann. r_t^2 sei die beobachtete Varianz und σ_t^2 die geschätzte Varianz. Wir nehmen an, dass der Erwartungswert der beobachteten Varianzen Null und deren Wahrscheinlichkeitsverteilung eine Normalverteilung sei.

Die Wahrscheinlichkeit, dass die Beobachtungen in der Reihenfolge auftreten, in der sie beobachtet wurden, wird mit folgender Formel berechnet:

$$L = \prod_{t=1}^{n}\left[\frac{1}{\sqrt{2\pi\sigma_t^2}} exp\left(\frac{-r_t^2}{2\sigma_t^2}\right)\right]$$

Formel 31

Bei der Maximum-Likelihood-Methode ist der Wert von σ_t^2, der den obigen Ausdruck maximiert, der beste Schätzer. Durch Logarithmierung können wir die obige Formel wie folgt vereinfachen:

$$\sum_{t=1}^{n}\left(-ln(\sigma_t^2) - \frac{r_t^2}{\sigma_t^2}\right)$$

Formel 32

Mit dem iterativen Suchverfahren (`SOLVER` in Excel) können wir nun den Parameter λ bestimmen, der die zuletzt aufgeführte Formel maximiert.

Arbeitsmappe: `Case Study Risikomanagement Teil 1` ➲ Arbeitsblatt: `EWMA`

Berechnung der täglichen Varianz:

Excel-Beispiel: `E12=D12^2`

Berechnung der EWMA-Varianz (Startwert):

Excel-Beispiel: `F12=E12`

Berechnung der EWMA-Varianz (Folgewerte):

Excel-Beispiel: `F13=F12*$D$7+(1-$D$7)*E12`

Berechnung der EWMA-Volatilität:

Excel-Beispiel: `I12=WURZEL(F12)`

Berechnung der Wahrscheinlichkeit, dass der geschätzte Wert auftritt:

Excel-Beispiel: `G12=-LN(F12)-E12/F12`

Summe der Wahrscheinlichkeiten, die maximiert wird:

Excel-Beispiel: `G7=SUMME(G12:G1282)`

Ausgangswert für λ, über den im `SOLVER` die Optimierung erfolgt:

Excel-Beispiel: `C7='Annahmen allgemein'!C176`

Vorgehensweise

- Berechnen Sie in Spalte `D` die stetigen, täglichen Renditen.
- Berechnen Sie in Spalte `E` basierend auf den stetigen, täglichen Renditen die tägliche Varianz.
- Im nächsten Schritt wird die EWMA-Varianz berechnet. Dafür benötigen wir den Wert für λ, den wir zunächst aus den Annahmen allgemein erhalten. Er wird mit Zelle `C7` verlinkt. Wir verlinken diese Zelle wiederum mit der Zelle `D7`, in der nach Optimierung mit dem Solver der aus der Optimierung hervorgehende Wert von λ stehen wird.

- Für die Berechnung der EWMA-Varianz benötigen wir einen Ausgangswert. Hier setzen wir in Zelle `F12` die Varianz aus Zelle `E12` ein.
- In `F13` findet dann die eigentliche Formel für die EWMA-Varianz Anwendung `F13=F12*$D$7+(1-$D$7)*E12`.
- Die EWMA-Volatilität ist die Wurzel der EWMA-Varianz `I12=WURZEL(F12)`.
- In Spalte `G` befindet sich die Berechnung der Wahrscheinlichkeit für die Maximum-Likelihood-Methode. Die Excel-Formel lautet `G12=-LN(F12)-E12/F12`.
- In Zelle `G7` werden die Wahrscheinlichkeiten summiert `G7=SUMME(G12:G1282)`, die dann bei der Optimierung maximiert werden.
- Für die Optimierung mit Hilfe des `SOLVER` sind folgende Werte in den `SOLVER` einzugeben:

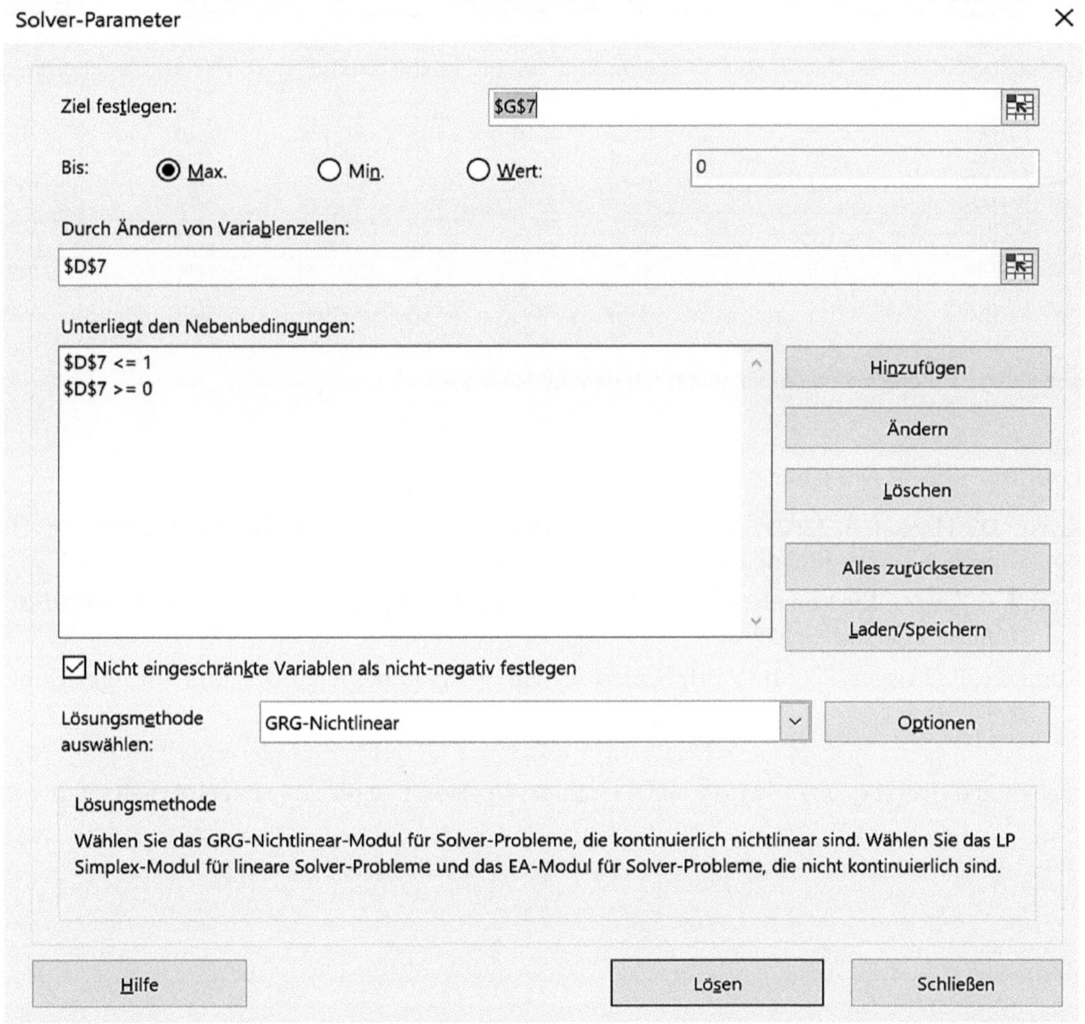

Abbildung 30: Solver-Parameter für das EWMA-Modell

- Es ergibt sich ein Wert für λ in Höhe von 0,931996. Mit diesem λ werden die historischen Beobachtungen der EWMA-Varianz am besten beschrieben.

- Setzt man diesen Wert bei der Berechnung der gleitenden Volatilität mit exponentiell fallenden Gewichten als λ ein, ergeben sich dort dieselben Werte für die gewichtete Varianz wie bei der EWMA-Varianz.

Ergebnis

	B	C	D	E	F	G	H	I
1								
2	Asset	Immobilien						
3								
4	Währung	in Euro						
5								
6		Ausgangswerte	opt. Werte					
7	λ	0,95	0,931996			9308,220		
8								
9								
10	Datum	DAXsubsector Real Estate Performance-Index	Stetige Rendite	tägliche Varianz = r_n^2	EWMA-Varianz	Likelihood		EWMA-Volatilität
11	02.01.t(1)	634,73						
12	03.01.t(1)	638,23	0,55%	0,00%	0,00%	9,406		0,005499008
13	04.01.t(1)	646,31	1,26%	0,02%	3,02391E-05	5,172		0,005499008
14	07.01.t(1)	650,42	0,63%	0,00%	3,89457E-05	9,122		0,00624065
15	08.01.t(1)	655,22	0,74%	0,01%	3,90299E-05	8,766		0,00624739
16	09.01.t(1)	654,58	-0,10%	0,00%	4,00522E-05	10,101		0,00632868
17	10.01.t(1)	650,51	-0,62%	0,00%	3,73934E-05	9,154		0,006115017
18	11.01.t(1)	662,56	1,84%	0,03%	3,7496E-05	1,207		0,006123399
19	14.01.t(1)	659,99	-0,39%	0,00%	5,78557E-05	9,496		0,007606294
20	15.01.t(1)	661,55	0,24%	0,00%	5,49485E-05	9,708		0,007412722
21	16.01.t(1)	661,20	-0,05%	0,00%	5,15908E-05	9,867		0,007182672
22	17.01.t(1)	660,76	-0,07%	0,00%	4,81014E-05	9,933		0,00693552
23	18.01.t(1)	666,12	0,81%	0,01%	4,48605E-05	8,557		0,006697797
24	21.01.t(1)	675,18	1,35%	0,02%	4,62486E-05	6,035		0,006800632

Abbildung 31: Berechnung der Volatilität mit dem EWMA-Modell

Literatur und Verweis auf das Excel-Tool

Ernst, D., Häcker, J. (2021): Risikomanagement im Unternehmen Schritt für Schritt, UTB, Course 1 - Assignment 13.

Hull, J. C. (2014): Risikomanagement: Banken, Versicherungen und andere Finanzinsitutionen, 3. Aufl., Pearson, S. 257-259.

Romeike, F., Hasger, P. (2013): Erfolgsfaktor Risikomanagement 3.0, 3. Aufl., Springer Gabler, S. 471-475.

Siehe Excel-Datei `Case Study Risikomanagement Teil 1`, Excel-Arbeitsblatt `EWMA`

Assignment 14: Berechnung der Volatilität mit dem ARCH-Modell

Aufgabe

Berechnen Sie die Volatilität mit dem ARCH-Modell für die stetigen, täglichen Renditen des DAXsubsector Real Estate Performance-Index.

Inhalt

Die meisten theoretischen Ansätze in der Kapitalmarkttheorie gehen davon aus, dass die Varianz von Renditen im Zeitablauf konstant ist. Betrachtet man jedoch die Preisveränderungsraten auf spekulativen Märkten genauer, kann beobachtet werden, dass sie zwar um einen konstanten Mittelwert schwanken, ihre Variabilität im Zeitablauf jedoch nicht konstanten Schwankungen unterliegt. Es besteht vielmehr eine Tendenz zum Volatility Clustering (Volatilitäts-Clustering). Volatility Clustering beschreibt die zeitliche Konzentration absolut hoher und absolut niedriger Renditen. Dies bedeutet, dass die Entwicklung der Volatilität im Zeitablauf einem gewissen Muster folgt. Auf eine Phase hoher Volatilität folgt eine Phase niedriger Volatilität und umgekehrt. Es bilden sich also in jeder Phase Volatilitäts-Cluster. Klassische Methoden wie die Regressionsanalyse oder Zeitreihenanalyse unterstellen eine im Zeitablauf konstante Varianz der Prognosefehler und sind ungeeignet, Phänomene wie Volatilitäts-Clustering zu erklären. Speziell Aktien- und Wechselkurse oder Zinssätze weisen derartige Verhaltensmuster auf, die einen nichtlinearen Modellierungsansatz erforderlich machen. Einen solchen Ansatz stammt von *Engle*, der 2003 für seine Arbeiten zu ARCH-Modellen den Nobelpreis in Wirtschaftswissenschaften erhielt.

Die Abkürzung **ARCH** steht für „Autoregressive Conditional Heteroscedasticity", was ins Deutsche übersetzt „Autoregressive Bedingte Heteroskedastizität" bedeutet. ARCH-Modelle versuchen zu berücksichtigen, dass Volatilitäten einem bestimmten Muster folgen. Diese Eigenschaft sich im Zeitablauf verändernder Volatilitäten wird als *Heteroskedastizität* bezeichnet. ARCH-Modelle sind ferner *autoregressiv*, d. h., dass die Volatilität in Abhängigkeit von ihrer Vorgängergröße gemessen wird, also bedingt (*conditional*) ist.

Das ARCH-Modell kann als Erweiterung der Methode der gleitenden Volatilität betrachtet werden, die wir bereits besprochen haben. Die Erweiterung besteht darin, dass bei der Berechnung der geschätzten Varianz neben den gewichteten historischen (realisierten) Varianzen auch eine langfristige Varianz existiert, auf die sich die geschätzte Varianz langfristig einschwingt. Auch hier findet zur Bestimmung der modellnotwendigen Parameter die Maximum-Likelihood-Methode Anwendung.

ARCH-Modelle werden als ARCH(m)-Modelle angegeben. Die Variable m bezeichnet die Anzahl der Vergangenheitswerte (Lag-Beobachtungen) realisierter Varianzen. Wir verwenden hier ein ARCH(1)-Modell, d.h. die realisierte Varianz der letzten Periode wird berücksichtigt.

Wichtige Formeln

Die Formel für die Varianz σ^2 zum Zeitpunkt n im ARCH(m)-Modell lautet:

$$\sigma_t^2 = \gamma \cdot V_L + \sum_{t=1}^{m} \alpha_i \cdot r_{t-i}^2$$

Formel 33

V_L = langfristige Varianz der Zeitreihe

γ = Gewichtungsfaktor von V_L

r_{t-i}^2 = quadrierte Rendite (= Varianz) am Vortag
α_i = Gewichtungsfaktor am Tag i
m = Anzahl der Lags (Verzögerungen) im Modell

Das ARCH(m)-Modell beinhaltet, dass die Varianz σ_t^2 mit Hilfe der durchschnittlichen, langfristigen Varianz und der gewichteten historischen Varianz aus t Beobachtungen erklärt werden kann.

Da die Summe der Gewichte Eins ergibt, gilt:

$$\gamma + \sum_{i=1}^{m} \alpha_i = 1$$

Formel 34

Im ARCH(m)-Modell werden jüngeren Beobachtungen höhere Gewichte und älteren Beobachtungen niedrigere Gewichte zugewiesen. Mit $\omega = \gamma \cdot V_L$ kann die obige Formel auch wie folgt geschrieben werden:

$$\sigma_t^2 = \omega + \sum_{i=1}^{m} \alpha_i \cdot r_{t-i}^2$$

Formel 35

Arbeitsmappe: `Case Study Risikomanagement Teil 1` ➲ Arbeitsblatt: `ARCH`

Berechnung der täglichen Varianz:

Excel-Beispiel: `E12=D12^2`

Ausgangswert für ω, über den im `SOLVER` die Optimierung erfolgt:

Excel-Beispiel: `L3='Annahmen allgemein'!C181`

Ausgangswert für $\alpha(1)$, über den im `SOLVER` die Optimierung erfolgt:

Excel-Beispiel: `L4='Annahmen allgemein'!C182`

Berechnung der bedingten (conditional) Varianz:

Excel-Beispiel: `F13=$M$3+$M$4*E12`

Berechnung der bedingten (conditional) Volatilität:

Excel-Beispiel: `I17=WURZEL(F17)`

Berechnung der Wahrscheinlichkeit, dass der geschätzte Wert auftritt:

Excel-Beispiel: `G17=-LN(F17)-E17/F17`

Summe der Wahrscheinlichkeiten, die maximiert wird:

Excel-Beispiel: `G8=SUMME(G12:G1282)`

Berechnung des Gewichtungsfaktors von γ_L:

Excel-Beispiel: `I2=1-M4`

Berechnung von der täglichen, langfristigen Varianz V_L:

Excel-Beispiel: `I3=M3/I2`

Berechnung von der täglichen, langfristigen Volatilität:

Excel-Beispiel: `I4=WURZEL(I3)`

Berechnung von der jährlichen, langfristigen Volatilität:

Excel-Beispiel: `I5=I4*WURZEL('Annahmen allgemein'!C187)`

Vorgehensweise

- Berechnen Sie in Spalte `D` die stetigen, täglichen Renditen.
- Berechnen Sie in Spalte `E` basierend auf den stetigen, täglichen Renditen die tägliche Varianz.
- Im nächsten Schritt wird die bedingte (conditional) Varianz berechnet. Dafür benötigen wir für die Variablen ω und α_i Ausgangswerte, die wir aus den Annahmen allgemein erhalten. Sie werden mit den Zellen `L3` und `L4` verlinkt. Wir verlinken diese Zelle wiederum mit den Zellen `M3` und `M10=M4+I2` in der nach Optimierung mit dem Solver die aus der Optimierung hervorgehende Werte von λ und α_i stehen werden.
- In `F17` befindet sich die eigentliche Formel für die Berechnung der bedingten Varianz, die sich aus der durchschnittlichen, langfristigen Varianz und 5 Beobachtungen zusammensetzt `F13=$M$3+$M$4*E12`.
- Die bedingte Volatilität ist die Wurzel der bedingten Varianz `I17=WURZEL(F17)`.
- In Spalte `G` befindet sich die Berechnung der Wahrscheinlichkeit für die Maximum-Likelihood-Methode. Die Excel-Formel lautet `G17=-LN(F17)-E17/F17`.
- In Zelle `G8` werden die Wahrscheinlichkeiten summiert `G8=SUMME(G12:G1282)`, die dann bei der Optimierung maximiert werden.
- Für die Optimierung mit Hilfe des `SOLVER` sind folgende Werte in den `SOLVER` einzugeben:

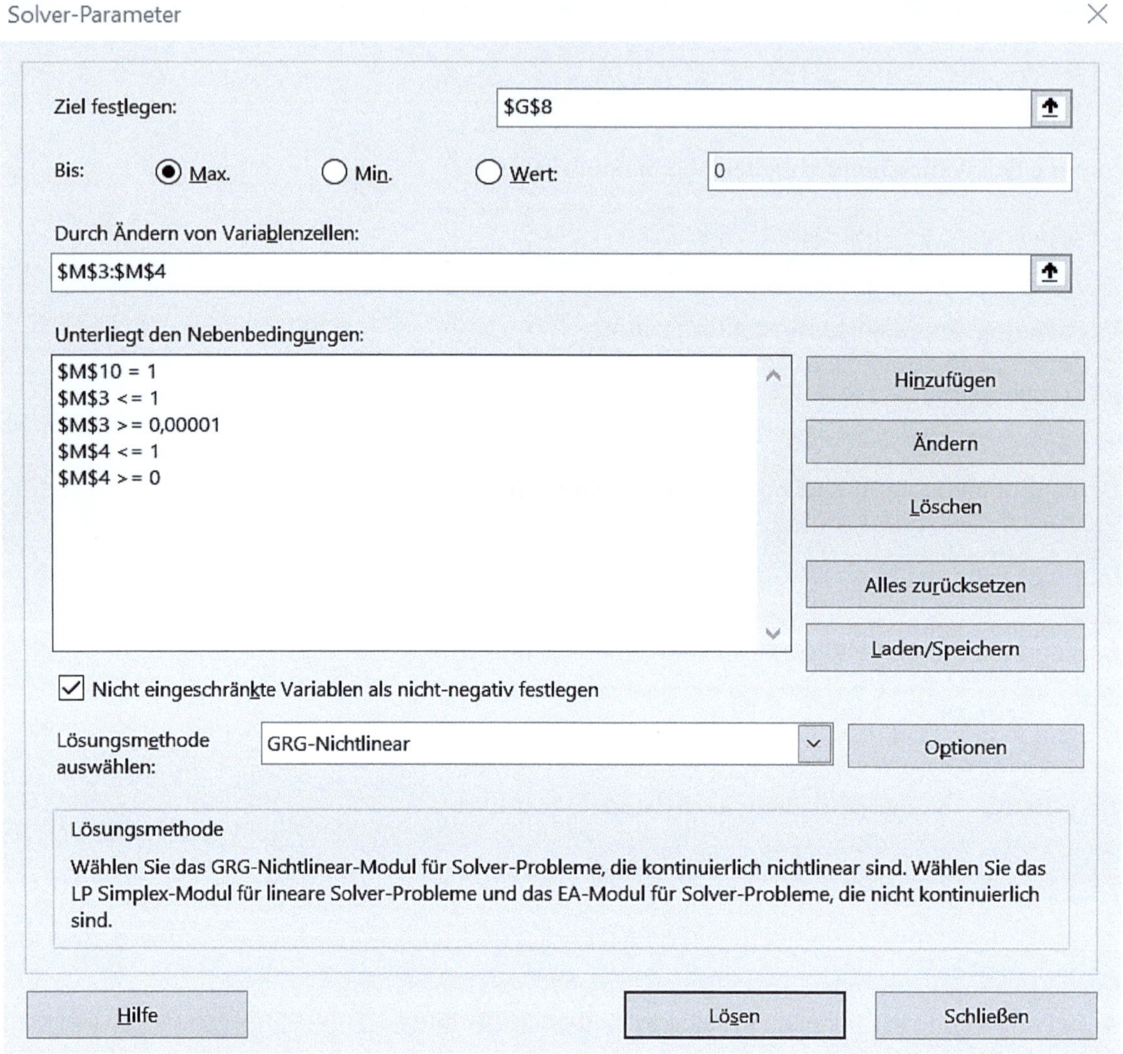

Abbildung 32: Solver-Parameter für das ARCH-Modell

- Es ergibt sich ein Wert für ω in Höhe von 0,000253 und Wert α in Höhe von 0,282224. Mit diesen Werten werden die historischen Beobachtungen der bedingten Varianz am besten beschrieben.
- Im nächsten Schritt können nun Berechnung des Gewichtungsfaktor γ_L `I2=1-M4`, die tägliche, langfristige Varianz V_L `I3=M3/I2` und die tägliche, langfristige Volatilität `I4=WURZEL(I3)` berechnet werden.
- Das Ergebnis des hier verwendeten ARCH-Modells besagt, dass die langfristige Volatilität pro Jahr 29,65% beträgt. Dazu tragen zu 28,23% die Gewichte aus den letzten fünf Tagen tatsächlich gemessenen Varianzen und zu 71,77% die durchschnittliche, langfristige Varianz der Zeitreihe bei.

Ergebnis

Asset	Immobilien
Währung	in Euro

γ	0,71777567
V_L = Langfristige Varianz pro Tag	0,00035183
Langfristige Volatilität pro Tag	0,01875724
Langfristige Volatilität pro Jahr	0,29657799

	Ausgangswerte	optimierte Werte
ω	0,000001	0,000253
α	0,180000	0,282224

	8970,86

Datum	DAXsubsector Real Estate Performance-Index	Stetige Rendite	tägliche Varianz = r_n^2	ARCH- Varianz	Likelihood	ARCH-Volatilität
02.01.t(1)	634,73					
03.01.t(1)	638,23	0,55%	0,003%	0,003%	9,406	0,005499008
04.01.t(1)	646,31	1,26%	0,016%	0,026%	7,644	0,016157726
07.01.t(1)	650,42	0,63%	0,004%	0,030%	7,986	0,017239651
08.01.t(1)	655,22	0,74%	0,005%	0,026%	8,035	0,016244342
09.01.t(1)	654,58	-0,10%	0,000%	0,027%	8,222	0,016364467
10.01.t(1)	650,51	-0,62%	0,004%	0,025%	8,129	0,015899919
11.01.t(1)	662,56	1,84%	0,034%	0,026%	6,963	0,016233205
14.01.t(1)	659,99	-0,39%	0,002%	0,035%	7,921	0,018644443

Kontrolle		100%

Abbildung 33: Berechnung der Volatilität mit dem ARCH-Modell

Literatur und Verweis auf das Excel-Tool

Ernst, D., Häcker, J. (2021): Risikomanagement im Unternehmen Schritt für Schritt, UTB, Course 1 - Assignment 14.

Hull, J. C. (2014): Risikomanagement: Banken, Versicherungen und andere Finanzinsitutionen, 3. Aufl., Pearson, S. 256-257.

Siehe Excel-Datei `Case Study Risikomanagement Teil 1`, Excel-Arbeitsblatt `ARCH`.

Assignment 15: Berechnung der Volatilität mit dem GARCH-Modell

Aufgabe

Berechnen Sie die Volatilität mit dem GARCH-Modell für die stetigen, täglichen Renditen des DAXsubsector Real Estate Performance-Index.

Inhalt

Die Idee des ARCH-Modells wurde in verschiedener Weise weiterentwickelt und zählt heute zu den fortgeschrittenen Methoden in der Ökonometrie. Eine Verallgemeinerung sind die **GARCH-Modelle** (generalized autoregressive conditional heteroscedasticity), die 1986 von *Bollerslev* entwickelt wurden. Im Gegensatz zum ARCH-Modell hängt bei GARCH-Modellen die bedingte Varianz nicht nur von der Historie der Zeitreihe ab, sondern auch von ihrer eigenen Vergangenheit. Das heißt, dass in den GARCH-Modellen bei der Berechnung der bedingten Varianz neben einer langfristigen Varianz und der gewichteten historischen Varianz zusätzlich auch noch die bedingte Varianz des Vortags berücksichtigt wird.

GARCH-Modelle heißen „Generalized", weil sie in der Berechnung der GARCH-Varianz und -Standardabweichung alle Formen der Varianz berücksichtigen, die wir beim EWMA- und dem ARCH-Modell kennen gelernt haben, beinhalten. Dies kann man in folgender Übersicht gut erkennen.

GARCH-Modell
- realisierte Varianz
- bedingte Varianz
- langfristige Varianz

ARCH-Modell
- realisierte Varianz
- langfristige Varianz

EWMA-Modell
- realisierte Varianz
- bedingte Varianz

GARCH-Modelle ermöglichen ebenfalls die Berücksichtigung von Volatilitäts-Clustern bei der Prognose von Volatilitäten. Dies beschreibt die Eigenschaft von Volatilitäten, im Zeitablauf einem bestimmten Muster zu folgen, was mit Heteroskedastizität bezeichnet wird. Ferner können bei Volatilitäts-Clustern autoregressive Eigenschaften beobachtet werden, d. h., dass die Volatilität wiederum von ihrer Vorgängergröße abhängig ist. Bei Vorliegen einer autoregressiven Zeitreihe ist die Varianz bedingt (conditional), da ihre Höhe vom Wert der vorherigen Varianz abhängig ist. Bei den einfachen GARCH-Modellen wird ferner angenommen, dass die zugrundeliegenden Veränderungsraten (Renditen) normalverteilt sind (es gibt aber auch GARCH-Modelle, die keine Normalverteilung der Renditen annehmen, z. B. EGARCH, GJR etc.). Ihre Varianz kann jedoch im Zeitablauf schwanken und hängt von der Volatilität der Vorperioden ab. Auf diese Weise kann sowohl die Clusterbildung von Volatilitäten als auch eine leptokurtische Verteilung modelliert werden. Leptokurtische Verteilungen weisen einerseits schwere Ränder (fat tails) auf, welche im Gegensatz zur Normalverteilung extreme Preisänderungen an den Flanken wahrscheinlicher machen, und andererseits verfügen sie über mehr Werte um den Erwartungswert, d. h. der Gipfel der Verteilung ist höher und schmaler (thin wastes) als bei einer Normalverteilung.

Als Schwierigkeit bei der Verwendung von GARCH-Modellen wird in der Literatur die Schätzung der Parameter γ, α und β (entspricht Lambda) genannt. Die Schätzung der Parameter erfolgt mit Hilfe der Maximum-Likelihood-Methode. Hierbei werden auf Basis der historischen Werte die Parameter γ, α und β so geschätzt, dass sie die Wahrscheinlichkeit für das Eintreten der historischen Werte maximieren. Es werden also die Parameter so bestimmt, dass sie die bisher eingetretenen Beobachtungen am besten beschreiben.

Bei geeigneter Wahl der Parameter kann das GARCH(1,1) in das einfachere EWMA-Modell überführt werden. Für den Fall $\gamma = 0$, $\alpha = 1 - \lambda$ und $\beta = \lambda$ ergibt sich aus dem GARCH-Modell das EWMA-Modell, so dass letzteres als besonderer Fall von GARCH(1,1) angesehen werden kann. Das GARCH (1,1) ist die einfache Version des GARCH-Modells. Die Bezeichnung (1,1) steht für die Anzahl der Verzögerungen (Lags) in den beiden Teilen des Modells. 1 als Anzahl der Verzögerungen der bedingten Varianz (GARCH-Teil) und 1 als Anzahl der Verzögerungen der Fehlerterme (ARCH-Teil). Das GARCH(1,1)-Modell wird häufig verwendet, um Volatilitäts-Cluster zu modellieren; folglich Phasen, in denen hohe Volatilität auf hohe Volatilität folgt und niedrige Volatilität auf niedrige Volatilität. Das GARCH(1,1)-Modell ist insbesondere bei der Analyse von Aktienkursen, Wechselkursen und Zinssätzen bedeutsam.

fx Wichtige Formeln

Die Formel für die Varianz σ^2 zum Zeitpunkt n im GARCH(1,1)-Modell lautet:

$$\sigma_n^2 = \gamma \cdot V_L + \alpha \cdot r_{t-1}^2 + \beta \cdot \sigma_{t-1}^2$$

Formel 36

σ_t^2 = bedingte Varianz am aktuellen Tag t

V_L = durchschnittliche, langfristige Varianz der Zeitreihe

γ = Gewichtungsfaktor von V_L
r_{t-1}^2 = die am Vortag tatsächlich gemessene quadrierte Rendite (= Varianz)
α = Gewichtungsfaktor von r_{t-1}^2
σ_{t-1}^2 = bedingte Varianz des Vortags
β = Gewichtungsfaktor von σ_{t-1}^2

Die Summe der drei Gewichtungsfaktoren muss Eins ergeben $(\gamma + \alpha + \beta = 1)$.

Arbeitsmappe: `Case Study Risikomanagement Teil 1` ➲ Arbeitsblatt: `GARCH`

Berechnung der täglichen Varianz:

Excel-Beispiel: `E12=D12^2`

Ausgangswert für ω, über den im `SOLVER` die Optimierung erfolgt:

Excel-Beispiel: `L3='Annahmen allgemein'!C192`

Ausgangswert für α, über den im `SOLVER` die Optimierung erfolgt:

Excel-Beispiel: `L4='Annahmen allgemein'!C193`

Ausgangswert für β, über den im `SOLVER` die Optimierung erfolgt:

Excel-Beispiel: `L5='Annahmen allgemein'!C194`

Berechnung der bedingten (conditional) Varianz (Startwert):

Excel-Beispiel: `F12=E12`

Berechnung der bedingten (conditional) Varianz (Folgewerte):

Excel-Beispiel: `F13=$M$3+$M$4*E12+$M$5*F12`

Berechnung der bedingten (conditional) Volatilität:

Excel-Beispiel: `I12=WURZEL(F12)`

Berechnung der Wahrscheinlichkeit, dass der geschätzte Wert auftritt:

Excel-Beispiel: `G12=-LN(F12)-E12/F12`

Summe der Wahrscheinlichkeiten, die maximiert wird:

> Excel-Beispiel: `G8=SUMME(G12:G1282)`

Berechnung des Gewichtungsfaktors von γ:

> Excel-Beispiel: `I2=1-M4-M5`

Berechnung von der täglichen, langfristigen Varianz V_L:

> Excel-Beispiel: `I3=M3/I2`

Berechnung von der täglichen, langfristigen Volatilität:

> Excel-Beispiel: `I4=WURZEL(I3)`

Berechnung von der jährlichen, langfristigen Volatilität:

> Excel-Beispiel: `I5=I4*WURZEL('Annahmen allgemein'!C195)`

Vorgehensweise

- Berechnen Sie in Spalte `D` die stetigen, täglichen Renditen.
- Berechnen Sie in Spalte `E` basierend auf den stetigen, täglichen Renditen die tägliche Varianz.
- Im nächsten Schritt wird die bedingte (conditional) Varianz berechnet. Dafür benötigen wir für die Variablen ω, α und β Ausgangswerte, die wir zunächst aus den Annahmen allgemein erhalten. Sie werden mit den Zelle `L3`, `L4` und `L5` verlinkt. Diese Werte bilden auch die Ausgangswerte für die Zellen `M3`, `M4` und `M5`. In den Zellen `M3`, `M4` und `M5` werden nach Optimierung mit dem `Solver` die aus der Optimierung hervorgehenden Werte von ω, α und β stehen.
- Für die Berechnung der bedingten (conditional) Varianz benötigen wir einen Ausgangswert. Hier setzen wir in Zelle `F12` die Varianz aus Zelle `E12` ein.
- In `F13` findet dann die eigentliche Berechnung der bedingten Varianz statt, die nicht nur von der Varianz der Zeitreihe, sondern auch von ihrer eigenen Vergangenheit, d. h. der bedingten Varianz der Vorperiode abhängt `F13=$M$3+$M$4*E12+$M$5*F12`.
- Die bedingte Volatilität ist die Wurzel der bedingten Varianz `I12=WURZEL(F12)`.
- In Spalte `G` befindet sich die Berechnung der Wahrscheinlichkeit für die Maximum-Likelihood-Methode. Die Excel-Formel lautet `G12=-LN(F12)-E12/F12`.
- In Zelle `G8` werden die Wahrscheinlichkeiten summiert `G8=SUMME(G12:G1282)`, die dann bei der Optimierung maximiert werden.
- Für die Optimierung mit Hilfe des `SOLVER` sind folgende Werte in den `SOLVER` einzugeben:

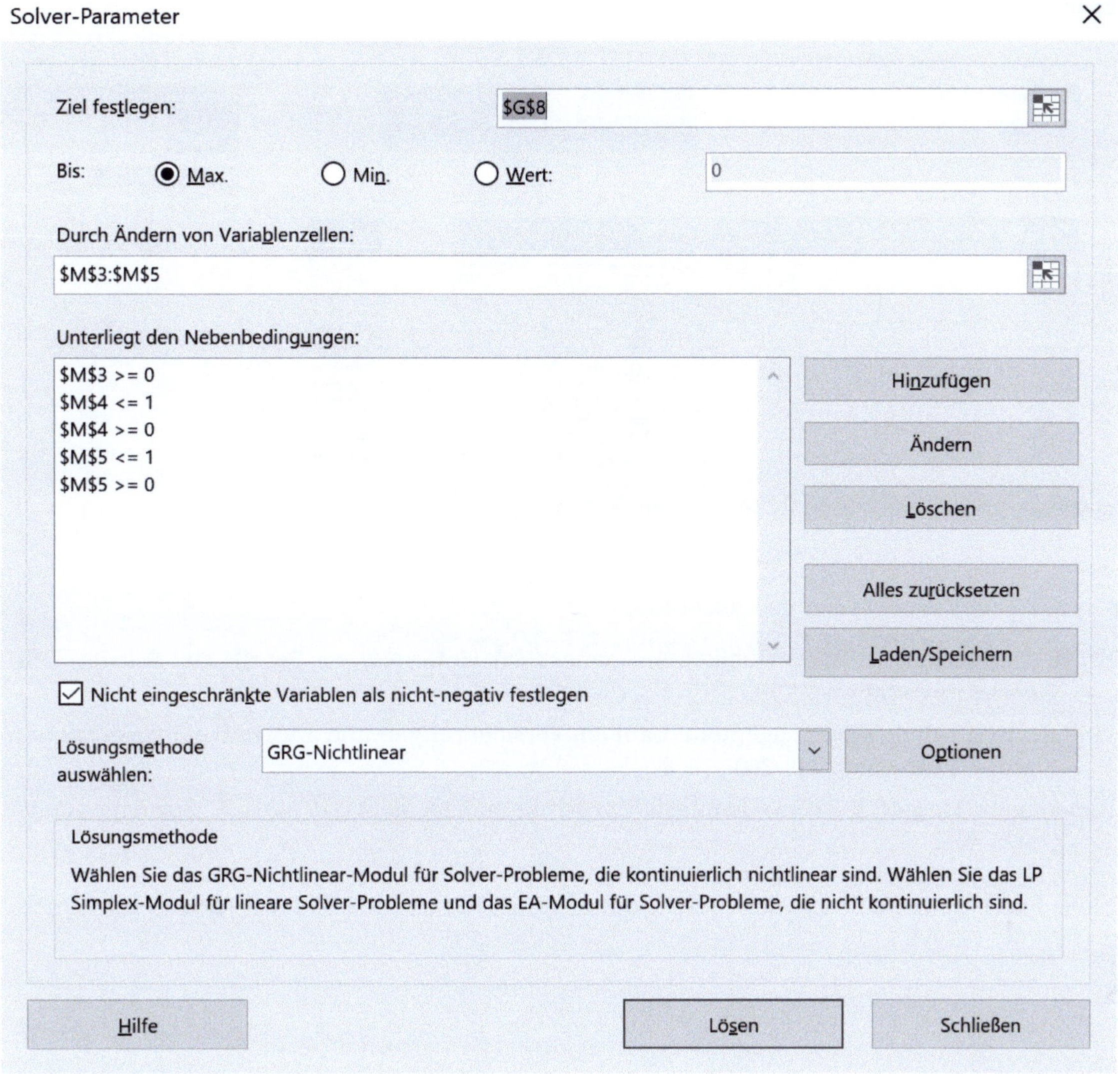

Abbildung 34: Solver-Parameter für das GARCH-Modell

- Es ergeben sich Werte für ω in Höhe von 0,000002, für α ein Wert in Höhe von 0,087172 und für β ein Wert in Höhe von 0,909703, somit ein Wert für Lambda in Höhe von 91%.
- Im nächsten Schritt können nun der Gewichtungsfaktor von V_L `I2=1-M4-M5`, die tägliche, langfristige Varianz V_L `I3=M3/I2` und die tägliche, langfristige Volatilität `I4=WURZEL (I3)` berechnet werden. Die langfristige Volatilität pro Jahr beträgt 43,93%.
- Das Ergebnis des hier verwendeten GARCH-Modells besagt, dass die langfristige Volatilität pro Jahr 43,93% beträgt. Dazu tragen zu 87,17% die bedingte Varianz des Vortages, zu 90,97% die Varianz des Vortages und zu 0,31%die durchschnittliche, langfristige Varianz der Zeitreihe bei.

Ergebnis

Asset	Immobilien
Währung	in Euro

γ	0,00312469
V_L = Langfristige Varianz pro Tag	0,00077192
Langfristige Volatilität pro Tag	0,02778336
Langfristige Volatilität pro Jahr	0,43929354

	Ausgangswerte	optimierte Werte
ω	0,000001	0,000002
α	0,080000	0,087172
β	0,900000	0,909703
Kontrolle		100%

						9333,42	
Datum	DAXsubsector Real Estate Performance-Index	Stetige Rendite	tägliche Varianz = r_n^2	GARCH- Varianz	Likelihood		GARCH-Volatilität
02.01.t(1)	634,73						
03.01.t(1)	638,23	0,55%	0,00%	0,0000	9,406		0,005499008
04.01.t(1)	646,31	1,26%	0,02%	3,25566E-05	5,471		0,005705839
07.01.t(1)	650,42	0,63%	0,00%	4,58255E-05	9,114		0,006769457
08.01.t(1)	655,22	0,74%	0,01%	4,76025E-05	8,817		0,006899458
09.01.t(1)	654,58	-0,10%	0,00%	5,04289E-05	9,876		0,007101333
10.01.t(1)	650,51	-0,62%	0,00%	4,83706E-05	9,132		0,006954899
11.01.t(1)	662,56	1,84%	0,03%	4,98061E-05	3,143		0,007057341
14.01.t(1)	659,99	-0,39%	0,00%	7,70877E-05	9,275		0,008779961
15.01.t(1)	661,55	0,24%	0,00%	7,38556E-05	9,438		0,008593929
16.01.t(1)	661,20	-0,05%	0,00%	7,00846E-05	9,562		0,008371654
17.01.t(1)	660,76	-0,07%	0,00%	6,61926E-05	9,616		0,008135883

Abbildung 35: Berechnung der Volatilität mit dem GARCH-Modell

Literatur und Verweis auf das Excel-Tool

Ernst, D., Häcker, J. (2021): Risikomanagement im Unternehmen Schritt für Schritt, UTB, Course 1 - Assignment 15.

Hull, J. C. (2014): Risikomanagement: Banken, Versicherungen und andere Finanzinsitutionen, 3. Aufl., Pearson, S. 259-260.

Romeike, F., Hasger, P. (2013): Erfolgsfaktor Risikomanagement 3.0, 3. Aufl., Springer Gabler, S. 475-476.

Siehe Excel-Datei `Case Study Risikomanagement Teil 1`, Excel-Arbeitsblatt `GARCH`

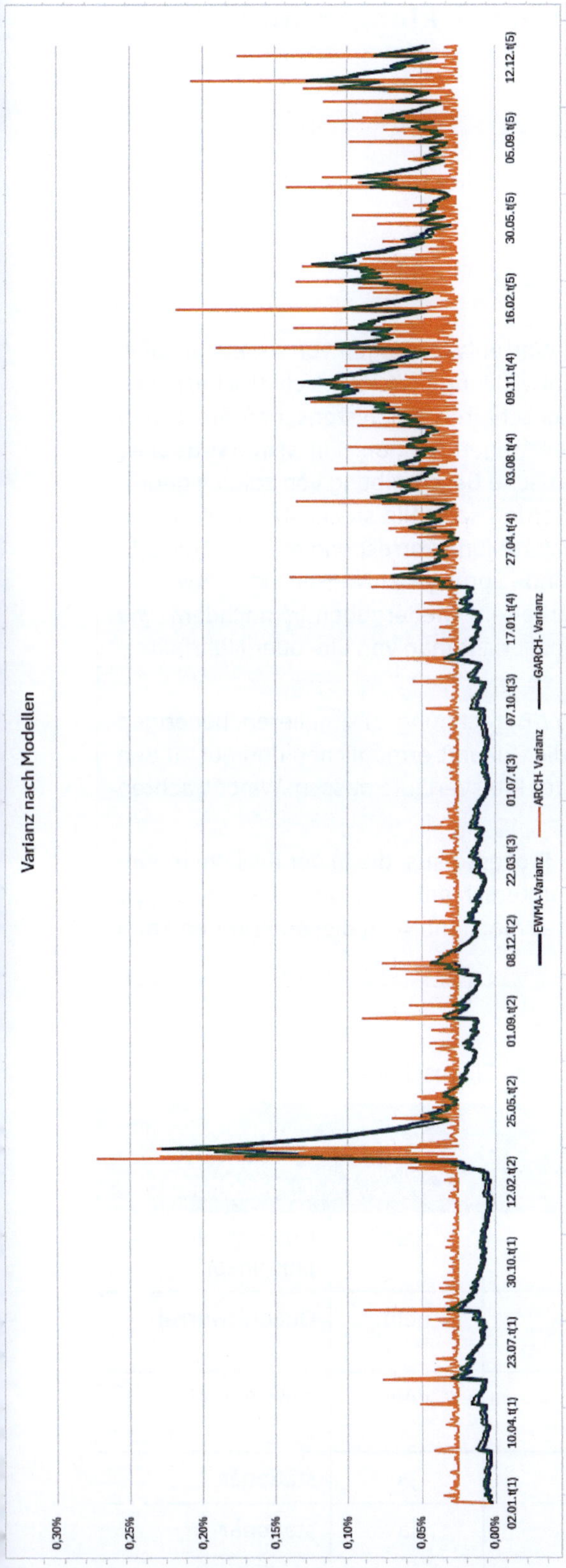

Abbildung 36: Darstellung der Varianz nach den drei Modellen

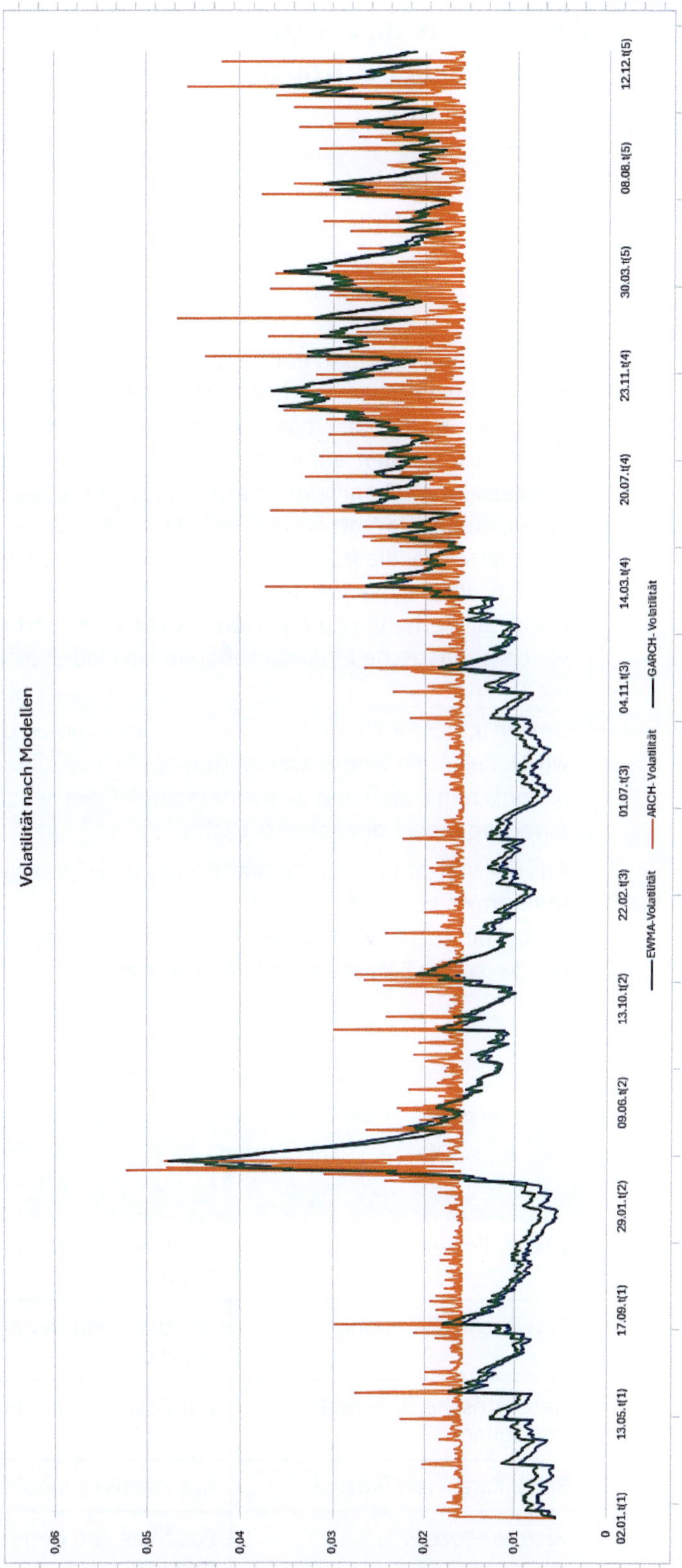

Abbildung 37: Darstellung der Volatilität nach den drei Modellen

Assignment 16: Prognose von Wert- und Preisentwicklungen mit Hilfe stochastischer Prozesse

Aufgabe

Simulieren Sie die DAXsubsector Real Estate Performance-Index für die gegebene Datenreihe für ein Jahr mit Hilfe eines geeigneten stochastischen Prozesses.

Inhalt

GARCH-Modelle sind in der Lage, kurzfristige Preis- und Wertentwicklungen von Assets abzubilden. Bei der Prognose längerfristiger Preis- und Wertentwicklungen bieten sich stochastische Prozesse an, die sehr gut die Besonderheiten und Eigenschaften der historischen Preis- und Wertentwicklungen aufnehmen und auf die Zukunft übertragen können. Ein **stochastischer Prozess** (auch Zufallsprozess genannt) ist die mathematische Beschreibung von zeitlich geordneten, zufälligen Vorgängen. In Finanzmarktmodellen werden spezielle stochastische Prozesse herangezogen, die jeweils mit einer zugrundeliegenden Verteilung korrespondieren und die z.B. danach unterschieden werden können, ob sie stetig sind, Sprünge aufweisen oder etwa ein Rückkehr-Verhalten zum Mittelwert (Mean-Reverting-Verhalten) wiedergeben. Je nachdem, wie viele stochastische Einflussgrößen in ein Modell eingehen, spricht man von Ein- oder Mehrfaktormodellen.

Um die Indexpunkte und den Zinssatz im Rahmen der GuV-Berechnung zu simulieren, benötigen wir Modelle, die eine Extrapolation der Preisverläufe in die Zukunft ermöglichen und gut zu den historischen Daten und den allgemeinen Eigenschaften der Preisverläufe passen. Wir betrachten einen Prognosehorizont von 1 Jahr.

Aus der Vielzahl stochastischer Prozesse wählen wir fünf Prozesse aus, die in der Risikomanagementpraxis von Bedeutung sind. Diese Prozesse haben unterschiedliche Eigenschaften, die sie für bestimmte Anwendungen mehr oder weniger geeignet machen. Nach diesen Kriterien kann der passende Prozess ausgewählt werden.

Fünf stochastische Prozesstypen mit ihren Eigenschaften

Name	Vorzeichen	Mean-Reversion	langfristiges Steigungsverhalten der Quantile
Wiener-Prozess	Positives und Negatives möglich	nein	Quadratwurzel plus linear
Brownsche Bewegung	Positives und Negatives möglich	nein	Quadratwurzel
Geometrische Brownsche Bewegung	nur Positives möglich	nein	exponentiell
Black-Karasinski-Prozess	nur Positives möglich	ja	stationär
Vasicek-Prozess	Positives und Negatives möglich	ja	stationär

Tabelle 2: Darstellung der fünf stochastischen Prozesstypen mit ihren Eigenschaften

Wichtige Formeln

fx

Wiener-Prozess

Ein Wiener-Prozess ist ein zeitstetiger stochastischer Prozess, der normalverteilte, unabhängige Zuwächse hat.

$$dW_t = \varepsilon \cdot \sqrt{dt}$$

Formel 37

W_t	= Wiener-Prozess
d	= Differential
ε	= Zufallsvariable, die standardnormalverteilt ist
t	= Zeitverlauf
dt	= kleine Änderung der Zeit

Der Wiener-Prozess ist durch folgende Eigenschaften gekennzeichnet:

- Eigenschaft 1: $W_0 = 0$
- Eigenschaft 2: Der Wiener-Prozess $(W_t)_{t\geq 0}$ besitzt unabhängige Zuwächse, d. h. für die Zeitpunkte $t_1 < t_2 < t_3 < \cdots < t_n$ sind die Zuwächse $W_{t_n} - W_{t_{n-1}}$; $W_{t_{n-1}} - W_{t_{n-2}}$; ...; $W_{t_2} - W_{t_1}$ stochastisch unabhängig.
- Eigenschaft 3: Für alle $0 \leq s < t$ gilt $W_t - W_s \sim N(0, t-s)$. Die Zuwächse sind normalverteilt mit dem Erwartungswert $E[W_t - W_s] = 0$ und Varianz $Var[W_t - W_s] = t - s$.
- Eigenschaft 4: Alle (einzelnen) Pfade von $(W_t)_{t\geq 0}$ sind stetig.
- Für kleine Zeitintervalle dt sind die Zuwächse dW unabhängig.

Der Wiener-Prozess ist ein Prozess mit Markov-Eigenschaft. Diese besagt, dass für die Vorhersage zukünftiger Realisationen der Variablen W ausschließlich ihr heutiger Wert relevant ist. Die Variable besitzt somit „kein Gedächtnis", sodass vergangene Realisationen keinen Einfluss auf die zukünftige Entwicklung haben und auch nicht zur Prognose zukünftiger Entwicklungen geeignet sind.

Brownsche Bewegung

Die Brownsche Bewegung ist ein Wiener-Prozess, der zusätzlich eine Drift μ und Standardabweichung σ aufweist.

Die Wertentwicklung bei einer Brownschen Bewegung kann mit folgender Formel wiedergegeben werden:

$$X_t = \mu \cdot t + \sigma \cdot W_t$$

Formel 38

X_t	= Zufallsvariable X zum Zeitpunkt t
μ	= Drift
t	= Zeitverlauf
σ	= Volatilität
W_t	= Wiener-Prozess

Die Brownsche Bewegung ist die Lösung der Differentialgleichung:

$$dX_t = \mu \cdot dt + \sigma \cdot dW_t$$ Formel 39

Geometrische Brownsche Bewegung

Die Geometrische Brownsche Bewegung ist ein stetiger stochastischer Prozess, der auf der Brownschen Bewegung basiert. Die Geometrische Brownsche Bewegung wird gerne bei der Modellierung von Finanzanlagen, z. B. Aktien, verwendet, weil sie im Gegensatz zur Brownschen Bewegung stets positive Werte aufweist. Daher wird häufig die Zufallsvariable X durch die Variable S ersetzt, die sich vom englischen Begriff „Stock" (= Aktie) ableitet. Mit der Geometrischen Brownschen Bewegung können unabhängige, multiplikative Zuwächse modelliert werden.

$$S_t = S_0 \cdot exp\left[\left(\mu - \frac{\sigma^2}{2}\right) \cdot t + \sigma \cdot dW_t\right]$$ Formel 40

S_t = Wert zum Zeitpunkt t
S_0 = Startwert zum Zeitpunkt 0
μ = Drift
σ = Volatilität
W_t = Wiener-Prozess
t = Zeitverlauf

Die Geometrische Brownsche Bewegung ist die Lösung der folgenden stochastischen Differentialgleichung. Die Lösung erfolgt mit Hilfe des Itos Lemma.

$$dS_t = S_t \cdot (\mu \cdot dt + \sigma \cdot dW_t)$$ Formel 41

S_t = Wert zum Zeitpunkt t
dS_t = kleine Änderung des Werts
d = Differential
dt = kleine Änderung der Zeit

Die Geometrische Brownsche Bewegung besitzt folgende Eigenschaften:

- Eigenschaft 1: Prozentuale Veränderungen des Aktienkurses sind normalverteilt, während die absoluten Kursschwankungen einer Lognormalverteilung folgen.
- Eigenschaft 2: Aktienkurse können keine negativen Werte annehmen. Dies ergibt sich rein formal auch aus ihrer Lognormalverteilung. Sofern ein Kurs von Null erreicht wird, verharrt der Prozess auf diesem Niveau.

Wird das Modell zusätzlich noch um Dividendenzahlungen erweitert, verändert sich die Gleichung der Geometrischen Brownschen Bewegung wie folgt:

$$S_t = S_0 \cdot exp\left[\left(\mu - \delta - \frac{\sigma^2}{2}\right) \cdot t + \sigma \cdot W_t\right]$$ Formel 42

S_0 = Startwert
δ = annualisierte, stetige Dividendenrendite des Underlyings

Black-Karasinski-Prozess

Der Black-Karasinski-Prozess ist ein logarithmisches Modell und erzeugt daher stets positive Werte. Er ist somit für Underlyings geeignet, die keine negativen Werte annehmen können. Im Gegensatz zur Geometrischen Brownschen Bewegung, deren Quantile einen exponentiellen Verlauf annehmen, und damit schnell Wertentwicklungen erzeugen, die außerhalb realistischer Größenordnungen liegen, besitzt der Black-Karasinski-Prozess einen Mean Reversion Prozess, der eine Bewegung in Richtung Drift begründet. Der Black-Karasinski-Prozess basiert auf einem stationären Prozess.

Der Black-Karasinski-Prozess weist folgende Formel auf:

$$d\ln(X_t) = \alpha \cdot (\mu - \ln(X_t)) \cdot dt + \sigma \cdot dW_t$$

Formel 43

X_t = Zufallsvariable X zum Zeitpunkt t
d = Differential
α = Mean Reversion Speed
μ = Mean Reversion Level = Trendniveau (langfristiger Trend =exp(μ))
σ = Diffusion = Volatilität
W_t = Wiener-Prozess

Arbeitsmappe: `Case Study Risikomanagement Teil 1` ➲ Arbeitsblatt: `Black-Karasinski`

Das Assignment wird mit dem Excel Add-In Risk-Kit durchgeführt.

Black-Karasinski-Prozess

Bei der Kalibrierung der DAXsubsector Real Estate Performance-Index für den Black-Karasinski-Prozess mit Risk-Kit findet folgende ergänzende Funktion Anwendung:

Excel-Beispiel: `{F6=CalibrateProcess(F4;C3:C1274;1)}`

Für die Simulation verwenden wir die ergänzende Funktion `BK_path` für den Black-Karasinski-Prozess, die die Parameter in der gleichen Reihenfolge verwendet, wie sie die Funktion `CalibrateProcess` zurückgibt.

Excel-Beispiel: `{G13=BK_path(C3;F7;G7;H7;F13:F25)}`

Die Ergebnisse der Monte-Carlo-Simulation werden über folgende Funktion generiert und ausgewiesen:

Excel-Beispiel: `I15=ProcessDefinition(F13:F25;G13:G25;G12)`

Die Ergebnisse der Monte-Carlo-Simulation können auch grafisch dargestellt werden. Die Funktion hierzu lautet:

Excel-Beispiel: `I16=+PlotProcess(I15)`

Vorgehensweise

- Zunächst übernehmen wir die Daten für den DAXsubsector Real Estate Performance-Index.
- Anhand des oben aufgeführten Kriterienkatalogs wählen wir aus, welcher stochastische Prozess am besten zu den Eigenschaften der Daten passt.

DAXsubsector Real Estate Performance-Index

- Beim DAXsubsector Real Estate Performance-Index stellen wir fest, dass dieser nur positive Werte annehmen kann. Daher scheiden
  - der Wiener-Prozess,
  - die Brownsche Bewegung und
  - der Vasicek-Prozess aus.
- Es verbleiben
  - die Geometrische Brownsche Bewegung und
  - der Black-Karasinski-Prozess.
- Daher muss nun genauer geprüft werden, welcher dieser beiden Prozesse am besten zum Preis-/Wertverhaltens des DAXsubsector Real Estate Performance-Indexes passt.
- Im betrachteten Zeitfenster weist der DAXsubsector Real Estate Performance-Index ein recht stationäres Verhalten auf, ohne dass ein klarer langfristiger Trend erkennbar ist. Auf die Daten kalibriert, zeigen die Geometrische Brownsche Bewegung und der Black-Karasinski-Prozess recht unterschiedliche Prognoseverläufe. Insbesondere die Geometrische Brownsche Bewegung zeigt exponentiell ansteigende Quantile. Diese Quantile erreichen DAXsubsector Real Estate Performance-Indexniveaus, die weit außerhalb des Bereichs der historischen Daten liegen. Die Konfidenzbänder des Black-Karasinski-Prozesses hingegen decken den historischen Bereich des DAXsubsector Real Estate Performance-Indexes einigermaßen konservativ ab. Daher wählen wir das Black-Karasinski-Modell für die 1-Jahres-Prognose des DAXsubsector Real Estate Performance-Indexes.

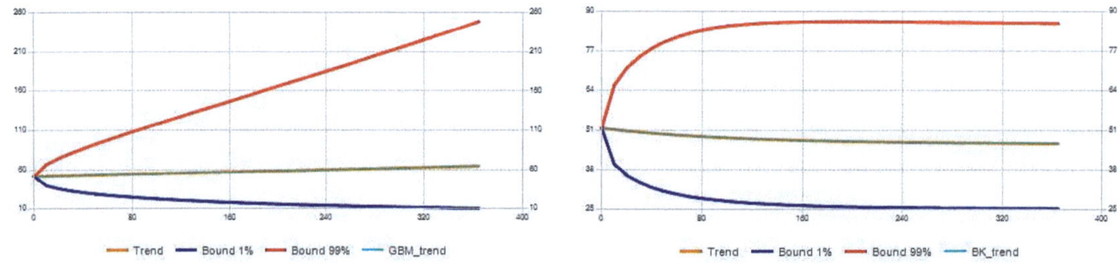

Abbildung 38: Kalibrierte Geometrische Brownsche Bewegung und Black-Karasinski-Prozess

- Zur Modellierung des DAXsubsector Real Estate Performance-Indexes mit dem Black-Karasinski-Prozess geben wir zunächst in der Zelle `F4` den Namen des relevanten Prozesses ein. Dieses ist hier der Black-Karasinski-Prozess und wir geben das Wort `BLACKKARASINSKI` ein.
- Danach kalibrieren wir die historischen Daten des DAXsubsector Real Estate Performance-Indexes, um die Parameter für den Black-Karasinski-Prozess zu erhalten.
- Wichtig ist, dass wir hierzu den Ausgabebereich der Kalibrierung (Zellen `F6:H7`) zunächst komplett markieren und sicherstellen, dass diese Zellen während der Eingabe der Risk-Kit-Funktion markiert bleiben.

- Danach geben wir folgende Risk-Kit-Funktion in das Zellfenster ein: `=CalibrateProcess(F4;C3:C1274;1)`
- In der Risk-Kit-Funktion muss DeltaT eingegeben werden, da die Prozessparameter entsprechend skaliert werden. Da es sich beim DAXsubsector Real Estate Performance-Index um Tageswerte handelt, wird DeltaT = 1 gesetzt.

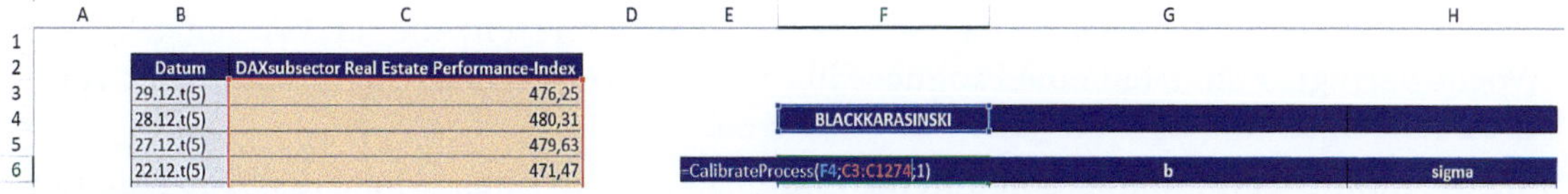

Abbildung 39: Kalibrierung der historischen Daten für den Black-Karasinski-Prozess

- Wir schließen den Befehl mit einer geschweiften Klammer ab, indem wir die Tasten `STRG` und `ALT` halten und dann auf `EINGABE` drücken. Im Zellfenster erscheint: `{=CalibrateProcess(F4;C3:C1274;1)}`
- Mit diesem Befehl wird die Kalibrierung durchgeführt.
- Der Parameter a entspricht in der Black-Karasinski-Formel dem Parameter α (Mean Reversion Speed, der Parameter b dem Parameter μ (Mean Reversion Level = Trendniveau (langfristiger Trend)) und der Parameter sigma dem Parameter σ (Diffusion = Volatilität).
- Im nächsten Schritt legen wir den Prognosehorizont für die anstehende Simulation fest (Zellen `F13:F25`). Dieser deckt ein Handelsjahr ab.
- Für die Simulation verwenden wir die ergänzende Funktion `BK_path`, die die Parameter in der gleichen Reihenfolge verwendet, wie sie die Funktion `CalibrateProcess` zurückgibt.
- Wichtig ist wiederum, dass wir hierzu den Ausgabebereich der Kalibrierung (Zellen `G13:G25`) zunächst komplett markieren und sicherstellen, dass diese Zellen während der Eingabe der Risk-Kit-Funktion markiert bleiben.
- Danach geben wir folgende Risk-Kit-Funktion in das Zellfenster ein: `=BK_path(C3;F7;G7;H7;F13:F25)`
- Wir schließen den Befehl mit einer geschweiften Klammer ab, indem wir die Tasten `STRG` und `ALT` halten und dann auf `EINGABE` drücken. Im Zellfenster erscheint: `{=BK_path(C3;F7;G7;H7;F13:F25)}`
- Es werden nun stochastische Werte für den DAXsubsector Real Estate Performance-Index berechnet. Diese dienen als Grundlage für die Monte-Carlo-Simulation.

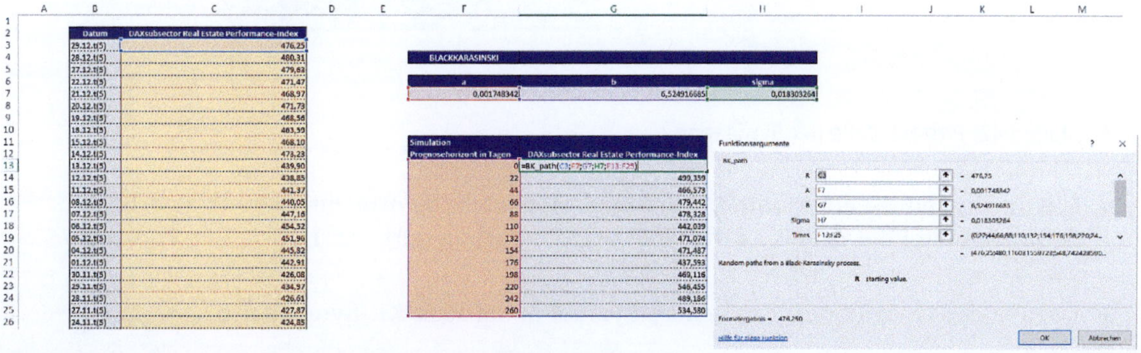

Abbildung 40: Funktionsparameter des Black-Karasinski-Prozesses

- Beachten Sie, dass es praktisch ist, die historischen Preisverläufe in absteigender Datumsreihenfolge zu haben, damit der jüngste Preis, bei dem die Simulation beginnt, im Arbeitsblatt sofort sichtbar ist.
- Für die Simulation muss der Parameter DeltaT wie bei der Kalibrierung im vorherigen Schritt gewählt werden, da die Prozessparameter entsprechend skaliert werden. Die Times, zu denen der simulierte Prozess ausgewertet wird, müssen als Vielfaches von DeltaT ausgedrückt werden. Wenn also DeltaT = 1 für tägliche Daten steht, die für 5 Arbeitstage pro Woche verfügbar sind, hat eine Prognose über einen Monat einen Prognosehorizont von 22 Arbeitstagen und über ein Jahr von 260 Tagen.
- Um die Monte-Carlo-Simulation durchzuführen, geben Sie zunächst die Risk-Kit-Funktion `ProcessDefinition` mit den geforderten Werten in Zelle I15 ein `I15=ProcessDefinition(F13:F25;G13:G25;G12)`.

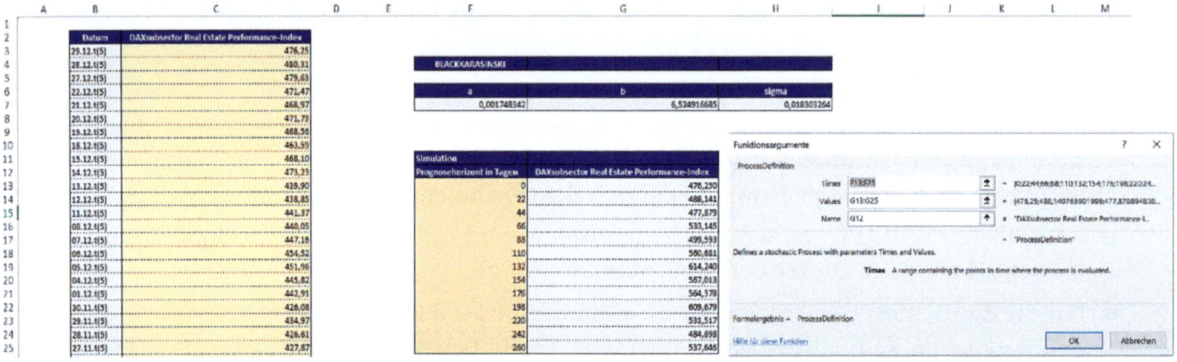

Abbildung 41: Prozessdefinition des Black-Karasinski-Prozesses

- Danach wird die Zelle `I15` als Prozess-Zelle der Simulation definiert. Dazu klicken Sie auf nebenstehendes Symbol in der Risk-Kit-Symbolleiste.
- Die Zelle erhält dann eine hellblaue Hintergrundfarbe.

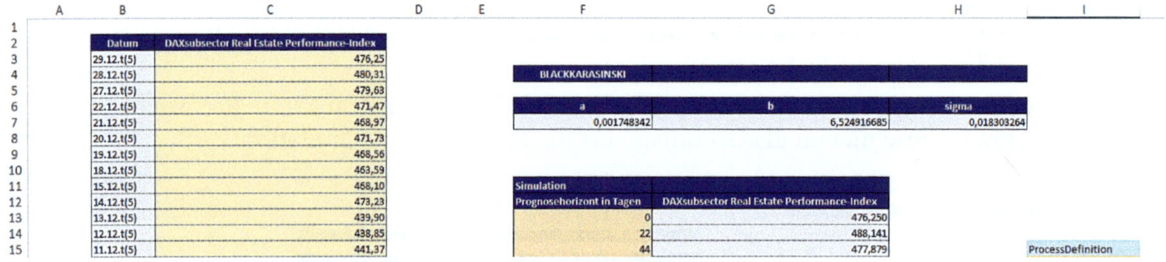

Abbildung 42: Prozess-Zelle der Simulation

- Um die Ergebnisse der Monte-Carlo-Simulation auch in Form einer Grafik zu erhalten, definieren wird die Zelle `I16` als Plot-Zelle und geben dort ein: `I16=PlotProcess(I15)`
- Dazu klicken Sie auf nebenstehendes Symbol in der Risk-Kit-Symbolleiste.

- Die Zelle erhält dann eine orangene Hintergrundfarbe.

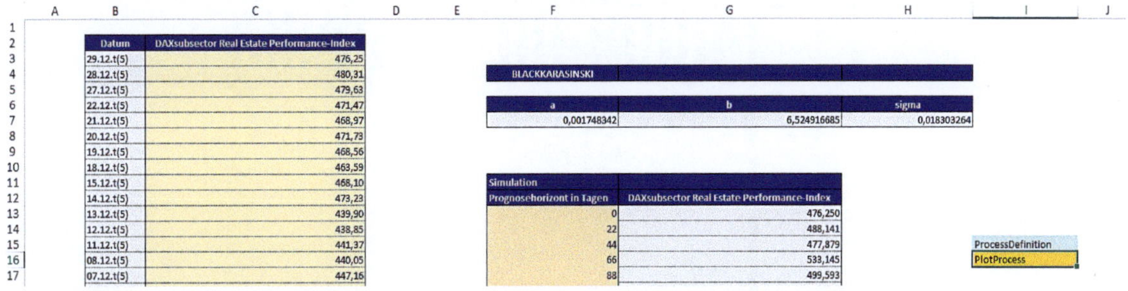

Abbildung 43: Plot-Zelle der Simulation

- Bevor Sie die Monte-Carlo-Simulation mit dem Symbol  starten, stellen Sie sicher, dass unter  folgende Einstellungen gewählt wurden:

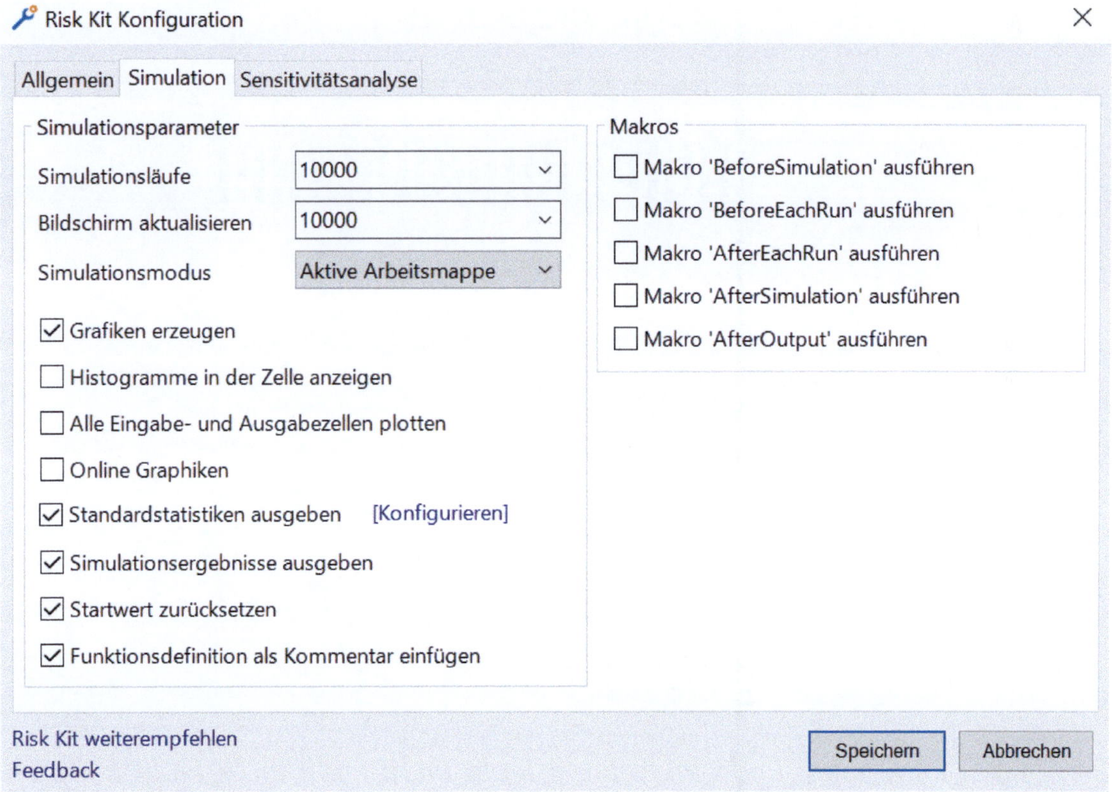

Abbildung 44: Risk-Kit Konfiguration

- Nun können Sie die Monte-Carlo-Simulation starten. Als Ergebnis erhalten Sie eine komplette statistische Auswertung der Simulation und eine grafische Darstellung der Pfade. Diese dient dann wiederum als Ausgangsgröße für die Risikoanalyse der simulierten Zukunftswerte.

Ergebnis

	A	B	C	D	E	
1	Anzahl der Simulationsläufe	5000				
2	Simulationszeit	38.64 Sek.				
3						
4						
5						
6		Ausgabe: DAXsubsector Real Estate Performance-Index (time point: 0)	Ausgabe: DAXsubsector Real Estate Performance-Index (time point: 22)	Ausgabe: DAXsubsector Real Estate Performance-Index (time point: 44)	Ausgabe: DAXsubsector Real Estate Performance-Index (time point: 66)	Au
7	Mittelwert	476,25	485,6420212	492,9112725	501,5869844	
8	Standardabweichung	0	40,98260168	58,15164671	71,92708611	
9	Varianz	0	1679,57364	3381,614016	5173,505717	
10	Schiefe	0	0,201630634	0,287490263	0,409231824	
11	Kurtose	0	0,008751959	0,009671026	0,185142043	
12	Variationskoeffizient	0	0,0843885	0,117975891	0,143399028	
13	Modus	476,25	493,0057826	485,9305488	458,4677723	
14	Mittlere absolute Abweichung	0	32,71829492	46,34932692	57,41333781	
15	Spannweite	0	291,7809343	395,7450871	543,4420257	
16	Spannweite 5%-95%	0	133,9883707	190,7964615	237,6382976	
17	Minimum	476,25	355,8687435	323,6750631	290,0007443	
18	Erwarteter Tail <= 0,1%	476,25	363,4847382	335,5310618	313,0288235	
19	0,01% - Quantil	476,25	355,8687435	323,6750631	290,0007443	
20	0,02% - Quantil	476,25	355,8687435	323,6750631	290,0007443	
21	0,03% - Quantil	476,25	359,0014651	328,1159152	315,1218666	
22	0,04% - Quantil	476,25	359,0014651	328,1159152	315,1218666	
23	0,05% - Quantil	476,25	361,3452564	338,8256112	317,2157005	
24	0,06% - Quantil	476,25	361,3452564	338,8256112	317,2157005	
25	0,07% - Quantil	476,25	367,0151567	341,1180778	319,4473316	
26	0,08% - Quantil	476,25	367,0151567	341,1180778	319,4473316	
27	0,09% - Quantil	476,25	374,1930691	345,9206416	323,3584745	
28	0,1% - Quantil	476,25	374,1930691	345,9206416	323,3584745	
29	0,2% - Quantil	476,25	379,9175442	349,2517888	334,3352251	
30	0,3% - Quantil	476,25	381,3437618	354,2144704	338,9723127	
31	0,4% - Quantil	476,25	385,3743415	356,4050361	341,4210978	
32	0,5% - Quantil	476,25	387,1800944	360,3913809	344,9851463	
33	0,6% - Quantil	476,25	388,5507034	364,5766308	346,5763826	
34	0,7% - Quantil	476,25	391,7012935	365,4687888	348,6807255	
35	0,8% - Quantil	476,25	393,8011361	368,1451227	350,9484633	

Abbildung 45: Auswertung der Simulation

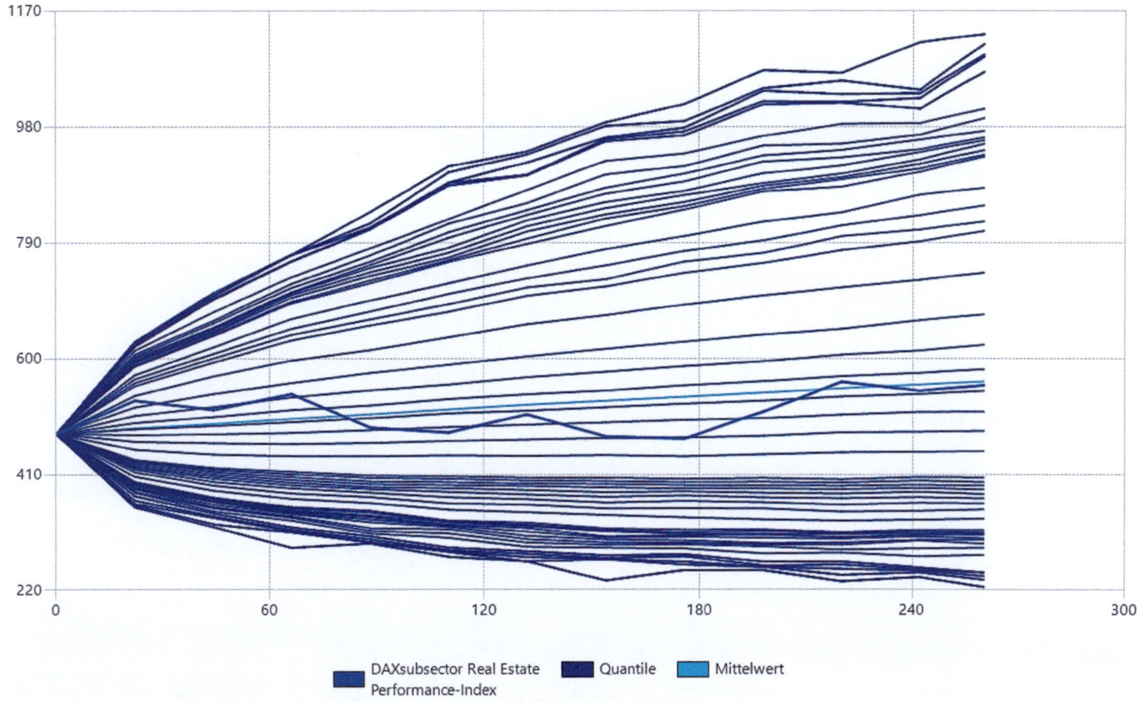

Abbildung 46: Grafische Darstellung der Simulationspfade

Literatur und Verweis auf das Excel-Tool

Ernst, D., Häcker, J. (2021): Risikomanagement im Unternehmen Schritt für Schritt, UTB, Course 1 - Assignment 16.

Siehe Excel-Datei `Case Study Risikomanagement Teil 1`, Excel-Arbeitsblatt `Black-Karasinski`

COURSE 2: QUANTITATIVE INSTRUMENTE IM RISIKOMANAGEMENT

Nach dem erfolgreichen Abschluss von Course 1 wollen wir mit Course 2 fortfahren.
Course 2 behandelt folgende Themen:

- Course Unit 1: Unterschiedliche Arten des Value at Risk und der Lower Partial Moments sowie Extremwerttheorie
- Course Unit 2: Bestimmung von Portfoliorisiken
- Course Unit 3: Modellierung nicht-abgesicherter Risiken
- Course Unit 4: Investitionsrechnung
- Course Unit 5: MaRisk (Mindestanforderungen an das Risikomanagement)

Course Unit 1: Unterschiedliche Arten des Value at Risk und der Lower Partial Moments sowie Extremwerttheorie

Assignment 1: Berechnung des Value at Risk bei einer diskreten Wahrscheinlichkeitsverteilung

Aufgabe

- Berechnen Sie den Value at Risk für den DAXsubsector Real Estate Performance-Index ab dem 31.12.t(5) rückwirkend für die letzten 5 Jahre. Gehen Sie dabei in folgenden Schritten vor:
  - Berechnen Sie zunächst den Value at Risk für ein Konfidenzniveau von 95% für einen Tag basierend auf den diskreten Renditen des DAXsubsector Real Estate Performance-Indexes.
  - Berechnen Sie dann den Value at Risk für ein Konfidenzniveau von 95% für einen Tag basierend auf dem DAXsubsector Real Estate Performance-Index.
  - Berechnen Sie den Value at Risk für ein Konfidenzniveau von 95% für einen Tag basierend auf einem Investitionsvolumen von 100.000 €.
- Führen Sie dieselben Berechnungen für ein Konfidenzniveau von 99% durch.
- Erklären Sie die Unterschiede der Ergebnisse und begründen Sie Ihre Aussagen.
- Erstellen Sie ein Diagramm und zeigen Sie, wie der Value at Risk grafisch ermittelt werden kann.

Inhalt

Der **Value at Risk** (*VaR*) ist eines der wichtigsten Risikomaße in der Finanzpraxis. Er beschreibt den maximalen Betrag, der mit einer vorgegebenen Wahrscheinlichkeit α innerhalb eines bestimmten Zeitraums nicht überschritten wird. Rein technisch wird der Value at Risk als das Quantil einer Wahrscheinlichkeitsverteilung oder der Verteilung einer Stichprobe ermittelt.

Häufig wird in der Praxis der Value at Risk als Risikomaß zur Bestimmung des höchsten zu erwartenden Verlustes (Verlustpotenzial eines bestimmten Szenarios) verwendet. Der Value at Risk beschreibt somit den maximalen Verlust, der mit einer bestimmten Wahrscheinlichkeit (etwa 95% oder 99%) innerhalb einer bestimmten Periode bzw. Haltedauer nicht überschritten wird. Der Value at Risk bezeichnet also einen Verlust, d. h. eine negative Wertentwicklung. Dennoch wird er als Absolutbetrag ausgedrückt. Das negative Vorzeichen wird bei der Nennung der Höhe des Value at Risk weggelassen, findet jedoch in dem Wort „Verlust" seinen Ausdruck.

Wir beschränken den Value at Risk nicht nur auf ein Verlustrisiko, was bspw. bei einem finanziellen Investment durchaus Sinn macht. Wir beziehen auch positive Werte ein. Beispielsweise interessiert es ein Unternehmen, welcher Mindestumsatz mit einer bestimmten Wahrscheinlichkeit nicht unterschritten wird. Bei dieser Fragestellung kann der Value at Risk auch angewendet werden.

Der Value at Risk (VaR) in seiner Grundform wird auch als Absoluter Value at Risk bezeichnet. Der **Absolute Value at Risk** ist ein absolutes Risikomaß, da es Risiko als absolutes Verlustpotenzial misst und nicht relativ ins Verhältnis zu einer anderen Risikogröße wie den Erwartungswert setzt. Der absolute Value at Risk geht somit von einem Erwartungswert von Null aus. Da in der Realität der Erwartungswert selten Null sein wird, ist der absolute Value at Risk im Risikomanagement nur in bestimmten Fällen ein geeignetes Risikomaß. Besser ist es, den Value at Risk als lageunabhängiges Risikomaß zu definieren, das von der Höhe des Erwartungswertes abhängig ist. Diese Anforderung wird vom **Relativen Value at Risk** erfüllt. Da die Verwendung des Absoluten Value at Risk, wie dargelegt, wenig sinnvoll ist, wird in der Praxis häufig direkt der Relative Value at Risk berechnet und aus Vereinfachungsgründen als Value at Risk bezeichnet. Wir unterscheiden hier jedoch zwischen Absolutem und Relativem Value at Risk und beginnen mit der Berechnung des Absoluten Value at Risk in seiner Grundform.

Bei der Ermittlung des Value at Risks unter Verwendung historischer Daten eignen sich Renditen (relative Größen) besser als in Geldeinheiten gemessene Größen (absolute Größen). Grund dafür ist, dass Renditen im Vergleich zu absoluten Größen eher einen konstanten Erwartungswert und eine konstante Varianz aufweisen. In unserem Beispiel des DAXsubsector Real Estate Performance-Indexes hatte dieser am 20.08.t(3) einen Wert von 911,96 Indexpunkten und am 28.03.t(5) einen Wert von 268,43 Indexpunkten. Es ist ersichtlich, dass Wertschwankungen bei einem Wert von 911 Indexpunkten höher ausfallen werden als bei einem Wert von 268 Indexpunkten. Für die prozentualen Veränderungen der Renditen kann eher ein einheitliches Niveau unterstellt werden.

Bei der Ermittlung des Value at Risk bei Vorliegen einer diskreten Wahrscheinlichkeitsverteilung kann der Fall eintreten, dass 5% der betrachteten Werte keinen runden Wert, sondern einen Dezimalwert ergeben. Beispielsweise sind wie in folgendem Beispiel 5% von 1.271 Werten 63,55 Werte. Das bedeutet, dass der Value at Risk zwischen dem 65. und 66. Wert liegt. Dies ist in der Definition des α-Quantils begründet. Dieses ist als derjenige Wert x_α definiert, für den mindestens ein Anteil α kleiner oder gleich x_α ist und mindestens ein Anteil $(1-\alpha)$ größer oder gleich x_α ist. Das Quantil selbst wird also zu beiden Seiten mitgezählt.

Eine Möglichkeit den Wert des 5%-Quantils zu bestimmen, ist der *konservative Ansatz*. Hier wird ein hoher Ausweis des Risikos präferiert, um zusätzliche Sicherheit dafür zu schaffen, dass die Verluste am Ende doch nicht den ausgewiesenen Value at Risk überschreiten. In diesem Falle würde man abrunden und wie in folgendem Beispiel den 63. Wert als Value at Risk nehmen. 4,96% (=63/1271) der Werte sind kleiner oder gleich dem 63. Wert (-3,056%), da man diesen Wert bei der Anteilsbildung mitzählen kann. 95,12% (=1209/1271) und damit mindestens 95% sind größer oder gleich dem 63. Wert. Wir folgen in dieser Case Study dem konservativen Ansatz.

Eine Alternative dazu stellt der *nicht-konservative Ansatz* dar. Hier wird der Wert des 5%-Quantils aufgerundet, so dass der 64. Wert verwendet wird. Auch dies ist gerechtfertigt, da mindestens 5% der Werte (hier 5,04% = 64/1271) kleiner oder gleich dem Wert von -3,056% sind. 95,04% (=1208/1271) der Werte sind größer oder gleich dem 64. Wert. Durch den nicht-konservativen Ansatz wird der Value at Risk niedriger ausgewiesen. Dieser Ansatz wird vor allem von Banken präferiert, da die Höhe der bankenaufsichtsrechtlichen Eigenkapitalforderungen vom Value at Risk abhängt.

Wird der Value at Risk bei einer diskreten Wahrscheinlichkeitsverteilung berechnet, so gilt dieser für die Zeiteinheit der Rendite. Handelt es sich bei der Rendite wie im vorliegenden Beispiel um eine diskrete, tägliche Rendite, dann gilt der berechnete Value at Risk für einen Tag. Eine Hochskalierung auf Wochen-, Monats-, Quartals- oder Jahreswerte für den Value at Risk ist bei Vorliegen einer diskreten Wahrscheinlichkeitsverteilung nicht möglich. Dies ist, wie wir sehen werden, nur bei einer stetigen Wahrscheinlichkeitsverteilung möglich.

Das Risiko beim Kauf von Immobilien besteht in starken Preisanstiegen, die zu einer Verteuerung führen. Wurden hingegen Immobilien bereits gekauft, liegt das Risiko in Preisrückgängen, da in diesem Falle die Immobilie zu einem höheren Preis angeboten werden muss. Im vorliegenden Assignment des Value at Risk und aller weiteren Assignments betrachten wir das Risiko von Preisrückgängen, d.h. den Verlust aus einer Anlage in den DAXsubsector Real Estate Performance-Index.

Wichtige Formeln

fx

Formal gesehen ist der Value at Risk der absolute Wert des Quantils Q_α. Die Formel für die Berechnung des Value at Risk als Rendite bei einer diskreten Wahrscheinlichkeitsverteilung lautet:

$$VaR_{diskr.Rendite,p}(r^d) = |Q_\alpha(r^d)| \text{ mit } p = 1 - \alpha$$

Formel 44

$VaR_{diskr.Rendite,p}$ = Value at Risk zum Konfidenzniveau p für diskrete Renditen
Q_α = α-Quantil der Verteilung

Die Formel 44 besagt, dass mit einer Wahrscheinlichkeit von α die diskrete Rendite des α-Quantils nicht unterschritten wird.

Die Formel für die Berechnung des Value at Risk in Geldeinheiten bei einer diskreten Wahrscheinlichkeitsverteilung lautet:

$$VaR_{Geldeinheiten,p}(r^d) = |Q_\alpha(r^d) \cdot Preis|$$

Formel 45

$VaR_{Geldeinheiten,p}$ = Value at Risk zum Konfidenzniveau p in Geldeinheiten
Preis = Preis pro Einheit

Formeln für den Value at Risk können sehr unterschiedlich aussehen und zu Verwirrung führen. Für die Interpretation der VaR-Formel müssen drei Inhalte gegeben sein:

- Wie ist die Risikoposition des Entscheidungsträgers? Welche Veränderung des Preises stellen Gefahren, welche Veränderungen Chancen dar?
  - Die Gefahr ist auf der linken Seite der Verteilung, d.h. negative Renditen stellen das Gefahrenpotenzial dar. Ein Beispiel für eine Gefahrenposition wäre ein Entscheidungsträger, der Anteile am DAX subsector Real Estate Performance-Index hält und wirtschaftlichen Schaden durch einen Kursverfall (negative Renditen) erleiden würde.
  - Die Gefahr ist auf der rechten Seite der Verteilung, d.h. positive Renditen stellen das

Gefahrenpotenzial dar. Ein Beispiel hierfür wäre ein Entscheidungsträger, der Anteile am DAX subsector Real Estate Performance-Index kaufen möchte und wirtschaftlichen Schaden durch einen Kursanstieg (positive Renditen) erleiden würde.

- Wird der Value at Risk für eine Funktion negativer Werte oder für eine Funktion positiver Werte berechnet? Wird der Value at Risk auf Basis negativer oder positiver Renditen berechnet? Aus der Definition des Value at Risk wird deutlich, dass es sich um einen möglichen Verlust handelt. Dieser ist mathematisch eine negative Zahl, wird bei der Interpretation jedoch über den Begriff Verlust als positive Zahl wiedergegeben. Der Value at Risk kann auf zwei Wegen hergeleitet werden.
  - Value at Risk als Funktion negativer Werte: Wenn die Verluste negative Zahlen sind, dann können sie in der vorliegenden Form zur Berechnung des Value at Risk verwendet werden. Ausgangspunkt der Berechnung ist dann der Wert z.B. das 5%-Quantil (berechnet als = 1 - Konfidenzniveau), welches die 5%-niedrigsten Werte der Verteilung angibt. Zum Abschluss der Berechnungen wird dann mit Hilfe der Absolutfunktion die negative Zahl in eine positive Zahl umgewandelt, sodass dann gemäß der Definition des Value at Risk ein Verlust als positive Zahl wiedergegeben wird.
  - Value at Risk als Funktion positiver Werte: Um die Definition des Value at Risk zu erfüllen, können die Ausgangswerte mit dem Faktor (-1) multipliziert werden, damit die Verluste als positive Zahl angegeben werden. Dann werden die größten Verluste durch eine positive Zahl ausgedrückt. In diesem Fall wird der Value at Risk durch das 95-Prozent-Quantil bestimmt, da der Value at Risk in diesem Fall durch den 95-Prozent-größten Verlust wiedergegeben wird.
- Ist die Sortierung der Renditereihe in aufsteigender oder in absteigender Reihenfolge vorgenommen worden?
  - Werden die Renditen in aufsteigender Reihenfolge sortiert und wird der Verlust durch negative Renditen beschrieben, so wird das 5%-Quantil für den Value at Risk herangezogen.
  - Werden die Renditen in aufsteigender Reihenfolge sortiert und wird der Verlust durch positive Renditen beschrieben, so wird das 95%-Quantil für den Value at Risk heran-gezogen.
  - Werden die Renditen in absteigender Reihenfolge sortiert und wird der Verlust durch negative Renditen beschrieben, so wird das 95%-Quantil für den Value at Risk herangezogen.
  - Werden die Renditen in aufsteigender Reihenfolge sortiert und wird der Verlust durch positive Renditen beschrieben, so wird das 5%-Quantil für den Value at Risk herangezogen.

Wir sehen also, dass der Value at Risk keine Standardformel besitzt. Daher müssen wir immer wissen, wie die Risikoposition des Entscheidungsträgers ist, ob der Value at Risk über negative oder positive Renditen berechnet wird und wie die Zeitreihe sortiert ist.

In unserem Beispiel ist folgende Situation gegeben:

1. Der Entscheidungsträger hält Anteile am DAXsubsector Real Estate Performance-Index und ist der Gefahr ausgesetzt, dass der Preis der Anteile sinkt, d.h. negative Renditen sind die relevante Datenbasis für die Berechnung des Value at Risk.
2. Wir arbeiten bei der Berechnung des Value at Risk mit negativen Renditen. Der Value at Risk ist hier eine Funktion negativer Werte.
3. Wir sortieren die Renditen in aufsteigender Reihenfolge, so dass der Value at Risk durch

das 5%-Quantil bestimmt wird.

Arbeitsmappe: `Case Study Risikomanagement Teil 1` ➲ Arbeitsblatt: `VaR diskr. Rendite (1)`

Berechnung des Quantils der Verteilung zum Konfidenzniveau p in Excel:

> Excel-Beispiel: `K11=MIN(SVERWEIS(K10;F6:H1276;3;0);0)`

Berechnung des Value at Risk als Rendite bei einer diskreten Wahrscheinlichkeitsverteilung in Excel:

> Excel-Beispiel: `K12=ABS(K11)`

Berechnung des Value at Risk in Geldeinheiten bei einer diskreten Wahrscheinlichkeitsverteilung in Excel:

> Excel-Beispiel: `K16=ABS(K14*K11)`

Vorgehensweise

- Zunächst werden aus den DAXsubsector Real Estate Performance-Index die diskreten, täglichen Renditen berechnet (Spalte `D`).
- Die diskreten, täglichen Renditen werden dann in Spalte `H` der Größe nach aufsteigend sortiert.
- Markieren Sie hierzu zunächst die Zellen `G6:H1276`, in denen das Datum und die Werte vermerkt sind.
- Klicken Sie dann `Daten` ➲ `Sortieren` und `Filtern` ➲ `Sortieren` und geben Sie dort bei Spalte „`H`“, als Sortieren nach „`Zellwerte`“ und bei Reihenfolge „`Nach Größe aufsteigend`“ ein.
- Danach wird das Konfidenzniveau p (Zellen `K7` und `N7`) und das Alpha α (Zellen `K8` und `N8`) festgelegt. Das Konfidenzniveau p ist die Wahrscheinlichkeit, mit der ein Verlust nicht überschritten wird. Alpha α ist die Wahrscheinlichkeit, mit der die Werte den Value at Risk überschreiten. `K8=1-K7` und `N8=1-N7`.
- Als nächster Schritt wird bei der Ermittlung des Value at Risk bei einer diskreten Wahrscheinlichkeitsverteilung die Anzahl der α-% kleinsten Werte ermittelt. In unserem Beispiel sind es die 5% kleinsten Werte. Das sind bei 1.271 vorliegenden Renditen 63,55 Werte. In diesem Fall ist das Ergebnis auf 63 abzurunden und der entsprechende 63ste Wert der geordneten Liste in Spalte `H` zu wählen. Dies erfolgt für das 5%-Quantil mit der Funktion `K10=ABRUNDEN((K8)*ANZAHL(H6:H1276);0)`. In unserem Beispiel zählen 63 Werte zu den 5% der kleinsten Werte.
- Darauffolgend wird die Rendite des 63-kleinsten Wertes bestimmt. Dies erfolgt für das 5%-Quantil mit der Funktion `K11 =MIN(SVERWEIS(K10;F6:H1276;3;0);0`. Die ermittelte Rendite beträgt -3,06%. Da der Value at Risk stets ein positiver Wert ist, wird er mit der Funktion `K12=ABS(K11)` berechnet. Das heißt, dass maximal 5% der Renditen

der gegebenen Verteilungsfunktion Werte kleiner -3,056% aufweisen, oder: 95% der Werte sind größer oder gleich -3,056%. Zu einer Wahrscheinlichkeit von 95% wird am nächsten Tage der Verlust nicht größer als 3,056% sein.

- Zum Abschluss wird noch der Value at Risk in Geldeinheiten berechnet `K16=ABS (K14*K11)`. Er beträgt 22 €. Ferner wird auch noch der Value at Risk für das Investitionsvolumen V ermittelt `K20=K16*K18`. Dieser beträgt 2.177.899 €. Mit einer Wahrscheinlichkeit von 95% wird der Verlust aus dem Investment innerhalb des nächsten Tages den Wert von 2.177.899 € nicht überschreiten.

Ergebnis

Zeile	Datum	DAXsubsector Real Estate Performance-Index in Euro	Diskrete Rendite		Datum	Renditen sortiert
5	02.01.t(1)	634,73				
6	03.01.t(1)	638,23	0,55%	1	11.03.t(2)	-8,93%
7	04.01.t(1)	646,31	1,27%	2	13.03.t(2)	-8,16%
8	07.01.t(1)	650,42	0,64%	3	15.12.t(4)	-7,37%
9	08.01.t(1)	655,22	0,74%	4	05.07.t(5)	-6,23%
10	09.01.t(1)	654,58	-0,10%	5	10.06.t(4)	-6,06%
11	10.01.t(1)	650,51	-0,62%	6	08.03.t(5)	-6,05%
12	11.01.t(1)	662,56	1,85%	7	17.03.t(2)	-6,01%
13	14.01.t(1)	659,99	-0,39%	8	27.03.t(5)	-5,94%
14	15.01.t(1)	661,55	0,24%	9	11.10.t(4)	-5,78%
15	16.01.t(1)	661,20	-0,05%	10	18.10.t(5)	-5,54%
16	17.01.t(1)	660,76	-0,07%	11	25.09.t(5)	-5,44%
17	18.01.t(1)	666,12	0,81%	12	16.08.t(4)	-4,99%
18	21.01.t(1)	675,18	1,36%	13	03.11.t(5)	-4,97%
19	22.01.t(1)	671,92	-0,48%	14	01.11.t(4)	-4,95%
20	23.01.t(1)	678,86	1,03%	15	06.03.t(2)	-4,87%
21	24.01.t(1)	679,98	0,16%	16	27.10.t(4)	-4,86%

Value at Risk (95 %)		Value at Risk (99 %)	
Mittelwert der diskreten, täglichen Renditen	-0,01%	Mittelwert der dirskreten, täglichen Renditen	-0,01%
Konfidenzniveau (1-α)	95%	Konfidenzniveau (1-α)	99%
Alpha (α)	5%	Alpha (α)	1%
Anzahl der Werte	63	Anzahl der Werte	12
Quantil von α	-3,056%	Quantil von α	-4,986%
$VaR_{diskr.\ Rendite,\ \alpha}$	3,056%	$VaR_{diskr.\ Rendite,\ \alpha}$	4,986%
DAXsubsector Real Estate Performance-Index	712,69 €	DAXsubsector Real Estate Performance-Index	666,12 €
$VaR_{Geldeinheiten,\ \alpha}$	22 €	$VaR_{Geldeinheiten,\ \alpha}$	33 €
Investitionsvolumen	100.000	Investitionsvolumen	100.000
$VaR_{Geldeinheiten,\ Zeitfaktor,\ Investitionsvolumen}$	2.177.899	$VaR_{Geldeinheiten,\ Zeitfaktor,\ Investitionsvolumen}$	3.320.986

Abbildung 47: Ermittlung des VaR bei einer diskreten Wahrscheinlichkeitsverteilung

Literatur und Verweis auf das Excel-Tool

Diederichs, M. (2018): Risikomanagement und Risikocontrolling, 4. Aufl., Vahlen, S. 156-164.

Ernst, D., Häcker, J. (2021): Risikomanagement im Unternehmen Schritt für Schritt, UTB, Course 2 - Assignment 1.

Gleißner, W. (2016): Grundlagen des Risikmanagements, 3. Aufl., Vahlen, S. 207-208.

Hull, J. C. (2014): Risikomanagement: Banken, Versicherungen und andere Finanzinsitutionen, 3. Aufl., Pearson, S. 220-241.

Romeike, F., Hasger, P. (2013): Erfolgsfaktor Risikomanagement 3.0, 3. Aufl., Springer Gabler, S. 127-128.

Vanini, U. (2012): Risikomanagement, Schäffer-Poeschel, S. 181-185.

Wüst, K. (2014): Risikomanagement: Eine Einführung mit Anwendungen in Excel, UTB, S. 69-97.

Siehe Excel-Datei `Case Study Risikomanagement Teil 1`, Excel-Arbeitsblatt `VaR diskr. Rendite (1)`

Assignment 2: Berechnung des Relativen Value at Risk (Deviation Value at Risk) bei einer diskreten Wahrscheinlichkeitsverteilung

Aufgabe

- Berechnen Sie den Relativen Value at Risk für den DAXsubsector Real Estate Performance-Index ab dem 31.12.t(5) rückwirkend für die letzten 5 Jahre. Gehen Sie dabei in folgenden Schritten vor:
  - Berechnen Sie zunächst den Relativen Value at Risk für ein Konfidenzniveau von 95% für einen Tag basierend auf den diskreten Renditen des DAXsubsector Real Estate Performance-Indexes.
  - Berechnen Sie dann den Relativen Value at Risk für ein Konfidenzniveau von 95% für einen Tag basierend auf dem DAXsubsector Real Estate Performance-Index.
  - Berechnen Sie den Relativen Value at Risk für ein Konfidenzniveau von 95% für einen Tag basierend auf einem Investitionsvolumen von 100.000 €.
- Führen Sie dieselben Berechnungen für ein Konfidenzniveau von 99% durch.
- Erklären Sie die Unterschiede der Ergebnisse und begründen Sie Ihre Aussagen.
- Erstellen Sie ein Diagramm und zeigen Sie, wie der Relative Value at Risk grafisch ermittelt werden kann.

Inhalt

Der Value at Risk *(VaR)*, wie Sie ihn in der allgemeinen Form bereits kennen gelernt haben, ist ein lageabhängiges Risikomaß. Der Value at Risk kann auch als lageunabhängiges Abweichungsmaß verwendet werden, wobei dieser dann als **Relativer Value at Risk** bzw. Deviation Value at Risk bezeichnet wird. Wie bereits erwähnt, hat der absolute Value at Risk als Risikomaß nur in bestimmten Fällen eine Aussagekraft. Daher wird in der Praxis häufig mit dem Value at Risk der Relative Value at Risk bezeichnet.

Der absolute Value at Risk kann in den Relativen Value at Risk überführt werden, indem man den lageabhängigen Value at Risk auf den Erwartungswert der Zufallsgröße zentriert. Bei dieser Definition berechnet sich der Relative Value at Risk aus der Differenz des maximalen Verlusts beim Konfidenzniveau 1-α (VaR) und dem Erwartungswert der Verteilung. Der Relative Value at Risk ist damit eine Kennzahl, die den Umfang möglicher (negativer) Planabweichungen zeigt.

Wichtige Formeln

Die Formel für die Berechnung des Relativen Value at Risk als Rendite bei einer diskreten Wahrscheinlichkeitsverteilung lautet:

$$RVaR_{diskr.\ Rendite,p}(r^d) = |Q_\alpha(r^d) - E(r^d)|$$ Formel 46

$RVaR_{diskr.Rendite,p}$ = Relativer Value at Risk zum Konfidenzniveau p für diskrete Renditen
Q_α = α-Quantil der Verteilung zum Konfidenzniveau p
E = Erwartungswert

Die Formel für die Berechnung des Relativen Value at Risk in Geldeinheiten bei einer diskreten Wahrscheinlichkeitsverteilung lautet:

$$RVaR_{Geldeinheiten,p}(r^d) = RVaR_{diskr.Rendite,p}(r^d) \cdot Preis$$ Formel 47

$RVaR_{Geldeinheiten,p}$ = Relativer Value at Risk in Geldeinheiten
$Preis$ = Preis pro Einheit

Arbeitsmappe: `Case Study Risikomanagement Teil 1` ➲ Arbeitsblatt: `VaR diskr. Rendite (1)`

Berechnung des Relativen Value at Risk als Rendite bei einer diskreten Wahrscheinlichkeitsverteilung in Excel:

Excel-Beispiel: `K25 =ABS(K11-MITTELWERT(H6:H1276))`

Berechnung des Relativen Value at Risk in Geldeinheiten bei einer diskreten Wahrscheinlichkeitsverteilung in Excel:

Excel-Beispiel: `K27=K25*K14`

Vorgehensweise

- Basierend auf dem bereits berechneten 5%-Quantil in Höhe von -3,056% wird der Relative Value at Risk berechnet, indem vom Value at Risk der Erwartungswert (Mittelwert) der täglichen, diskreten Renditen des DAXsubsector Real Estate Performance-Index abgezogen und daraus die Abweichung vom Erwartungswert berechnet wird. Da der Erwartungswert mit -0,01% einen negativen Wert besitzt, verringert sich der Relative Value at Risk im Vergleich zum Absoluten Value at Risk. Der Relative Value at Risk beträgt 3,050%.
- Im nächsten Schritt wird der Relative Value at Risk in Geldeinheiten berechnet, in dem der

Relative Value at Risk für diskrete Renditen mit dem Investitionsvolumen V wird. Der Relative Value at Risk in Geldeinheiten beträgt 21,74 € und für das Investitionsvolumen 2.173.703,93 €.

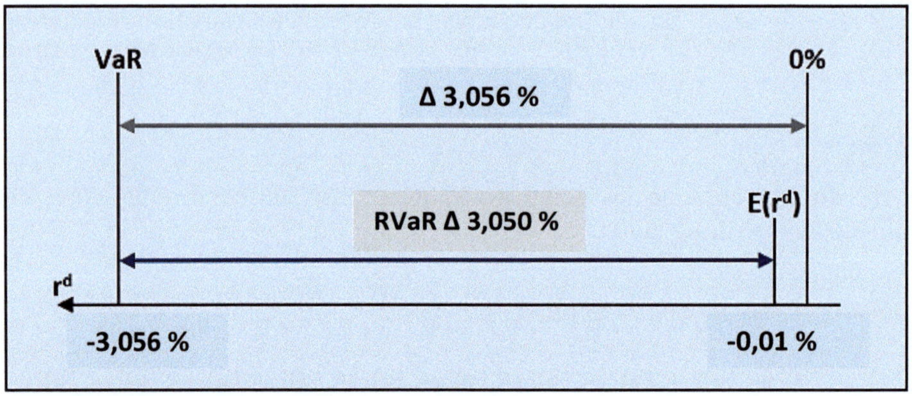

Abbildung 48: Darstellung des Relativen Value at Risk

Ergebnis

Datum	DAXsubsector Real Estate Performance-Index in Euro	Diskrete Rendite		Datum	Renditen sortiert
02.01.t(1)	634,73				
03.01.t(1)	638,23	0,55%	1	11.03.t(2)	-8,93%
04.01.t(1)	646,31	1,27%	2	13.03.t(2)	-8,16%
07.01.t(1)	650,42	0,64%	3	15.12.t(4)	-7,37%
08.01.t(1)	655,22	0,74%	4	05.07.t(5)	-6,23%
09.01.t(1)	654,58	-0,10%	5	10.06.t(4)	-6,06%
10.01.t(1)	650,51	-0,62%	6	08.03.t(5)	-6,05%
11.01.t(1)	662,56	1,85%	7	17.03.t(2)	-6,01%
14.01.t(1)	659,99	-0,39%	8	27.03.t(5)	-5,94%
15.01.t(1)	661,55	0,24%	9	11.10.t(4)	-5,78%
16.01.t(1)	661,20	-0,05%	10	18.10.t(5)	-5,54%
17.01.t(1)	660,76	-0,07%	11	25.09.t(5)	-5,44%
18.01.t(1)	666,12	0,81%	12	16.08.t(4)	-4,99%
21.01.t(1)	675,18	1,36%	13	03.11.t(5)	-4,97%
22.01.t(1)	671,92	-0,48%	14	01.11.t(4)	-4,95%
23.01.t(1)	678,86	1,03%	15	06.03.t(2)	-4,87%
24.01.t(1)	679,98	0,16%	16	27.10.t(4)	-4,86%
25.01.t(1)	686,91	1,02%	17	12.09.t(4)	-4,78%
28.01.t(1)	686,91	0,00%	18	28.02.t(5)	-4,75%
29.01.t(1)	694,00	1,03%	19	03.09.t(2)	-4,66%
30.01.t(1)	697,28	0,47%	20	06.03.t(5)	-4,65%
31.01.t(1)	695,91	-0,20%	21	23.03.t(5)	-4,57%
01.02.t(1)	695,09	-0,12%	22	21.03.t(5)	-4,56%
04.02.t(1)	699,10	0,58%	23	15.03.t(5)	-4,54%
05.02.t(1)	700,91	0,26%	24	15.06.t(4)	-4,45%
06.02.t(1)	700,89	0,00%	25	23.02.t(5)	-4,37%
07.02.t(1)	695,77	-0,73%	26	01.07.t(4)	-4,23%
08.02.t(1)	686,52	-1,33%	27	08.06.t(4)	-4,16%

Value at Risk (95 %)		Value at Risk (99 %)	
Mittelwert der diskreten, täglichen Renditen	-0,01%	Mittelwert der dirskreten, täglichen Renditen	-0,01%
Konfidenzniveau (1-α)	95%	Konfidenzniveau (1-α)	99%
Alpha (α)	5%	Alpha (α)	1%
Anzahl der Werte	63	Anzahl der Werte	12
Quantil von α	-3,056%	Quantil von α	-4,986%
$VaR_{diskr.\ Rendite,\ \alpha}$	3,056%	$VaR_{diskr.\ Rendite,\ \alpha}$	4,986%
DAXsubsector Real Estate Performance-Index	712,69 €	DAXsubsector Real Estate Performance-Index	666,12 €
$VaR_{Geldeinheiten,\ \alpha}$	22 €	$VaR_{Geldeinheiten,\ \alpha}$	33 €
Investitionsvolumen	100.000	Investitionsvolumen	100.000
$VaR_{Geldeinheiten,\ Zeitfaktor,\ Investitionsvolumen}$	2.177.899	$VaR_{Geldeinheiten,\ Zeitfaktor,\ Investitionsvolumen}$	3.320.986
Relativer $VaR_{diskr.\ Rendite,\ \alpha}$	3,050%	Relativer $VaR_{diskr.\ Rendite,\ \alpha}$	4,980%
Relativer $VaR_{Geldeinheiten,\ \alpha}$	21,74	Relativer $VaR_{Geldeinheiten,\ \alpha}$	33,17
Investitionsvolumen	100.000	Investitionsvolumen	100.000
Relativer $VaR_{Geldeinheiten,\ Zeitfaktor,\ Investitionsvolumen}$	2.173.703,93 €	Relativer $VaR_{Geldeinheiten,\ Zeitfaktor,\ Investitionsvolumen}$	3.317.064,61 €

Abbildung 49: Ermittlung des Relativen VaR bei einer diskreten Wahrscheinlichkeitsverteilung

Literatur und Verweis auf das Excel-Tool

Diederichs, M. (2018): Risikomanagement und Risikocontrolling, 4. Aufl., Vahlen, S. 156-164.

Ernst, D., Häcker, J. (2021): Risikomanagement im Unternehmen Schritt für Schritt, UTB, Course 2 - Assignment 2.

Gleißner, W. (2016): Grundlagen des Risikmanagements, 3. Aufl., Vahlen, S. 207-208.

Hull, J. C. (2014): Risikomanagement: Banken, Versicherungen und andere Finanzinsitutionen, 3. Aufl., Pearson, S. 220-241.

Romeike, F., Hasger, P. (2013): Erfolgsfaktor Risikomanagement 3.0, 3. Aufl., Springer Gabler, S. 127-128.

Vanini, U. (2012): Risikomanagement, Schäffer-Poeschel, S. 181-185.

Wüst, K. (2014): Risikomanagement: Eine Einführung mit Anwendungen in Excel, UTB, S. 69-97.

Siehe Excel-Datei `Case Study Risikomanagement Teil 1`, Excel-Arbeitsblatt `VaR diskr. Rendite (1)`

Assignment 3: Berechnung des Conditional Value at Risk bzw. Expected Shortfall bei einer diskreten Wahrscheinlichkeitsverteilung

Aufgabe

- Berechnen Sie den Conditional Value at Risk für den DAXsubsector Real Estate Performance-Index ab dem 31.12.t(5) rückwirkend für die letzten 5 Jahre. Gehen Sie dabei in folgenden Schritten vor:
  - Berechnen Sie zunächst den Conditional Value at Risk für ein Konfidenzniveau von 95% für einen Tag basierend auf den diskreten Renditen des DAXsubsector Real Estate Performance-Index.
  - Berechnen Sie dann den Conditional Value at Risk für ein Konfidenzniveau von 95% für einen Tag basierend auf dem DAXsubsector Real Estate Performance-Index.
  - Berechnen Sie den Conditional Value at Risk für ein Konfidenzniveau von 95% für einen Tag basierend auf einem Investitionsvolumen von 100.000 €.
- Führen Sie dieselben Berechnungen für ein Konfidenzniveau von 99% durch.
- Erklären Sie die Unterschiede der Ergebnisse und begründen Sie Ihre Aussagen.
- Erstellen Sie ein Diagramm und zeigen Sie, wie der Conditional Value at Risk grafisch ermittelt werden kann.

Inhalt

Der **Conditional Value at Risk** bzw. der **Expected Shortfall** gibt die Verluste an, die über den Value at Risk hinausgehen, und bestimmt deren durchschnittliche Höhe. Der Conditional Value at Risk wird auch als Conditional Tail Expectation oder Expected Tail Loss bezeichnet.

Der Conditional Value at Risk überwindet die Nachteile des Value at Risk, welcher keine Aussagen darüber macht, was passiert, wenn die Verluste, die durch den Value at Risk angegebene Schranke überschreiten. Diesen Nachteil hebt der Conditional Value at Risk auf, indem er auch die Informationen (Verluste) am linken Ende der Verteilung miteinbezieht. Ferner erfüllt der Conditional Value at Risk im Gegensatz zum Value at Risk alle Bedingungen an ein kohärentes Risikomaß, insbesondere ist der Conditional Value at Risk subadditiv.

Value at Risk und Conditional Value at Risk stehen in einem engen Zusammenhang. Während der Value at Risk die Frage beantwortet, welcher Verlust nur in höchstens (100*α)% überschritten wird, zeigt der Conditional Value at Risk auf, wie hoch der erwartete Verlust in (100*α)% der verlustreichsten Fälle ist.

Wichtige Formeln

Die Formel für die Berechnung des Conditional Value at Risk als Rendite bei einer diskreten Wahrscheinlichkeitsverteilung lautet:

$$CVaR_{diskr.Rendite,p}(r^d) = \left| E\left(r^d \middle| r^d < Q_\alpha(r^d)\right) \right|$$

Formel 48

$CVaR_{diskr.Rendite,p}$ = Conditional Value at Risk zum Konfidenzniveau p für diskrete Renditen

Die Formel für die Berechnung des Conditional Value at Risk in Geldeinheiten bei einer diskreten Wahrscheinlichkeitsverteilung lautet:

$$CVaR_{Geldeinheiten,p}(r^d) = CVaR_{diskr.Rendite,p}(r^d) \cdot Preis$$

Formel 49

$CRVaR_{Geldeinheiten,p}$ = Conditional Value at Risk zum Konfidenzniveau p in Geldeinheiten
$Preis$ = Preis pro Einheit

Arbeitsmappe: `Case Study Risikomanagement Teil 1` ➲ Arbeitsblatt: `VaR diskr. Rendite (1)`

Berechnung des Conditional Value at Risk (Expected Shortfall) als Rendite bei einer diskreten Wahrscheinlichkeitsverteilung in Excel:

Excel-Beispiel: `K36=ABS(MITTELWERT(H6:H69))`

Berechnung des Conditional Value at Risk (Expected Shortfall) in Geldeinheiten bei einer diskreten Wahrscheinlichkeitsverteilung in Excel:

Excel-Beispiel: `K38=ABS(K36*K14)`

Vorgehensweise

- Basierend auf den in Spalte `H` aufwärts sortierten diskreten Renditen werden die 63 Renditen ausgewählt, die in das 5%-Quantil fallen. Für diese 63 Werte werden der Mittelwert und daraus der absolute Wert berechnet. Der Conditional Value at Risk zeigt, dass der erwartete Verlust in 5% der verlustreichsten Fälle 4,30% beträgt.
- Im nächsten Schritt wird der Conditional Value at Risk (Expected Shortfall) in Geldeinheiten berechnet. Dieser beträgt 30,63 €. Bei einem Investitionsvolumen von 100.000 € ergibt sich ein Conditional Value at Risk von 3.063.093,05 €.

Ergebnis

Datum	DAXsubsector Real Estate Performance-Index in Euro	Diskrete Rendite		Datum	Renditen sortiert
02.01.t(1)	634,73				
03.01.t(1)	638,23	0,55%	1	11.03.t(2)	-8,93%
04.01.t(1)	646,31	1,27%	2	13.03.t(2)	-8,16%
07.01.t(1)	650,42	0,64%	3	15.12.t(4)	-7,37%
08.01.t(1)	655,22	0,74%	4	05.07.t(5)	-6,23%
09.01.t(1)	654,58	-0,10%	5	10.06.t(4)	-6,06%
10.01.t(1)	650,51	-0,62%	6	08.03.t(5)	-6,05%
11.01.t(1)	662,56	1,85%	7	17.03.t(2)	-6,01%
14.01.t(1)	659,99	-0,39%	8	27.03.t(5)	-5,94%
15.01.t(1)	661,55	0,24%	9	11.10.t(4)	-5,78%
16.01.t(1)	661,20	-0,05%	10	18.10.t(5)	-5,54%
17.01.t(1)	660,76	-0,07%	11	25.09.t(5)	-5,44%
18.01.t(1)	666,12	0,81%	12	16.08.t(4)	-4,99%
21.01.t(1)	675,18	1,36%	13	03.11.t(5)	-4,97%
22.01.t(1)	671,92	-0,48%	14	01.11.t(4)	-4,95%
23.01.t(1)	678,86	1,03%	15	06.03.t(2)	-4,87%
24.01.t(1)	679,98	0,16%	16	27.10.t(4)	-4,86%
25.01.t(1)	686,91	1,02%	17	12.09.t(4)	-4,78%
28.01.t(1)	686,91	0,00%	18	28.02.t(5)	-4,75%
29.01.t(1)	694,00	1,03%	19	03.09.t(2)	-4,66%
30.01.t(1)	697,28	0,47%	20	06.03.t(5)	-4,65%
31.01.t(1)	695,91	-0,20%	21	23.03.t(5)	-4,57%
01.02.t(1)	695,09	-0,12%	22	21.03.t(5)	-4,56%
04.02.t(1)	699,10	0,58%	23	15.03.t(5)	-4,54%
05.02.t(1)	700,91	0,26%	24	15.06.t(4)	-4,45%
06.02.t(1)	700,89	0,00%	25	23.02.t(5)	-4,37%
07.02.t(1)	695,77	-0,73%	26	01.07.t(4)	-4,23%
08.02.t(1)	686,52	-1,33%	27	08.06.t(4)	-4,16%
11.02.t(1)	692,53	0,88%	28	05.06.t(1)	-4,14%
12.02.t(1)	690,63	-0,27%	29	04.10.t(4)	-4,14%
13.02.t(1)	688,98	-0,24%	30	21.09.t(4)	-4,12%
14.02.t(1)	689,84	0,12%	31	28.04.t(5)	-4,12%
15.02.t(1)	690,10	0,04%	32	25.08.t(4)	-4,10%
18.02.t(1)	691,29	0,17%	33	23.05.t(4)	-3,98%
19.02.t(1)	689,10	-0,32%	34	25.11.t(3)	-3,94%
20.02.t(1)	685,41	-0,54%	35	18.03.t(4)	-3,86%
21.02.t(1)	686,65	0,18%	36	05.05.t(4)	-3,77%
22.02.t(1)	682,86	-0,55%	37	29.06.t(4)	-3,72%
25.02.t(1)	676,28	-0,96%	38	20.03.t(2)	-3,56%
26.02.t(1)	678,56	0,34%	39	06.10.t(4)	-3,56%

Value at Risk (95 %)		Value at Risk (99 %)	
Mittelwert der diskreten, täglichen Renditen	-0,01%	Mittelwert der dirskreten, täglichen Renditen	-0,01%
Konfidenzniveau (1-α)	95%	Konfidenzniveau (1-α)	99%
Alpha (α)	5%	Alpha (α)	1%
Anzahl der Werte	63	Anzahl der Werte	12
Quantil von α	-3,056%	Quantil von α	-4,986%
$VaR_{diskr.\ Rendite,\ \alpha}$	3,056%	$VaR_{diskr.\ Rendite,\ \alpha}$	4,986%
DAXsubsector Real Estate Performance-Index	712,69 €	DAXsubsector Real Estate Performance-Index	666,12 €
$VaR_{Geldeinheiten,\ \alpha}$	22 €	$VaR_{Geldeinheiten,\ \alpha}$	33 €
Investitionsvolumen	100.000	Investitionsvolumen	100.000
$VaR_{Geldeinheiten,\ Zeitfaktor,\ Investitionsvolumen}$	2.177.899	$VaR_{Geldeinheiten,\ Zeitfaktor,\ Investitionsvolumen}$	3.320.986
Relativer $VaR_{diskr.\ Rendite,\ \alpha}$	3,050%	Relativer $VaR_{diskr.\ Rendite,\ \alpha}$	4,980%
Relativer $VaR_{Geldeinheiten,\ \alpha}$	21,74	Relativer $VaR_{Geldeinheiten,\ \alpha}$	33,17
Investitionsvolumen	100.000	Investitionsvolumen	100.000
Relativer $VaR_{Geldeinheiten,\ Zeitfaktor,\ Investitionsvolumen}$	2.173.703,93 €	Relativer $VaR_{Geldeinheiten,\ Zeitfaktor,\ Investitionsvolumen}$	3.317.064,61 €
Expected $Shortfall_{diskr.\ Rendite,\ \alpha}$	4,30%	Expected $Shortfall_{diskr.\ Rendite,\ \alpha}$	4,30%
Expected $Shortfall_{Geldeinheiten,\ \alpha}$	30,63 €	Expected $Shortfall_{Geldeinheiten,\ \alpha}$	28,63 €
Investitionsvolumen	100.000	Investitionsvolumen	100.000
Expected $Shortfall_{Geldeinheiten,\ Zeitfaktor,\ Investitionsvolumen}$	3.063.093,05 €	Expected $Shortfall_{Geldeinheiten,\ Zeitfaktor,\ Investitionsvolumen}$	2.862.938,36 €

Abbildung 50: Ermittlung des Conditional VaR (Expected Shortfall) bei einer diskreten Wahrscheinlichkeitsverteilung

Literatur und Verweis auf das Excel-Tool

Diederichs, M. (2018): Risikomanagement und Risikocontrolling, 4. Aufl., Vahlen, S. 156-164.

Ernst, D., Häcker, J. (2021): Risikomanagement im Unternehmen Schritt für Schritt, UTB, Course 2 - Assignment 3.

Gleißner, W. (2016): Grundlagen des Risikmanagements, 3. Aufl., Vahlen, S. 207-208.

Hull, J. C. (2014): Risikomanagement: Banken, Versicherungen und andere Finanzinsitutionen, 3. Aufl., Pearson, S. 220-241.

Romeike, F., Hasger, P. (2013): Erfolgsfaktor Risikomanagement 3.0, 3. Aufl., Springer Gabler, S. 127-128.

Vanini, U. (2012): Risikomanagement, Schäffer-Poeschel, S. 181-185.

Wüst, K. (2014): Risikomanagement: Eine Einführung mit Anwendungen in Excel, UTB, S. 69-97.

Siehe Excel-Datei `Case Study Risikomanagement Teil 1`, Excel-Arbeitsblatt `VaR diskr. Rendite (1)`

Assignment 4: Berechnung des Value at Risk bei einer stetigen Wahrscheinlichkeitsverteilung

Aufgabe

- Berechnen Sie den Value at Risk für den DAXsubsector Real Estate Performance-Index ab dem 31.12.t(5) rückwirkend für die letzten 5 Jahre. Gehen Sie dabei in folgenden Schritten vor:
  - Berechnen Sie zunächst den Value at Risk (= Relativen Value at Risk) für ein Konfidenzniveau von 95% für einen Tag basierend auf den stetigen Renditen des DAXsubsector Real Estate Performance-Index.
  - Berechnen Sie dann den Value at Risk für ein Konfidenzniveau von 95% für einen Tag basierend auf dem DAXsubsector Real Estate Performance-Index.
  - Berechnen Sie darauf den Value at Risk (= Relativen Value at Risk) für ein Konfidenzniveau von 95% für einen Tag basierend auf einem Investitionsvolumen von 100.000 €.
  - Berechnen Sie den Value at Risk (= Relativen Value at Risk) für ein Konfidenzniveau von 99% für einen Tag basierend auf den stetigen Renditen des DAXsubsector Real Estate Performance-Index.
  - Berechnen Sie dann den Value at Risk (= Relativen Value at Risk) für ein Konfidenzniveau von 99% für einen Tag basierend auf dem DAXsubsector Real Estate Performance-Index.
  - Berechnen Sie dann den Value at Risk (= Relativen Value at Risk) für ein Konfidenzniveau von 99% für 30 Tage basierend auf dem DAXsubsector Real Estate Performance-Index.
  - Berechnen Sie zum Abschluss den Value at Risk (= Relativen Value at Risk) für ein Konfidenzniveau von 99% für 30 Tage basierend auf einem Investitionsvolumen von 100.000 €.
- Erklären Sie die Unterschiede der Ergebnisse und begründen Sie Ihre Aussagen.
- Erstellen Sie ein Diagramm und zeigen Sie, wie der Value at Risk (= Relativer Value at Risk) grafisch ermittelt werden kann.

Inhalt

Bei Vorliegen einer **stetigen Wahrscheinlichkeitsverteilung** ändert sich bei der Bestimmung des **Value at Risk** im Vergleich zum Vorliegen einer diskreten Wahrscheinlichkeitsverteilung nur wenig. Auch hier bestimmt man das α-Quantil der Verteilung, d. h. den Wert, unter dem (100*α)% der Ausprägungen liegen. Im Gegensatz zur diskreten Wahrscheinlichkeitsverteilung verwendet man als Grundlage der Verteilung keine historischen Daten, sondern unterstellt eine stetige Verteilung.

Die wichtigste stetige Verteilung ist die **Normalverteilung**. Die Bestimmung der Quantile und damit die Berechnung des Value at Risk ist bei Vorliegen einer Normalverteilung besonders einfach. Die Normalverteilung wird durch den Erwartungswert μ und die Standardabweichung σ vollständig bestimmt, so dass bei Kenntnis dieser Parameter der Value at Risk für das relevante Quantil problemlos berechnet werden kann. Als Renditen verwenden wir hier stetige Renditen. Bei einer Normalverteilung wird der Value at Risk automatisch als Relativer Value at Risk berechnet. Eine Unterscheidung zwischen Absoluter Value at Risk und Relativer Value at Risk findet hier nicht statt.

Es gilt bei der Berechnung des Value at Risk zu beachten, dass der Zeithorizont des Value at Risk und die zeitliche Dimension der Parameter μ und σ identisch sein müssen. Wird der Value at Risk wie in unserem Beispiel für einen Tag berechnet, so sind auch μ und σ als Erwartungswert und Standardabweichung der täglichen Rendite anzugeben. Stimmen der Zeithorizont des Value at Risk und der Parameter nicht überein, müssen Erwartungswert μ und die Standardabweichung σ auf den Zeithorizont des Value at Risk umskaliert werden. Es wird dabei angenommen, dass die Parameter μ und σ über die Zeit konstant sind. Eine Umskalierung ist nur bei stetigen Renditen als Datengrundlage möglich. Bei diskreten Renditen ist dies nicht möglich.

Wichtige Formeln

Kann die stetige Rendite r^s eines Finanzprodukts durch eine $N(\mu, \sigma)$-Verteilung modelliert werden, dann gilt folgende Formel für den Value at Risk zum Konfidenzniveau $p = 1 - \alpha$:

$$VaR_p(r^s) = |\sigma_T \cdot z_\alpha - \mu|$$

Formel 50

$VaR_p(r^s)$	= Value at Risk zum Konfidenzniveau p für stetige Renditen
σ_T	= Standardabweichung
z_α	= α-Quantil der Standardnormalverteilung
$E = \mu$	= Erwartungswert

Die Formel für die Berechnung des Value at Risk in Geldeinheiten bei einer Normalverteilung lautet:

$$VaR_{Geldeinheiten,p}(r^s) = VaR_p(r^s) \cdot Preis$$

Formel 51

$VaR_{Geldeinheiten,p}$	= Value at Risk zu Konfidenzniveau p in Geldeinheiten
$Preis$	= Preis pro Einheit

Soll der Value at Risk für einen anderen Zeitraum als einen Tag berechnet werden, z. B. für dreißig Tage, müssen Erwartungswert μ und die Standardabweichung σ auf den Zeithorizont des Value at Risk umskaliert werden. Wir gehen davon aus, dass sich die Parameter auf eine Periode der Länge *T*, in unserem Beispiel einem Tag, beziehen. Nun soll der Value at Risk für eine Periode mit der Länge *N*T* berechnet werden, z. B. dreißig Tage. Die Umrechnung des Erwartungswerts μ ist einfach und erfolgt mit der Formel:

$$\mu_{N \cdot T} = N \cdot \mu_T$$

Formel 52

N = betrachtete Zeit
T = Zeitfaktor

Sind die Renditen zwischen den Teilperioden unabhängig, so gilt für die Standardabweichung σ:

$$\sigma_{N \cdot T} = \sqrt{N} \cdot \sigma_T$$

Formel 53

Durch Einsetzen der umskalierten Parameter in die Value-at-Risk-Formel ergibt sich folgende Gleichung des umskalierten Value at Risk:

$$VaR_p(r^s) = \left|\sqrt{N} \cdot \sigma_T \cdot z_\alpha - N \cdot \mu\right|$$

Formel 54

Arbeitsmappe: `Case Study Risikomanagement Teil 1` ➲ Arbeitsblatt: `VaR stetige Rendite (1)`

Berechnung des Quantils der Verteilung zum Konfidenzniveau *p* bei Annahme einer Normalverteilung in Excel:

Excel-Beispiel: `H10=NORM.INV(H9;0;1)`

Berechnung der stetigen, täglichen Volatilität in Excel:

Excel-Beispiel: `H12=E1276/WURZEL('Annahmen allgemein'!C217)`

Das 5%-Quantil berechnet sich in Excel mit

Excel-Beispiel: `H14=H10*H12`

Der Erwartungswert der stetigen Renditen wird in Excel über die `MITTELWERT`-Funktion berechnet.

Excel-Beispiel: `H16=MITTELWERT(D6:D1276)`

Der Value at Risk berechnet sich in Excel mit

Excel-Beispiel: `H18=ABS(H10*H12-H16)`

Unter Berücksichtigung der Zeitdimension lautet die Excel-Formel für den Value at Risk:

Excel-Beispiel: `H27=ABS(H25*H10*H12-H24*H16)`

Unter Berücksichtigung der Zeitdimension, des Preises und des Investitionsvolumens lautet die Excel-Formel für den Value at Risk:

Excel-Beispiel: `H32=H28*H30`

Vorgehensweise

- Zunächst wird die stetige Rendite in Spalte `D` und die annualisierte Volatilität basierend auf 250 Tagen in Spalte `E` berechnet. `E255=STABW.S(D6:D254)*WURZEL('Annahmen allgemein'!$C$217).`
- Danach wird in Zelle `H10=NORM.INV(H9;0;1)` der Wert der Standardnormalverteilung für das 5%-Quantil berechnet. Er beträgt -1,645.
- Im Anschluss daran wird die tägliche Volatilität basierend auf der annualisierten 250-Tage-Volatilität ermittelt `H12=E1276/WURZEL('Annahmen allgemein'!C217).` Sie beträgt 2,45%.
- Das 5%-Quantil beträgt -4,04% und wird mit der Excel-Formel `H14=H10*H12` berechnet.
- Zur Berechnung des Value at Risk wird der Mittelwert der stetigen, täglichen Renditen benötigt `H16=MITTELWERT(D6:D1276)`. Dieser hat einen Wert von -0,02%.
- Der Value at Risk für einen Tag beträgt 4,01% und wird mit der Excel-Formel `H18=ABS(H10*H12-H16)` berechnet.
- Bei einem Wert von 712,69 € beträgt der Value at Risk in Geldeinheiten für einen Tag 28,61 €. Die Excel-Formel `H22=H18*H20` wird verwendet.
- Unter Hinzunahme des Zeitfaktors `(H25=Wurzel(H24))` beträgt der Value at Risk 4,01% gemäß Excel-Formel `H27=ABS(H25*H10*H12-H24*H16)`.
- Der Value at Risk in Geldeinheiten beträgt unter Berücksichtigung des Gesamtinvestitionsvolumens von 100.000 € 2.860.597,26 €. Es findet die Excel-Formel `H32= H28*H30` Anwendung.
- Der Value at Risk besagt, dass in 95% der Fälle der tägliche Verlust eines Investments mit 100.000 € 2.860.597,26 € nicht überschreitet.

Ergebnis

Datum	DAXsubsector Real Estate Performance-Index in Euro	stetige Rendite	annual. Volatilität bas. auf 250 Tagen
02.01.t(1)	634,73		
03.01.t(1)	638,23	0,55%	
04.01.t(1)	646,31	1,26%	
07.01.t(1)	650,42	0,63%	
08.01.t(1)	655,22	0,74%	
09.01.t(1)	654,58	-0,10%	
10.01.t(1)	650,51	-0,62%	
11.01.t(1)	662,56	1,84%	
14.01.t(1)	659,99	-0,39%	
15.01.t(1)	661,55	0,24%	
16.01.t(1)	661,20	-0,05%	
17.01.t(1)	660,76	-0,07%	
18.01.t(1)	666,12	0,81%	
21.01.t(1)	675,18	1,35%	
22.01.t(1)	671,92	-0,48%	
23.01.t(1)	678,86	1,03%	
24.01.t(1)	679,98	0,16%	
25.01.t(1)	686,91	1,01%	
28.01.t(1)	686,91	0,00%	
29.01.t(1)	694,00	1,03%	
30.01.t(1)	697,28	0,47%	
31.01.t(1)	695,91	-0,20%	
01.02.t(1)	695,09	-0,12%	
04.02.t(1)	699,10	0,58%	
05.02.t(1)	700,91	0,26%	
06.02.t(1)	700,89	0,00%	
07.02.t(1)	695,77	-0,73%	
08.02.t(1)	686,52	-1,34%	

Value at Risk (95 %)		Value at Risk (99 %)	
Konfidenzniveau	95,00%	Konfidenzniveau	99,00%
Alpha (α)	5,00%	Alpha (α)	1,00%
Quantile der Standardnormalverteilung (α)	-1,645	Quantile der Standardnormalverteilung (α)	-2,326
tägliche Volatilität (σ) am 31.12.t(5)	2,45%	tägliche Volatilität (σ) am 31.12.t(5)	2,45%
Quantil von α	-4,04%	Quantil von α	-5,71%
Mittelwert der stetigen, täglichen Renditen	-0,02%	Mittelwert der stetigen, täglichen Renditen	-0,02%
$VaR_{\text{stetige Rendite}, \alpha}$	4,01%	$VaR_{\text{stetige Rendite}, \alpha}$	5,69%
DAXsubsector Real Estate Performance-Index	712,69 €	DAXsubsector Real Estate Performance-Index	666,12 €
$VaR_{\text{stetige Rendite, Geldeinheiten}}$	28,61	$VaR_{\text{stetige Rendite, Geldeinheiten}}$	37,88
betrachtete Zeit (N)	1,00	betrachtete Zeit (N)	30,00
Zeitfaktor	1,000	Zeitfaktor	5,477
$VaR_{\text{stetige Rendite}, \alpha, \text{Zeitfaktor}}$	4,01%	$VaR_{\text{stetige Rendite}, \alpha, \text{Zeitfaktor}}$	30,59%
$VaR_{\text{Geldeinheiten, Zeitfaktor}}$	28,61 €	$VaR_{\text{Geldeinheiten, Zeitfaktor}}$	207,46 €
Investitionsvolumen	100.000	Investitionsvolumen	100.000
$VaR_{\text{Geldeinheiten, Zeitfaktor, Investitionsvolumen}}$	2.860.597,26 €	$VaR_{\text{Geldeinheiten, Zeitfaktor, Investitionsvolumen}}$	20.745.902,84 €

Abbildung 51: Ermittlung des Value at Risk bei einer stetigen Wahrscheinlichkeitsverteilung

Literatur und Verweis auf das Excel-Tool

Diederichs, M. (2018): Risikomanagement und Risikocontrolling, 4. Aufl., Vahlen, S. 156-164.

Ernst, D., Häcker, J. (2021): Risikomanagement im Unternehmen Schritt für Schritt, UTB, Course 2 - Assignment 4.

Gleißner, W. (2016): Grundlagen des Risikmanagements, 3. Aufl., Vahlen, S. 207-208.

Hull, J. C. (2014): Risikomanagement: Banken, Versicherungen und andere Finanzinsitutionen, 3. Aufl., Pearson, S. 220-241.

Romeike, F., Hasger, P. (2013): Erfolgsfaktor Risikomanagement 3.0, 3. Aufl., Springer Gabler, S. 127-128.

Vanini, U. (2012): Risikomanagement, Schäffer-Poeschel, S. 181-185.

Wüst, K. (2014): Risikomanagement: Eine Einführung mit Anwendungen in Excel, UTB, S. 98-109.

Siehe Excel-Datei `Case Study Risikomanagement Teil 1`, Excel-Arbeitsblatt `VaR stetige Rendite (1)`

Assignment 5: Berechnung des Conditional Value at Risk bzw. Expected Shortfall bei einer stetigen Wahrscheinlichkeitsverteilung

Aufgabe

- Berechnen Sie den Conditional Value at Risk für den DAXsubsector Real Estate Performance-Index ab dem 31.12.t(5) rückwirkend für die letzten 5 Jahre. Gehen Sie dabei in folgenden Schritten vor:
  - Berechnen Sie zunächst den Conditional Value at Risk für ein Konfidenzniveau von 95% für einen Tag basierend auf den stetigen Renditen des DAXsubsector Real Estate Performance-Index.
  - Berechnen Sie dann den Conditional Value at Risk für ein Konfidenzniveau von 95% für einen Tag basierend auf dem DAXsubsector Real Estate Performance-Index.
  - Berechnen Sie den Conditional Value at Risk für ein Konfidenzniveau von 95% für einen Tag basierend auf einem Investitionsvolumen von 100.000 €.
  - Berechnen Sie den Conditional Value at Risk für ein Konfidenzniveau von 99% für einen Tag basierend auf den stetigen Renditen des DAXsubsector Real Estate Performance-Indexes.
  - Berechnen Sie dann den Conditional Value at Risk für ein Konfidenzniveau von 99% für einen Tag basierend auf dem DAXsubsector Real Estate Performance-Index.
  - Berechnen Sie den Conditional Value at Risk für ein Konfidenzniveau von 99% für 30 Tage basierend auf dem DAXsubsector Real Estate Performance-Index.
  - Berechnen Sie den Conditional Value at Risk für ein Konfidenzniveau von 99% für 30 Tage basierend auf einem Investitionsvolumen von 100.000 €.
- Erklären Sie die Unterschiede der Ergebnisse und begründen Sie Ihre Aussagen.

Inhalt

Bei einer stetigen Wahrscheinlichkeitsverteilung wird der **Conditional Value at Risk** bzw. der **Expected Shortfall** als Erwartungswert aller Verluste gebildet, die größer als der Value at Risk sind. Er misst den durchschnittlichen Verlust für den Fall, dass der Value at Risk überschritten wird.

Wichtige Formeln

Der Erwartungswert entspricht der Berechnung des Integrals:

$$CVaR_p(r^s) = \int_0^\alpha VaR_u du$$

Formel 55

$CVaR_p(r^s)$ = Conditional Value at Risk zum Konfidenzniveau p für stetige Renditen

u[0,α] ist ein technischer Hilfsparameter, der als laufendes Konfidenzniveau interpretiert werden kann. Für eine normalverteilte Zufallsvariable $X \sim N(\mu, \sigma)$ ergibt sich:

$$CVaR_p(r^s) = \sigma \cdot \frac{\varphi(z_\alpha)}{\alpha} + \mu$$

Formel 56

$\varphi(z_\alpha)$ ist die Dichte der Standardnormalverteilung. Sie wird am (α)-Quantil der Standardnormalverteilung ausgewertet.

Durch Einsetzen der umskalierten Parameter in die Conditional Value at Risk Formel ergibt sich folgende Gleichung des umskalierten Conditional Value at Risk:

$$CVaR_p(r^s) = \sqrt{N} \cdot \sigma_t \cdot \frac{\varphi(Z_\alpha)}{\alpha} + N \cdot \mu_T$$

Formel 57

Arbeitsmappe: `Case Study Risikomanagement Teil 1` ➲ Arbeitsblatt: `VaR stetige Rendite (1)`

Die Dichte wird in Excel wie folgt berechnet:

Excel-Beispiel: `H37=NORM.VERT(NORM.INV(H9;0;1);0;1;FALSCH)=`
`=NORM.VERT(H10;0;1;FALSCH)`

Berechnung des Conditional Value at Risk (Expected Shortfall) als Rendite bei einer stetigen Wahrscheinlichkeitsverteilung in Excel:

Excel-Beispiel: `H38=ABS(WURZEL(H24)*H12*H37/H9+H24*H16)`

Berechnung des Conditional Value at Risk (Expected Shortfall) in Geldeinheiten bei einer stetigen Wahrscheinlichkeitsverteilung in Excel:

Excel-Beispiel: `H39=H20*H38`

Unter Berücksichtigung des Investitionsvolumens lautet die Excel-Formel für den Value at Risk:

Excel-Beispiel: `H40=H39*H30`

Vorgehensweise

- Im ersten Schritt wird die Dichte für das 5%-Quantil berechnet `H37=NORM.VERT(H10;0;1;FALSCH)`. Sie beträgt 0,1031.
- Danach wird der Conditional Value at Risk für einen Tag berechnet: `H38=ABS(WURZEL(H24)*H12*H37/H9+H24*H16)`. Der Conditional Value at Risk für einen Tag beträgt 5,04%. Der Conditional Value at Risk kann auch für eine andere Zeitperiode als einen Tag berechnet werden, z. B. für 30 Tage. Dann muss die Zelle `H24` entsprechend angepasst werden.
- Die Umrechnung des Conditional Value at Risk in Geldeinheiten erfolgt durch Multiplikation des Conditional Value at Risk für einen Tag mit dem DAXsubsector Real Estate Performance-Index. Der Conditional Value at Risk in Geldeinheiten beträgt 35,91 €.
- Für das hier zu untersuchende Investitionsvolumen von 100.000 € beträgt der Conditional Value at Risk 3.591.396,00 €.
- Der Value at Risk besagt, dass in 5% der Fälle an einem Tag der Verlust aus einem Investment in 100.000 € 2.860.597,26 € überschreitet. Der Verlust beträgt dann im Mittel 3.591.396,00 €.

Ergebnis

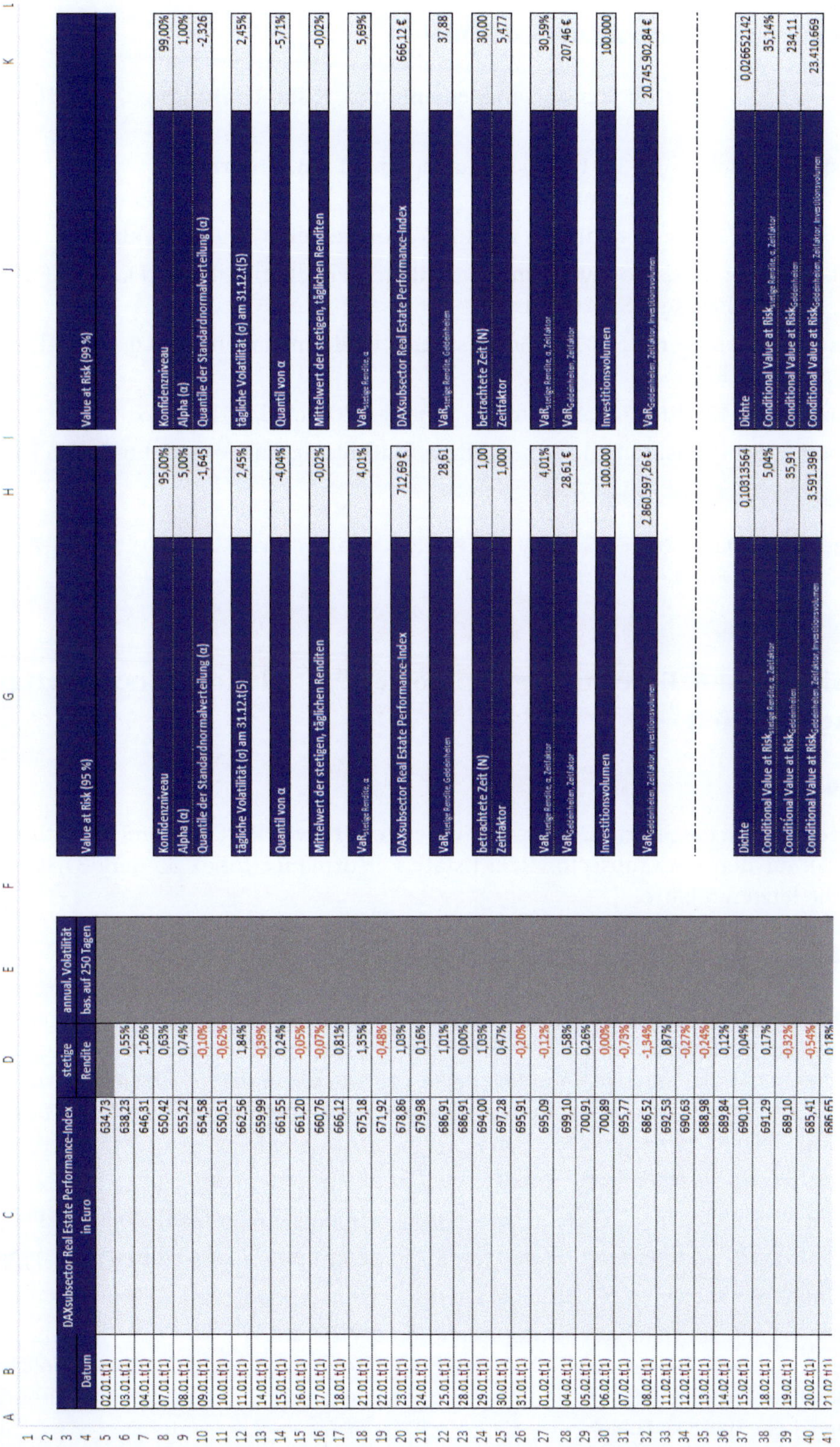

Datum	DAXsubsector Real Estate Performance-Index in Euro	stetige Rendite	annual. Volatilität bas. auf 250 Tagen
02.01.t(1)	634,73		
03.01.t(1)	638,23	0,55%	
04.01.t(1)	646,31	1,26%	
07.01.t(1)	650,42	0,63%	
08.01.t(1)	655,22	0,74%	
09.01.t(1)	654,58	-0,10%	
10.01.t(1)	650,51	-0,62%	
11.01.t(1)	662,56	1,84%	
14.01.t(1)	659,99	-0,39%	
15.01.t(1)	661,55	0,24%	
16.01.t(1)	661,20	-0,05%	
17.01.t(1)	660,76	-0,07%	
18.01.t(1)	666,12	0,81%	
21.01.t(1)	675,18	1,35%	
22.01.t(1)	671,92	-0,48%	
23.01.t(1)	678,86	1,03%	
24.01.t(1)	679,98	0,16%	
25.01.t(1)	686,91	1,01%	
28.01.t(1)	686,91	0,00%	
29.01.t(1)	694,00	1,03%	
30.01.t(1)	697,28	0,47%	
31.01.t(1)	695,91	-0,20%	
01.02.t(1)	695,09	-0,12%	
04.02.t(1)	699,10	0,58%	
05.02.t(1)	700,91	0,26%	
06.02.t(1)	700,89	0,00%	
07.02.t(1)	695,77	-0,73%	
08.02.t(1)	686,52	-1,34%	
11.02.t(1)	692,53	0,87%	
12.02.t(1)	690,63	-0,27%	
13.02.t(1)	688,98	-0,24%	
14.02.t(1)	689,84	0,12%	
15.02.t(1)	690,10	0,04%	
18.02.t(1)	691,29	0,17%	
19.02.t(1)	689,10	-0,32%	
20.02.t(1)	685,41	-0,54%	

Value at Risk (95 %)		Value at Risk (99 %)	
Konfidenzniveau	95,00%	Konfidenzniveau	99,00%
Alpha (α)	5,00%	Alpha (α)	1,00%
Quantile der Standardnormalverteilung (α)	-1,645	Quantile der Standardnormalverteilung (α)	-2,326
tägliche Volatilität (σ) am 31.12.t(5)	2,45%	tägliche Volatilität (σ) am 31.12.t(5)	2,45%
Quantil von α	-4,04%	Quantil von α	-5,71%
Mittelwert der stetigen, täglichen Renditen	-0,02%	Mittelwert der stetigen, täglichen Renditen	-0,02%
$VaR_{\text{stetige Rendite}, \alpha}$	4,01%	$VaR_{\text{stetige Rendite}, \alpha}$	5,69%
DAXsubsector Real Estate Performance-Index	712,69 €	DAXsubsector Real Estate Performance-Index	666,12 €
$VaR_{\text{stetige Rendite, Geldeinheiten}}$	28,61	$VaR_{\text{stetige Rendite, Geldeinheiten}}$	37,88
betrachtete Zeit (N)	1,00	betrachtete Zeit (N)	30,00
Zeitfaktor	1,000	Zeitfaktor	5,477
$VaR_{\text{stetige Rendite}, \alpha, \text{Zeitfaktor}}$	4,01%	$VaR_{\text{stetige Rendite}, \alpha, \text{Zeitfaktor}}$	30,59%
$VaR_{\text{Geldeinheiten, Zeitfaktor}}$	28,61 €	$VaR_{\text{Geldeinheiten, Zeitfaktor}}$	207,46 €
Investitionsvolumen	100.000	Investitionsvolumen	100.000
$VaR_{\text{Geldeinheiten, Zeitfaktor, Investitionsvolumen}}$	2.860.597,26 €	$VaR_{\text{Geldeinheiten, Zeitfaktor, Investitionsvolumen}}$	20.745.902,84 €
Dichte	0,10313564	Dichte	0,026652142
Conditional Value at $Risk_{\text{stetige Rendite}, \alpha, \text{Zeitfaktor}}$	5,04%	Conditional Value at $Risk_{\text{stetige Rendite}, \alpha, \text{Zeitfaktor}}$	35,14%
Conditional Value at $Risk_{\text{Geldeinheiten}}$	35,91	Conditional Value at $Risk_{\text{Geldeinheiten}}$	234,11
Conditional Value at $Risk_{\text{Geldeinheiten, Zeitfaktor, Investitionsvolumen}}$	3.591.396	Conditional Value at $Risk_{\text{Geldeinheiten, Zeitfaktor, Investitionsvolumen}}$	23.410.669

Abbildung 52: Ermittlung des Conditional VaR (Expected Shortfall) bei einer stetigen Wahrscheinlichkeitsverteilung

Literatur und Verweis auf das Excel-Tool

Diederichs, M. (2018): Risikomanagement und Risikocontrolling, 4. Aufl., Vahlen, S. 156-164.

Ernst, D., Häcker, J. (2021): Risikomanagement im Unternehmen Schritt für Schritt, UTB, Course 2 - Assignment 5.

Gleißner, W. (2016): Grundlagen des Risikmanagements, 3. Aufl., Vahlen, S. 207-208.

Hull, J. C. (2014): Risikomanagement: Banken, Versicherungen und andere Finanzinsitutionen, 3. Aufl., Pearson, S. 220-241.

Romeike, F., Hasger, P. (2013): Erfolgsfaktor Risikomanagement 3.0, 3. Aufl., Springer Gabler, S. 127-128.

Vanini, U. (2012): Risikomanagement, Schäffer-Poeschel, S. 181-185.

Wüst, K. (2014): Risikomanagement: Eine Einführung mit Anwendungen in Excel, UTB, S. 98-109.

Siehe Excel-Datei `Case Study Risikomanagement Teil 1`, Excel-Arbeitsblatt `VaR stetige Rendite (1)`

Assignment 6: Berechnung von Lower Partial Moments: Shortfall-Wahrscheinlichkeit

Aufgabe

Berechnen Sie die Shortfall-Wahrscheinlichkeit (Lower Partial Moments nullter Ordnung bzw. LPM_0), für den DAXsubsector Real Estate Performance-Index ab dem 31.12.t(5) rückwirkend für die letzten 5 Jahre.

Inhalt

Lower Partial Moments (untere partielle Momente; LPM_m-Maße) sind Risikomaße, die sich als Downside-Risikomaß nur auf einen Teil der gesamten Wahrscheinlichkeitsdichte beziehen. Sie erfassen nur die negativen Abweichungen von einer Schranke τ (Zielgröße), werten aber in diesem Bereich die gesamten Informationen der Wahrscheinlichkeitsverteilung aus (bis zum theoretisch möglichen Maximalschaden).

Üblicherweise werden in der Praxis drei Spezialfälle betrachtet:

- Shortfall-Wahrscheinlichkeit (Lower Partial Moments nullter Ordnung bzw. LPM_0),
- Shortfall-Erwartungswert (Lower Partial Moments erster Ordnung bzw. LPM_1) und
- Shortfall-Varianz (Lower Partial Moments zweiter Ordnung bzw. LPM_2)

Das Ausmaß der Gefahr der Unterschreitung der Zielgröße τ wird dabei in verschiedener Weise berücksichtigt. Bei der Shortfall-Wahrscheinlichkeit spielt nur die Wahrscheinlichkeit p der Unterschreitung eine Rolle. Beim Shortfall-Erwartungswert wird dagegen die mittlere Unterschreitungshöhe berücksichtigt.

Die **Shortfall-Wahrscheinlichkeit** (Lower Partial Moments nullter Ordnung bzw. LPM_0) – auch Downside-Wahrscheinlichkeit genannt – erfasst die Wahrscheinlichkeit, mit der das Mindestanspruchsniveau eine vorab definierte Schwelle τ unterschreiten wird. Allerdings wird die absolute

Höhe der Zielwertunterschreitungen nicht erfasst. Shortfall-Wahrscheinlichkeit oder Ausfallwahrscheinlichkeit ermittelt sich z. B. als Anzahl der Renditen, die den Zielwert unterschreiten, im Verhältnis zur Gesamtzahl der Renditen. Somit stellt die Shortfall-Wahrscheinlichkeit die relative Häufigkeit der Zielwert-Unterschreitungen dar.

Für die Ermittlung der Shortfall-Wahrscheinlichkeit wird das Mindestanspruchsniveau festgelegt und die Wahrscheinlichkeit der Unterschreitung festgestellt. Im Gegensatz dazu steht beim VaR als α-Quantil die Shortfall-Wahrscheinlichkeit über das gewählte Konfidenzniveau fest und der dazu passende Zielwert wird bestimmt. Die Shortfall-Wahrscheinlichkeit und der VaR stehen somit in einem inversen Verhältnis.

Wichtige Formeln

Die allgemeine Formel der Lower Partial Moments lautet:

$$LPM_n(\tau, r^s) = \frac{1}{T}\sum_{\substack{t=1 \\ X<\tau}}^{T}(\tau - r^s)^n$$

Formel 58

LPM = Lower Partial Moments
τ = geforderter Zielwert, auch „Target“, z. B. die Mindestrendite
r^s = stetige Rendite
t = Index für die Zeit
T = Zeitspanne

Bei der Shortfall-Wahrscheinlichkeit spielt nur die Wahrscheinlichkeit P der Unterschreitung eine Rolle. Die Shortfall-Wahrscheinlichkeit (LPM_0) berechnet sich basierend auf obiger Formel wie folgt:

$$LPM_0(\tau, r^s) = P(r^s < \tau)$$

Formel 59

Arbeitsmappe: `Case Study Risikomanagement Teil 1` ➲ Arbeitsblatt: `Lower Partial Moments`

Die Berechnung der Shortfall-Wahrscheinlichkeit in Excel erfolgt gemäß:

Excel-Beispiel: `L9=ANZAHL(E6:E1276)/ANZAHL(D6:D1276)`

Vorgehensweise

- Ausgehend von den stetigen Renditen in Spalte `D` werden die Renditen X ermittelt, die unter dem Zielwert τ liegen (der Zielwert ist in Zelle `L7` abgebildet und beträgt -3,5%). Dies erfolgt durch die Excel-Formel `E6=WENN(D6<$L$7;D6;"")`.
- Im nächsten Schritt wird die Shortfall-Wahrscheinlichkeit (LPM0) berechnet, indem die Anzahl der Werte, die sich unterhalb der Zielgröße befinden, durch die Anzahl der beobachtbaren Renditen geteilt werden `L9=ANZAHL(E6:E1276)/ANZAHL(D6:D1276)`.

Ergebnis

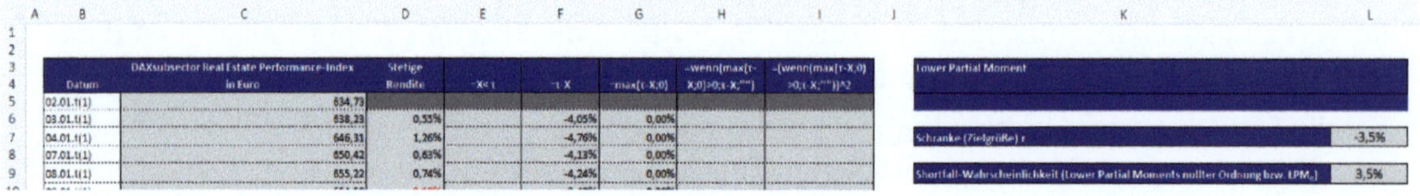

Datum	DAXsubsector Real Estate Performance-Index in Euro	Stetige Rendite	=X<τ	=τ-X	=max(τ-X;0)	=wenn(max(τ-X;0)>0;τ-X;"")	=(wenn(max(τ-X;0)>0;τ-X;""))^2
02.01.t(1)	634,73						
03.01.t(1)	638,23	0,55%		-4,05%	0,00%		
04.01.t(1)	646,31	1,26%		-4,76%	0,00%		
07.01.t(1)	650,42	0,63%		-4,13%	0,00%		
08.01.t(1)	655,22	0,74%		-4,24%	0,00%		

Lower Partial Moment	
Schranke (Zielgröße) r	-3,5%
Shortfall-Wahrscheinlichkeit (Lower Partial Moments nullter Ordnung bzw. LPM_0)	3,5%

Abbildung 53: Berechnung der Shortfall-Wahrscheinlichkeit (Lower Partial Moments nullter Ordnung bzw. LPM_0)

Literatur und Verweis auf das Excel-Tool

Ernst, D., Häcker, J. (2021): Risikomanagement im Unternehmen Schritt für Schritt, UTB, Course 2 - Assignment 6.

Gleißner, W. (2016): Grundlagen des Risikmanagements, 3. Aufl., Vahlen, S. 208-210.

Siehe Excel-Datei `Case Study Risikomanagement Teil 1`, Excel-Arbeitsblatt `Lower Partial Moments`

Assignment 7: Berechnung von Lower Partial Moments: Shortfall-Erwartungswert

Aufgabe

Berechnen Sie den Shortfall-Erwartungswert (Lower Partial Moments erster Ordnung bzw. LPM_1) für den DAXsubsector Real Estate Performance-Index ab dem 31.12.t(5) rückwirkend für die letzten 5 Jahre.

Inhalt

Der **Shortfall-Erwartungswert** (LPM erster Ordnung bzw. LPM_1), berücksichtigt das Ausmaß der Unterschreitung des festgelegten Targets. Er wird auch „erwarteter Ausfall", „mittleres Ausfallrisiko", „Expected Shortfall Magnitude" oder „Target Shortfall" genannt. Gleichzeitig kann man den Expected Shortfall als Sonderfall der LPM_1 verstehen, bei dem ein beweglicher Schwellenwert in Höhe des α-Quantils verwendet wird. Auch die Semistandardabweichung gilt als Spezialfall der LPM_1.

Der **Downside-Erwartungswert** errechnet sich als Summe der beobachteten Differenzen zwischen dem Zielwert und den einzelnen Renditen, die einen Wert größer null aufweisen, dividiert durch die Gesamtzahl der über der Schranke liegenden Renditen. Somit gibt das LPM_1 Auskunft über die erwartete Höhe der Verfehlungen des Zielwerts. Zusammen mit der Downside-Wahrscheinlichkeit ergibt sich ein aussagekräftiges Bild, da so nicht nur die Wahrscheinlichkeit, sondern auch das Ausmaß der möglichen Zielverfehlungen dargestellt wird.

Wichtige Formeln

Beim Shortfall-Erwartungswert wird die mittlere Unterschreitungshöhe berechnet. Die Berechnung des Shortfall-Erwartungswerts in Excel erfolgt gemäß:

$$LPM_1(\tau, r^s) = \frac{1}{T} \sum_{\substack{t=1 \\ X<\tau}}^{T} (\tau - r^s)$$

Formel 60

Arbeitsmappe: `Case Study Risikomanagement Teil 1` ➲ Arbeitsblatt: `Lower Partial Moments`

Der Shortfall-Erwartungswert (LPM_1) berechnet sich basierend auf obiger Formel wie folgt:

Excel-Beispiel: `L11=MITTELWERT(H6:H1276)`

Vorgehensweise

- Ausgehend von dem Zielwert τ in Höhe von -3,5% wird die Differenz zwischen Rendite und Zielwert gemessen. Dies erfolgt durch die Excel-Formel `F6=$L$7-D6`.
- Danach werden diejenigen Werte ermittelt, die kleiner Null sind `G6=MAX(F6;0)`. Nur diese Werte werden dann ausgewiesen `H6=WENN(G6>0;G6;"")`.
- Im letzten Schritt wird der Shortfall-Erwartungswert (LPM1) als Mittelwert der Abweichungen von der Schranke ermittelt `L11=MITTELWERT(H6:H276)`.
- In 3,5 % der Fälle liegen die Verluste unter −3,5 %. Der durchschnittliche Verlust in diesen Fällen beträgt −1,4 %.

Ergebnis

Datum	DAXsubsector Real Estate Performance-Index in Euro	Stetige Rendite	=X< τ	=τ-X	=max(τ-X;0)	=wenn(max(τ-X;0)>0;τ-X;"")	=(wenn(max(τ-X;0)>0;τ-X;""))^2
02.01.t(1)	634,73						
03.01.t(1)	638,23	0,55%		-4,05%	0,00%		
04.01.t(1)	646,31	1,26%		-4,76%	0,00%		
07.01.t(1)	650,42	0,63%		-4,13%	0,00%		
08.01.t(1)	655,22	0,74%		-4,24%	0,00%		
09.01.t(1)	654,58	-0,10%		-3,40%	0,00%		
10.01.t(1)	650,51	-0,62%		-2,88%	0,00%		

Lower Partial Moment	
Schranke (Zielgröße) τ	-3,5%
Shortfall-Wahrscheinlichkeit (Lower Partial Moments nullter Ordnung bzw. LPM	3,5%
Shortfall-Erwartungswert (Lower Partial Moments erster Ordnung bzw. LPM_1)	1,4%

Abbildung 54: Berechnung des Shortfall-Erwartungswerts (LPM erster Ordnung bzw. LPM_1)

Literatur und Verweis auf das Excel-Tool

Ernst, D., Häcker, J. (2021): Risikomanagement im Unternehmen Schritt für Schritt, UTB, Course 2 - Assignment 7.

Gleißner, W. (2016): Grundlagen des Risikmanagements, 3. Aufl., Vahlen, S. 208-210.

Siehe Excel-Datei `Case Study Risikomanagement Teil 1`, Excel-Arbeitsblatt `Lower Partial Moments`

Assignment 8: Berechnung von Lower Partial Moments: Shortfall-Varianz

Aufgabe

Berechnen Sie die Shortfall-Varianz (Lower Partial Moments zweiter Ordnung bzw. LPM_2) für den DAXsubsector Real Estate Performance-Index ab dem 31.12.t(5) rückwirkend für die letzten 5 Jahre.

Inhalt

Die **Shortfall-Varianz** als LPM zweiter Ordnung (LPM_2) erfasst die Streuung der Unterschreitungen des Zielwerts. Mit Hilfe der Shortfall-Varianz werden größere Verluste stärker gewichtet als geringere, indem die Zielunterschreitungen quadriert werden. Die Downside-Varianz misst somit die durchschnittliche quadrierte negative Abweichung vom Zielwert.

Die Shortfall-Varianz weist Ähnlichkeiten zur Semivarianz auf, weswegen sie teilweise auch als Target-Semivarianz bezeichnet wird. Daneben hat sie Ähnlichkeiten zur Varianz, wobei hier die Abweichungen unter Berücksichtigung des Zielwerts und nicht um den Mittelwert der Verteilung berechnet werden. Mit der Shortfall-Varianz werden die hohen Unterschreitungen des Zielwerts besonders stark gewichtet, wohingegen die Varianz starke Abweichungen vom Mittelwert in beide Richtungen bestraft. Da aber Investoren keine überdurchschnittlich hohen Erträge bestrafen wollen, passt die Shortfall-Varianz besser zu den Risikopräferenzen von Investoren.

Wichtige Formeln

Bei der Shortfall-Varianz wird die Streuung der Unterschreitungen des Zielwerts berechnet. Die Berechnung der Shortfall-Varianz in Excel erfolgt gemäß:

$$LPM_2(\tau, r^s) = \frac{1}{T}\sum_{\substack{t=1\\X<\tau}}^{T}(\tau - r^s)^2$$

Formel 61

Arbeitsmappe: `Case Study Risikomanagement Teil 1` ➲ Arbeitsblatt: `Lower Partial Moments`

Die Shortfall-Varianz (LPM_2) berechnet sich basierend auf obiger Formel wie folgt:

Excel-Beispiel: `L13=MITTELWERT(I6:I1276)`

Vorgehensweise

- Ausgehend von dem Zielwert τ in Höhe von -3,5% in der Zelle `L7` wird die Differenz zwischen Rendite und Zielwert gemessen und quadriert. Dies erfolgt durch die Excel-Formel `F6=$L$7-D6`.
- Danach werden diejenigen Werte ermittelt, die kleiner Null sind `G6=MAX(F6;0)` und quadriert `I6=WENN(H6="";"";H6^2)`.
- Im letzten Schritt wird die Shortfall-Varianz (LPM2) als Mittelwert der quadrierten Abweichungen von der Schranke ermittelt `L13=MITTELWERT(H6:H1276)`.

Ergebnis

Datum	DAXsubsector Real Estate Performance-Index in Euro	Stetige Rendite	=X<τ	=τ-X	=max(τ-X;0)	=wenn(max(τ-X;0)>0;τ-X;"")	=(wenn(max(τ-X;0)>0;τ-X;""))^2
02.01.t(1)	634,73						
03.01.t(1)	638,23	0,55%		-4,05%	0,00%		
04.01.t(1)	646,31	1,26%		-4,76%	0,00%		
07.01.t(1)	650,42	0,63%		-4,13%	0,00%		
08.01.t(1)	655,22	0,74%		-4,24%	0,00%		
09.01.t(1)	654,58	-0,10%		-3,40%	0,00%		
10.01.t(1)	650,51	-0,62%		-2,88%	0,00%		
11.01.t(1)	662,56	1,84%		-5,34%	0,00%		
14.01.t(1)	659,99	-0,39%		-3,11%	0,00%		
15.01.t(1)	661,55	0,24%		-3,74%	0,00%		

Lower Partial Moment	
Schranke (Zielgröße) r	-3,5%
Shortfall-Wahrscheinlichkeit (Lower Partial Moments nullter Ordnung bzw. LPM	3,5%
Shortfall-Erwartungswert (Lower Partial Moments erster Ordnung bzw. LPM_1)	1,4%
Shortfall-Varianz (Lower Partial Moments zweiter Ordnung bzw. LPM_2)	0,0363%

Abbildung 55: Berechnung der Shortfall-Varianz als LPM zweiter Ordnung (LPM_2)

Literatur und Verweis auf das Excel-Tool

Ernst, D., Häcker, J. (2021): Risikomanagement im Unternehmen Schritt für Schritt, UTB, Course 2 - Assignment 8.

Gleißner, W. (2016): Grundlagen des Risikmanagements, 3. Aufl., Vahlen, S. 208-210.

Siehe Excel-Datei `Case Study Risikomanagement Teil 1`, Excel-Arbeitsblatt `Lower Partial Moments`

Assignment 9: Value at Risk für nicht-lineare Preisfunktionen: Anleihen

Aufgabe

Sie besitzen eine Anleihe mit einer Restlaufzeit von sechs Jahren. Sie erhalten noch fünf Jahre lang Zinsen in Höhe von 45 €. Am Ende des sechsten Jahres bekommen Sie den Nennwert der Anleihe in Höhe von 1.000 € und 45 € Zinsen für das letzte Jahr der Anlage.

- Berechnen Sie den Barwert der Zahlung bei Marktzins in Höhe 4,00% und nach Erhöhung des Marktzinses um 1,00% auf 5,00%.
- Berechnen Sie die Duration.
- Berechnen Sie die Modified Duration und führen Sie eine Kontrollrechnung durch.
- Berechnen Sie die Duration und die Modified Duration mit Excel-Funktion `DURATION` und `MDURATION`.
- Berechnen Sie den Value at Risk nach der Methode der exakten Berechnung.
- Berechnen Sie den Value at Risk nach der Methode der näherungsweisen Berechnung über die Macauley-Duration und die Modified Duration.
- Berechnen Sie den Value at Risk nach der Methode der näherungsweisen Berechnung über die Konvexität.

Inhalt

Nicht-lineare Preisfunktionen gelten für Finanzprodukte, deren Wert/Preis nicht-linear von den zugrunde liegenden Risikofaktoren abhängt. Wir betrachten im Folgenden nicht-lineare Funktionen von:

- Anleihen und
- Optionen.

So hängen Anleihen nicht-linear vom Zinssatz und Aktienoptionen nicht-linear vom Aktienkurs ab.

Anleihen sind Forderungspapiere, durch die ein Kredit am Kapitalmarkt aufgenommen wird. Wir gehen davon aus, dass Sie die Grundlagen von Anleihen beherrschen (siehe Literaturhinweise).

Folgende Grundbegriffe sind relevant:

Anleihe/Bond	meist längerfristige Schuldverschreibung. Der Aussteller zahlt dem Käufer der Anleihe für die vereinbarte Laufzeit Zinsen, am Ende der Laufzeit erhält der Käufer zusätzlich die geliehene Summe zurück
Kupon oder Zinsschein	Berechtigung zum Erhalt der fälligen Zinsen
Nennwert oder Nominalwert	Wertangabe einer einzelnen Anleihe
Nominalzinssatz	Zinssatz, mit dem die Anleihe verzinst wird
Festverzinsliche Anleihe	Anleihe mit im Voraus festgelegter Verzinsung. Die Zinszahlung erfolgt in der Regel jährlich oder halbjährlich

Wir wollen uns hier anschauen, wie der Value at Risk für Anleihen berechnet werden kann. Die Berechnung des Value at Risk folgt den Ansätzen, die wir für diskrete Renditen bereits kennengelernt haben. Der Value at Risk bei Anleihen kann über eine „exakte Berechnung" (so wie wir ihn bereits berechnet haben) oder über eine „näherungsweise Berechnung" erfolgen. Bei der näherungsweisen werden die folgenden drei, für Anleihen zentralen Risikoparameter eingesetzt:

1 Duration (Macaulay Duration) => Risikomaß für das Wiederanlagerisiko

2 Modified Duration => Risikomaß für das Zinsänderungsrisiko

3 Convexity => Risikomaß für das Zinsänderungsrisiko

Die **Duration** oder auch **Macaulay Duration**, die *Frederick R. Macaulay* eingeführt hat, ist eine Kennzahl, die als Zeitgröße interpretiert werden kann. Die Duration gibt die mittlere Kapitalbindungsdauer einer Geldanlage in einem festverzinslichen Wertpapier wieder. Sie gibt an, nach welcher Zeit der Investor sein eingesetztes Kapital wiedererhält. Die Duration beschreibt somit das Wiederanlagerisiko.

Formal kann die Duration als gewichteter Durchschnitt der Zeitpunkte der Zahlungen eines festverzinslichen Wertpapiers (durchschnittliche Kapitalbindungsdauer) verstanden werden, wobei als Gewichtungsfaktoren die Barwerte der Zins- und Tilgungszahlungen bezogen auf den Gesamtbarwert verwendet werden. Somit ist die Macauley Duration nichts anderes als ein gewichtetes arithmetisches Mittel der Cashflows eines festverzinslichen Wertpapiers.

Die **Modified Duration** ist ein Risikomaß für das Zinsänderungsrisiko und kann aus der Duration abgeleitet werden (daher Modified Duration). Während die Duration in der Einheit Jahre gemessen wird, beantwortet die Modified Duration die in der Praxis häufig gestellte Frage, wie hoch die relative Veränderung des Anleihekurses in Abhängigkeit einer Veränderung des Marktzinsniveaus ist. Die Modified Duration besagt, um wie viel Prozent sich der Anleihekurs ändert, wenn sich das Marktzinsniveau um einen Prozentpunkt ändert. Die Modified Duration gibt also an, wie stark sich der Gesamtertrag einer Anleihe (bestehend aus den Tilgungen, Kuponzahlungen und dem Zinseszinseffekt bei der Wiederanlage der Rückzahlungen) ändert, wenn sich der Zinssatz am Markt ändert. Damit misst sie den durch eine marginale Zinssatzänderung ausgelösten Kurseffekt und kann als Elastizität des Anleihekurses in Abhängigkeit vom Marktzinssatz verstanden werden.

Der Barwert von Anleihen weist bei Zinsänderungen einen konvexen Verlauf auf. Da die Modified Duration lediglich die erste Ableitung - also die Steigung - berücksichtigt, liefert sie nur für kleine Zinsänderungen nutzbare Werte. Die Modified Duration ist ein sehr vorsichtiges Risikomaß, da Risiken überschätzt und Chancen unterschätzt werden. Daher wird als genaueres Risikomaß die Konvexität (Convexity) eingesetzt.

Die **Konvexität** ist ein Risikomaß zur Beschreibung des Verhaltens einer Anleihe bei Zinsänderungen. Sie ist eine Erweiterung bzw. Verbesserung der Modified Duration. Eine positive Konvexität beschreibt Anleihen, die bei steigenden Zinssätzen eine geringe Kurssensitivität und bei sinkenden Zinssätzen eine hohe Kurssensitivität besitzen. Bei steigenden Zinsen sind niedrige Kursverluste zu erwarten, bei sinkenden Zinsen hingegen hohe Kurssteigerungen. Ferner gilt: Je größer die Konvexität, desto stärker ist dieses Verhalten der Anleihe ausgeprägt.

Wichtige Formeln

fx

Die Formel der Macauley-Duration ist wie folgt definiert. Aus Vereinfachungsgründen wird eine flache Zinsstrukturkurve mit einem jährlich konstanten Marktzins angenommen.

$$D = \frac{\sum_{t=1}^{T} t \cdot \frac{Z_t}{(1+r)^t}}{P} = \frac{\sum_{t=1}^{T} t \cdot \frac{Z_t}{(1+r)^t}}{\sum_{t=1}^{T} \frac{Z_t}{(1+r)^t}}$$

Formel 62

D = Duration
Z_t = Zahlung am Ende der Periode t,
r = Marktzinssatz
P = Preis der Anleihe
t = Zeitperiode, hier ein Jahr

Die Duration ist eine Zeitgröße und gibt die mittlere Kapitalbindungsdauer an. Die Rücklaufzeiten t werden mit dem Anteil des Barwerts der Zahlung in der jeweiligen Periode an dem Gesamtbarwert aller Zahlungen (=Anleihepreis) gewichtet. Die Summe der Gewichte ergibt Eins.

Ausgangspunkt für die Modified Duration ist wiederum der Barwert des Zahlungsstroms. Eine sofortige Änderung des Marktzinses Δr führt zur folgenden Neuberechnung des Barwertes.

$$P(i + \Delta i) = \sum_{t=1}^{T} \frac{Z_t}{(1 + r + \Delta r)^t}$$

Formel 63

Mathematisch kann man $P(r + \Delta r)$ aber auch mittels Taylorentwicklung beschreiben. Durch Umformung erhält man die Modified Duration, die wie folgt definiert ist:

$$MD = \frac{dP}{di} \cdot \frac{1}{P} = \frac{\sum_{t=1}^{T} t \cdot \frac{Z_t}{(1+r)^{t+1}}}{\sum_{t=1}^{T} \frac{Z_t}{(1+r)^t}}$$

Formel 64

Die Modified Duration ist also nichts Anderes als die erste Ableitung der Barwertfunktion nach dem Zins, geteilt durch den Preis (Barwert) der Anleihe.

Der Zusammenhang zwischen Modified Duration und Macauley-Duration wird ersichtlich, wenn man die Modified Duration mit $1 + r$ multipliziert. Dann erhalten die Diskontierungsfaktoren sowie Zähler und Nenner dieselben Exponenten und es ergibt sich aus der Modified Duration die Macauley-Duration.

$$D = MD \cdot (1+r) = \frac{\sum_{t=1}^{T} t \cdot \frac{Z_t}{(1+r)^t}}{\sum_{t=1}^{T} \frac{Z_t}{(1+r)^t}}$$

Formel 65

Wie bereits erwähnt, verbessert die Konvexität die Ergebnisse der Modified Duration. Dies gelingt, indem in der Taylorentwicklung die zweite Ableitung hinzugenommen wird. Es ergibt sich folgender Zusammenhang:

$$P(r + \Delta r) \approx P(r) + \frac{dP}{dr} \cdot \Delta r + \frac{1}{2!} \cdot \frac{d^2P}{dr} (\Delta r)^2$$

Formel 66

und somit

$$\frac{P(r + \Delta r) - P(r)}{P(r)} = \frac{\Delta P}{P(r)} \approx -MD \cdot \Delta r + \frac{1}{2} \cdot C \cdot (\Delta i)^2$$

Formel 67

wobei C die Konvexität (Convexity) beschreibt.

$$C = \frac{\Delta^2 P}{d\Delta r^2} \cdot \frac{1}{P} = \frac{\sum_{t=1}^{T} t \cdot (t+1) \frac{Z_t}{(1+r)^{t+2}}}{P} = \frac{\sum_{t=1}^{T} t \cdot (t+1) \frac{Z_t}{(1+r)^{t+2}}}{\sum_{t=1}^{T} \frac{Z_t}{(1+r)^t}}$$

Formel 68

Die Konvexität ist als nichts anderes als die zweite Ableitung der Barwertfunktion nach dem Zins, geteilt durch den Preis (Barwert) der Anleihe.

Die Formel für den Value at Risk nach der exakten Berechnung lautet:

$$VaR = |P(r + \Delta r) - P(r)|$$

Formel 69

Die Formel für den Value at Risk nach der näherungsweisen Berechnung über die Macauley-

Duration und die Modified Duration lautet:

$$VaR = \left|\frac{1}{1+r} \cdot D \cdot P(r) \cdot \Delta r\right| = |MD \cdot P(r) \cdot \Delta r|$$

Formel 70

Die Formel für den Value at Risk nach der näherungsweisen Berechnung über die Konvexität lautet:

$$VaR = \left|-MD \cdot \Delta r \cdot P(r) + \frac{1}{2} \cdot C \cdot (\Delta r)^2 \cdot P(r)\right|$$

Formel 71

Arbeitsmappe: `Case Study Risikomanagement Teil 1` ➲ Arbeitsblatt: `VaR nicht-lineare Funktionen`

Die Berechnung des Gesamtbarwerts aller Zahlungen zum aktuellen Marktzinssatz im Zähler erfolgt in Excel gemäß:

Excel-Beispiel:
```
C21=(C8/(1+C56)^C7+D8/(1+C56)^D7+E8/(1+C56)^E7+F8/(1+C56)^F7+G8
/(1+C56)^G7+H8/(1+C56)^H7)
```

Kontrollrechnung: `E21=NBW(C14;C8:H8)`

Die Berechnung des Gesamtbarwerts aller Zahlungen nach Erhöhung des Marktzinssatzes erfolgt in Excel gemäß:

Excel-Beispiel:
```
C22=(C8/(1+C57)^C7+D8/(1+C57)^D7+E8/(1+C57)^E7+F8/(1+C57)^F7+G8
/(1+C57)^G7+(H8+I8)/(1+C57)^H7)
```

Kontrollrechnung: `E22=NBW(C16;C8:H8)`

Die Berechnung des für die Duration relevanten Barwerts im Zähler erfolgt in Excel gemäß:

Excel-Beispiel:
```
C27=(C7*C8/(1+C56)^C7+D7*D8/(1+C56)^D7+E7*E8/(1+C56)^E7+F7*F8/
(1+C56)^F7+G7*G8/(1+C56)^G7+H7*(H8)/(1+C56)^H7)
```

Die Berechnung der Duration erfolgt in Excel gemäß:

Excel-Beispiel: `C30=C27/C28`

Die Berechnung der Duration erfolgt mit der Excel-Funktion `DURATION` gemäß:

Excel-Beispiel: `C61=DURATION(C53;C54;C55;C56;C58;C59)`

Die Berechnung des für die Modified Duration relevanten Barwerts im Zähler erfolgt in Excel gemäß:

Excel-Beispiel:
```
C35=(C7*C8/(1+C56)^D7+D7*D8/(1+C56)^E7+E7*E8/(1+C56)^F7+F7*F8/
(1+C56)^G7+G7*G8/(1+C56)^H7+H7*(H8)/(1+C56)^I7)
```

Die Berechnung der Modified Duration erfolgt in Excel gemäß:

Excel-Beispiel: `C38=C35/C36`

Die Berechnung der Duration erfolgt mit der Excel-Funktion `MDURATION` gemäß:

Excel-Beispiel: `C62=MDURATION(C53;C54;C55;C56;C58;C59)`

Die Berechnung des für die Konvexität (Convexity) relevanten Barwerts im Zähler erfolgt in Excel gemäß:

Excel-Beispiel:
```
C44=(C7*D7*C8/(1+C56)^E7+D7*E7*D8/(1+C56)^F7+E7*F7*E8/(1+C56)^G
7+F7*G7*F8/(1+C56)^H7+G7*H7*G8/(1+C56)^I7+H7*I7*(H8)/(1+C56)^J7
```

Die Berechnung der Konvexität (Convexity) erfolgt in Excel gemäß:

Excel-Beispiel: `C47=C44/C45`

Die exakte Berechnung des VaR erfolgt in Excel gemäß:

Excel-Beispiel: `C67=ABS(C22-C21)`

Die näherungsweise Berechnung des VaR mit Hilfe der Modified Duration erfolgt in Excel gemäß:

Excel-Beispiel: `C73=ABS(C21*C38*C15)`

Die näherungsweise Berechnung des VaR mit Hilfe der Konvexität (Convexity) erfolgt in Excel gemäß:

Excel-Beispiel: `C74=ABS(-C38*C15*C21+0,5*C47*C15^2*C21)`

Vorgehensweise

- In den Zahlungen (Zellen C7:J8), die aus der Anleihe resultieren, können Sie den Kupon-/Nominalzinssatz erkennen. In unserem Beispiel wurden 1.000 € investiert. Die Zinszahlungen betragen 45 € pro Jahr, d. h. der Kupon-/Nominalzinssatz beträgt 4,5% (Zelle C13).
- Ausgehend von den Zahlungen werden mit dem aktuellen Marktzinssatz (C14) und dem Marktzinssatz nach Zinserhöhung (C16) die Barwerte der Zahlungen berechnet (Zellen C21 und C22). Der Barwert der mit dem aktuellen Zinssatz diskontierten Zahlungen (C21) entspricht dem Preis/Kurs der Anleihe.
- Im nächsten Schritt werden die Duration, die Modified Duration und die Konvexität der Anleihe ohne und mit Excel-Funktionen berechnet.
- Zur Berechnung der Duration wird im Zähler folgender Barwert berechnet:

  ```
  C27=(C7*C8/(1+C56)^C7+D7*D8/(1+C56)^D7+E7*E8/(1+C56)^E7+F7*F8
  /(1+C56)^F7+G7*G8/(1+C56)^G7+H7*(H8)/(1+C56)^H7)
  ```

  Dieser Barwert wird durch den Preis der Anleihe (Zelle C28) geteilt, woraus die Duration erfolgt (Zelle C30). Zum gleichen Ergebnis kommt mit unter Verwendung der Excel-Funktion DURATION (Zelle C61), welche die Inputs aus den Zellen C53:C59 (außer C57) benötigt.

  Beide Berechnungen ergeben eine Duration in Höhe von 5,3991, was besagt, dass der Investor sein investiertes Kapital in Höhe von 1.000 € nach 5,3991 Jahren wieder zurückerhält.
- Zur Berechnung der Modified Duration wird im Zähler folgender Barwert berechnet:

  ```
  C35=(C7*C8/(1+C56)^D7+D7*D8/(1+C56)^E7+E7*E8/(1+C56)^F7+F7*F8
  /(1+C56)^G7+G7*G8/(1+C56)^H7+H7*(H8)/(1+C56)^I7)
  ```

  Dieser Barwert wird durch den Preis der Anleihe (C36) geteilt, woraus die Modified Duration erfolgt (Zelle C38). Zum gleichen Ergebnis kommt die Excel-Funktion MDURATION (Zelle C62), welche die Inputs aus den Zellen C53:C59 (außer C57) benötigt.

  Beide Berechnungen ergeben eine Modified Duration in Höhe von 5,1914, was besagt, dass sich der Preis der Anleihe um 5,1914 € erhöht, wenn sich der Marktzinssatz um 1% erhöht (unter der Annahme, dass der Anleihepreis linear vom Zinssatz abhängig wäre). Diese Annahme ist aber nur eine Näherung, da Zins und Anleihepreis sich konvex verhalten.
- Daher benutzen wir im nächsten Schritt die Konvexität (Convexity). Zur Berechnung der Konvexität (Convexity) wird im Zähler folgender Barwert berechnet:

  ```
  C44=(C7*D7*C8/(1+C56)^E7+D7*E7*D8/(1+C56)^F7+E7*F7*E8/(1+C56)
  ^G7+F7*G7*F8/(1+C56)^H7+G7*H7*G8/(1+C56)^I7+H7*I7*(H8)/(1+C56
  )^J7)
  ```

  Dieser Barwert wird durch den Preis der Anleihe (C45) geteilt, woraus sich die Konvexität ergibt (Zelle C47). Eine Excel-Funktion zur Berechnung der Konvexität (Convexity) steht nicht zur Verfügung.

  Die Berechnung der Konvexität (Convexity) ergibt einen Wert von 33,6791. Die Konvexität steht für die Krümmung der Kurve des Anleihepreises. Sie zeigt, wie sich eine Zinsänderung auf die Duration auswirkt. Da wir hier eine positive Konvexität (Convexity) vorliegen haben, können wir für diese Anleihe folgern, dass sie bei steigenden Zinssätzen eine geringe Kurssensitivität und bei sinkenden Zinssätzen eine hohe Kurssensitivität aufweist.

Dies ist eine wichtige Zusatzinformation, wenn wir Anleihen mit gleicher oder ähnlicher Modified Duration vergleichen.

- Im nächsten Schritt soll der Value at Risk ermittelt werden, also der Verlust, wenn der Zinssatz steigt. Dies kann über eine exakte Berechnung oder eine näherungsweise Berechnung erfolgen.
- Bei der exakten Berechnung wird ganz einfach die Differenz zwischen dem Barwert vor und nach Zinserhöhung berechnet `(Zelle C67)`. Da der Value at Risk stets einen positiven Wert hat, berechnen wir den absoluten Wert `C67=ABS(C22-C21)`. Wenn wir zum Beispiel davon ausgehen, dass der Zinssatz zu 99% nicht mehr als ein Prozent steigt, beträgt der maximale Verlust (Value at Risk) aus dieser Zinserhöhung 51,59 €. Der Wert der exakten Berechnung ist die Benchmark für die näherungsweisen Berechnungen.
- Die näherungsweise Berechnung des Value at Risk mit Hilfe der Modified Duration erfolgt in `C73=ABS(C21*C38*C15)`. Es ergibt sich ein Value at Risk in Höhe von 53,27 €. Dies zeigt, dass bei Verwendung der Modified Duration das Risiko überschätzt wird.
- Ein besseres Ergebnis erhalten wir bei Verwendung der Konvexität (Convexity) `C74=ABS(-C38*C15*C21+0,5*C47*C15^2*C21)`. Hier beträgt der Value at Risk 51,55 € und kommt damit dem exakten Wert in Höhe von 51,59 € sehr nahe.
- Sie werden sich sicherlich fragen, warum wir näherweise Berechnungen für den VaR vornehmen, wenn wir doch gleich mit der einfacheren, exakten Berechnung das gewünschte Ergebnis erhalten. Die näherungsweise Berechnung macht in der Tat für eine einzelne Anleihe keinen Sinn. Anders ist die Situation, wenn wir mehrere Wertpapiere mit nichtlinearen Funktionen im Portfolio haben. Dann sind wir auf die näherungsweise Berechnung angewiesen.

Ergebnis

	A	B	C	D	E	F	G	H	I	J
1										
2										
3		Anleihe								
4										
5		Zahlungsreihe								
6										
7		Zeit (*t*)	1	2	3	4	5	6	7	8
8		Zahlung (*Z*)	45	45	45	45	45	1.045		
9										
10										
11		Zinssätze								
12										
13		Kupon-/Nominalzinssatz	4,50%							
14		Marktrendite vor Zinsänderung	4,00%							
15		Marktzinserhöhung	1,00%							
16		Marktrendite nach Zinsänderung	5,00%							
17										
18										
19		Barwerte		Kontrollrechnung						
20										
21		Barwert bei Marktzins	1.026,21	1.026,21						
22		Barwert nach Marktzinserhöhung	974,62	974,62						

Abbildung 56: Berechnung der Zinssätze und Barwerte

	A	B	C
24			
25		**Duration**	
26			
27		$\sum_{t=1}^{T} t \cdot \frac{Z_t}{(1+r)^t}$	5.540,56
28		$\sum_{t=1}^{T} \frac{Z_t}{(1+r)^t}$	1.026,21
29			
30		Duration	5,3991
31			
32			
33		**Modified Duaration**	
34			
35		$\sum_{t=1}^{T} t \cdot \frac{Z_t}{(1+r)^{t+1}}$	5.327,47
36		$\sum_{t=1}^{T} \frac{Z_t}{(1+r)^t}$	1.026,21
37			
38		Modified Duration	5,1914
39		Kontrollrechnung: Modified Duration	5,1914
40			
41			
42		**Convexity**	
43			
44		$\sum_{t=1}^{T} t \cdot (t+1) \frac{Z_t}{(1+r)^{t+2}}$	34.561,81
45		$\sum_{t=1}^{T} \frac{Z_t}{(1+r)^t}$	1.026,21
46			
47		Konvexität = Convexity	33,6791

Abbildung 57: Berechnung der Duration, Modified Duration und Convexity

	A	B	C	D
50				
51		**Berechnung mit der Excel-Funktion DURATION und MDURATION**		
52				
53		Abrechnungstermin	31.12.2018	
54		Fälligkeitstermin	31.12.2024	
55		Kupon-/Nominalzinssatz	4,50%	
56		Marktrendite vor Zinsänderung	4,00%	
57		Marktrendite nach Zinsänderung	5,00%	
58		Zahlungshäufigkeit	1	
59		Basis (taggenau)	1	
60				
61		Duration	5,3991	
62		Mod. Duration	5,1914	
63				
64				
65		**VaR: Exakte Berechnung**		
66				
67		VaR (exakt)	51,59	
68				
69				
70		**VaR: Näherungsweise Berechnung**		
71				
72		VaR (Dur.)	53,27	
73		VaR (mod. Dur.)	53,27	
74		VaR (Con.)	51,55	

Abbildung 58: Berechnung der Duration und Modified Duration mit Excel-Funktionen und Berechnung des VaR

Literatur und Verweis auf das Excel-Tool

Ernst, D., Häcker, J. (2021): Risikomanagement im Unternehmen Schritt für Schritt, UTB, Course 2 - Assignment 9.

Wengert, H., Schittenhelm, A. (2013): Corporate Risk Management, Springer Gabler, S. 41-46 und 56-58.

Wüst, K. (2014): Risikomanagement: Eine Einführung mit Anwendungen in Excel, UTB, S. 133-137.

Siehe Excel-Datei `Case Study Risikomanagement Teil 1`, Excel-Arbeitsblatt `VaR nichtlineare Funktionen`

Assignment 10: Extremwerttheorie

Aufgabe

- Berechnen Sie mit Hilfe der Extremwerttheorie den Value at Risk und den Conditional Value at Risk (Expected Shortfall) für einen Tag bei einem Konfidenzniveau von 95% für den DAXsubsector Real Estate Performance-Index ab dem 31.12.t(5) rückwirkend für die letzten 5 Jahre.
- Führen Sie eine Sensitivitätsanalyse durch und ermitteln Sie den Value at Risk und den Conditional Value at Risk (Expected Shortfall) bei folgenden Konfidenzniveaus: 99,0%, 99,1%, 99,2%, 99,3%, 99,4%, 99,5%, 99,6%, 99,7%,99,8%, 99,9%.

Inhalt

Das Konzept extremer Ereignisse (z. B. disruptive Technologien, Finanzmarktkrisen u. ä.), wie sie beispielsweise *Taleb* mit seinen „Black Swans“ beschreibt, trägt dem Problem Rechnung, dass es im realen Leben nicht (oder nur schwer) vorhersehbare Ereignisse geben kann, die schwerwiegende ökonomische Auswirkungen haben können. Dieses Phänomen findet im traditionellen Risikomanagement in der Regel keine Berücksichtigung. Für die Praxis des Risikomanagements und den Umgang mit der Unsicherheit der Zukunft erscheint es sinnvoll, auf der Grundlage von bekannten Vergangenheitsinformationen auch auf Extremwerte in der Zukunft zu schließen. Hier sind Techniken erforderlich, die die Verwendung einer Normalverteilung vermeiden und stattdessen berücksichtigen, dass Extremereignisse wesentlich häufiger auftreten als durch eine Normalverteilung impliziert. Die hier notwendigen Verfahren basieren auf der fraktalen Geometrie von Mandelbrot und stützen sich wesentlich auf sog. skalierbare Verteilungen, wie die Pareto-Verteilung. Daraus ist die Extremwerttheorie entstanden, die wir im Folgenden anwenden.

Die **Extremwerttheorie**, die auch Extreme Value Theory (EVT) oder Peaks-over-Treshold-Methode (PoT) genannt wird, geht über den Expected Shortfall hinaus, der ja auf Basis der vorliegenden historischen Daten berechnet wird. Die Extremwerttheorie wird bei potenziell katastrophalen Ereignissen eingesetzt, die zwar sehr selten eintreten, dafür aber extrem hohe Schadenssummen produzieren. Die Extremwerttheorie liefert einen wissenschaftlichen Ansatz zur Vorhersage dieser seltenen Ereignisse. Sie ist eine mathematische Disziplin, die sich mit Ausreißern, das heißt mit maximalen und minimalen Werten von Stichproben beschäftigt.

Ähnlich wie der Expected Shortfall beschäftigt sich die Extremwerttheorie mit den Rändern von Verteilungen. Sie berücksichtigt die empirischen Beobachtungen, dass extreme Renditen in der Realität eine höhere Wahrscheinlichkeit (so genannte Fat Tails) und mittlere Renditen eine niedrigere Wahrscheinlichkeit haben als durch eine Normalverteilung beschrieben. Mit Hilfe der Extremwerttheorie können Werte für hohe Konfidenzniveaus genau berechnet werden. Insofern ist die Extremwerttheorie eine Erweiterung des Gedankens des Expected Shortfall, der insbesondere die Auswirkung von potenziell extremen Ereignissen misst. Extreme Ereignisse treten selten auf und können beschrieben werden als Ereignisse, die einen Schwellenwert überschreiten.

Die Extremwerttheorie ist eng mit dem Namen *Gnedenko* verbunden. Er konnte 1943 die Hauptaussage der Extremwerttheorie beweisen. Sie besagt, dass die Ränder einer Vielzahl von Wahrscheinlichkeitsverteilungen gleiche Ränder aufweisen. Das bedeutet, dass eine breite Klasse von Verteilungen mit steigenden oder sinkenden Renditen *r* (je nachdem, ob die maximalen oder minimalen Werte der Stichprobe betrachtet werden) gegen eine verallgemeinerte Pareto-Verteilung strebt.

Die Extremwerttheorie kann sowohl den linken als auch den rechten Rand einer Verteilung erklären. Wir beschäftigen uns hier mit dem linken Rand der Verteilung.

Bei Verwendung der Extremwerttheorie ist zu beachten, dass die Pareto-Verteilung nur gültig ist für „extreme" Fälle, also für die Fälle oberhalb einer vom Anwender zu bestimmenden Schwelle. Die Schwelle sollte so hoch gesetzt werden, dass damit auch wirklich der Rand der Verteilung untersucht wird, andererseits muss sie so niedrig gesetzt sein, dass die Zahl der in die Maximum-Likelihood-Berechnungen eingehenden Datensätze nicht zu gering ist und damit die Qualität der Berechnung des Randes gefährdet wird.

Wichtige Formeln

fx

Die (kumulierte) verallgemeinerte Pareto-Verteilung wird mit folgender Gleichung berechnet:

$$G_{\xi,\beta} = 1 - \left(1 + \xi \frac{y}{\beta}\right)^{-1/\xi}$$

Formel 72

Die Verteilung besitzt zwei Parameter, nämlich ξ und β. Der Parameter ξ ist ein Formparameter, der die Schwere des Rands der Verteilung bestimmt. Der Parameter β ist ein Skalierungsparameter, der die Streuung oder „Breite" der Extremverteilung wiedergibt.

y ist die Differenz zwischen r^{min}und $\hat{r}$, wobei r^{min} für die minimale Rendite in der Verteilung und $\hat{r}$ für die kritische Schwelle steht.

Die Parameter ξ und β können mit der Maximum-Likelihood-Methode geschätzt werden.

$$\prod_{i=1}^{n_r} \frac{1}{\beta}\left(1 + \frac{\xi(-r_i + \hat{r})}{\beta}\right)^{-\frac{1}{\xi}-1}$$

Formel 73

n_r ist die Anzahl der Werte, die über der Schwelle liegen.

Die Maximierung der Funktion dieser Funktion entspricht der Maximierung ihres Logarithmus:

$$\sum_{i}^{n_r} ln\left[\frac{1}{\beta}\left(1+\frac{\xi(-r_i+\hat{r})}{\beta}\right)^{-\frac{1}{\xi}-1}\right]$$

Formel 74

Mit dem iterativen Suchverfahren (SOLVER in Excel) können wir nun die Parameter ξ und β bestimmen, die die zuletzt aufgeführte Formel maximieren.

Nach der Bestimmung der Parameter ξ und β kann der Value at Risk berechnet werden. Die Formel lautet:

$$VaR = \hat{r} + \frac{\beta}{\xi}\left[\left(\frac{n}{n_{\hat{r}}}(1-p)\right)^{-\xi} - 1\right]$$

Formel 75

n ist die Anzahl der Beobachtungen, $n_{\hat{r}}$ bezeichnet hierbei die Anzahl der Werte, die unter der Schwelle liegen. p ist das Konfidenzniveau.

Der Expected Shortfall wird mit folgender Formel berechnet:

$$Expected\ Shortfall = \frac{VaR + \beta - \xi\hat{r}}{1-\xi}$$

Formel 76

Arbeitsmappe: `Case Study Risikomanagement Teil 1` ➲ Arbeitsblatt: `Extremwerttheorie`

Berechnung der Log-Likelihood-Funktion in Excel:

Excel-Beispiel: `J12=WENN(H12<$G$5;LN((1/$N$4)*((1+($N$5*(-$H12+$G$5)/$N$4)))^(-1/$N$5-1));0)`

Berechnung des Value at Risk in Excel:

Excel-Beispiel: `J5=-G5+(N4/N5)*(((J2/J3)*(1-J4))^(-N5)-1)`

Berechnung des Expected Shortfall in Excel:

Excel-Beispiel: `J6=(J5+$N$4+$G$5*$N$5)/(1-$N$5)`

Vorgehensweise

- Zunächst werden die stetigen Renditen in Spalte `D` berechnet.
- Die stetigen, täglichen Renditen werden dann in Spalte `H` mit der Funktion Sortieren in der Größe nach aufsteigend sortiert.
- Danach wird das Konfidenzniveau p zur Bestimmung des Schwellenwerts $\hat{r}$ festgelegt

(Zelle `G2`) und das Alpha α berechnet (Zelle `G3`) `G3=1-G2` festgelegt.

- Im nächsten Schritt wird die Anzahl der α-% kleinsten Werte ermittelt. In unserem Beispiel sind es die 5% kleinsten Werte. Das sind bei 1.271 vorliegenden Renditen 63 Werte. Hierbei findet die Funktion `G4=ABRUNDEN((G3)*ANZAHL(D12:D1282);0)` Anwendung.
- Darauffolgend wird die Rendite des 63-kleinsten Werts bestimmt. Dies erfolgt für das 5%-Quantil mit der Funktion `G5=MIN(SVERWEIS(G4;G12:H1282;2;0);0)`. Die ermittelte Rendite beträgt -3,10%. Der Schwellenwert $\hat{r}$ beträgt -3,10%.
- In Spalte `J` befindet sich die Berechnung der Wahrscheinlichkeit für die Maximum-Likelihood-Methode. Die Excel-Formel lautet:
  `J12=WENN(H12<$G$5;LN((1/$N$4)*((1+($N$5*(-$H12+$G$5)/$N$4)))^(-1/$N$5-1));0)`
- Um die Wahrscheinlichkeit für die Maximum-Likelihood-Methode zu berechnen, benötigen wir neben dem Schwellenwerts $\hat{r}$ die Werte der Parameter ξ und β. Die Ausgangswerte zur Bestimmung von ξ und β erhalten wir zunächst aus den Annahmen allgemein und werden mit `M4` und `M5` verlinkt. Wir verlinken diese Zelle wiederum mit den Zellen `N4` und `N5`, in denen nach Optimierung mit dem Solver die aus der Optimierung hervorgehende Werte von β und ξ stehen werden.
- In Zelle `J8` werden die Wahrscheinlichkeiten summiert `J8=SUMME(J12:J1282)`, die dann bei der Optimierung maximiert werden.
- Für die Optimierung mit Hilfe des SOLVER sind folgende Werte in den Solver einzugeben:

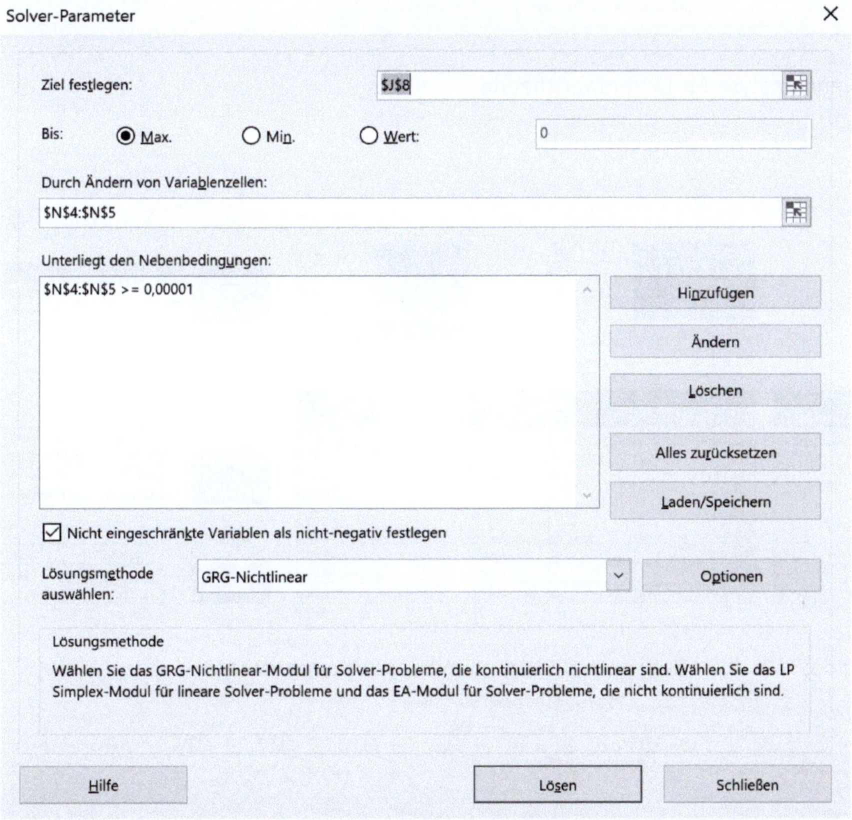

Abbildung 59: Solver-Parameter für Extremwerttheorie

- Es ergeben sich Werte für β in Höhe von 0,013402 und für ξ in Höhe von 0,000010.
- Im nächsten Schritt kann nun mit der Extremwerttheorie der Value at Risk berechnet werden. Dazu benötigt man als Variablen neben β und ξ auch die Anzahl der Beobachtungen n `J2=ANZAHL(J12:J1282)`, die Anzahl der Werte $n_{\hat{r}}$, die über der Schwelle liegen `J3=ZÄHLENWENN(J12:J1282; "<>0")`, sowie das Konfidenzniveau p und den Schwellenwert $\hat{r}$ (Zelle `G5`). Der VaR berechnet sich mit `J5=-G5+(N4/N5)*(((J2/J3)*(1-J4))^(-N5)-1)`. Er beträgt 3,07% und beschreibt im Gegensatz zu den vorigen Berechnungen des Value at Risk den genauen Wert beim 5%-Quantil.
- Ferner kann mit der Extremwerttheorie der Expected Shortfall berechnet werden `J6=(J5+$N$4+$G$5*$N$5)/(1-$N$5)`. Er beträgt 4,41%.
- Mit Hilfe einer Sensitivitätsanalyse `Daten` ➲ `Was-wäre-wenn-Analyse` ➲ `Datentabelle` können nun der Value at Risk und der Expected Shortfall für unterschiedliche Konfidenzniveaus problemlos berechnet werden `(L12=J5)`. Danach die Tabelle markieren und auf `Was-wäre-wenn-Analyse` gehen.

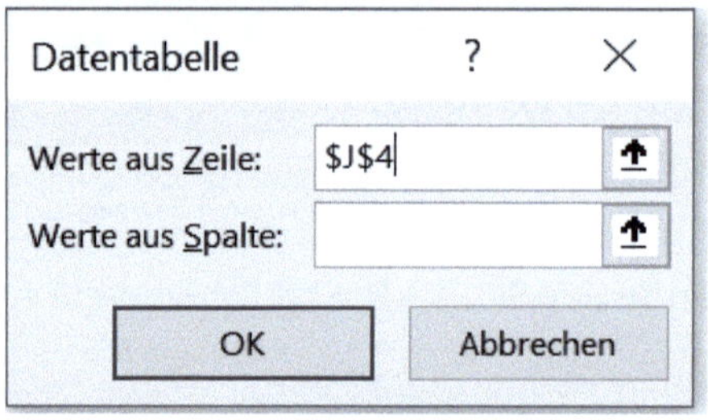

Abbildung 60: Was-wäre-wenn-Analyse für Extremwerttheorie

Ergebnis

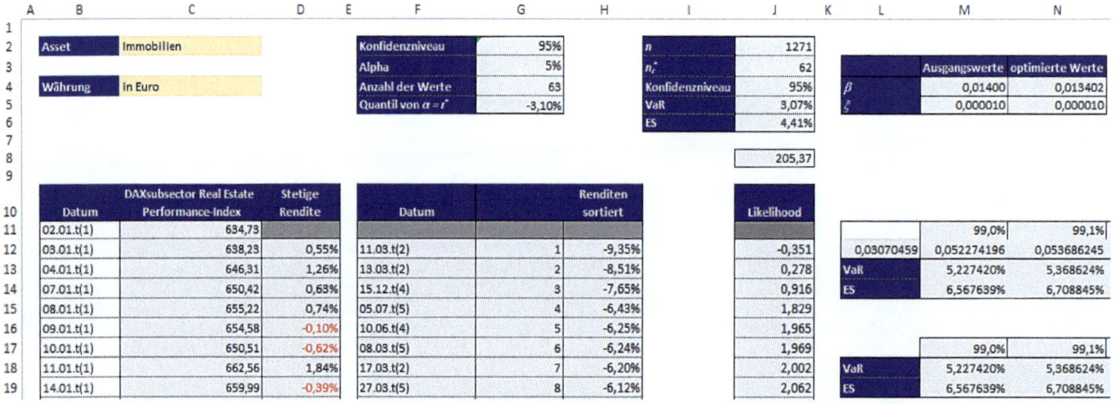

Asset	Immobilien
Währung	in Euro

Konfidenzniveau	95%
Alpha	5%
Anzahl der Werte	63
Quantil von $\alpha = \hat{r}$	-3,10%

n	1271
$n_{\hat{r}}$	62
Konfidenzniveau	95%
VaR	3,07%
ES	4,41%
	205,37

	Ausgangswerte	optimierte Werte
β	0,01400	0,013402
ξ	0,000010	0,000010

Datum	DAXsubsector Real Estate Performance-Index	Stetige Rendite	Datum		Renditen sortiert	Likelihood
02.01.t(1)	634,73					
03.01.t(1)	638,23	0,55%	11.03.t(2)	1	-9,35%	-0,351
04.01.t(1)	646,31	1,26%	13.03.t(2)	2	-8,51%	0,278
07.01.t(1)	650,42	0,63%	15.12.t(4)	3	-7,65%	0,916
08.01.t(1)	655,22	0,74%	05.07.t(5)	4	-6,43%	1,829
09.01.t(1)	654,58	-0,10%	10.06.t(4)	5	-6,25%	1,965
10.01.t(1)	650,51	-0,62%	08.03.t(5)	6	-6,24%	1,969
11.01.t(1)	662,56	1,84%	17.03.t(2)	7	-6,20%	2,002
14.01.t(1)	659,99	-0,39%	27.03.t(5)	8	-6,12%	2,062

	99,0%	99,1%
0,03070459	0,052274196	0,053686245
VaR	5,227420%	5,368624%
ES	6,567639%	6,708845%

	99,0%	99,1%
VaR	5,227420%	5,368624%
ES	6,567639%	6,708845%

Abbildung 61: Berechnung des VaR und des Expected Shortfall mit der Extremwerttheorie

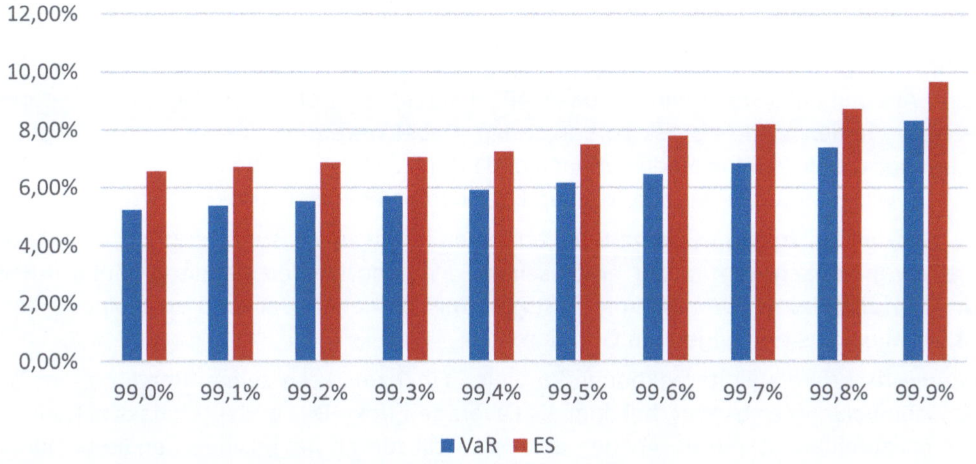

Abbildung 62: Value at Risk und der Expected Shortfalls bei unterschiedlichen Konfidenzniveaus

Literatur und Verweis auf das Excel-Tool

Ernst, D., Häcker, J. (2021): Risikomanagement im Unternehmen Schritt für Schritt, UTB, Course 2 – Assignment 10.

Gleißner, W. (2016): Grundlagen des Risikmanagements, 3. Aufl., Vahlen, S. 535-536.

Hull, J. C. (2014): Risikomanagement: Banken, Versicherungen und andere Finanzinsitutionen, 3. Aufl., Pearson, S. 361-367.

Romeike, F., Hasger, P. (2013): Erfolgsfaktor Risikomanagement 3.0, 3. Aufl., Springer Gabler, S. 118.

Siehe Excel-Datei `Case Study Risikomanagement Teil 1`, Excel-Arbeitsblatt `Extremwerttheorie`

Assignment 11: Berechnung des Value at Risk basierend auf dem GARCH-AR-Modell und der Extremwerttheorie

Aufgabe

Berechnen Sie Value at Risk basierend auf dem GARCH-AR-Modell und der Extremwerttheorie für die stetigen, täglichen Renditen des DAXsubsector Real Estate Performance-Index.

- Erstellen Sie die Mittelwertgleichung mit dem AR(1)-Modell.
- Berechnen Sie die Residuen.
- Erstellen Sie basierend auf den Residuen die GARCH-Gleichung.
- Führen Sie eine Optimierung der AR- und GARCH-Variablen mit der Pseudo-Maximum-Likelihood-Funktion durch.
- Berechnen Sie die standardisierten Residuen.
- Wenden Sie basierend auf den standardisierten Residuen die Extremwerttheorie an.
- Berechnen Sie die Value at Risk und den Expected Shortfall für die standardisierten Residuen und die Renditen.
- Führen Sie eine Sensitivitätsanalyse für die Konfidenzniveaus zwischen 99,0% und 99,9% durch.

Inhalt

In diesem Assignment verwenden wir das GARCH-Modell als Datengrundlage, um über die Extremwerttheorie den Value at Risk zu berechnen. Dabei werden wir gegenüber der bisherigen Vorgehensweise einige kleine Modifikationen und Ergänzungen vornehmen. Ziel ist es, ein Modell zu erhalten, wie es heute in der empirischen Forschung eingesetzt wird.

Wie uns bekannt ist, zeigen negative Renditen einen relativen Preisrückgang, positive Renditen einen relativen Preisanstieg. In der empirischen Forschung werden Renditen häufig **mit dem Faktor -1 multipliziert**, um die Volatilitätsdynamik besser modellieren zu können. Dies geschieht vor allem aus den folgenden Gründen:

1 Asymmetrische Volatilitätsreaktionen: In vielen Finanzmärkten zeigen Renditen eine asymmetrische Volatilitätsstruktur, bekannt als Leverage-Effekt. Das bedeutet, dass negative Renditen oft zu einem stärkeren Anstieg der Volatilität führen als positive Renditen. Durch die Multiplikation mit -1 können negative Schocks in den Daten als positive interpretiert werden, wodurch die Modellierung dieser Asymmetrie vereinfacht wird.

2 Konsistenz mit ökonomischer Intuition: Viele GARCH-Varianten, insbesondere das EGARCH-Modell (Exponential GARCH) und das GJR-GARCH-Modell, nutzen eine Transformation der Renditen, um negative Schocks stärker zu gewichten. Die Multiplikation mit -1 kann helfen, diese Modelle besser an die Daten anzupassen.

3 Interpretierbarkeit von Parametern: In manchen Fällen erleichtert diese Transformation die Interpretation der Parameter, insbesondere wenn das Modell für unterschiedliche Märkte oder Asset-Klassen angewendet wird.

4 Integration in andere Modelle: Einige ökonometrische Studien oder Anwendungen, insbesondere in der Risikomodellierung, bevorzugen eine Darstellung, bei der Verluste als positive Werte erscheinen. Das erleichtert den Vergleich mit anderen Methoden wie Value-at-Risk (VaR) oder Expected Shortfall (ES).

Die Datengrundlage für unsere Berechnungen stammt aus dem GARCH-Modell. Dieses basiert auf den stetigen Renditen, die mit dem Faktor -1 multipliziert werden. In dem hier verwendeten AR(1)-GARCH(1,1)-Modell wird die stetige Rendite über ein AR(1)-Modell abgebildet. AR, welches auch eine Eigenschaft des ARCH- und GARCH-Modells ist, steht für „Autoregressive", also Autoregression. „Autoregressiv" wird verwendet, weil die Variable (hier Rendite) sich selbst („auto") mit einer Verzögerung (hier ein Tag) erklärt („regressiv"). Dies bedeutet, dass die aktuelle Beobachtung der Zeitreihe (hier Rendite) als lineare Funktion der vergangenen Beobachtung(en) modelliert wird. Alternativ könnte anstelle des AR(1)-Modells auch die aktuelle Rendite verwendet werden. Wenn Renditen jedoch eine systematische Abhängigkeit von Vergangenheitswerten aufweisen, kann das AR(1)-Modell diese Struktur erfassen.

Ferner erweitern verwenden wir im GARCH-Modell als weitere Grundlage sogenannte Residuen. **Residuen** ε_n sind die Abweichungen vom Erwartungswert der Rendite. Dies entspricht genau der Definition von Risiko, wie wir sie am Anfang kennengelernt haben. Residuen erfassen den unerklärten Teil der Rendite und sind das Maß für das Risiko. Hier sind die Hauptgründe für die Verwendung von Residuen in GARCH-Modellen:

1 Modellierung der Volatilität: GARCH-Modelle erfassen die zeitliche Dynamik der Volatilität, indem sie die Varianz der Residuen bedingt auf vergangene Informationen modellieren. Die Residuen ε_t werden als Innovationsprozesse betrachtet. Ein Innovationsprozess ist eine spezielle Art von White-Noise-Prozess. Er hat die Eigenschaften:

- Zentrierte Erwartung: $E(\varepsilon_t) = 0$
- Konstante Varianz: $Var(\varepsilon_t) = \sigma^2$
- Unkorreliertheit: $Cov(\varepsilon_t, \varepsilon_{t-1}) = 0$
- Nichtvorhersagbarkeit auf Basis der Vergangenheit: $E(z_t|\mathcal{F}_{t-1}) = 0$ mit $\mathcal{F}_{t-1}$ als verfügbare Information bis zum Zeitpunkt $t-1$

2 Trennung von Renditeprozess und Volatilitätsstruktur: Finanzzeitreihen (z. B. Aktienrenditen) bestehen oft aus einem erwarteten Ertrag (Mittelwertprozess) und einer zufälligen Komponente. Das GARCH-Modell modelliert explizit die Struktur der bedingten Varianz dieser zufälligen Komponente, also der Residuen

3 Erfassung der Clusterbildung in der Volatilität: Empirische Finanzdaten zeigen oft Volatilitätscluster - Phasen hoher und niedriger Schwankungen treten gehäuft auf. Da Residuen Abweichungen vom Mittelwertprozess darstellen, erfassen sie diese Cluster und ermöglichen es dem Modell, zukünftige Schwankungen besser vorherzusagen.

4 Berücksichtigung vergangener Schocks: In einem GARCH(1,1)-Modell lautet die Varianzgleichung:

$$\sigma_t^2 = \gamma \cdot V_L + \alpha \cdot \varepsilon_{t-1}^2 + \beta \cdot \sigma_{t-1}^2$$

Diese zeigt, dass die aktuelle Volatilität von vergangenen Residuen ε_{t-1}^2 abhängt. Große Residuen (d. h. starke Abweichungen vom Mittelwert) führen zu höherer zukünftiger Volatilität.

5 Ermöglichung von Maximum-Likelihood-Schätzverfahren: Da Residuen als normal- oder t-verteilt angenommen werden, können GARCH-Modelle effizient mit Maximum-Likelihood-Methoden geschätzt werden, was robuste Parameterwerte liefert.

Ergebnis des GARCH-Modells ist die GARCH-Varianz und die GARCH-Standardabweichung (Volatilität). Für die Extremwerttheorie werden jetzt als Inputdaten nicht die Renditen verwendet, wie wir sie bereits kennengelernt haben, sondern die standardisierten Residuen (standardised residuals). Standardisierte Residuen sind skalierte Residuen. Sie werden berechnet, in dem die täglichen Residuen durch die tägliche GARCH-Standardabweichung geteilt werden. Dadurch werden die Residuen auf die jeweilige tägliche Risikogröße normiert. Dies hat folgende Vorteile:

1 Vergleichbarkeit der Fehler über die Zeit: Ohne Standardisierung können die Residuen zeitlich variierende Varianzen haben, z. B. in Phasen hoher Volatilität. Standardisierte Residuen haben eine konstante Varianz, wodurch sie über verschiedene Zeiträume vergleichbar sind.

2 Bessere Modellvalidierung: In Modellen mit heteroskedastischen Fehlern (wie GARCH) können die ursprünglichen Residuen starke Schwankungen aufweisen. Standardisierte Residuen sollten keine Autokorrelation und konstante Varianz aufweisen, wenn das Modell korrekt spezifiziert ist.

3 Erleichterte Analyse extremer Ereignisse: Standardisierte Residuen erleichtern die Erkennung von Ausreißern oder extremen Marktbewegungen, da sie unabhängig von der jeweiligen Volatilitätsphase normiert sind. Daher sind sie die geeignete Datengrundlage für die Extremwerttheorie

4 Wichtige Rolle in Value-at-Risk (VaR) Berechnungen: In Risikomodellen wie VaR wird oft die Verteilung der standardisierten Residuen analysiert, um Extremrisiken besser zu quantifizieren.

Basierend auf den standardisierten Residuen wenden wir die Extremwerttheorie an. Als Ansatz wählen wir wieder die Peaks-over-Treshold-Methode (PoT). Die mit der Extremwerttheorie bestimmten Werte für die standardisierten Residuen müssen dann in den Value at Risk und den Expected Shortfall (Conditional Value at Risk) der Renditen umgerechnet werden.

Wichtige Formeln

Zunächst multiplizieren wir die stetigen Renditen mit dem Faktor -1, um im Vorzeichen umgekehrte Renditen zu erhalten.

$$X_t = r_t \cdot -1$$ Formel 77

Die Gleichung der Rendite ist abhängig von deren Mittelwert μ_t und dem Faktor ε_t, welcher die Residuen darstellt.

$$X_t = \mu_t + \varepsilon_t = \mu_t + \sigma_t \cdot Z_t$$ Formel 78

wobei Z_t eine iid-Zufallsvariable mit Mittelwert 0 und Varianz 1 ist.

Da das Vernachlässigen einer Modellkonstante in der Mittelwertgleichung zu Verzerrungen führen kann (vgl. Studenmund, 2006), erweitern wir Marimoutou et al. (2009) folgend diesen Prozess um eine solche:

$$\mu_t = \kappa + \rho \cdot X_{t-1}$$ Formel 79

wobei κ und ρ die Konstanten der Mittelwertgleichung sind. ρ ist der AR(1)-Parameter, also der autoregressive Koeffizient, der die Abhängigkeit und die Stärke von der Vergangenheit angibt.

Die Gleichung der Rendite lautet nun:

$$X_t = \kappa + \rho \cdot X_{t-1} + \varepsilon_t$$ Formel 80

Wird diese Formel nach dem Residuum aufgelöst, erhalten wir die Formel der Residuen.

$$\varepsilon_t = X_t - (\kappa + \rho \cdot X_{t-1})$$ Formel 81

Die Residuen sind die Datenbasis des GARCH-Modells.

Die Formel für die Varianz σ^2 zum Zeitpunkt n im GARCH(1,1)-Modell lautet:

$$\sigma_n^2 = \gamma \cdot V_L + \alpha \cdot \varepsilon_{t-1}^2 + \beta \cdot \sigma_{t-1}^2 = \omega + \alpha \cdot \varepsilon_{t-1}^2 + \beta \cdot \sigma_{t-1}^2$$ Formel 82

mit ε_{n-1}^2 als quadriertes Residuum und bedingte Varianz.

Mit der Pseudo-Maximum-Likelihood-Schätzung können nun die Modellparameter κ, ρ, ω, α und β schätzen.

Kurze Anmerkung: Das „Pseudo" in der Pseudo-Maximum-Likelihood-Schätzung (PML oder QML = Quasi-Maximum-Likelihood) bedeutet, dass nicht die „wahre" Verteilung der Daten zur Likelihood-Berechnung verwendet wird, sondern eine vereinfachte oder angenommene Verteilung – typischerweise Normalverteilung, selbst wenn die Daten nicht normalverteilt sind.

Mit den geschätzten Modellparametern können nun aus Formel 83 die standardisierten Residuen berechnet werden.

$$Z_t = \frac{X_t - \mu_t}{\sigma_t} = \frac{X_t - (\kappa + \rho \cdot X_{t-1})}{\sigma_t}$$

Formel 83

Die standardisierten Residuen werden nun in aufsteigender Reihenfolge sortiert. Sie dienen als Inputgrößen für die Extremwerttheorie.

Um die Wahrscheinlichkeit für die Pseudo-Maximum-Likelihood-Methode zu berechnen, benötigen wir neben dem Schwellenwerts $\hat{Z}$ die Werte der Parameter ξ und β. Die Formel der Likelihood lautet:

$$\sum_{i}^{n_Z} ln\left[\frac{1}{\beta}\left(1 + \frac{\xi(Z_i + \hat{Z})}{\beta}\right)^{-\frac{1}{\xi}-1}\right]$$

Formel 84

Nach der Bestimmung der Parameter ξ und β kann der Value at Risk für das Residuum berechnet werden. Diese Formel entspricht der Quantilsformel für Z und lautet:

$$VaR(Z) = \hat{Z} + \frac{\beta}{\xi}\left[\left(\frac{n}{n_{\hat{Z}}}(1-p)\right)^{-\xi} - 1\right]$$

Formel 85

Im nächsten Schritt wird der Value at Risk basierend auf dem aktuellen Renditewert berechnet. Dazu bringen wir die Quantilsformel für Z zurück auf die Ebene der Renditen X_t.

Da Formel hierzu lautet:

$$VaR(X_t) = \mu_t + \sigma_t \cdot VaR(Z) = \mu_t + \sigma_t \cdot \frac{\beta}{\xi}\left[\left(\frac{n}{n_{\hat{Z}}}(1-p)\right)^{-\xi} - 1\right]$$

Formel 86

Mit μ_t als prognostizierte, bedingte Rendite und σ_t als prognostizierte, bedingte Volatiltät.

Ähnlich der Vorgehensweise beim Value at Risk kann nun der Expected Shortfall (Conditional Value at Risk) berechnet werden, indem dieser zunächst für die standardisierten Residuen und dann für die Rendite berechnet wird.

Der Expected Shortfall, d. h. der erwartete Verlust über dem VaR-Niveau, ergibt sich gemäß folgender Formel:

$$ES(Z) = \frac{VaR(Z) + \beta + \xi \cdot \hat{Z}}{1 - \xi}$$

Formel 87

Die Rückskalierung erfolgt mit folgender Formel:

$$ES(X_t) = \mu_t + \sigma_t \cdot ES(Z) = \mu_t + \sigma_t \cdot \frac{VaR(Z) + \beta + \xi \cdot \hat{Z}}{1 - \xi}$$

Formel 88

Arbeitsmappe: `Case Study Risikomanagement Teil 1` ➲ Arbeitsblatt: `GARCH(2)`

Berechnung der im Vorzeichen umgekehrten Renditen:

Excel-Beispiel: `E20=-D20`

Berechnung der Residuen:

Excel-Beispiel: `F20=E20-($P$3+$P$4*E19)`

Berechnung der quadrierten Residuen:

Excel-Beispiel: `G20=F20^2`

Berechnung der bedingten Varianz:

Excel-Beispiel: `H20=$P$5+G19*$P$6+H19*$P$7`

Berechnung der Likelihood:

Excel-Beispiel: `I20=-LN(2*PI())/2-LN(H20)/2-(G20/H20)/2`

Berechnung der bedingten Volatilität:

Excel-Beispiel: `K20=WURZEL(H20)`

Berechnung der standardisierten Residuen:

Excel-Beispiel: `N20=F20/K20`

Arbeitsmappe: `Case Study Risikomanagement Teil 1` ➲ Arbeitsblatt: `Extremwert-theorie`

Berechnung der Likelihood-Funktion in Excel:

Excel-Beispiel:
```
E12=WENN(D12>$F$5;
LN((1/$P$4)*((1+($P$5*($D12-$F$5)/$P$4)))^(-
1/$P$5-1));0)
```

Berechnung des Value at Risk der standardisierten Residuen:

Excel-Beispiel: `L5=F5+(P4/P5)*(((L2/L3)*(1-L4))^(-P5)-1)`

Berechnung des Value at Risk der Renditen aus dem Value at Risk der standardisierten Residuen:

Excel-Beispiel: `L6=$I$2+$I$4*L5`

Berechnung des Expected Shortfall der standardisierten Residuen:

Excel-Beispiel: `I15=(I13+$P$4-$F$5*$P$5)/(1-$P$5)`

Berechnung des Expected Shortfall der Renditen aus dem Expected Shortfall der standardisierten Residuen:

Excel-Beispiel: `I16=$I$2+$I$4*I15`

Vorgehensweise

- Berechnen Sie im Arbeitsblatt `GARCH(2)` in Spalte `D` die stetigen, täglichen Renditen.
- Berechnen Sie in Spalte `E` die im Vorzeichen umgekehrten stetigen Renditen.
- Danach werden die Residuen berechnet `F20=E20-($P$3+$P$4*E19)`. Dafür benötigen Sie die Konstanten der Mittelwertgleichung κ und ρ in den Zellen `O3` und `O4`. Für κ setzen wir als Ausgangswert die durchschnittliche Rendite aus Zelle `L8` ein. Für den autoregressiven Koeffizient ρ setzen wir als Ausgangswert den Wert 0,5 ein. Diese Werte bilden die Ausgangswerte für die Zellen `P3` und `P4`. In den Zellen `O3` und `O4` werden nach Optimierung mit dem Solver die aus der Optimierung hervorgehenden Werte von κ und ρ stehen. Die Optimierung der AR(1)-Parameter erfolgt späten zusammen mit den GARCH(1,1)-Parametern.
- Für die Berechnung der Residuen benötigen wir in Zelle `F19` einen Startwert, da dieser nicht über den bedingten Mittelwert berechnet werden kann. Hier verwenden berechnen wir das Residuum als Rendite minus durchschnittliche Rendite `F19=E19-P3`.
- In Spalte `G` quadrieren wir die Residuen.
- In Spalte `H` findet dann die eigentliche Berechnung der bedingten Varianz statt, die nicht nur von der Varianz der Zeitreihe (quadrierte Residuen), sondern auch von ihrer eigenen Vergangenheit, d. h. der bedingten Varianz der Vorperiode abhängt `H20=$P$5+G19*$P$6+H19*$P$7`.
- Die bedingte Volatilität ist die Wurzel der bedingten Varianz `K20=WURZEL(H20)`.
- In Spalte `I` befindet sich die Berechnung der Wahrscheinlichkeit für die Maximum-Likelihood-Methode. Die Excel-Formel lautet `I20=-LN(2*PI())/2-LN(H20)/2-(G20/H20)/2`.
- In Zelle `I15` werden die Wahrscheinlichkeiten summiert `I15=SUMME(I19:I1282)` die dann bei der Optimierung maximiert werden.

- Für die Optimierung der Mittelwertgleichung und der GARCH-Formel mit Hilfe des SOLVER sind folgende Werte in den Solver einzugeben:

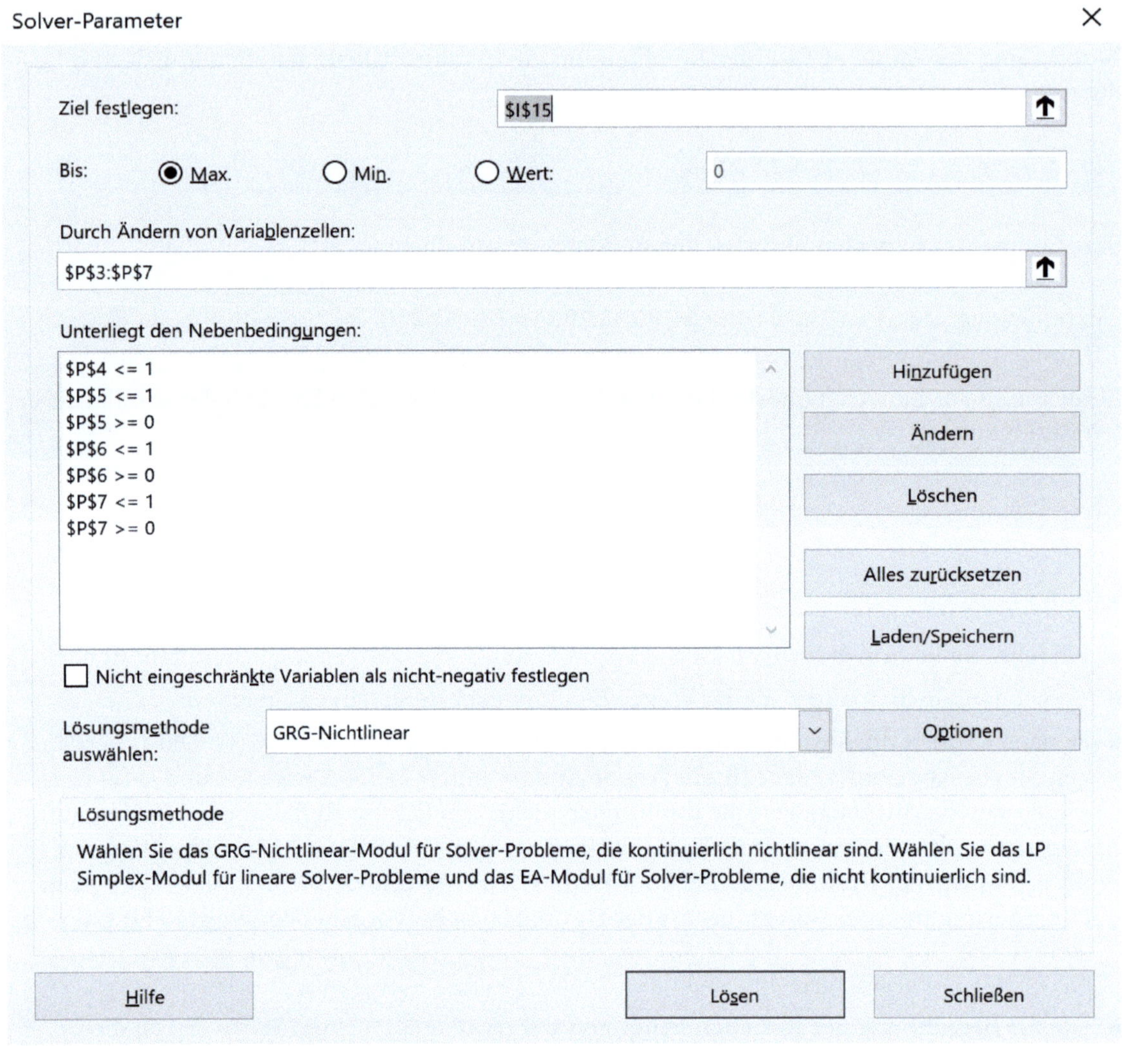

Abbildung 63: Solver-Parameter für die Mittelwertgleichung und das GARCH-Modell

- Es ergeben sich optimierte Werte für κ in Höhe von -0,000465, ρ in Höhe von -0,006087, ω in Höhe von 0,000003, für α ein Wert in Höhe von 0,097785 und für β ein Wert in Höhe von 0,899995.
- Im nächsten Schritt können nun der Gewichtungsfaktor von γ `L2=1-P6-P7`, die tägliche, langfristige Varianz V_L `L3=P5/L2` und die tägliche, langfristige Volatilität `L4=WURZEL (L3)` berechnet werden. Die langfristige Volatilität pro Jahr beträgt 55,30%.
- Das Ergebnis des hier verwendeten GARCH-Modells besagt, dass 99,78% der GARCH-Volatilität durch die die bedingte Varianz des Vortages (90,00%) und die Varianz des Vortages generiert werden. Nur 0,003% trägt die langfristige Varianz zur GARCH-Volatilität bei. Damit sind die Ergebnisse GARCH-Modells nahezu identisch mit den Ergebnissen, die bei Anwendung des EWMA-Modells resultieren würden.

- Mit den optimierten GARCH-Volatilitäten in Spalte K können nun die standardisierten Residuen berechnet werden `N19=F19/K19`.
- Die standardisierten Residuen werden in Spalte `O` in abnehmender Reihenfolge sortiert und dienen als Input für die Extremwerttheorie.
- Abbildung 64 zeigt die Zeitreihe der quadrierten stetigen Renditen mit umgekehrten Vorzeichen. Darin sind sehr gut das Auftreten von Volatilitätsclustern zu erkennen.

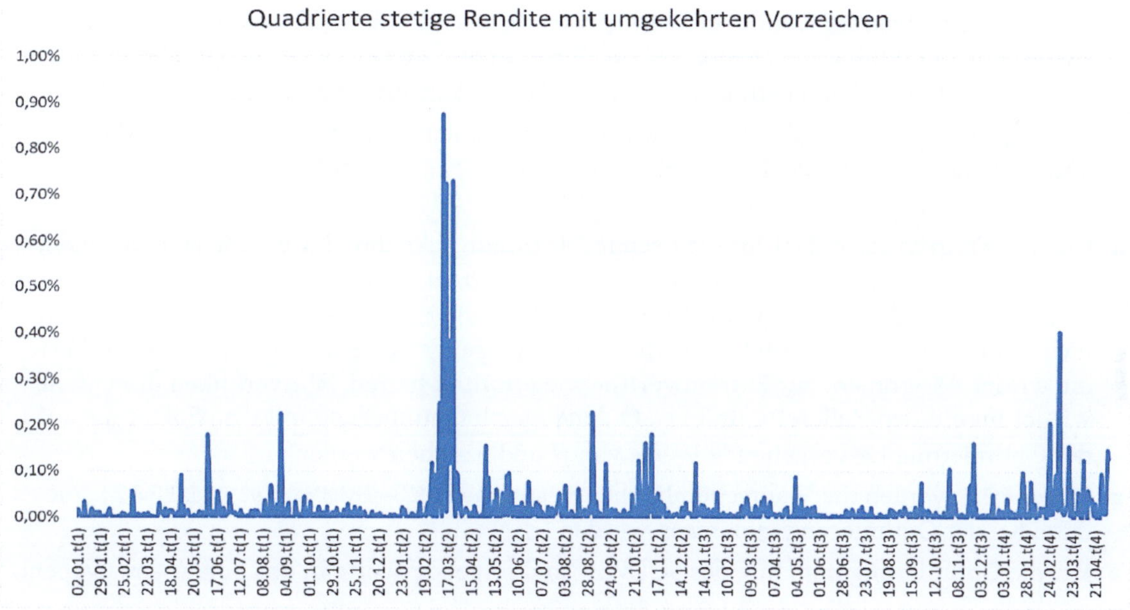

Abbildung 64: Zeitreihe der quadrierten stetigen Renditen

- Abbildung 65 zeigt die Zeitreihe der standardisierten Residuen. Darin sind keine Volatilitäts-Clustern mehr zu erkennen.

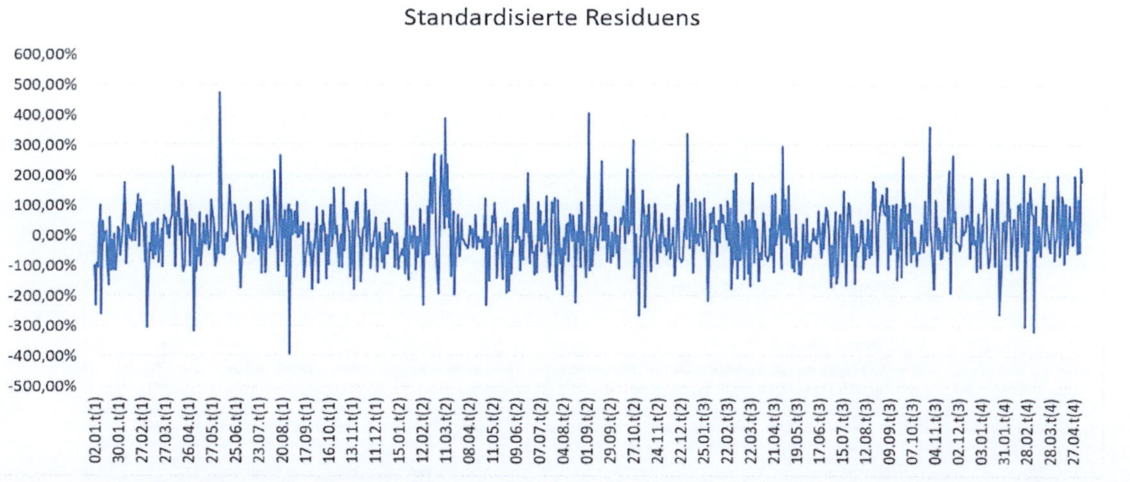

Abbildung 65: Zeitreihe der standardisierten Residuen

- Im Arbeitsblatt `Extremwerttheorie(2)` werden die in der Größe nach absteigend sortierten, standardisierten Residuen in Spalte `D` übernommen.
- Danach wird das Konfidenzniveau p zur Bestimmung des Schwellenwerts $\hat{Z}$ festgelegt (Zelle `F2`) und das Alpha α berechnet (Zelle `F3`) `F3=1-F2` festgelegt.
- Im nächsten Schritt wird die Anzahl der α-% größten Werte ermittelt. In unserem Beispiel sind es die 5% größten Werte. Das sind bei 1.271 vorliegenden Werten 64 Werte. Hierbei findet die Funktion `F4=ABRUNDEN((F3)*ANZAHL(D12:D1282);0)+1` Anwendung.
- Darauffolgend wird die Rendite des 64-kleinsten Werts bestimmt. Dies erfolgt für das 5%-Quantil mit der Funktion `F5=XVERWEIS(F4;C12:C1282;D12:D1282)`. Das ermittelte standardisierte Residuum beträgt 165,07%. Der Schwellenwert $\hat{Z}$ beträgt damit 165,07%.
- In Spalte `E` befindet sich die Berechnung der Wahrscheinlichkeit für die Pseudo-Maximum-Likelihood-Methode. Die Excel-Formel lautet: `E12=WENN(D12>$F$5; LN((1/$P$4)*((1+($P$5*($D12-$F$5)/$P$4)))^(-1/$P$5-1));0)`
- Um die Wahrscheinlichkeit für die Pseudo-Maximum-Likelihood-Methode zu berechnen, benötigen wir neben dem Schwellenwerts $\hat{Z}$ die Werte der Parameter ξ und β. Die Ausgangswerte zur Bestimmung von ξ und β erhalten wir zunächst aus den Annahmen allgemein und werden mit `O4` und `=5` verlinkt. Die Ausgangswerte sind die optimierten Werte, die wir im Assignment zur Extremwerttheorie ermittelt hatten. Wir verlinken diese Zelle wiederum mit den Zellen `P4` und `P5`, in denen nach Optimierung mit dem Solver die aus der Optimierung hervorgehende Werte von β und ξ stehen werden.
- In Zelle `E8` werden die Wahrscheinlichkeiten summiert `E8=SUMME(E12:E1282)`, die dann bei der Optimierung maximiert werden.
- Für die Optimierung mit Hilfe des SOLVER sind folgende Werte in den Solver einzugeben:

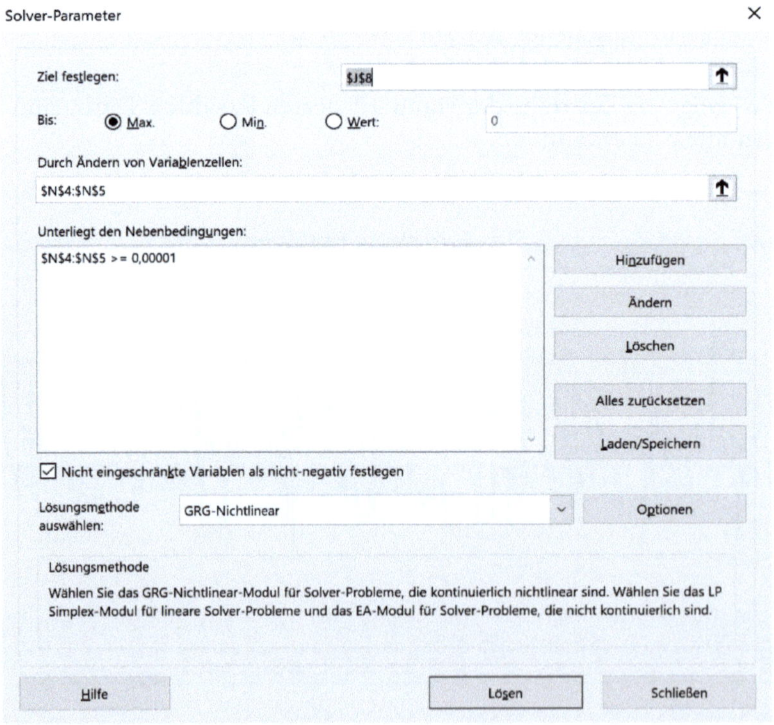

Abbildung 66: Solver-Parameter für Extremwerttheorie

- Es ergeben sich Werte für β in Höhe von 0,69704 und für ξ in Höhe von 0,00001.
- Im nächsten Schritt kann nun mit der Extremwerttheorie der Value at Risk der standardisierten Residuen berechnet werden. Dazu benötigt man als Variablen neben β und ξ auch die Anzahl der Beobachtungen n `L2=ANZAHL(E12:E1282)`, die Anzahl der Werte $n_{\hat{Z}}$, die über der Schwelle liegen `L3=ZÄHLENWENN(E12:E1282; "<>0")`, sowie das Konfidenzniveau p (Zelle `L4`) und den Schwellenwert $\hat{Z}$ (Zelle `F5`). Der VaR der standardisierten Residuen berechnet sich mit `L5=F5+(P4/P5)*(((L2/L3)*(1-L4))^(-P5)-1)`. Er beträgt 164,46% und beschriebt den genauen Wert beim 5%-Quantil.
- Relevant für die Investitionsentscheidungen ist jedoch der Value at Risk der Renditen. Dieser wird mit `L6=$I$2+$I$4*L5` berechnet und beträgt 3,21%. Mit einer Wahrscheinlichkeit von 95% wird am nächsten Tag der Verlust nicht größer als 3,21% sein.
- Ferner kann mit der Extremwerttheorie der Expected Shortfall der standardisierten Residien berechnet werden `I7=(L5+$P$4-$F$5*$P$5)/(1-$P$5)`. Er beträgt 234,17%.
- Daraus kann der Expected Shortfall der Renditen berechnet werden. Dieser wird mit `I8=$I$2+$I$4*L7` berechnet und beträgt 4,59%. Mit einer Wahrscheinlichkeit von 95% wird am nächsten Tag der Verlust nicht größer als 4,59% sein.

Mit Hilfe einer Sensitivitätsanalyse `Daten` ➲ `Was-wäre-wenn-Analyse` ➲ `Datentabelle` können nun der Value at Risk und der Expected Shortfall für unterschiedliche Konfidenzniveaus problemlos berechnet werden. Zunächst werden die Zellen `H12=L5` verbunden. Danach wird die Tabelle `H11:R16` markiert und in der `Was-wäre-wenn-Analyse` die Funktion `Datentabelle` gewählt.

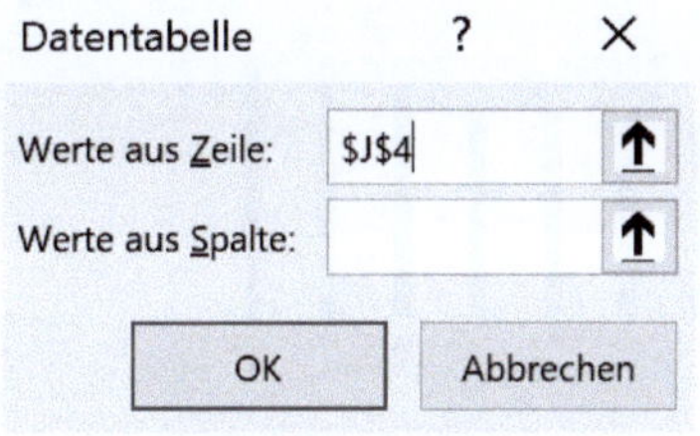

Abbildung 67: Was-wäre-wenn-Analyse für Extremwerttheorie

Ergebnis

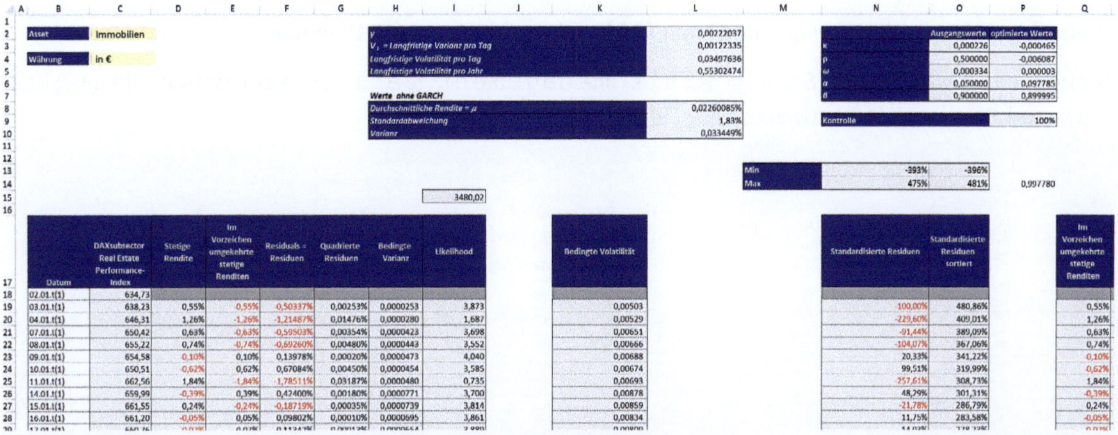

Asset	Immobilien
Währung	in €

γ	0,00222037
V_L = Langfristige Varianz pro Tag	0,00122335
Langfristige Volatilität pro Tag	0,03497636
Langfristige Volatilität pro Jahr	0,55302474

Werte ohne GARCH

Durchschnittliche Rendite = μ	0,02260085%
Standardabweichung	1,83%
Varianz	0,033449%

	Ausgangswerte	optimierte Werte
κ	0,000226	-0,000465
ρ	0,500000	-0,006087
ω	0,000334	0,000003
α	0,050000	0,097785
β	0,900000	0,899995
Kontrolle		100%

Min	-393%	-396%	
Max	475%	481%	0,997780

3480,02

Datum	DAXsubsector Real Estate Performance-Index	Stetige Rendite	Im Vorzeichen umgekehrte stetige Renditen	Residuals = Residuen	Quadrierte Residuen	Bedingte Varianz	Likelihood	Bedingte Volatilität	Standardisierte Residuen	Standardisierte Residuen sortiert	Im Vorzeichen umgekehrte stetige Renditen
02.01.t(1)	634,73										
03.01.t(1)	638,23	0,55%	-0,55%	-0,50337%	0,00253%	0,0000253	3,873	0,00503	-100,00%	480,86%	0,55%
04.01.t(1)	646,31	1,26%	-1,26%	-1,21487%	0,01476%	0,0000280	1,687	0,00529	-229,60%	409,01%	1,26%
07.01.t(1)	650,42	0,63%	-0,63%	-0,59503%	0,00354%	0,0000423	3,698	0,00651	-91,44%	389,09%	0,63%
08.01.t(1)	655,22	0,74%	-0,74%	-0,69260%	0,00480%	0,0000443	3,552	0,00666	-104,07%	367,06%	0,74%
09.01.t(1)	654,58	-0,10%	0,10%	0,13978%	0,00020%	0,0000473	4,040	0,00688	20,33%	341,22%	-0,10%
10.01.t(1)	650,51	-0,62%	0,62%	0,67084%	0,00450%	0,0000454	3,585	0,00674	99,51%	319,99%	-0,62%
11.01.t(1)	662,56	1,84%	-1,84%	-1,78511%	0,03187%	0,0000480	0,735	0,00693	-257,61%	308,73%	1,84%
14.01.t(1)	659,99	-0,39%	0,39%	0,42400%	0,00180%	0,0000771	3,700	0,00878	48,29%	301,31%	-0,39%
15.01.t(1)	661,55	0,24%	-0,24%	-0,18719%	0,00035%	0,0000739	3,814	0,00859	-21,78%	286,79%	0,24%
16.01.t(1)	661,20	-0,05%	0,05%	0,09802%	0,00010%	0,0000695	3,861	0,00834	11,75%	283,58%	-0,05%

Abbildung 68: Berechnung der Volatilität mit dem GARCH-Modell

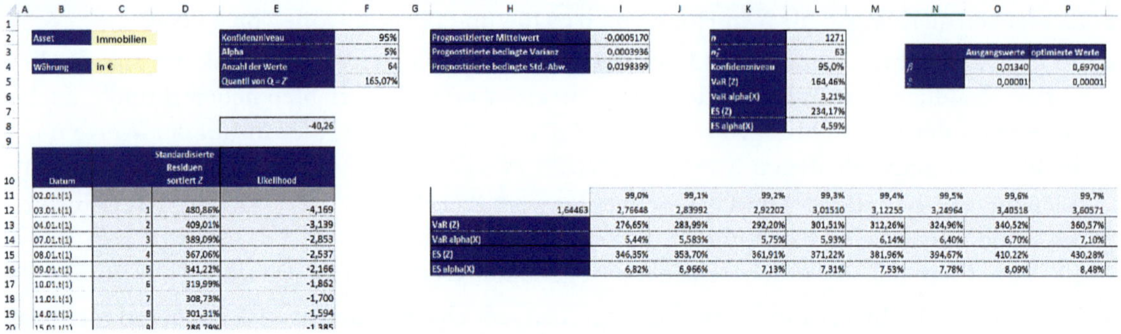

Abbildung 69: Ergebnisse der Extremwerttheorie

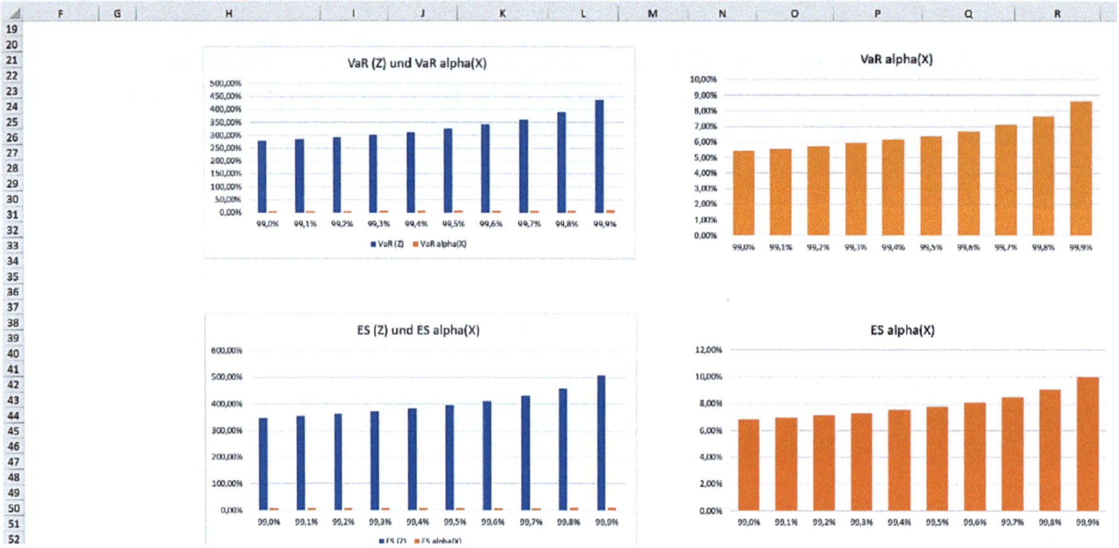

Abbildung 70: VaR und ES der standardisierten Residuen und der Renditen

Literatur und Verweise auf das Excel-Tool

Siehe Literatur in den Assignments zu GARCH und Extremwerttheorie.

Siehe Excel-Datei `Case Study Risikomanagement Teil 1`, Excel-Arbeitsblatt `GARCH (2)` und `Extremwerttheorie (2)`.

Assignment 12: Risikomaße im Vergleich

Aufgabe

- Prüfen Sie die in der folgenden Tabelle aufgelisteten Anforderungen an die Risikomaße.
- Füllen Sie die Tabelle aus.
- Begründen Sie Ihre Entscheidung.

Anforderung	Varianz	Standardabweichung	Semi-Varianz/Semi-Standard-abweichung	Absoluter Value at Risk	Relativer Value at Risk	Conditional Value at Risk	LPM_0	LPM_1	LPM_2
Leichte Interpretierbarkeit									
Möglichkeit zur direkten Messung des ökonomischen Risikos									
Verwendung als Zielgröße für Optimierungsprobleme									
Möglichkeit der integrierten Risikomessung unterschiedlicher Risikoarten									
Verwendung zur Risikosteuerung eines Portfolios									
Kohärenz									

Tabelle3: Risikomaße im Vergleich

Inhalt

Im Allgemeinen werden Risikokennzahlen bzw. Risikomaße verwendet, um Risiken zu quantifizieren und darauf aufbauend Steuerungsmaßnahmen vornehmen zu können. Mit der Risikoquantifizierung durch Risikomaße wird das Ziel verfolgt, existenzgefährdende Risiken zu erkennen und diesen entgegenzuwirken.

Zur Quantifizierung des Risikos muss ein Risikomaß verwendet werden, welches die Höhe des Risikos adäquat wiedergibt. Allgemein kann das Risiko, wie wir es schon behandelt haben, in Form einer Wahrscheinlichkeitsdichte oder Verteilungsfunktion einer Zufallsvariablen dargestellt werden. Die Veranschaulichung des Risikos in solch einer Form ist jedoch für Nichtexperten häufig wenig aussagekräftig und nachvollziehbar, so dass eine Verdichtung der Informationen wünschenswert ist.

Wie wir schon bei den von uns verwendeten Risikokennzahlen gesehen haben, wird die Höhe des Risikos durch das Ausmaß der Zielverfehlung, also durch das Ausmaß der Abweichung vom Erwartungswert, sowie den jeweils zuzurechnenden Wahrscheinlichkeiten determiniert. Aus diesem Grund sollten Risikomaße für die Risikosteuerung einerseits Aussagen über die Eintrittswahrscheinlichkeiten und andererseits Aussagen über die Risikohöhen ermöglichen. Zusätzlich sollte das gewählte Risikomaß gut verständlich und leicht zu interpretieren sein. Daher empfiehlt es sich, das Risiko in Geldeinheiten auszudrücken. Der Value at Risk erfüllt dem ersten Anschein nach diese Anforderungen.

Insgesamt soll ein Risikomaß dazu dienen, Risiken im Unternehmen zu steuern. Das bedeutet, dass das Risikomaß zur Steuerung einer Vielzahl von Risiken anzuwenden ist. Es geht also um ein aggregiertes Risikomaß, welches das Portfoliorisiko beschreibt.

Artzner et al. haben die folgenden vier Axiome formuliert, die ein Risikomaß im Rahmen der Risikosteuerungsmöglichkeit erfüllen sollte. Risikomaße, die diesen Eigenschaften entsprechen, werden als **kohärente Risikomaße** bezeichnet. *Hull* beschreibt die Axiome in einer sehr verständlichen Weise (Hull, J. C. (2014), S. 227).

Axiom 1: *Monotonie*: Wenn ein Portfolio für jeden Umweltzustand ein schlechteres Ergebnis als ein anderes liefert, sollte sein Risikomaß größer sein.

Axiom 2: *Translationsinvarianz*: Wenn dem Portfolio Barmittel der Höhe von X zufließen, dann sollte das Risikomaß um diesen Betrag X sinken.

Axiom 3: *Homogenität*: Wird das Volumen des Portfolios um einen Faktor λ geändert und bleiben die relativen Anteile der einzelnen Positionen im Portfolio gleich, dann sollte sich das Risikomaß ebenfalls um den Faktor λ ändern.

Axiom 4: *Subadditivität*: Das Risikomaß für zwei zusammengeführte Portfolios sollte nicht größer sein als die Summe der beiden Risikomaße vor der Zusammenführung.

Zusammenfassend kann gesagt werden, dass ein Risikomaß die folgenden Anforderungen erfüllen sollte:

- leichte Interpretierbarkeit,
- Möglichkeit zur direkten Messung des ökonomischen Risikos,
- Verwendung als Zielgröße für Optimierungsprobleme,
- Möglichkeit der integrierten Risikomessung unterschiedlicher Risikoarten,
- Verwendung zur Risikosteuerung eines Bankportfolios, sowie
- Kohärenz.

Literatur

Daldrup, A. (2005): Kreditrisikomaße im Vergleich, Arbeitsbericht 13/2005 Hrsg.: Matthias Schumann, Georg-August-Universität Göttingen, Institut für Wirtschaftsinformatik.

Ernst, D., Häcker, J. (2021): Risikomanagement im Unternehmen Schritt für Schritt, UTB, Course 2 – Assignment 11.

Hull, J. C. (2014): Risikomanagement: Banken, Versicherungen und andere Finanzinsitutionen, 3. Aufl., Pearson, S. 226-231.

Course Unit 2: Bestimmung von Portfoliorisiken

Assignment 13: Varianz-Kovarianz-Methode: Varianz-Kovarianz-Matrix und Portfoliorisiko

Aufgabe

Erstellen Sie ein Portfolio bestehend aus vier Aktien des deutschen Immobilienmarktes. Die Assets des Portfolios werden jeweils zu 25 % gewichtet. Das Investitionsvolumen beträgt 10.000 €.

- Erstellen Sie ein Tabellenblatt, in das Sie folgende Werte kopieren:
  - Werte der vier Aktien ab dem 29.12.t(5) rückwirkend für die letzten 5 Jahre.
- Berechnen Sie die tägliche stetige Rendite für die gegebenen Kursdaten der Portfolio-Assets.
- Berechnen Sie die Durchschnittsrenditen für die einzelnen Portfolio Assets.
- Berechnen Sie die Kovarianzen für die Assets des Portfolios und erstellen Sie ein Varianz-Kovarianz-Matrix.
- Berechnen Sie die Portfoliorendite basierend auf den historischen Renditen der Portfolio-Assets und der Portfoliogewichte.
- Berechnen Sie die Portfoliovarianz und Portfoliostandardabweichung basierend auf der Varianz-Kovarianz-Matrix und der Portfoliogewichten.

Inhalt

Die **Varianz-Kovarianz-Methode** zählt zu den analytischen bzw. parametrischen Verfahren. Die Bezeichnung „parametrische Verfahren" leitet sich davon ab, dass Parameter wie die Standardabweichung zur Berechnung verwendet werden und der Value at Risk nicht als Quantil aus einer empirischen Verteilung abgelesen wird. Unter den vereinfachenden Annahmen des parametrischen Ansatzes genügen der Erwartungswert (Mittelwert) und das Risiko (Standardabweichung) zur Bestimmung des Value at Risk.

Bei der Varianz-Kovarianz-Methode wird für die Renditen der verschiedenen Assets des Portfolios eine gemeinsame Normalverteilung angenommen. Da aufgrund der vorliegenden empirischen Daten die Erwartungswerte der einzelnen Renditen bekannt sind, kann problemlos die Portfoliorendite berechnet werden. Auch können ohne Probleme die Standardabweichungen der einzelnen Renditen sowie deren Kovarianzen bestimmt werden, so dass mit der Varianz-Kovarianz-Matrix das Portfoliorisiko berechnet werden kann. Mit Hilfe der Portfoliorendite und der Portfoliostandardabweichung lassen sich nun der Value at Risk, der Relative Value at Risk und der Conditional Value at Risk für normalverteilte Daten ableiten.

Wichtige Formeln

Die erwartete Rendite des Portfolios errechnet sich als

$$\mu_P = \sum_{i=1}^{n} w_i \cdot \mu_i$$

Formel 89

μ_i = Erwartungswert von r_i
w_i = Gewicht des Assets i

Die Formel der Kovarianz einer Stichprobe lautet:

$$Cov[r_{i,j}] = \sigma_{i,j} = \frac{1}{n-1} \sum_{t=1}^{n} (r_{i,t} - \mu_i) \cdot (r_{j,t} - \mu_j)$$

Formel 90

$Cov[r_{i,j}] = \sigma_{i,j}$ = Kovarianz
i = Assets i
j = Assets j

Das Portfoliorisiko gemessen als Portfoliovarianz errechnet sich mit folgender Formel:

$$\sigma_P^2 = \sum_{i,j=1}^{n} w_i \cdot w_j \cdot \sigma_i \cdot \sigma_j \cdot \rho_{i,j} = \sum_{i,j=1}^{n} w_i \cdot w_j \cdot cov_{i,j}$$

Formel 91

Arbeitsmappe: `Case Study Risikomanagement Teil 1` ➲ Arbeitsblatt: `Varianz-Kovarianz-Methode`

Die Formel für die Berechnung des Mittelwerts der historischen Rendite, die dem Erwartungswert der Rendite entspricht, lautet:

Excel-Beispiel: `M15=MITTELWERT(D16:D1265)`

Die Kovarianz in der Varianz-Kovarianz-Matrix berechnet sich wie folgt:

Excel-Beispiel: `M19=KOVARIANZ.S(F16:F1265;D16:D1265)`

Die Berechnung für die Portfoliorendite lautet:

Excel-Beispiel: `M31=MMULT(M15:P15;M24:M27)`

Die Portfoliovarianz ergibt sich wie folgt:

Excel-Beispiel: `M32=MMULT(MMULT(MTRANS(M24:M27);M18:P21);M24:M27)`

Die Portfoliostandardabweichung ist die Wurzel der Portfoliovarianz:

> Excel-Beispiel: `M33=WURZEL(M32)`

Vorgehensweise

Ausgangssituation ist die DEFAMA Deutsche Fachmarkt AG (Spalte `C`), die AGROB Immobilien AG (Spalte `E`), die Instone Real Estate AG (Spalte `G`) und die GSW Immobilien AG (Spalte `I`).

- Im nächsten Schritt werden die Mittelwerte der historischen Renditen berechnet, die als Erwartungswerte dienen `M15=MITTELWERT(D16:D1265)`.
- Grundlage für die Berechnung der Portfoliovarianz ist die Varianz-Kovarianz-Matrix, die darauffolgend erstellt wird `M19=KOVARIANZ.S(F16:F1265;D16:D1265)`. Diese wird für eine Stichprobe berechnet.
- Des Weiteren sind die Gewichte der einzelnen Assets im Portfolio anzugeben. Wir nehmen für jede der vier Aktien 0,25 an. Abschließend werden die Portfoliorendite, die Portfoliovarianz und die Portfoliostandardabweichung berechnet. Die Portfoliorendite berechnet sich als `M31=MMULT(M15:P15;M24:M27)`, die Portfoliovarianz als `M32=MMULT(MMULT(MTRANS(M24:M27);M18:P21);M24:M27)` und die Portfoliostandardabweichung als `M33=WURZEL(M32)`.

Ergebnis

	L	M	N	O	P
14		Verlustverteilung stetige, tägliche Rendite DEFAMA Deutsche Fachmarkt	Verlustverteilung stetige, tägliche Rendite AGROB Immobilien	Verlustverteilung stetige, tägliche Rendite Instone Real Estate	Verlustverteilung stetige, tägliche Rendite GSW Immobilien
15	Mittelwert der historischen Rendite	-0,046%	-0,049%	0,072%	0,035%
16					
17	Varianz-Kovarianz-Matrix	DEFAMA Deutsche Fachmarkt	AGROB Immobilien	Instone Real Estate	GSW Immobilien
18	DEFAMA Deutsche Fachmarkt	0,00033705	-0,00001706	0,00002644	0,00004957
19	AGROB Immobilien	-0,00001706	0,00035595	-0,00000167	0,00000955
20	Instone Real Estate	0,00002644	-0,00000167	0,00074273	-0,00000734
21	GSW Immobilien	0,00004957	0,00000955	-0,00000734	0,00070820
22					
23		Gewichte			
24	DEFAMA Deutsche Fachmarkt	25,00%			
25	AGROB Immobilien	25,00%			
26	Instone Real Estate	25,00%			
27	GSW Immobilien	25,00%			
28	Summe	100,00%			
29					
30					
31	Negative Portfoliorendite	0,0027%	0,0027%		
32	Portfoliovarianz	0,0001414	0,0001414		
33	Portfoliostandardabweichung	0,0118925	0,0118925		

Abbildung 71: Berechnung des Portfoliorisikos mit Hilfe der Varianz-Kovarianz-Methode

	EUR
men	10.000,00
Tagen	30

Datum	DEFAMA Deutsche Fachmarkt	Verlustverteilung stetige, tägliche Rendite DEFAMA Deutsche Fachmarkt	AGROB Immobilien	Verlustverteilung stetige, tägliche Rendite AGROB Immobilien	Instone Real Estate	Verlustverteilung stetige, tägliche Rendite Instone Real Estate	GSV Immobilien	Verlustverteilung stetige, tägliche Rendite GSV Immobilien
29.12.t(5)	24,20		43,00		7,28		66,00	
28.12.t(5)	24,00	-0,83%	43,00	0,00%	7,11	-2,36%	66,00	0,00%
27.12.t(5)	24,40	1,65%	43,00	0,00%	7,20	1,26%	66,00	0,00%
22.12.t(5)	24,40	0,00%	43,00	0,00%	7,21	0,14%	66,00	0,00%
21.12.t(5)	23,60	-3,33%	43,00	0,00%	7,26	0,69%	63,00	-4,65%
20.12.t(5)	23,90	1,26%	43,00	0,00%	7,29	0,41%	70,00	10,54%
19.12.t(5)	24,20	1,25%	42,80	-0,47%	7,36	0,96%	62,00	-12,14%
18.12.t(5)	24,80	2,45%	42,80	0,00%	7,14	-3,03%	63,00	1,60%
15.12.t(5)	23,80	-4,12%	42,80	0,00%	7,32	2,49%	63,00	0,00%
14.12.t(5)	23,60	-0,84%	42,80	0,00%	6,74	-8,26%	60,00	-4,88%
13.12.t(5)	23,80	0,84%	42,80	0,00%	6,34	-6,12%	60,00	0,00%
12.12.t(5)	23,20	-2,55%	42,80	0,00%	6,17	-2,72%	71,00	16,83%
11.12.t(5)	23,40	0,86%	42,80	0,00%	6,57	6,28%	60,00	-16,83%
08.12.t(5)	24,20	3,36%	43,20	0,93%	6,40	-2,62%	60,00	0,00%
07.12.t(5)	23,30	-3,79%	42,80	-0,93%	6,40	0,00%	60,00	0,00%
06.12.t(5)	24,00	2,96%	42,80	0,00%	6,45	0,78%	60,00	0,00%
05.12.t(5)	22,80	-5,13%	42,80	0,00%	6,64	2,90%	60,00	0,00%
04.12.t(5)	22,80	0,00%	42,80	0,00%	6,39	-3,84%	59,00	-1,68%
01.12.t(5)	22,10	-3,12%	42,80	0,00%	6,27	-1,90%	61,00	3,33%
30.11.t(5)	21,50	[illegible]	42,80	[illegible]	6,05	[illegible]	60,00	[illegible]

Abbildung 72: Erstellung der Varianz-Kovarianz-Matrix mit Hilfe der Varianz-Kovarianz-Methode

Literatur und Verweis auf das Excel-Tool

Diederichs, M. (2018): Risikomanagement und Risikocontrolling, 4. Aufl., Vahlen, S. 159-164.

Ernst, D., Häcker, J. (2021): Risikomanagement im Unternehmen Schritt für Schritt, UTB, Course 2 – Assignment 12.

Gleißner, W. (2016): Grundlagen des Risikmanagements, 3. Aufl., Vahlen, S. 245.

Romeike, F., Hasger, P. (2013): Erfolgsfaktor Risikomanagement 3.0, 3. Aufl., Springer Gabler, S. 313-329.

Vanini, U. (2012): Risikomanagement, Schäffer-Poeschel, S. 183-191.

Wüst, K. (2014): Risikomanagement: Eine Einführung mit Anwendungen in Excel, UTB, S. 152-160.

Siehe Excel-Datei `Case Study Risikomanagement Teil 1`, Excel-Arbeitsblatt `Varianz-Kovarianz-Methode`

Assignment 14: Varianz-Kovarianz-Methode: Berechnung des Value at Risk und Conditional Value at Risk

Aufgabe

- Erstellen Sie mit der ermittelten Portfoliorendite und Portfoliostandardabweichung eine Dichtefunktion basierend auf der Annahme einer Normalverteilung.
- Berechnen Sie den Portfolio-Value-at-Risk für ein Konfidenzniveau von 95% und für eine Laufzeit von 1 Tag und von 30 Tagen basierend auf dem Portfoliovolumen in Euro.
- Berechnen Sie den Portfolio-Mean-Value at Risk (Deviation Portfolio-Value at Risk) für eine Laufzeit von 30 Tagen basierend auf dem Portfoliovolumen in Euro.
- Berechnen Sie den Conditional Portfolio-Value at Risk (Expected Portfolio Shortfall) für eine Laufzeit von 1 Tag und von 30 Tagen basierend auf dem Portfoliovolumen in Euro.
- Zeichnen Sie den Portfolio-Value at Risk, den Portfolio-Mean-Value at Risk und Conditional Portfolio-Value at Risk in die Dichtefunktion ein.
- Berechnen Sie das Risiko sowie die Rendite und stellen das Ergebnis in einem Ertrag-Risiko-Diagramm dar.
- Berechnen Sie die Korrelation zwischen den vier Aktien und interpretieren Sie das Ergebnis.

Inhalt

Da bei der Varianz-Kovarianz-Methode für die stetigen Renditen der verschiedenen Assets des Portfolios eine gemeinsame Normalverteilung angenommen wird, kann über die Portfoliorendite und die Portfoliostandardabweichung der Value at Risk und der Conditional Value at Risk für normalverteilte Daten berechnet werden. Die Vorgehensweise unterscheidet sich nicht von der Berechnung des Value at Risk und Conditional Value at Risk bei einer stetigen Wahrscheinlichkeitsverteilung.

Wichtige Formeln

Die Formel des Value at Risk lautet:

$$VaR_p(r^s) = \left|\sqrt{N} \cdot \sigma_T \cdot z_\alpha - N \cdot \mu\right|$$

Formel 92

Der Conditional Value at Risk berechnet sich als:

$$CVaR_p = \sqrt{N} \cdot \sigma_T \cdot \frac{\varphi(Z_\alpha)}{\alpha} + N \cdot \mu_T$$

Formel 93

Arbeitsmappe: `Case Study Risikomanagement Teil 1` ➲ Arbeitsblatt: `Varianz-Kovarianz-Methode`

Berechnung des Quantils der Verteilung zum Konfidenzniveau *1-* α bei Annahme einer Normalverteilung in Excel:

Excel-Beispiel: `M38=NORM.INV(M35;0;1)`

Der Value at Risk berechnet sich in Excel mit

Excel-Beispiel: `M41=M31+M33*M38`

Bei einem gegebenen Portfoliovolumen lautet die Formel des Value at Risk in Geldeinheiten für einen Tag:

Excel-Beispiel: `M45=M41*M43`

Unter Hinzunahme des Zeitfaktors ergibt sich der Value at Risk gemäß Excel-Formel:

Excel-Beispiel: `M50=M33*M38*M48+M31*M479`

Die Formel für den Value at Risk in Geldeinheiten unter Berücksichtigung des Zeitfaktors:

Excel-Beispiel: `M51=M43*M50`

Für den Conditional Value at Risk wird die Dichte in Excel wie folgt berechnet:

Excel-Beispiel: `M56=NORMVERT(M38;0;1;FALSCH)`

Berechnung des Conditional Value at Risk (Expected Shortfall) unter Berücksichtigung des Zeitfaktors bei einer stetigen Wahrscheinlichkeitsverteilung in Excel:

Excel-Beispiel: `M57=M48*M33*M56/M36+M47*M31`

Berechnung des Conditional Value at Risk (Expected Shortfall) unter Berücksichtigung des Zeitfaktors in Geldeinheiten bei einer stetigen Wahrscheinlichkeitsverteilung in Excel:

Excel-Beispiel: `M58=M43*M57`

Vorgehensweise

- Bei der Berechnung des Value at Risk wird zunächst in Zelle `M38=NORM.INV(M35;0;1)` der Wert der Standardnormalverteilung für das 5%-Quantil berechnet. Er beträgt 1,645.
- Der Value at Risk für einen Tag beträgt 1,96% und wird mit der Excel-Formel `M41=M31+M33*M38` berechnet.
- Bei einem Portfoliovolumen von 10.000 € beträgt der Value at Risk in Geldeinheiten für einen Tag 196 €. Die Excel-Formel `M45=M41*M43` wird verwendet.
- Unter Hinzunahme des Zeitfaktors beträgt der Value at Risk 10,80% gemäß Excel-Formel `N50=N33*N38*N48+N31*N47`.
- Der Value at Risk in Geldeinheiten beträgt 1.080 €. Es findet die Excel-Formel `N51=N43*N50` Anwendung.
- Der Value at Risk besagt, dass zu 95% der Fälle innerhalb der nächsten 30 Tage der Verlust aus einem Investment in das Portfolio 1.080 € nicht überschreitet.
- Bei der Berechnung des Conditional Value at Risk wird im ersten Schritt die Dichte für das 95%-Quantil berechnet `N56=NORMVERT(N38;0;1;FALSCH)`. Sie beträgt 0,1031.
- Danach wird der Conditional Value at Risk für 30 Tage berechnet `N57=N48*N33*N56/N36+N47*N31`.Der Conditional Value at Risk für 30 Tage beträgt 13,52%.
- Die Umrechnung des Conditional Value at Risk in Geldeinheiten erfolgt durch Multiplikation des Conditional Value at Risk für 30 Tage mit dem Portfoliovolumen `N58=N43*N57`. Der Conditional Value at Risk in Geldeinheiten beträgt 1.352 €.
- Sollte der Value at Risk überschritten werden, besagt der Conditional Value at Risk, dass der zu erwartende Verlust 1.352 € beträgt.
- Das Risiko `M62=STABW.S(D16:D1265)` und die Rendite `M63=M15*12` werden im nächsten Schritt ermittelt. Darauffolgend kann das Ertrag-Risiko-Diagramm erstellt werden.
- Die Korrelation zwischen den Aktien wird mit folgender Formel berechnet `M90=KORREL(F16:F1265;D16:D1265)`.

Ergebnis

	L	M	N	O	P
35	Konfidenzniveau	95,00%	95,00%		
36	Alpha (α)	5%	5%		
37					
38	(1-α)-Quantil der Standardnormalverteilung	1,645	1,645		
39					
40					
41	VAR = $VaR_{stetige\ Rendite,\ Portfolio}$	1,96%	1,96%		
42					
43	Portfoliovolumen in EUR	10.000	10.000		
44					
45	$VaR_{Geldeinheiten,\ Portfolio}$	196	196		
46					
47	betrachtete Zeit (N)	1	30		
48	Zeitfaktor	1,00	5,48		
49					
50	$VaR_{Zeitfaktor,\ stetige\ Rendite,\ Portfolio}$	1,96%	10,80%		
51	$VaR_{Zeitfaktor,\ Geldeinheiten,\ Portfolio}$	196	1.080		
52					
53					
54					
55					
56	Dichtefunktion ausgewertet an der Stelle des (1-α)-Quantils	0,10313564	0,10313564		
57	Conditional Value at $Risk_{Zeitfaktor}$	2,46%	13,52%		
58	Conditional Value at $Risk_{Zeitfaktor,\ Geldeinheiten}$	246	1.352		
59					
60					
61		DEFAMA Deutsche Fachmarkt	AGROB Immobilien	Instone Real Estate	GSW Immobilien
62	Risiko	0,0183590	0,0188666	0,0272531	0,0266120
63	Rendite	-0,0055472	-0,0059237	0,0085928	0,0041791
64					

Abbildung 73: Berechnung des Value at Risk und des Conditional Value at Risk mit Hilfe der Varianz-Kovarianz-Methode

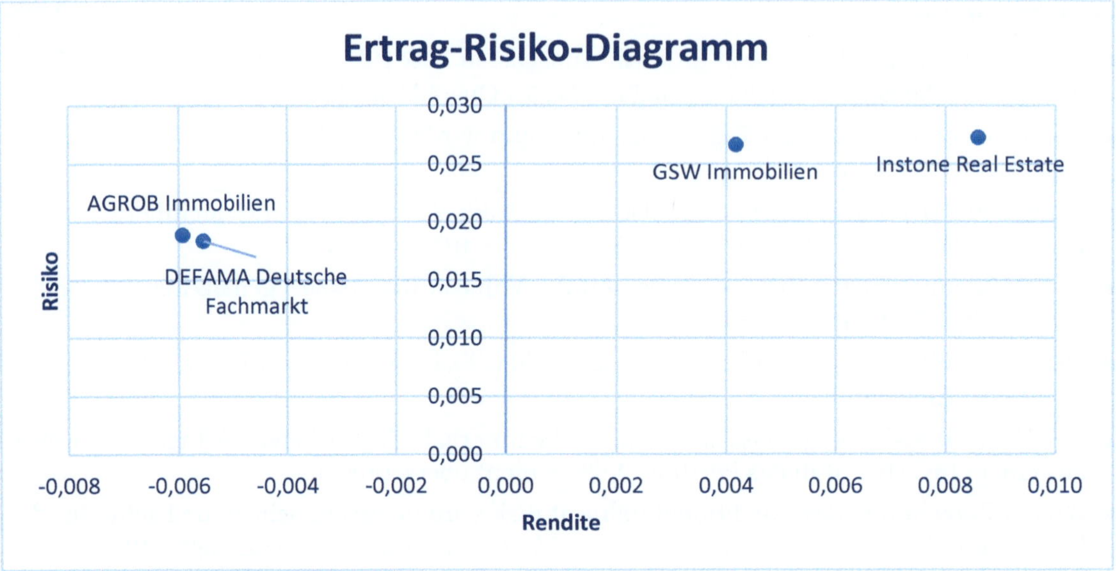

Abbildung 74: Ertrag-Risiko-Diagramm

	L	M	N	O	P
88	Korrelation	DEFAMA Deutsche Fachmarkt	AGROB Immobilien	Instone Real Estate	GSW Immobilien
89	DEFAMA Deutsche Fachmarkt	1			
90	AGROB Immobilien	-0,0492661	1		
91	Instone Real Estate	0,0525618	-0,0032239	1	
92	GSW Immobilien	0,1014617	0,0190213	-0,0101389	1

Abbildung 75: Korrelationen zwischen den Aktien

Literatur und Verweis auf das Excel-Tool

Diederichs, M. (2018): Risikomanagement und Risikocontrolling, 4. Aufl., Vahlen, S. 159-164.

Ernst, D., Häcker, J. (2021): Risikomanagement im Unternehmen Schritt für Schritt, UTB, Course 2 – Assignment 13.

Gleißner, W. (2016): Grundlagen des Risikmanagements, 3. Aufl., Vahlen, S. 245.

Romeike, F., Hasger, P. (2013): Erfolgsfaktor Risikomanagement 3.0, 3. Aufl., Springer Gabler, S. 313-329.

Vanini, U. (2012): Risikomanagement, Schäffer-Poeschel, S. 183-191.

Wüst, K. (2014): Risikomanagement: Eine Einführung mit Anwendungen in Excel, UTB, S. 152-160.

Siehe Excel-Datei `Case Study Risikomanagement Teil 1`, Excel-Arbeitsblatt `Varianz-Kovarianz-Methode`

Assignment 15: Historische Simulation

Aufgabe

- Erstellen Sie ein Tabellenblatt, in das Sie die folgenden Werte kopieren.
  - Vier Aktienwerte ab dem 29.12.t(5) rückwirkend für die letzten 5 Jahre.
- Berechnen Sie die täglichen diskreten Renditen für die gegebenen Kursdaten der Portfolio-Assets.
- Das Investitionsvolumen beträgt 100.000 € und soll gleichmäßig auf die vier Aktien verteilt werden.
- Berechnen Sie die Werte der simulierten Portfolio-Assets.
- Ermitteln Sie die simulierten Portfoliowerte.
- Berechnen Sie die Gewinne/Verluste, die sich aus der Differenz zwischen den simulierten Portfoliowerten und dem aktuellen Portfoliowert ergeben.
- Berechnen Sie den Portfolio-Value-at-Risk für ein Konfidenzniveau von 95% und für eine Laufzeit von einem Tag basierend auf dem Portfoliovolumen in Euro.
- Berechnen Sie den Value at Risk, der hier dem Relativen Portfolio-Value-at-Risk (Deviation Portfolio-Value-at-Risk) entspricht, für eine Laufzeit von einem Tag basierend auf dem Portfoliovolumen in Euro.
- Berechnen Sie den Conditional Portfolio-Value-at-Risk (Expected Portfolio Shortfall) für eine Laufzeit von einem Tag basierend auf dem Portfoliovolumen in Euro.

Inhalt

Die **historische Simulation** wird häufig bei einem Portfolio angewendet, für dessen Risikofaktoren historische Daten vorliegen. Beispiele für diese Risikofaktoren sind Aktienkurse, Wechselkurse, Rohstoffpreise oder Zinsen.

Die Grundidee der historischen Simulation besteht darin, für jeden Risikofaktor Wertveränderungen für die Vergangenheit zu berechnen und diese Veränderungen auf den aktuellen Wert des Risikofaktors anzuwenden. Für alle Zeitpunkte der Vergangenheitsanalyse werden potenzielle Portfoliowerte berechnet. Aus diesen werden Gewinne und Verluste gegenüber dem aktuellen Portfoliowert berechnet. Die ermittelten Gewinne und Verluste werden als Zufallswerte interpretiert, aus denen eine Häufigkeitsverteilung ermittelt werden kann. Diese dient dann als Wahrscheinlichkeitsverteilung für die Zukunft. Bei der historischen Simulation wird also implizit angenommen, dass die historische Häufigkeitsverteilung mit der zukünftigen Wahrscheinlichkeitsverteilung gleichgesetzt werden kann.

Im Rahmen der historischen Simulation werden der Faktoransatz und der Portfolioansatz unterschieden. Beim **Faktoransatz** wird zunächst für die einzelnen Risikofaktoren der Value at Risk isoliert berechnet und dann zu einem Portfolio-Value-at-Risk aufaddiert. Beim **Portfolioansatz** werden durch Neubewertung des Portfolios mit historischen Werten der Risikofaktoren alternative Portfoliowerte erzeugt und daraus der Portfolio-Value-at-Risk berechnet.

Ferner kann zwischen der Differenzenmethode und Quotientenmethode unterschieden werden. Bei der **Differenzenmethode** werden die historischen absoluten Änderungen (Differenzen) zwischen Risikofaktoren oder Portfoliowerten verwendet, bei der **Quotientenmethode** werden die historischen relativen Änderungen in Form von logarithmierten Änderungen verwendet.

In der Praxis wird vorwiegend der Portfolioansatz mit der Quotientenmethode eingesetzt.

Wichtige Formeln

Das Ergebnis der historischen Simulation ist eine diskrete Wahrscheinlichkeitsverteilung für die Gewinne und Verluste des Portfolios. Daher finden hier die bereits bekannten Formeln für den Value at Risk und Conditional Value at Risk bei einer diskreten Wahrscheinlichkeitsverteilung Anwendung. Da in diesem Assignment Portfoliogewinne und Portfolioverluste als Ausgangsdaten dienen, die als Abweichung der simulierten Werte vom aktuellen Portfoliowert berechnet werden, stimmt hier der Value at Risk mit dem Relativen Value at Risk überein.

Formal gesehen ist der Value at Risk der absolute Wert des Quantils einer Verteilung zum Konfidenzniveau p. Die Formel für die Berechnung des Value at Risk als Rendite bei einer diskreten Wahrscheinlichkeitsverteilung lautet:

$$VaR_p(G) = RVaR_\alpha(G) = |Q_\alpha(G)|$$

Formel 94

$VaR_p(G)$ = Value at Risk zum Konfidenzniveau p für den Gewinn/Verlust des Portfolios
$RVaR_p(G)$ = Relativer Value at Risk zum Konfidenzniveau p für den Gewinn/Verlust des Portfolios
G = Gewinn
Q_α = Quantil der Verteilung

Die Formel für die Berechnung des Conditional Value at Risk als Rendite bei einer diskreten Wahrscheinlichkeitsverteilung lautet:

$$CVaR_p(G) = \left|E\left(G \middle| G < Q_\alpha(G)\right)\right|$$

Formel 95

$CVaR_p(G)$ = Conditional Value at Risk zum Konfidenzniveau p für den Gewinn/Verlust des Portfolios

Arbeitsmappe: `Case Study Risikomanagement Teil 1` ➲ Arbeitsblatt: `Historische Simulation`

Berechnung des Value at Risk bzw. Relativen Value at Risk als Rendite bei einer diskreten Wahrscheinlichkeitsverteilung in Excel:

Excel-Beispiel: `Z16 =ABS(MIN(SVERWEIS(Z14;V12:W1262;2;FALSCH)))`

Berechnung des Conditional Value at Risk (Expected Shortfall) als Rendite bei einer diskreten Wahrscheinlichkeitsverteilung in Excel:

Excel-Beispiel: `Z19 =ABS(MITTELWERT(W12:W76))`

Vorgehensweise

- Ausgehend von der DEFAMA Deutsche Fachmarkt AG (Spalte `C`) werden zunächst die diskreten Renditen berechnet (Spalte `D`). Danach werden die Werte der DEFAMA Deutsche Fachmarkt AG simuliert, indem mit den gegebenen historischen Veränderungen der DEFAMA Deutsche Fachmarkt AG mögliche Werte für den morgigen Tag berechnet werden (Spalte `E`). Dazu berechnet man basierend auf dem aktuellen Wert potenzielle zukünftige Werte, indem der aktuelle Wert um die historischen Veränderungen der DEFAMA Deutsche Fachmarkt AG angepasst wird, `E12=$C$12*(1+D12)`. Abschließend wird die simulierte Position im Portfolio berechnet, indem die potenziellen zukünftigen Werte mit dem Investitionsvolumen in Euro multipliziert werden. `F12=E12*$C$2`.

- Dieselbe Vorgehensweise wird für die drei anderen Aktien angewendet (Spalten `G` bis `R`)
- Nachdem die Einzelpositionen des Portfolios berechnet wurden, werden diese zum Portfoliowert summiert (Spalte `S`) `S12=R12+N12+J12+F12`.
- Durch Abzug des aktuellen Portfoliowerts von den potenziellen Portfoliowerten werden potenzielle Gewinne und Verluste berechnet (Spalte `T`) `T12=S12-$C$6`.
- Basierend auf den Vorarbeiten kann nun der Gewinn in aufsteigender Reihenfolge sortiert werden `W12=KKLEINSTE($T$12:$T$1261;V12)`.
- Auf Grundlage dieser Liste wird bei der Ermittlung des Value at Risk bei einer diskreten Wahrscheinlichkeitsverteilung die Anzahl der α-% kleinsten Werte ermittelt. In unserem Beispiel sind es die 5% kleinsten Werte. Das sind bei 1.250 vorliegenden Renditen 62,50 Werte. In diesem Fall ist das Ergebnis auf 62 abzurunden und der entsprechende 63ste Wert der geordneten Liste in Spalte `O` zu wählen. Dies erfolgt für das 5%-Quantil mit der Funktion `Z14=ABRUNDEN((Z12)*ANZAHL(D12:D1261);0)`.
- Darauffolgend wird der Value at Risk bzw. der Relative Value at Risk als der 62-kleinste Wert bestimmt. Dies erfolgt für das 5%-Quantil mit der Funktion `Z16=ABS(MIN (SVERWEIS(Z14;V12:W1262;2;FALSCH))`. Der ermittelte Value at Risk beträgt 3.353.958 €.
- Abschließend kann der Conditional Value at Risk berechnet werden `Z19=ABS(MITTELWERT(W12:W76))` beträgt 3.286.914 €.

Ergebnis

	K	L	M	N	O	P	Q	R	S	T
11	Instone Real Estate	Diskrete Rendite Instone Real Estate	simulierte Instone Real Estate	simulierte Position Instone Real Estate	GSW Immobilien	Diskrete Rendite GSW Immobilien	simulierte GSW Immobilien	simulierte Position GSW Immobilien	Portfoliowert	Gewinn und Verlust
12	7,28 €	-2,3352%	7,11 €	177.750,00 €	66,00 €	0,0000%	66,00 €	1.650.000,00 €	3.502.750 €	3.402.750 €
13	7,11 €	1,2658%	7,37 €	184.303,80 €	66,00 €	0,0000%	66,00 €	1.650.000,00 €	3.524.387 €	3.424.387 €
14	7,20 €	0,1389%	7,29 €	182.252,78 €	66,00 €	0,0000%	66,00 €	1.650.000,00 €	3.512.253 €	3.412.253 €
15	7,21 €	0,6935%	7,33 €	183.262,14 €	66,00 €	-4,5455%	63,00 €	1.575.000,00 €	3.418.426 €	3.318.426 €
16	7,26 €	0,4132%	7,31 €	182.752,07 €	63,00 €	11,1111%	73,33 €	1.833.333,33 €	3.703.776 €	3.603.776 €
17	7,29 €	0,9602%	7,35 €	183.747,60 €	70,00 €	-11,4286%	58,46 €	1.461.428,57 €	3.327.770 €	3.227.770 €
18	7,36 €	-2,9891%	7,06 €	176.559,78 €	62,00 €	1,6129%	67,06 €	1.676.612,90 €	3.548.173 €	3.448.173 €
19	7,14 €	2,5210%	7,46 €	186.588,24 €	63,00 €	0,0000%	66,00 €	1.650.000,00 €	3.492.193 €	3.392.193 €
20	7,32 €	-7,9235%	6,70 €	167.579,23 €	63,00 €	-4,7619%	62,86 €	1.571.428,57 €	3.413.924 €	3.313.924 €
21	6,74 €	-5,9347%	6,85 €	171.198,81 €	60,00 €	0,0000%	66,00 €	1.650.000,00 €	3.506.326 €	3.406.326 €
22	6,34 €	-2,6814%	7,08 €	177.119,87 €	60,00 €	18,3333%	78,10 €	1.952.500,00 €	3.794.368 €	3.694.368 €
23	6,17 €	6,4830%	7,75 €	193.799,03 €	71,00 €	-15,4930%	55,77 €	1.394.366,20 €	3.273.381 €	3.173.381 €
24	6,57 €	-2,5875%	7,09 €	177.290,72 €	60,00 €	0,0000%	66,00 €	1.650.000,00 €	3.538.021 €	3.438.021 €
25	6,40 €	0,0000%	7,28 €	182.000,00 €	60,00 €	0,0000%	66,00 €	1.650.000,00 €	3.479.546 €	3.379.546 €
26	6,40 €	0,7813%	7,34 €	183.421,88 €	60,00 €	0,0000%	66,00 €	1.650.000,00 €	3.531.598 €	3.431.598 €

V	W
	Gewinn/Verlust sortiert
1	3.082.632,80 €
2	3.146.217,14 €
3	3.147.531,81 €
4	3.151.601,08 €
5	3.157.242,57 €
6	3.173.380,74 €
7	3.188.358,57 €
8	3.190.961,59 €
9	3.205.939,96 €
10	3.207.358,56 €
11	3.209.964,16 €
12	3.210.812,96 €
13	3.217.407,62 €
14	3.220.069,69 €
15	3.224.009,46 €

Y	Z
Konfidenzniveau	95%
Alpha	5%
Anzahl der Werte	62,00
VaR = Relativer VaR	3.353.958 €
Expected Shortfall	3.286.914 €

Abbildung 76: Berechnung des Value at Risk und des Conditional Value at Risk mit Hilfe der historischen Simulation

Literatur und Verweis auf das Excel-Tool

Diederichs, M. (2018): Risikomanagement und Risikocontrolling, 4. Aufl., Vahlen, S. 160-162.

Ernst, D., Häcker, J. (2021): Risikomanagement im Unternehmen Schritt für Schritt, UTB, Course 2 – Assignment 14.

Hull, J. C. (2014): Risikomanagement: Banken, Versicherungen und andere Finanzinsitutionen, 3. Aufl., Pearson, S. 350-360.

Romeike, F., Hasger, P. (2013): Erfolgsfaktor Risikomanagement 3.0, 3. Aufl., Springer Gabler, S. 329-339.

Vanini, U. (2012): Risikomanagement, Schäffer-Poeschel, S. 187-191.

Wüst, K. (2014): Risikomanagement: Eine Einführung mit Anwendungen in Excel, UTB, S. 164-181.

Siehe Excel-Datei `Case Study Risikomanagement Teil 1`, Excel-Arbeitsblatt `Historische Simulation`

Assignment 16: Monte-Carlo-Simulation: Normalverteilte Risikoparameter

Aufgabe

- Erstellen Sie ein Tabellenblatt, in das Sie die folgenden Werte kopieren:
  - der vier Aktien ab dem 29.12.t(5) rückwirkend für die letzten 5 Jahre.
- Berechnen Sie die täglichen, stetigen Renditen für die gegebenen Kursdaten der Portfolio-Assets.
- Berechnen Sie für die stetigen Renditen jedes Portfolio-Assets
  - den Mittelwert der historischen Rendite, der dem Erwartungswert der Rendite entspricht, und
  - die Standardabweichung der Stichprobe.
- Definieren Sie als Annahme für die Monte-Carlo-Simulation für jedes Portfolio-Asset eine Normalverteilung mit dem berechneten Erwartungswert und Standardabweichung.
- Führen Sie die Monte-Carlo-Simulation mit 10.000 Ziehungen durch und ermitteln Sie die simulierten Portfoliowerte.
- Berechnen Sie die Gewinne/Verluste, die sich aus der Differenz zwischen den simulierten Portfoliowerten und dem aktuellen Portfoliowert ergeben.
- Berechnen Sie den Portfolio-Value-at-Risk für ein Konfidenzniveau von 95% und für eine Laufzeit von einem Tag basierend auf dem Portfoliovolumen in Euro.
- Berechnen Sie den Value at Risk, der hier dem Relativen Portfolio-Value-at-Risk (Deviation Portfolio-Value-at-Risk) entspricht, für eine Laufzeit von einem Tag basierend auf dem Portfoliovolumen in Euro.
- Berechnen Sie den Conditional Portfolio-Value-at-Risk (Expected Portfolio Shortfall) für eine Laufzeit von einem Tag basierend auf dem Portfoliovolumen in Euro.

Inhalt

Die **Monte-Carlo-Simulation** ist ein Verfahren aus der Stochastik, bei dem sehr häufig durchgeführte Zufallsexperimente die Basis darstellen. Die Monte-Carlo-Simulation versucht, mit Hilfe der Wahrscheinlichkeitstheorie analytisch unlösbare Probleme im mathematischen Kontext numerisch zu lösen.

Die Monte-Carlo-Simulation ist eine Weiterentwicklung der Szenario-Analyse. Mittels Computersimulation wird bei der Risikoaggregation eine große repräsentative Anzahl risikobedingt möglicher Zukunftsszenarien (Planungsszenarien) berechnet und analysiert. Auf diese Weise wird eine realistische Bandbreite der zukünftigen Erträge und der Liquiditätsentwicklung aufgezeigt, also die Planungssicherheit bzw. Umfang möglicher negativer Planabweichungen dargestellt.

Die Idee der Monte-Carlo-Methode besteht darin, für zufällig gewählte Parameter über die entsprechenden Zusammenhänge (Ursache-Wirkungs-Geflecht) die zugehörigen Ergebnis- oder Zielgrößen zu ermitteln. Das zur Ermittlung der Zielgrößen verwendete Modell ist in der Regel deterministischer Natur, das heißt, mit dem Festlegen der Parameter sind die Zielgrößen eindeutig bestimmt. Allerdings sind die Zielgrößen durch den Zufallscharakter der Parameter im Prinzip wiederum zufällige Größen.

Als Rechtfertigung für die Monte-Carlo-Simulation dient das Gesetz der großen Zahlen. In seiner einfachsten Form besagt dieses Gesetz, dass sich die relative Häufigkeit eines Zufallsergebnisses in der Regel um die theoretische Wahrscheinlichkeit eines Zufallsergebnisses stabilisiert; und zwar dann, wenn das zu Grunde liegende Zufallsexperiment immer wieder unter denselben Voraussetzungen durchgeführt wird.

Die Monte-Carlo-Simulation basiert nicht auf Vergangenheitswerten wie die historische Simulation, sondern auf einer stochastischen Variation der unterschiedlichen Modellparameter. Im Rahmen dieses stochastischen Ansatzes werden neben den einzelnen Risiko-Positionen und ihren Einflussfaktoren auch die Korrelationen zu anderen Risiko-Positionen berücksichtigt.

Wichtige Formeln

Ähnlich wie bei der historischen Simulation beziehen sich die hier notwendigen Formeln bei Anwendung der Monte-Carlo-Simulation nicht auf die Generierung der Wahrscheinlichkeitsverteilung der Zielgröße, sondern auf die Berechnung des Value at Risk bzw. Conditional Value at Risk. Das Ergebnis der Monte-Carlo-Simulation ist wiederum ein Histogramm bzw. eine Häufigkeitsverteilung für die Gewinne und Verluste des Portfolios. Daher finden hier die bereits bekannten Formeln für den Value at Risk bzw. Relativen Value at Risk und Conditional Value at Risk bei einer diskreten Wahrscheinlichkeitsverteilung Anwendung.

Formal gesehen ist der Value at Risk der absolute Wert des Quantils einer Verteilung zum Konfidenzniveau p. Die Formel für die Berechnung des Value at Risk als Rendite bei einer diskreten Wahrscheinlichkeitsverteilung lautet:

$$VaR_p(G) = RVaR_p(G) = |Q_\alpha(G)|$$

Formel 96

$VaR_p(G)$	= Value at Risk zum Konfidenzniveau p für den Gewinn/Verlust des Portfolios
$RVaR_p(G)$	= Relativer Value at Risk zum Konfidenzniveau p für den Gewinn/Verlust des Portfolios
G	= Gewinn
$Q_\alpha(G)$	= Quantil der Verteilung

Die Formel für die Berechnung des Conditional Value at Risk als Rendite bei einer diskreten Wahrscheinlichkeitsverteilung lautet:

$$CVaR_p(G) = \left|E\left(G \middle| G < Q_\alpha(G)\right)\right|$$ Formel 97

$CVaR_p(G)$ = Conditional Value at Risk zum Konfidenzniveau p für den Gewinn/Verlust des Portfolios

Berechnung des Value at Risk bzw. Relativen Value at Risk als Rendite bei einer diskreten Wahrscheinlichkeitsverteilung in Excel:

Excel-Beispiel: `AF25 =ABS(MIN(SVERWEIS(AF23;AB21:AC10020;2;0);0))`

Denselben Wert kann man aber auch über eine Risk-Kit-Funktion ermitteln. Die Formel hierzu lautet:

Excel-Beispiel: `AG25 =ABS(MIN(Perc(S16;AF21)-T18;0))`

Berechnung des Conditional Value at Risk (Expected Shortfall) als Rendite bei einer diskreten Wahrscheinlichkeitsverteilung in Excel:

Excel-Beispiel: `AF28=ABS(MITTELWERT(AC21:AC520))`

Denselben Wert kann man aber auch über eine Risk-Kit-Funktion ermitteln. Die Formel hierzu lautet:

Excel-Beispiel: `AG28=ABS(ShortfallDown(S16;AF21)-T18)`

Vorgehensweise

Vorbemerkung: Wir führen hier die Monte-Carlo-Simulation beispielhaft mit dem Softwareprogramm Risk-Kit durch. Jede andere geeignete Software kann selbstverständlich auch verwendet werden, es muss jedoch eine Kalibrierungsfunktion enthalten sein. Es ist hier anzumerken, dass die Ergebnisse der Monte-Carlo-Simulation nur angezeigt werden, wenn die entsprechende Software auch auf dem Computer installiert ist.

- Ausgehend von der DEFAMA Deutsche Fachmarkt AG (Spalte `C`) werden zunächst die stetigen Renditen berechnet (Spalte `D`).
- Darauf basierend berechnen wir den Mittelwert (Zelle `D17`) und die Standardabweichung (Zelle `D18`). Durch die beiden Größen kann die Normalverteilung erstellt werden.
- Um eine Normalverteilung in Risk-Kit zu erstellen, wählen wir unter 

das Symbol für die Normalverteilung 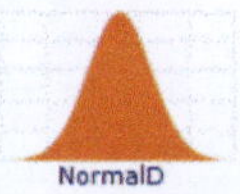

.

  In dem Fenster `Funktionstyp` wählen wir `Einzelne Zufallszahl`

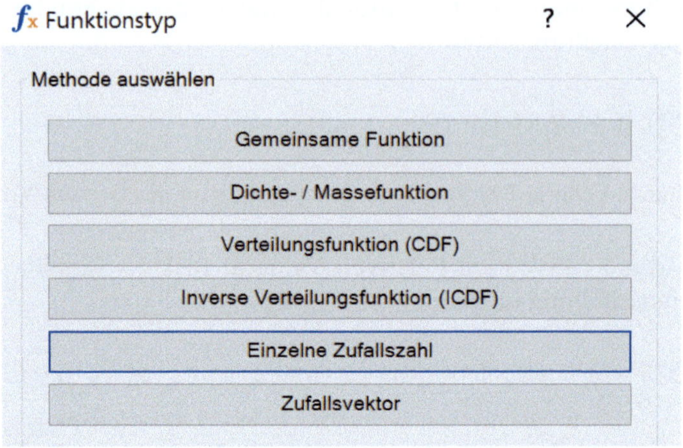

Abbildung 77: Funktionstyp

und können dann die Parameter für die Normalverteilung eingeben:

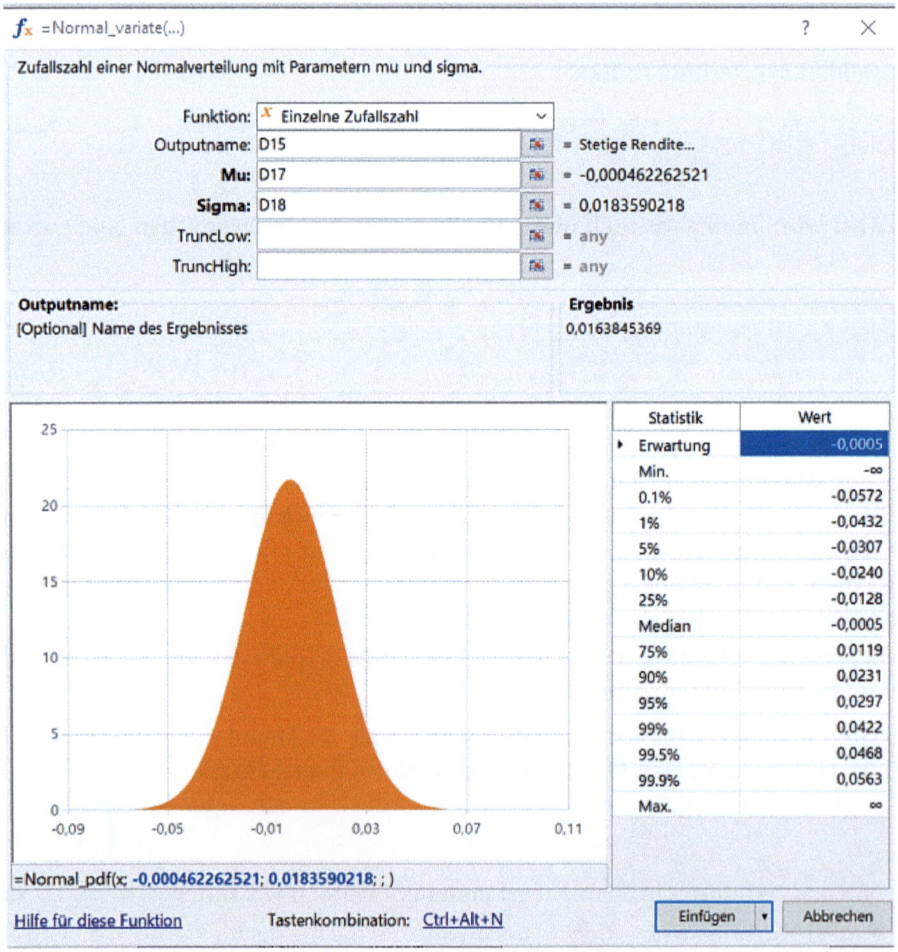

Abbildung 78: Funktionsargumente

- In Zelle `D16` werden nun Zufallszahlen aus der definierten Normalverteilung generiert. Zelle `D16` wird nun über das Symbol 

als Input-Zelle definiert.

  Input-Zellen für die Monte-Carlo-Simulation haben in Risk-Kit eine grüne Hintergrundfarbe.

- Dieselbe Vorgehensweise wird für die anderen drei Aktien durchgeführt (Zellen `H16`, `L16` und `P16`).
- Nachdem die Input-Parameter für die Monte-Carlo-Simulation eingegeben wurden, kann im nächsten Schritt der Portfoliowert als Output-Parameter der Monte-Carlo-Simulation definiert werden `S16=F16+J16+N16+R16`.
- Vor der Durchführung der Monte-Carlo-Simulation führen Sie die notwendige Konfiguration über das Symbol 

durch:

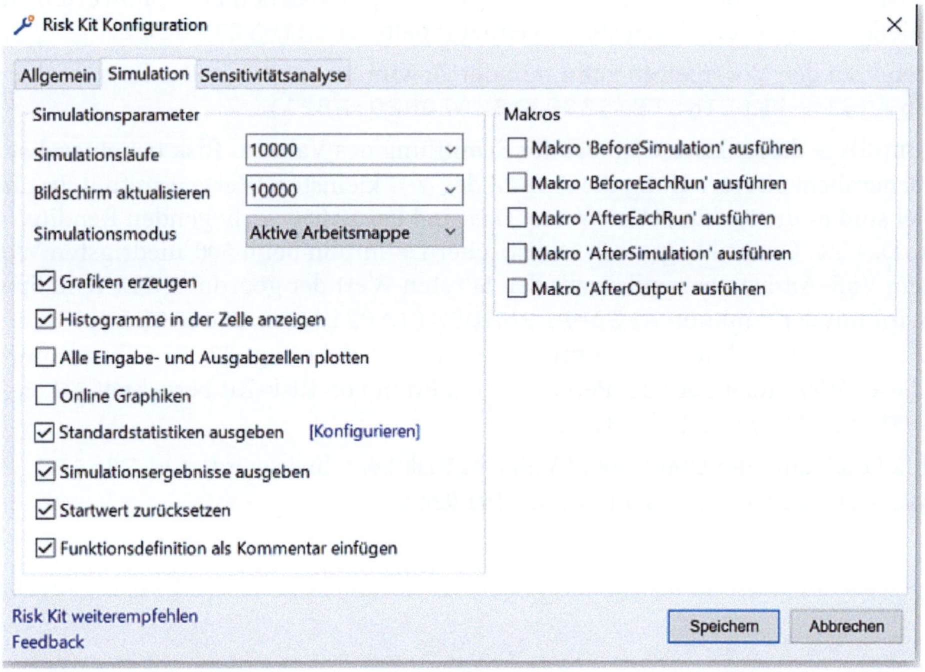

Abbildung 79: Risk-Kit Konfiguration

- Danach können Sie die Monte-Carlo-Simulation starten, indem Sie auf das Symbol 

drücken.
- WICHTIG: Nach Durchführung der Monte-Carlo-Simulation wird bei den Berechnungsoptionen die Arbeitsmappenberechnung automatisch wieder auf `Manuell` zurückgesetzt. Bitte stellen Sie dies wieder auf `Automatisch` um. Des Weiteren sollte die `Iterative Berechnung` aktiviert sein.

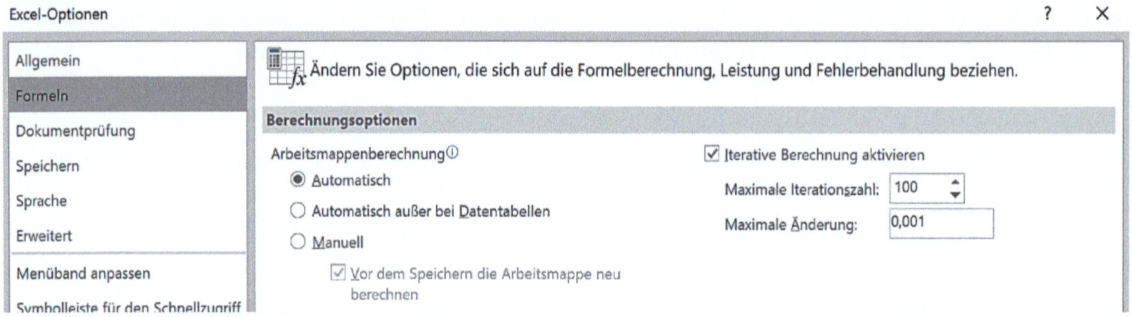

Abbildung 80: Excel-Optionen

- In Spalte `Y` werden die Ergebnisse der Monte-Carlo-Simulation aufgeführt (Zellen `Y21:Y10020`). Die Werte stammen aus dem Arbeitsblatt `Output` und wurden mit diesem verlinkt.
- Durch Abzug des aktuellen Portfoliowerts von den potenziellen Portfoliowerten werden potenzielle Gewinne und Verluste berechnet (Spalte `Z`) `Z21=Y21-$T$18`.
- Basierend auf den Vorarbeiten kann nun der Gewinn in aufsteigender Reihenfolge sortiert werden `AC21 =KKLEINSTE($Z$21:$Z$10020;AB21)`.
- Auf Grundlage dieser Liste wird bei der Ermittlung des Value at Risk bei einer diskreten Wahrscheinlichkeitsverteilung die Anzahl der α-% kleinsten Werte ermittelt. In unserem Beispiel sind es die 5% kleinsten Werte. Das sind bei 10.000 vorliegenden Renditen 500 Werte. Das 5% -Quantil liegt nach statistischer Definition beim 500-niedrigsten Wert. Bei unserem VaR-Ansatz verwenden wir den 500sten Wert der geordneten Liste in Spalte `AC`. Dies wird mit der Funktion `AF23=ABRUNDEN((AF21*ANZAHL(AC21:AC10020);0)` berechnet. Der ermittelte Value at Risk beträgt 82.271 €. Zur Kontrolle wird dieser Wert auch über die Percentile-Funktion von Risk-Kit berechnet `AG25=ABS(MIN(Perc(S16;AF21-T18;0))`.
- Abschließend kann der Conditional Value at Risk berechnet werden `AF28=ABS(MITTELWERT(AC21:AC270))` Er beträgt 101.924 €.

Ergebnis

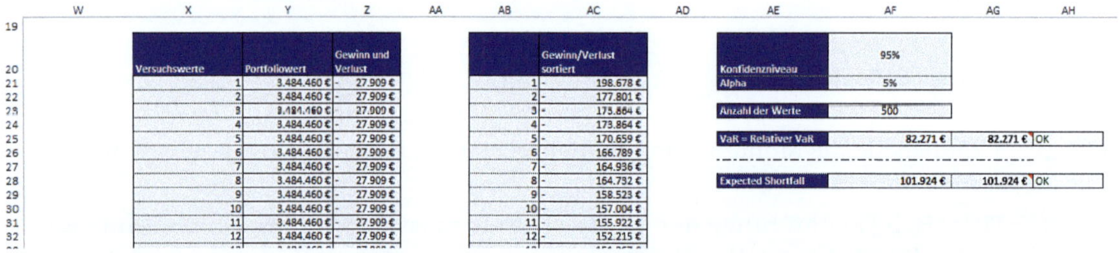

Abbildung 81: Berechnung des Value at Risk und des Conditional Value at Risk mit Hilfe der Monte-Carlo-Simulation basierend auf einer Normalverteilung

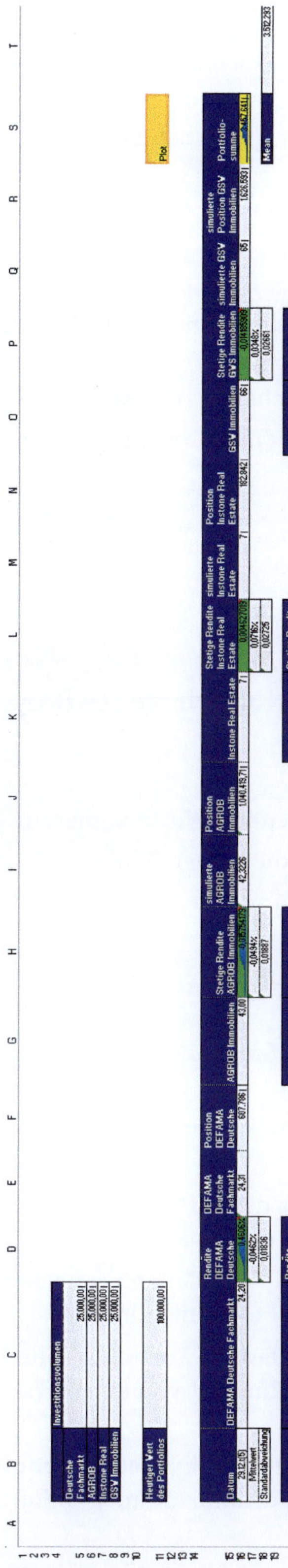

Abbildung 82: Modellkonzeption der Monte-Carlo-Simulation basierend auf einer Normalverteilung

Literatur und Verweis auf das Excel-Tool

Diederichs, M. (2018): Risikomanagement und Risikocontrolling, 4. Aufl., Vahlen, S. 160-162.

Ernst, D., Häcker, J. (2021): Risikomanagement im Unternehmen Schritt für Schritt, UTB, Course 2 – Assignment 15.

Gleißner, W. (2016): Grundlagen des Risikmanagements, 3. Aufl., Vahlen, S. 254-260.

Hull, J. C. (2014): Risikomanagement: Banken, Versicherungen und andere Finanzinsitutionen, 3. Aufl., Pearson, S. 389-391.

Romeike, F., Hasger, P. (2013): Erfolgsfaktor Risikomanagement 3.0, 3. Aufl., Springer Gabler, S. 339-351.

Vanini, U. (2012): Risikomanagement, Schäffer-Poeschel, S. 189-200.

Wüst, K. (2014): Risikomanagement: Eine Einführung mit Anwendungen in Excel, UTB, S. 181-195.

Siehe Excel-Datei `Case Study Risikomanagement Teil 1`, Excel-Arbeitsblatt `MCS Risk-Kit (ND)`

Assignment 17: Monte-Carlo-Simulation: Kalibrierte Risikoparameter

Aufgabe

- Erstellen Sie ein Tabellenblatt, in das Sie die folgenden Werte kopieren:
  - vier Aktien ab dem 29.12.t(5) rückwirkend für die letzten 5 Jahre.
- Berechnen Sie die täglichen diskreten Renditen für die gegebenen Kursdaten der Portfolio-Assets.
- Kalibrieren Sie die diskreten Renditen, um eine auf die gegebenen historischen Renditen angepasste Verteilungsfunktion zu erhalten.
- Definieren Sie als Annahme für die Monte-Carlo-Simulation für jedes Portfolio-Asset die durch Kalibrierung ermittelt Verteilungsfunktion.
- Führen Sie die Monte-Carlo-Simulation mit 10.000 Ziehungen durch und ermitteln Sie die simulierten Portfoliowerte.
- Berechnen Sie die Gewinne/Verluste, die sich aus der Differenz zwischen den simulierten Portfoliowerten und dem aktuellen Portfoliowert ergeben.
- Berechnen Sie den Portfolio-Value-at-Risk für ein Konfidenzniveau von 95% und für eine Laufzeit von einem Tag basierend auf dem Portfoliovolumen in Euro.
- Berechnen Sie den Value at Risk, der hier dem Relativen Portfolio-Value-at-Risk (Deviation Portfolio-Value-at-Risk) entspricht, für eine Laufzeit von einem Tag basierend auf dem Portfoliovolumen in Euro.
- Berechnen Sie den Conditional Portfolio-Value-at-Risk (Expected Portfolio Shortfall) für eine Laufzeit von einem Tag basierend auf dem Portfoliovolumen in Euro.

Inhalt

Die **Monte-Carlo-Simulation** erfolgt hier analog zu der oben beschriebenen Vorgehensweise. Der Unterschied besteht lediglich in den Inputparametern. Bei der Monte-Carlo-Simulation mit normalverteilten Inputparametern sind die Risikoparameter normalverteilt, bei der Monte-Carlo-Simulation mit Kalibrierung wird aufgrund der historischen Renditen durch Kalibrierung eine auf diese Daten passgenaue Verteilungsfunktion ermittelt.

Wichtige Formeln

Ähnlich wie bei der historischen Simulation beziehen sich die hier notwendigen Formeln bei Anwendung der Monte-Carlo-Simulation nicht auf die Generierung der Wahrscheinlichkeitsverteilung der Zielgröße, sondern auf die Berechnung des Value at Risk bzw. Conditional Value at Risk. Das Ergebnis der Monte-Carlo-Simulation ist wiederum ein Histogramm bzw. eine Häufigkeitsverteilung für die Gewinne und Verluste des Portfolios. Daher finden hier die bereits bekannten Formeln für den Value at Risk bzw. Relativen Value at Risk und Conditional Value at Risk bei einer diskreten Wahrscheinlichkeitsverteilung Anwendung.

Formal gesehen ist der Value at Risk der absolute Wert des Quantils einer Verteilung zum Konfidenzniveau *p*. Die Formel für die Berechnung des Value at Risk als Rendite bei einer diskreten Wahrscheinlichkeitsverteilung lautet:

$$VaR_p(G) = RVaR_p(G) = |Q_\alpha(G)|$$

Formel 98

$VaR_p(G)$ = Value at Risk zum Konfidenzniveau *p* für den Gewinn/Verlust des Portfolios
$RVaR_p(G)$ = Relativer Value at Risk zum Konfidenzniveau *p* für den Gewinn/Verlust des Portfolios
G = Gewinn
$Q_\alpha(G)$ = Quantil der Verteilung

Die Formel für die Berechnung des Conditional Value at Risk als Rendite bei einer diskreten Wahrscheinlichkeitsverteilung lautet:

$$CVaR_p(G) = \left|E\left(G \middle| G < Q_\alpha(G)\right)\right|$$

Formel 99

$CVaR_p(G)$ = Conditional Value at Risk zum Konfidenzniveau *p* für den Gewinn/Verlust des Portfolios

Arbeitsmappe: `Case Study Risikomanagement Teil 1` ➲ Arbeitsblatt: `MCS Risk-Kit (CD)`

Berechnung des Value at Risk bzw. Relativen Value at Risk als Rendite bei einer diskreten Wahrscheinlichkeitsverteilung in Excel:

Excel-Beispiel: `AF25 =ABS(MIN(SVERWEIS(AF23;AB21:AC10020;2;FALSCH);0))`

Denselben Wert kann man aber auch über eine Risk-Kit-Funktion ermitteln. Die Formel hierzu lautet:

Excel-Beispiel: `AG25 =ABS(MIN(Perc(S16;AF21)-T18;0))`

Berechnung des Conditional Value at Risk (Expected Shortfall) als Rendite bei einer diskreten Wahrscheinlichkeitsverteilung in Excel:

Excel-Beispiel: `AF28 =ABS(MITTELWERT(AC21:AC520))`

Denselben Wert kann man aber auch über eine Risk-Kit-Funktion ermitteln. Die Formel hierzu lautet:

Excel-Beispiel: `AG28 =ABS(ShortfallDown(S16;AF21)-T18)`

Vorgehensweise

Vorbemerkung: Wir führen hier die Monte-Carlo-Simulation beispielhaft mit dem Softwareprogramm Risk-Kit durch. Jede andere geeignete Software kann selbstverständlich auch verwendet werden, es muss jedoch eine Kalibrierungsfunktion enthalten sein. Es ist hier anzumerken, dass die Ergebnisse der Monte-Carlo-Simulation nur angezeigt werden, wenn die entsprechende Software auch auf dem Computer installiert ist.

- Ausgehend von der DEFAMA Deutsche Fachmarkt AG (Spalte `C`) werden zunächst die diskreten Renditen berechnet (Spalte `D`).
- Dies werden nun im nächsten Schritt kalibriert, um die am besten passende Verteilungsfunktion für diese Datenreihe zu ermitteln. Hierzu drücken wir das Symbol und wählen:

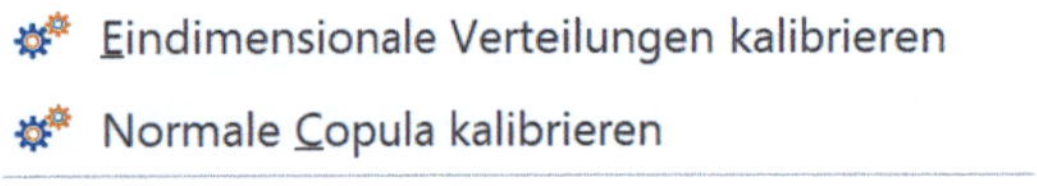

`Eindimensionale Verteilungen kalibrieren.`

- Daraufhin öffnet sich ein Fenster, in welchem wir die folgenden Einstellungen vornehmen. Danach wird die Kalibrierung durchgeführt.

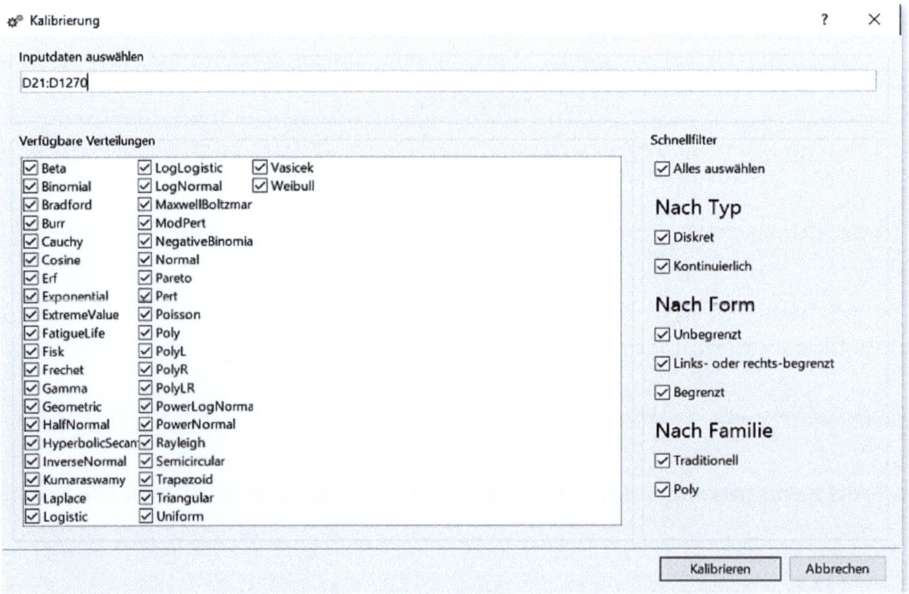

Abbildung 83: Kalibrierung

- Es erscheint nun folgendes Fenster, in dem Sie auf OK drücken:

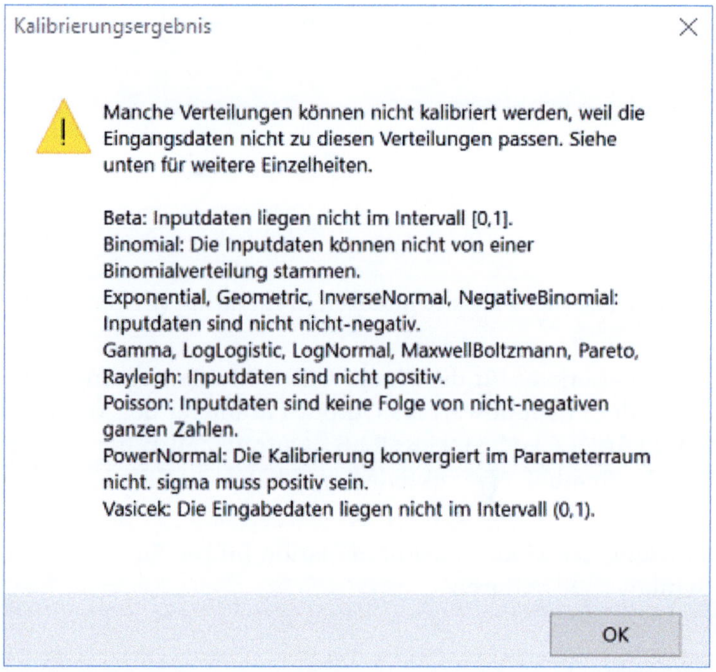

Abbildung 84: Hinweis zum Kalibrierungsergebnis

- Das Ergebnis der Kalibrierung zeigt, dass die Laplace-Verteilung die Verteilung der stetigen Renditen am besten wiedergibt.

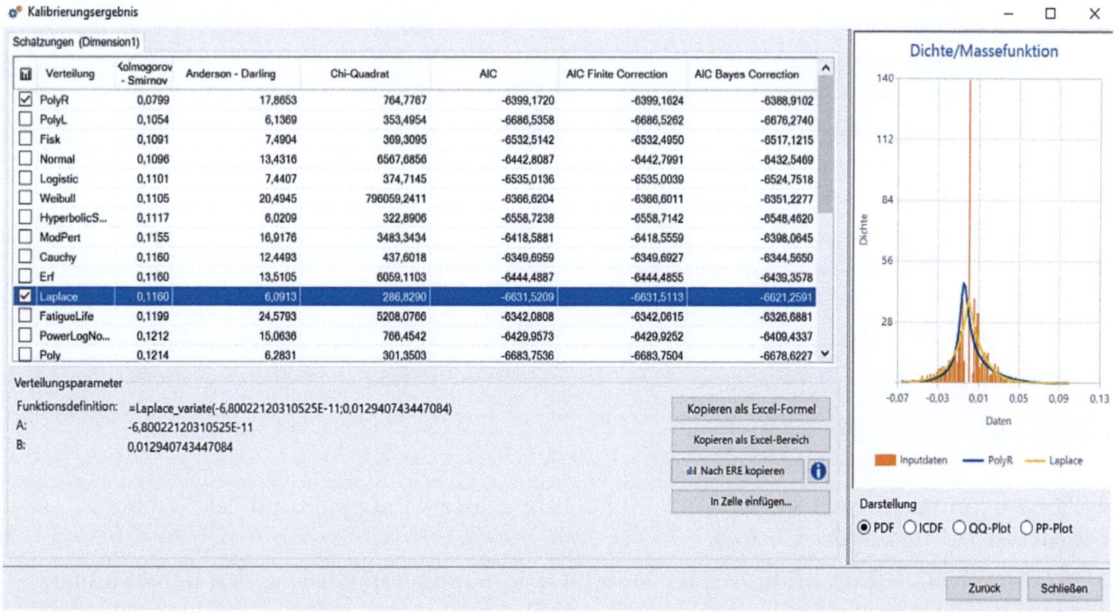

Abbildung 85: Kalibrierungsergebnis

- Wählen Sie nun das Feld `In Zelle einfügen...` und geben Sie danach die Zelle `D16` ein.

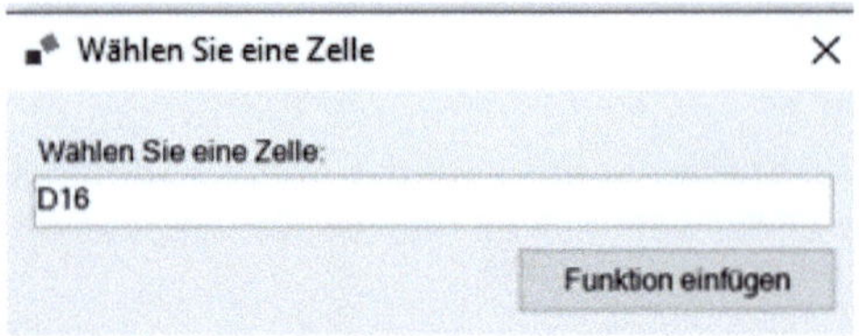

Abbildung 86: Einfügen der Funktion

- Dieselbe Vorgehensweise wird für die anderen drei Aktien (Zellen `H16, L16` und `P16`) gewählt.
- Nachdem die Input-Parameter für die Monte-Carlo-Simulation eingegeben wurden, kann im nächsten Schritt der Portfoliowert als Output-Parameter der Monte-Carlo-Simulation definiert werden `S16=F16+J16+N16+R16.` Output-Zellen für die Monte-Carlo-Simulation werden über das Symbol Ausgabe aktiviert und haben in Risk-Kit eine dunkelgelbe Hintergrundfarbe.
- Vor der Durchführung der Monte-Carlo-Simulation führen Sie die notwendige Konfiguration über das Symbol Konfiguration durch.

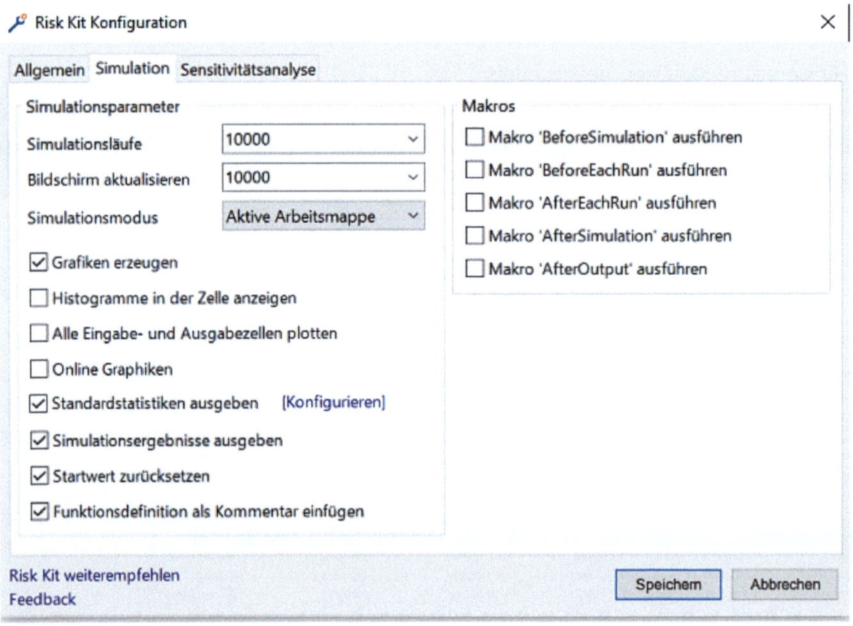

Abbildung 87: Risk-Kit Konfiguration

- Danach können Sie die Monte-Carlo-Simulation starten, indem Sie auf das Symbol Simulation drücken.
- WICHITG: Nach Durchführung der Monte-Carlo-Simulation wird bei den Berechnungsoptionen die Arbeitsmappenberechnung automatisch wieder auf `Manuell` zurückgesetzt. Bitte stellen Sie dies wieder auf `Automatisch` um.

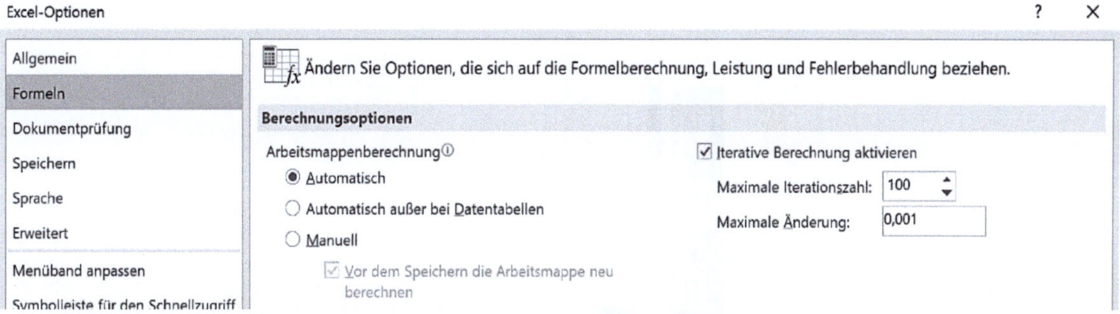

Abbildung 86: Excel-Optionen

- In Spalte Y werden die Ergebnisse der Monte-Carlo-Simulation aufgeführt (Zellen `Y21:Y10020`). Die Werte stammen aus dem Arbeitsblatt Output und wurden mit diesem verlinkt.
- Durch Abzug des aktuellen Portfoliowerts von den potenziellen Portfoliowerten werden potenzielle Gewinne und Verluste berechnet (Spalte Z) `Z21=Y21-$T$18`.
- Basierend auf den Vorarbeiten kann nun der Gewinn in aufsteigender Reihenfolge sortiert werden `AC21=KKLEINSTE($Z$21:$Z$10020;AB21)`.
- Auf Grundlage dieser Liste wird bei der Ermittlung des Value at Risk bei einer diskreten Wahrscheinlichkeitsverteilung die Anzahl der α-% kleinsten Werte ermittelt. In unserem Beispiel sind es die 5% kleinsten Werte. Das sind bei 10.000 vorliegenden Renditen 500 Werte. Das 5%-Quantil liegt nach statistischer Definition beim 500-niedrigsten Wert. Bei unserem VaR-Ansatz verwenden wir den 500sten Wert der geordneten Liste in Spalte AC. Dies wird mit der Funktion `AF23=ABRUNDEN((AF21)*ANZAHL(AC21:AC10020);0)` berechnet. Der ermittelte Value at Risk beträgt 43.098 €. Zur Kontrolle wird dieser Werte auch über die Percentile-Funktion von Risk-Kit berechnet `AG25 =ABS(MIN(@Perc(S16;AF21)-T18;0))`
- Abschließend kann der Conditional Value at Risk berechnet werden `AF28=ABS(MITTELWERT(AC21:AC520))` Er beträgt 59.296 €.

Ergebnis

	X	Y	Z	AB	AC
20	Versuchswerte	Portfoliowert	Gewinn und Verlust		Gewinn/Verlust sortiert
21	1	3.558.499 €	46.025 €	1	- 146.331 €
22	2	3.539.732 €	27.258 €	2	- 146.331 €
23	3	3.494.724 €	- 17.749 €	3	- 141.312 €
24	4	3.522.399 €	9.926 €	4	- 132.757 €
25	5	3.520.577 €	8.103 €	5	- 128.862 €
26	6	3.487.110 €	- 25.364 €	6	- 125.864 €
27	7	3.542.870 €	30.397 €	7	- 122.397 €
28	8	3.484.177 €	- 28.297 €	8	- 119.427 €
29	9	3.460.698 €	- 51.776 €	9	- 119.427 €
30	10	3.552.002 €	39.528 €	10	- 119.049 €
31	11	3.489.921 €	- 22.552 €	11	- 110.687 €
32	12	3.540.291 €	27.818 €	12	- 110.510 €
33	13	3.481.136 €	- 31.338 €	13	- 109.046 €
34	14	3.514.868 €	2.395 €	14	- 106.156 €
35	15	3.458.705 €	- 53.768 €	15	- 104.063 €
36	16	3.475.321 €	- 37.152 €	16	- 103.468 €
37	17	3.525.001 €	12.528 €	17	- 103.031 €
38	18	3.649.393 €	136.919 €	18	- 102.216 €

AE	AF	AG	AH
Konfidenzniveau	95%		
Alpha	5%		
Anzahl der Werte	500		
VaR = Relativer VaR	43.098 €	43.098 €	OK
Expected Shortfall	59.296 €	59.296 €	OK

Abbildung 89: Berechnung des Value at Risk und des Conditional Value at Risk mit Hilfe der Monte-Carlo-Simulation basierend auf einer kalibrierten Verteilung

	Investitionsvolumen
Deutsche Fachmarkt	25.000,00
AGROB	25.000,00
Instone Real	25.000,00
GSV Immobilien	25.000,00

Heutiger Wert des Portfolios	100.000,00

Plot

Datum	DEFAMA Deutsche Fachmarkt	Rendite DEFAMA Deutsche	DEFAMA Deutsche Fachmarkt	Position DEFAMA Deutsche	AGROB Immobilien	diskrete Rendite AGROB Immobilien	simulierte AGROB Immobilien	Position AGROB Immobilien
29.12.t(5)	24,20	-0,6158%	24,05	601.274	43,00	-0,009071079	42,6099	1.065.248,59
Mittelwert		-0,0294%				-0,0321%		
Standardabweichung		0,01837				0,01813		

Instone Real Estate	diskrete Rendite Instone Real Estate	simulierte Instone Real Estate	Position Instone Real Estate	GSV Immobilien	diskrete Rendite GVS Immobilien	simulierte GSV Immobilien	simulierte Position GSV Immobilien	Portfolio-summe
7	-0,015031301	7	179.264	66	-0,001074524	66	1.648.227	3.494.014
	0,1092%				0,0702%			
	0,02778				0,02662			

Mean	3.512.474

Datum	DEFAMA Deutsche Fachmarkt	Rendite DEFAMA Deutsche	AGROB Immobilien	diskrete Rendite AGROB Immobilien	Instone Real Estate	diskrete Rendite Instone Real Estate	GSV Immobilien	diskrete Rendite GVS Immobilien
29.12.t(5)	24,20	-0,8264%	43,00	0,0000%	7,28	-2,3352%	66,00	0,0000%
28.12.t(5)	24,00	1,6667%	43,00	0,0000%	7,11	1,2658%	66,00	0,0000%
27.12.t(5)	24,40	0,0000%	43,00	0,0000%	7,20	0,1389%	66,00	0,0000%
22.12.t(5)	24,40	-3,2787%	43,00	0,0000%	7,21	0,6935%	66,00	-4,5455%
21.12.t(5)	23,60	1,2712%	43,00	0,0000%	7,26	0,4132%	63,00	11,1111%
20.12.t(5)	23,90	1,2552%	43,00	-0,4651%	7,29	0,9602%	70,00	-11,4286%
19.12.t(5)	24,20	2,4793%	42,80	0,0000%	7,36	-2,9891%	62,00	1,6129%
18.12.t(5)	24,80	-4,0323%	42,80	0,0000%	7,14	2,5210%	63,00	0,0000%
15.12.t(5)	23,80	-0,8403%	42,80	0,0000%	7,32	-7,9235%	63,00	-4,7619%
14.12.t(5)	23,60	0,8475%	42,80	0,0000%	6,74	-5,9347%	60,00	0,0000%
13.12.t(5)	23,80	-2,5210%	42,80	0,0000%	6,34	-2,6814%	60,00	18,3333%
12.12.t(5)	23,20	0,8621%	42,80	0,0000%	6,17	6,4830%	71,00	-15,4930%
11.12.t(5)	23,40	3,4188%	42,80	0,9346%	6,57	-2,5875%	60,00	0,0000%
08.12.t(5)	24,20	-3,7190%	43,20	-0,9259%	6,40	0,0000%	60,00	0,0000%
07.12.t(5)	23,30	3,0043%	42,80	0,0000%	6,40	0,7813%	60,00	0,0000%
06.12.t(5)	24,00	-5,0000%	42,80	0,0000%	6,45	2,9457%	60,00	0,0000%
05.12.t(5)	22,80	0,0000%	42,80	0,0000%	6,64	-3,7651%	60,00	-1,6667%
04.12.t(5)	22,80	-3,0702%	42,80	0,0000%	6,39	-1,8779%	59,00	3,3898%
01.12.t(5)	22,10	-2,7149%	42,80	0,0000%	6,27	-3,5088%	61,00	-1,6393%
30.11.t(5)	21,50	0,4651%	42,80	0,0000%	6,05	0,9917%	60,00	15,0000%
29.11.t(5)	21,60	0,9259%	42,80	-0,9346%	6,11	1,9640%	69,00	0,0000%
28.11.t(5)	21,80	1,8349%	42,40	1,4151%	6,23	-1,1236%	69,00	0,0000%
27.11.t(5)	22,20	0,0000%	43,00	-0,9302%	6,16	1,9481%	69,00	0,0000%
24.11.t(5)	22,20	-4,0541%	42,60	-0,4695%	6,28	3,5032%	69,00	5,7971%
23.11.t(5)	21,30	-2,8169%	42,40	0,0000%	6,50	-4,4615%	73,00	-5,4795%
22.11.t(5)	20,70	0,0000%	42,40	0,4717%	6,21	-0,1610%	69,00	1,4493%
21.11.t(5)	20,70	-1,9324%	42,60	-0,4695%	6,20	2,9032%	70,00	-1,4286%
20.11.t(5)	20,30	2,9557%	42,40	-0,4717%	6,38	-0,3135%	69,00	0,0000%
17.11.t(5)	20,90	1,9139%	42,20	0,9479%	6,36	-0,4717%	69,00	0,0000%
16.11.t(5)	21,30	-2,3474%	42,60	0,0000%	6,33	5,5292%	69,00	0,0000%
15.11.t(5)	20,80	-0,4808%	42,60	-0,4695%	6,68	-1,9461%	69,00	9,4203%
14.11.t(5)	20,70	1,9324%	42,40	0,0000%	6,55	-4,1221%	75,50	-3,3113%
13.11.t(5)	21,10	-1,8957%	42,40	0,0000%	6,28	-3,9809%	73,00	-1,3699%

Abbildung 90: Modellkonzeption der Monte-Carlo-Simulation basierend auf einer kalibrierten Verteilung

Literatur und Verweis auf das Excel-Tool

Diederichs, M. (2018): Risikomanagement und Risikocontrolling, 4. Aufl., Vahlen, S. 160-162.

Ernst, D., Häcker, J. (2021): Risikomanagement im Unternehmen Schritt für Schritt, UTB, Course 2 – Assignment 16.

Gleißner, W. (2016): Grundlagen des Risikmanagements, 3. Aufl., Vahlen, S. 254-260.

Hull, J. C. (2014): Risikomanagement: Banken, Versicherungen und andere Finanzinsitutionen, 3. Aufl., Pearson, S. 389-391.

Romeike, F., Hasger, P. (2013): Erfolgsfaktor Risikomanagement 3.0, 3. Aufl., Springer Gabler, S. 339-351.

Vanini, U. (2012): Risikomanagement, Schäffer-Poeschel, S. 189-200.

Wüst, K. (2014): Risikomanagement: Eine Einführung mit Anwendungen in Excel, UTB, S. 181-195.

Siehe Excel-Datei `Case Study Risikomanagement Teil 1`, Excel-Arbeitsblatt `MCS Risk-Kit (CD)`

Assignment 18: Monte-Carlo-Simulation basierend auf Copula-Funktionen

Aufgabe

- Erstellen Sie ein Tabellenblatt, in das Sie die folgenden Werte kopieren:
  - vier Aktien ab dem 29.12.t(5) rückwirkend für die letzten 5 Jahre.
- Berechnen Sie die täglichen, stetigen Renditen für die gegebenen Kursdaten der Portfolio-Assets.
- Kalibrieren Sie die stetigen Renditen mit einer Gaußschen Copula, um die Korrelationen und die relevanten Verteilungsfunktionen zu erhalten.
- Führen Sie die Monte-Carlo-Simulation mit 10.000 Ziehungen durch und ermitteln Sie die simulierten Portfoliowerte.
- Berechnen Sie die Gewinne/Verluste, die sich aus der Differenz zwischen den simulierten Portfoliowerten und dem aktuellen Portfoliowert ergeben.
- Berechnen Sie den Portfolio-Value-at-Risk für ein Konfidenzniveau von 95 % und für eine Laufzeit von einem Tag basierend auf dem Portfoliovolumen in Euro.
- Berechnen Sie den Value at Risk, der hier dem Relativen Portfolio-Value-at-Risk (Deviation Portfolio-Value-at-Risk) entspricht, für eine Laufzeit von einem Tag basierend auf dem Portfoliovolumen in Euro.
- Berechnen Sie den Conditional Portfolio-Value-at-Risk (Expected Portfolio Shortfall) für eine Laufzeit von einem Tag basierend auf dem Portfoliovolumen in Euro.

Inhalt

Copulas erfreuen sich in der Finanzwirtschaft wachsender Beliebtheit. Mit Copulas können Randverteilungen separat von ihrer Abhängigkeitsstruktur modelliert und geschätzt werden. So bieten sie die Möglichkeit, verbesserte Schätzverfahren für Randverteilungen zu verwenden, da etwaige Annahmen über die Korrelation zwischen den Assets bereits über die Copula abgedeckt sind.

Eine **Copula** ist eine Funktion, die einen funktionalen Zusammenhang zwischen den Randverteilungsfunktionen verschiedener Zufallsvariablen und ihrer gemeinsamen Wahrscheinlichkeitsverteilung angeben kann. Mittels Copula-Funktionen können beliebig verteilte Zufallsvariablen mit beliebigen Abhängigkeitsstrukturen zu einer neuen gemeinsamen Verteilungsfunktion verknüpft werden. Es gibt unterschiedliche Copula-Funktionen. Die bekanntesten sind die *Gauß-Copula* (Normal-Copula), die *Student-t-Copula* und die *Clayton-Copula*. Im Folgenden verwenden wir die Gauß-Copula.

Als Ausgangssituation stellen wir uns d Risiken vor, die jeweils als Zufallsvariable modelliert werden oder durch historische Daten repräsentiert werden. Durch Kalibrierung können wir für jedes Risiko die univariate Verteilungsfunktion ermitteln. Dieses Wissen allein reicht aber nicht aus, um die gemeinsame Verteilungsfunktion der Risiken zu bestimmen, da uns noch alle Informationen um die Abhängigkeit zwischen den Einzelgrößen fehlen. Wichtige Struktur für die Ermittlung der Abhängigkeit liefert uns das Theorem von Sklar. Dieses besagt, dass jede multivariate Verteilungsfunktion F

- in eine Copula C (eine Funktion, die selbst eine Verteilungsfunktion auf dem d-dimensionalen Einheitskubus mit uniformen Rändern ist), sowie
- die Randverteilungen aufgespalten werden kann.

Die Randverteilungen werden dabei als Argumente in die Copula eingesetzt und man erhält so die gemeinsame Verteilung.

Formal wird wie folgt vorgegangen:

- In einem ersten Schritt werden die Randverteilungen der d Risiken auf gleichverteilte $[0,1]$-Verteilungen abgebildet. Typischerweise erfolgt dies über die entsprechenden Quantile der Randverteilungen (Quantil-Mapping).
- Diese werden nun in einem zweiten Schritt von unabhängigen Konfidenzniveaus auf korrelierte abgebildet. Die Transformationsvorschrift und die damit verbundene Abhängigkeitsmodellierung ist die eigentliche Copula-Funktion.

Die **Haupteigenschaft** einer Copula ist die Bewahrung der Randverteilungen der Variablen, während eine Abhängigkeitsstruktur zwischen den Variablen definiert wird. Dies ist in vielen Situationen sehr angenehm, da es die oft sehr komplizierte Untersuchung der gemeinsamen Verteilungsfunktion in eine Untersuchung der Randverteilungen einerseits und der Copula andererseits separiert; in letzterer sind alle Informationen über die Abhängigkeit kodiert. Umgekehrt lässt sich aus beliebigen Randverteilungen und einer beliebigen Copula stets eine (mathematisch korrekte) multivariate Verteilungsfunktion konstruieren. Dieser Zusammenhang ist sehr beliebt in der Modellbildung und daher weit verbreitet, da er ein einfaches Baukastenprinzip zur Verknüpfung von Einzelrisiken darstellt. Auch lässt sich mittels dieses Baukastenprinzips leicht eine multivariate Verteilung simulieren. Dazu muss lediglich eine Stichprobe gemäß der Copula simuliert werden.

Trotz der zahlreichen Möglichkeiten der Risikoaggregation mittels Copula-Funktionen möchten wir auf folgenden <u>kritischen Sachverhalt</u> hinweisen. Wenn die Copula-Funktion unpassend zum entsprechenden Problem (und den typischerweise vorab spezifizierten Randverteilungen) ausgesucht wird, kann zwar eine mathematisch korrekte gemeinsame Verteilung generiert werden, diese muss aber nicht zwangsläufig ökonomisch sinnvoll oder problemadäquat sein. Oft werden schlichtweg die bekanntesten Copulas (z. B. die Gauß-Copula) herangezogen, ohne deren Eigenschaften und Auswirkungen für das aktuelle Problem genau zu hinterfragen. Ferner muss angemerkt werden, dass mit der Wahl der Copula-Funktion Eingriff auf das Ergebnis genommen wird.

Wichtige Formeln

Aufgrund der Vielschichtigkeit von Copula-Funktionen können wir dieses spannende Thema hier nicht umfassend behandeln. Wir wollen jedoch die Grundidee von Copulas und deren Bedeutung für das Risikomanagement vermitteln. Dazu wählen wir die Gauß-Copula.

Die Normal- oder auch Gauß-Copula wird mit Hilfe der Verteilungsfunktion der Normalverteilung $F(\cdot)$ definiert. So ist

$$C(u_1, u_2) = F_2(F^{-1}(u_1), F^{-1}(u_2), \rho)$$

Formel 100

eine Copula, wobei $F_2(\cdot,\cdot,\rho)$ die bivariate Verteilungsfunktion zweier standard-normalverteilter Zufallsvariablen mit dem Korrelationskoeffizienten ρ ist.

Erzeugt man Punkte, die gemäß der Normal-Copula mit Parameter $\rho = 0{,}5$ verteilt sind, ergibt sich bereits eine leichte Konzentration dieser entlang der Winkelhalbierenden.

Die Gauß-Copula kann mit Excel nicht ohne Weiteres modelliert werden. Die Funktionsweise einer Gauß-Copula bei einer bivariaten Verteilungsfunktion zeigt *Hull* in seinem Buch sehr schön auf. Aufgrund der Komplexität der Berechnung kommt hier ein Makro zur Anwendung, das *John Hull* für die Berechnung einer kumulativen bivariaten Normalverteilung zur Verfügung stellt (http://www-2.rotman.utoronto.ca/~hull/).

Die Berechnungen bei multivariaten Verteilungsfunktionen und von Copula-Funktionen, die über die Gauß-Copula hinausgehen, sind nochmals deutlich komplexer. Zur Lösung bedarf es hier spezieller Softwaretools. Für die folgenden Berechnungen verwenden wir Risk-Kit, das eine Kalibrierung bei multivariaten Verteilungsfunktionen unter Verwendung einer Gauß-Copula erlaubt.

Vorgehensweise

Arbeitsmappe: `Case Study Risikomanagement Teil 1` ➲ `:Copulas`

Vorbemerkung: Wir führen die Berechnung mit Hilfe von Copulas beispielhaft mit dem Softwareprogramm Risk-Kit durch. Jede andere geeignete Software kann selbstverständlich auch verwendet werden, es muss jedoch eine Kalibrierungsfunktion enthalten sein. Es ist hier anzumerken, dass die Ergebnisse der Monte-Carlo-Simulation nur angezeigt werden, wenn die entsprechende Software auch auf dem Computer installiert ist.

- Ausgehend von der DEFAMA Deutsche Fachmarkt AG (Spalte `C` – Zellen `C21:C1271`) und den anderen drei Aktien (Spalten `D-F`) werden zunächst die stetigen Renditen der einzelnen Positionen berechnet.
- Wichtig für die weitere Bearbeitung ist, dass die stetigen Renditen der einzelnen Assets direkt nebeneinander in einem zusammenhängenden Zellbereich (hier `G21:J1270`) stehen.
- Im nächsten Schritt werden die Copula und die Randverteilungen geschätzt.
- Hierzu markieren Sie den Zellbereich `(G21:J1270)`.

- Gehen Sie jetzt in Risk-Kit auf ➲ `Kalibrieren` ➲ `Normale Copula` kalibrieren.

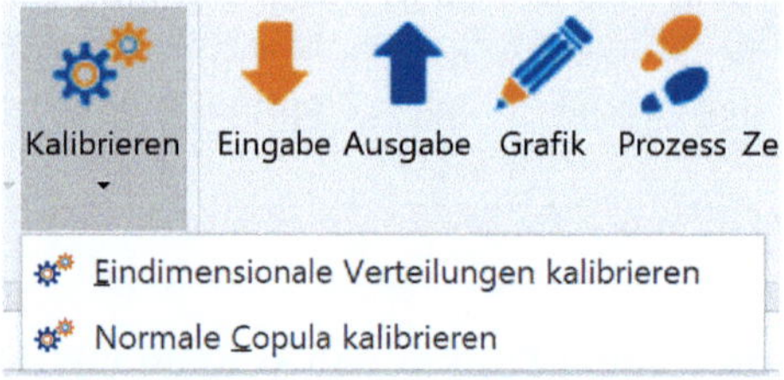

Abbildung 91: Normale Copula kalibrieren

- Bei `Verfügbare Verteilungen` wählen Sie `Alles auswählen`.

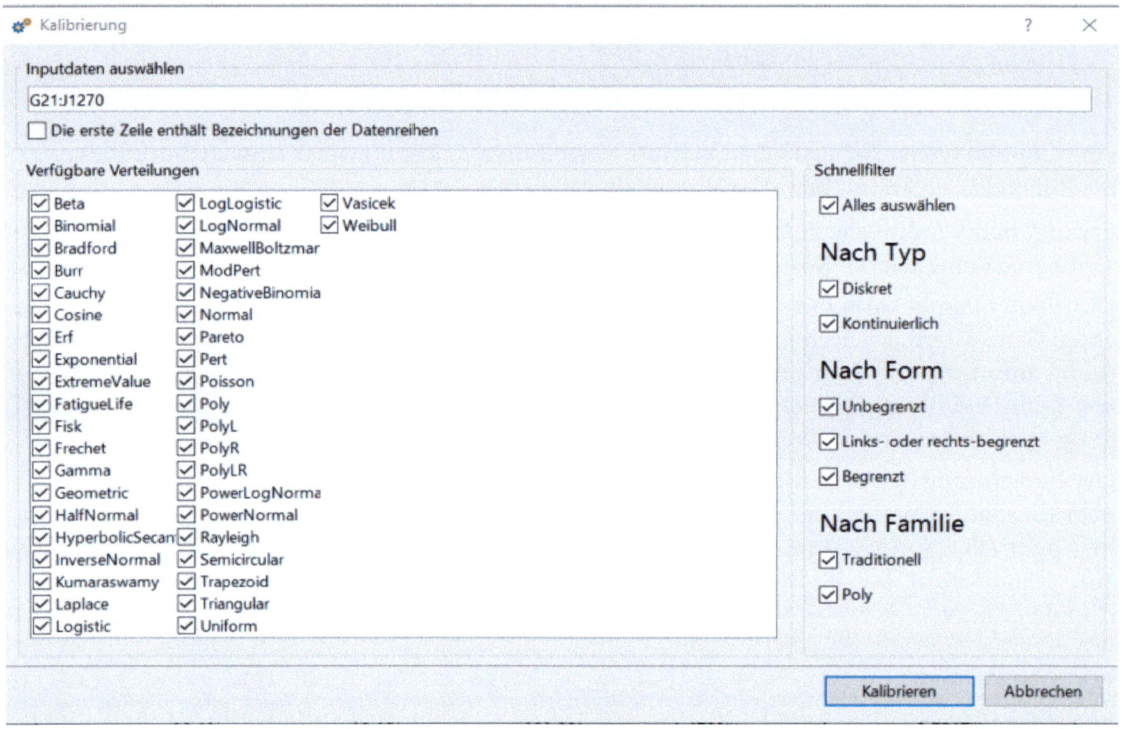

Abbildung 92: Kalibrierung

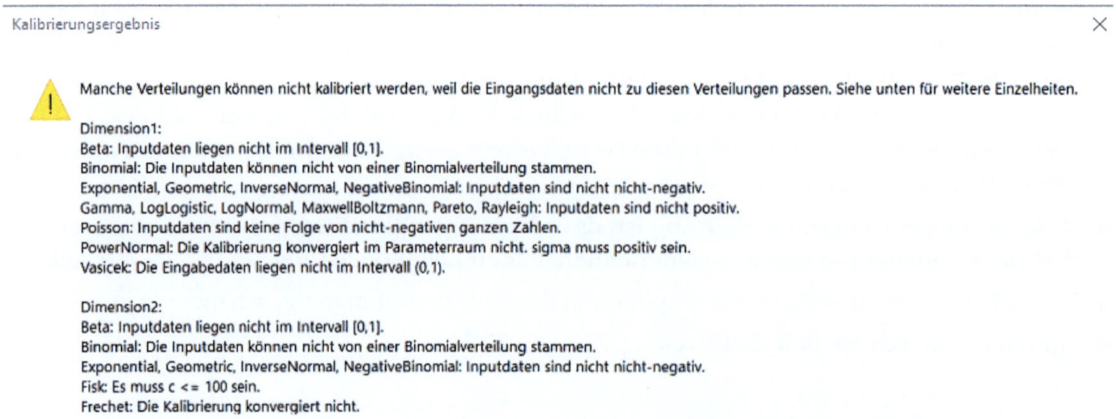

Gamma, LogLogistic, LogNormal, MaxwellBoltzmann, Pareto, Rayleigh: Inputdaten sind nicht positiv.
Poisson: Inputdaten sind keine Folge von nicht-negativen ganzen Zahlen.
PowerNormal: Die Kalibrierung konvergiert im Parameterraum nicht. sigma muss positiv sein.
Vasicek: Die Eingabedaten liegen nicht im Intervall (0,1).

Dimension3:
Beta: Inputdaten liegen nicht im Intervall [0,1].
Binomial: Die Inputdaten können nicht von einer Binomialverteilung stammen.
Exponential, Geometric, InverseNormal, NegativeBinomial: Inputdaten sind nicht nicht-negativ.
Gamma, LogLogistic, LogNormal, MaxwellBoltzmann, Pareto, Rayleigh: Inputdaten sind nicht positiv.
Poisson: Inputdaten sind keine Folge von nicht-negativen ganzen Zahlen.
PowerNormal: Die Kalibrierung konvergiert im Parameterraum nicht. sigma muss positiv sein.
Vasicek: Die Eingabedaten liegen nicht im Intervall (0,1).

Dimension4:
Beta: Inputdaten liegen nicht im Intervall [0,1].
Binomial: Die Inputdaten können nicht von einer Binomialverteilung stammen.
Exponential, Geometric, InverseNormal, NegativeBinomial: Inputdaten sind nicht nicht-negativ.
Fisk: Es muss c <= 100 sein.
Frechet: Die Kalibrierung konvergiert nicht.
Gamma, LogLogistic, LogNormal, MaxwellBoltzmann, Pareto, Rayleigh: Inputdaten sind nicht positiv.
Poisson: Inputdaten sind keine Folge von nicht-negativen ganzen Zahlen.
PowerNormal: Die Kalibrierung konvergiert im Parameterraum nicht. p muss positiv sein.
Vasicek: Die Eingabedaten liegen nicht im Intervall (0,1).

OK

Abbildung 93: Risk Kit Meldung

- Mit OK bestätigen.
- Im nächsten Schritt erhält man das Ergebnis der Kalibrierung.

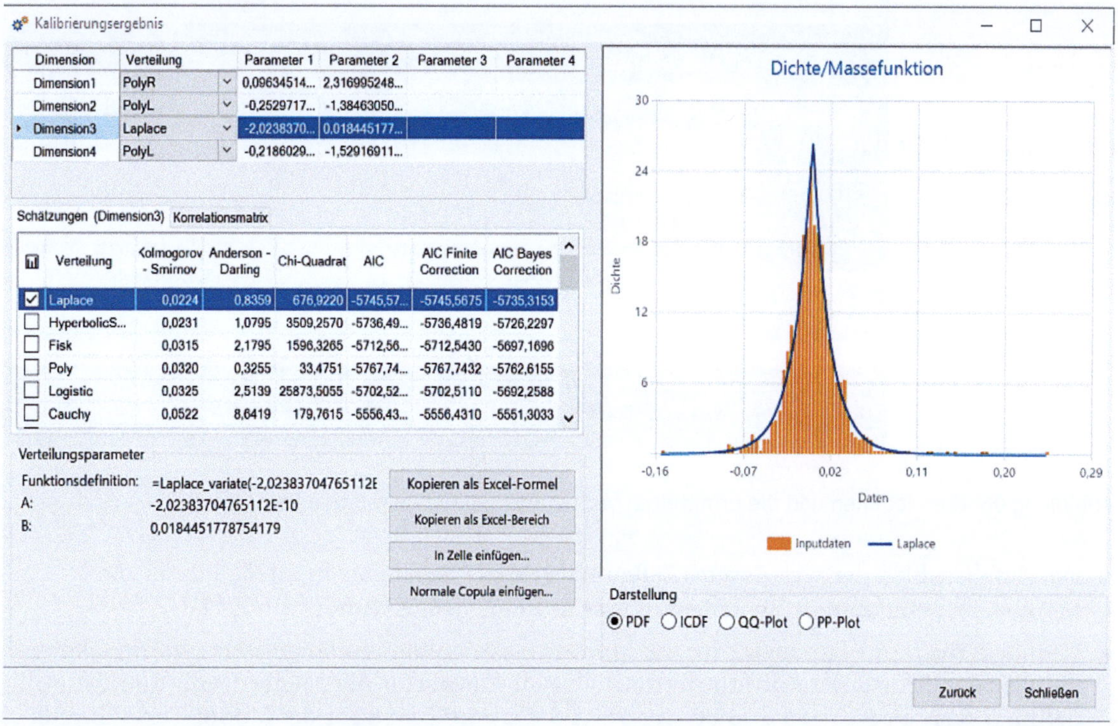

Abbildung 94: Kalibrierungsergebnisse

- Klicken Sie auf `Normale Copula einfügen` und geben Sie einen hinreichend großen Zellbereich für die Ausgabe an.

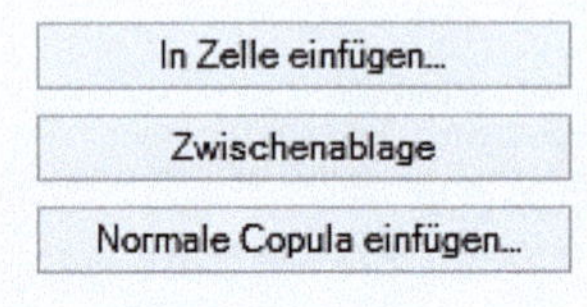

Abbildung 95: Normale Copula einfügen

- Die von Risk-Kit übertragenen Informationen enthalten die Korrelationen (Zellen `H2:K5`) und die ermittelten Verteilungsfunktionen mit den Parametern (Zellen `H9:K10`), die die Verteilung beschreiben. Diese Werte dienen als Grundlage für die Schätzung der Zufallszahlen (Zellen `H14:K14`), mit denen die Monte-Carlo-Simulation erfolgt.

	F	G	H	I	J	K
1		Korrelationen	DEFAMA Deutsche	AGROB Immobilien	Instone Real	GSW Immobilien
2		DEFAMA Deutsche Fachmarkt	1	-0,050550174	0,043338037	0,100157617
3		AGROB Immobilien	-0,050550174	1	-0,003035393	0,023780823
4		Instone Real Estate	0,043338037	-0,003035393	1	-0,006413567
5		GSW Immobilien	0,100157617	0,023780823	-0,006413567	1
6						
7			DEFAMA Deutsche Fachmarkt	AGROB Immobilien	Instone Real Estate	GSW Immobilien
8		Verteilung	PolyR	PolyL	Laplace	PolyL
9		Parameter 1	0	-0,25297177	0,00000000	-0,21860295
10		Parameter 2	{2,31699524883236; 0,199111412059406; 0,0801059094718563; -0,538869306360396}	{-1,38463050425088; 0,0437887366200417}	0,01844518	{-1,52916911103748; 0,0614835473546227}
11						
12						
13			DEFAMA Deutsche Fachmarkt	AGROB Immobilien	Instone Real Estate	GSW Immobilien
14		Zufallszahlen	0,009343156	-0,021321648	0,002595234	-0,038796533

Abbildung 96: Korrelationen und die ermittelten Verteilungsfunktionen mit den Parametern

- Die Zufallszahlen der vier Assets (Zellen `H14:K14`) dienen als Input-Zellen für die Monte-Carlo-Simulation. Sie haben in Risk-Kit eine grüne Hintergrundfarbe.
- Nachdem die Input-Parameter für die Monte-Carlo-Simulation eingegeben wurden, kann im nächsten Schritt der Portfoliowert als Output-Parameter der Monte-Carlo-Simulation definiert werden `S16=F16+J16+N16+R16`. Output-Zellen für die Monte-Carlo-Simulation haben in Risk-Kit eine dunkelgelbe Hintergrundfarbe.
- Führen Sie nun, wie in den vorigen Assignments beschrieben, eine Monte-Carlo-Simulation durch.

- In den Spalten V und W werden die Ergebnisse der Monte-Carlo-Simulation aufgeführt (Zellen `V21:W10020`). Spalte V zeigt die Portfoliowerte, Spalte W die Gewinne und Verluste.
- Basierend auf den Vorarbeiten können nun der Gewinn und Verlust in aufsteigender Reihenfolge sortiert werden `Z21=KKLEINSTE($W$21:$W$10020;Y21)`.
- Auf Grundlage dieser Liste wird bei der Ermittlung des Value at Risk bei einer diskreten Wahrscheinlichkeitsverteilung die Anzahl der α-% kleinsten Werte ermittelt. In unserem Beispiel sind es die 5% kleinsten Werte. Das sind bei 10.000 vorliegenden Renditen 500 Werte. Das 5%-Quantil liegt nach statistischer Definition beim 500-niedrigsten Wert. Bei unserem VaR-Ansatz verwenden wir den 500sten Wert der geordneten Liste in Spalte Z. Dies wird mit der Funktion `AC23=ABRUNDEN((AC21)*ANZAHL(Z21:Z10020);0)` berechnet.
- Darauffolgend wird der Verlust des 500-kleinsten Werts bestimmt. Dies erfolgt für das 5%-Quantil mit der Funktion `AC25=ABS(MIN(SVERWEIS(AC23;Y21:Z10020;2;0);0))`. Der ermittelte Value at Risk beträgt 75.869 €.
- Abschließend kann der Conditional Value at Risk (Expected Shortfall) berechnet werden `AC28=ABS(MITTELWERT(Z21:Z520))`. Er beträgt 95.543 €.

Ergebnis

	T	U	V	W	X	Y	Z
20		Versuchswerte	Portfoliowert	Gewinn und Verlust			Gewinn/Verlust sortiert
21		1	3.537.952 €	29.465 €		1	- 244.661 €
22		2	3.449.517 €	- 58.970 €		2	- 200.969 €
23		3	3.511.112 €	2.625 €		3	- 183.342 €
24		4	3.503.437 €	- 5.049 €		4	- 181.307 €
25		5	3.458.766 €	- 49.721 €		5	- 181.307 €
26		6	3.509.253 €	766 €		6	- 175.673 €
27		7	3.493.453 €	- 15.034 €		7	- 161.883 €
28		8	3.474.171 €	- 34.316 €		8	- 161.850 €
29		9	3.478.571 €	- 29.916 €		9	- 158.695 €
30		10	3.533.635 €	25.148 €		10	- 154.455 €
31		11	3.510.957 €	2.470 €		11	- 153.760 €
32		12	3.500.488 €	- 7.998 €		12	- 152.648 €
33		13	3.468.975 €	- 39.512 €		13	- 151.379 €

	AA	AB	AC	AD	AE
20		Konfidenzniveau	95%		
21		Alpha	5%		
23		Anzahl der Werte	500		
25		VaR = Relativer VaR	75.869 €	75.869 €	OK
28		Expected Shortfall	95.543 €	95.543 €	OK

Abbildung 97: Berechnung des Value at Risk und des Conditional Value at Risk mit Hilfe der Monte-Carlo-Simulation basierend auf einer Copula

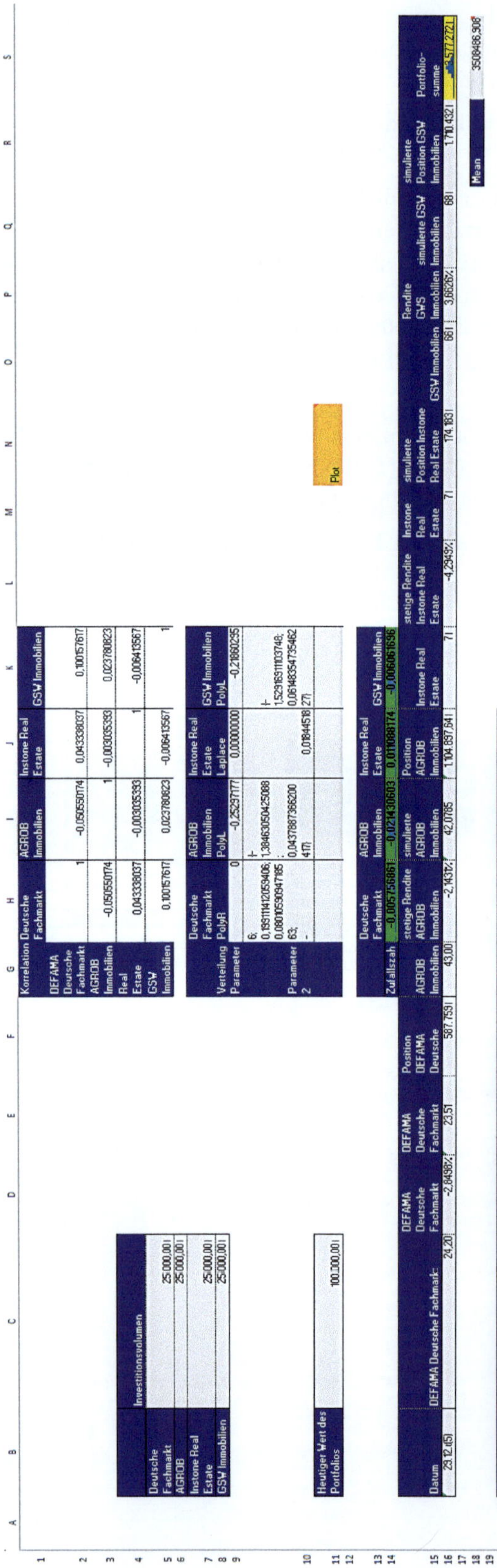

Abbildung 98: Modellkonzeption der Monte-Carlo-Simulation basierend auf einer Copula

Literatur und Verweis auf das Excel-Tool

Ernst, D., Häcker, J. (2021): Risikomanagement im Unternehmen Schritt für Schritt, UTB, Course 2 – Assignment 17.

Hull, J. C. (2014): Risikomanagement: Banken, Versicherungen und andere Finanzinsitutionen, 3. Aufl., Pearson, S. 283-295.

Siehe Excel-Datei `Case Study Risikomanagement Teil 1`, Excel-Arbeitsblatt `Copula`

Course Unit 3: Modellierung nicht-abgesicherter Risiken

Assignment 19: Simulationsbasierte Unternehmensplanung: Festlegung der Risikoparameter für die Monte-Carlo-Simulation eines Businessplans

Inhalt

Das Risikomanagement eines Unternehmens hat die Aufgabe, kontinuierlich Risiken zu identifizieren, zu quantifizieren, zu aggregieren und zu überwachen. Die im Kontroll- und Transparenzgesetz (KonTraG) geforderte Herstellung von Transparenz der Risikosituation des Unternehmens soll gewährleisten,

- dass bestandsbedrohende Unternehmenskrisen vermieden, und
- dass bei wesentlichen unternehmerischen Entscheidungen die erwarteten Chancen und Risiken gegeneinander abgewogen werden (Business Judgement Rule).

Risiken werden im Rahmen der Unternehmensplanung als mögliche Planabweichungen verstanden. Dieses Risikoverständnis umfasst sowohl

- Chancen (mögliche positive Abweichungen) als auch
- Gefahren (mögliche negative Abweichungen).

Die Grundsätze ordnungsgemäßer Planung (GoP) tragen der engen Verknüpfung von Planung und Risiko Rechnung, indem Transparenz über diejenigen Risiken herzustellen ist, die Planabweichungen auslösen können. Analog zum IDW PS 340 n.F. zur Prüfung des Risikofrüherkennungssystems, der auf dem KonTraG basiert, fordern die GoP die Bestimmung des aggregierten Gesamtrisikoumfangs, da nur auf diese Weise der Umfang möglicher Planabweichungen (Planung(und)Sicherheit) und die damit verbundene Bestandsgefährdung des Unternehmens beurteilt werden können.

Eine unter Beachtung dieser Anforderungen der GoP konzipierte Unternehmensplanung ist damit die adäquate Grundlage, um Risikomanagement und Planung zu verbinden. Dadurch werden die formalen Anforderungen an ein Risikomanagementsystem erfüllt und persönliche Haftungsrisiken für Geschäftsführung bzw. Vorstand oder Aufsichtsrat vermieden.

Die Berücksichtigung von Chancen und Gefahren (Risiken) ermöglicht es überhaupt, aussagefähige und entscheidungsrelevante Planwerte im Sinne von Erwartungswerten zu erhalten. Es ist eine wesentliche Anforderung der GoP, Planwerte zu ermitteln, die „im Mittel“ richtig sind, also Planwerte, bei denen mögliche positive und negative Planabweichungen adäquat berücksichtigt werden. Diese Planwerte werden **erwartungstreue Planwerte** genannt. Nur erwartungstreue Planwerte können die Grundlage für unternehmerische Entscheidungen (z.B. Investitionsentscheidungen oder Entscheidungen über Unternehmenskäufe) sein.

Was versteht man unter einer erwartungstreuen Planung und erwartungstreuen Planwerten? Der Begriff „Erwartungstreue“ (oft auch Unverzerrtheit, englisch unbiasedness genannt) bezeichnet in der mathematischen Statistik eine Eigenschaft einer Schätzfunktion (kurz: eines Schätzers).

Ein Schätzer heißt erwartungstreu, wenn sein Erwartungswert gleich dem wahren Wert des zu schätzenden Parameters ist. Ist eine Schätzfunktion nicht erwartungstreu, spricht man davon, dass der Schätzer verzerrt ist. Das Ausmaß der Abweichung seines Erwartungswerts vom wahren Wert nennt man Verzerrung oder Bias. Die Verzerrung drückt den systematischen Fehler des Schätzers aus.

In der Unternehmensplanung bedeutet erwartungstreu, dass mit Hilfe geeigneter Planungs- und Prognoseverfahren bestmögliche und unverzerrte Vorhersagen getroffen werden, die im Mittel bei vielen Planungsfällen und Planungsperioden eintreten und sich als richtig herausstellen. Eine

Risikoanalyse ist die notwendige Voraussetzung für die Ableitung erwartungstreuer Planwerte und die Beurteilung der Planungs(un)sicherheit als Umfang möglicher Planabweichungen.

Planwerte ohne Informationen über die Planungsunsicherheit (z. B. Standardabweichung von Planabweichungen) sind ohne Aussagefähigkeit, da theoretisch beliebig große Planabweichungen mit relevanter Wahrscheinlichkeit möglich sind.

In der Praxis zeigt sich jedoch, dass Planwerte vielfach rein als pseudodeterministische Planwerte vorgegeben werden. Mit diesen wird versucht, die Komplexität der Unsicherheit „in den Griff" zu bekommen und Werte vorzugeben, von denen man annimmt (oder besser gesagt hofft), dass diese als „wahrscheinlichste Werte" (Modus) auch eintreten werden.

- Wir sehen, dass es einen erheblichen Unterschied gibt zwischen
- erwartungstreuen Planwerten, die die zu erwartende Entwicklung eines Unternehmens abbilden und
- den (oftmals auch als Planwerten bezeichneten) pseudodeterministischen Planwerten, die als grob vereinfachte Planungshilfsgrößen dienen.

Wenn in Unternehmen mit Zielwerten als Steuerungsgrößen gearbeitet wird, sollten diese auf Basis erwartungstreuer Planwerte abgeleitet und festgelegt werden. Nur so können in einer vorab durchgeführten Risikoanalyse Chancen und Gefahren (Risiken) identifiziert und quantifiziert werden, die in Zukunft zu einer Planabweichung führen können.

In den folgenden drei Assignments lernen Sie kennen, wie eine erwartungstreue und simulationsbasierte Planung erstellt wird. Dabei gehen wir in folgenden Schritten vor:

1 Festlegung der Risikoparameter für die Monte-Carlo-Simulation eines Businessplans
2 Übernahme der Risikoparameter für die Monte-Carlo-Simulation in den Businessplan
3 Risikoaggregation mit Hilfe der Monte-Carlo-Simulation und Risikoanalyse

Aufgabe

- Öffnen Sie die Excel-Datei Case Study Risikomanagement Teil 2.
- Erstellen Sie ein neues Arbeitsblatt `Monte Carlo Parameter` und fügen Sie diese nach dem Arbeitsblatt `Annahmen` ein.
- Verwenden Sie die folgenden Parameter als Risiko-Input-Variablen:
- Umsatzwachstum: Das Umsatzwachstum weist eine Dreiecksverteilung mit den folgenden Eingabewerten auf:
  - Jahr t(1): Minimum = 1,0% wahrscheinl. Wert = 3,0% Maximum = 3,5%
  - Jahr t(2): Minimum = 1,0% wahrscheinl. Wert = 3,0% Maximum = 3,5%
  - Jahr t(3): Minimum = 1,0% wahrscheinl. Wert = 3,0% Maximum = 3,5%
  - Jahr t(4): Minimum = 0,5% wahrscheinl. Wert = 2,5% Maximum = 3,0%
  - Jahr t(5): Minimum = 0,5% wahrscheinl. Wert = 2,0% Maximum = 2,5%
- Materialaufwand: Der Materialaufwand weist für die Jahre t(1) bis t(5) eine Normalverteilung mit einem Erwartungswert von 0% und einer Standardabweichung von 5% auf.
- Personalaufwand: Der Personalaufwand weist für die Jahre t(1) bis t(5) eine Normalverteilung mit einem Erwartungswert von 0% und einer Standardabweichung von 3% auf.
- Bewertung von Investment Properties: Die Bewertung von Investment Properties weisen eine Normalverteilung mit einem Erwartungswert von 0% und einer Standardabweichung von 2% auf.

- Sonstige betriebliche Aufwendungen: Die sonstigen betrieblichen Aufwendungen sind umsatzabhängig, können aber durch Ausfälle von Forderungen oder Verluste von Großmietern beeinflusst werden.
- Ausfall von Forderungen: Dabei wird zwischen kleinen Ausfällen, mittleren Ausfällen und großen Ausfällen unterschieden.
- Alle Schäden weisen eine Gleichverteilung auf mit folgenden Parametern:
  - Kleiner Ausfall: Hat eine Eintrittswahrscheinlichkeit von 30% und führt zu einer Schadenshöhe von 0,5% des Umsatzes.
  - Mittlerer Ausfall: Hat eine Eintrittswahrscheinlichkeit von 5% und führt zu einer Verlusthöhe von 1% des Umsatzes.
  - Großer Ausfall: Hat eine Eintrittswahrscheinlichkeit von 1% und führt zu einer Schadenshöhe von 3% des Umsatzes.
- Verlust von Großmietern: Besitzt ebenfalls eine Gleichverteilung, hat eine Eintrittswahrscheinlichkeit von 5% und führt zu einer Verlusthöhe von 2% des Umsatzes.
- Umsatzwachstum: Das Umsatzwachstum weist eine PERT-Verteilung mit den folgenden Eingabewerten auf:
  - Jahr t(1): Minimum = 1,0% wahrscheinl. Wert = 3,0% Maximum = 3,5%
  - Jahr t(2): Minimum = 1,0% wahrscheinl. Wert = 3,0% Maximum = 3,5%
  - Jahr t(3): Minimum = 1,0% wahrscheinl. Wert = 3,0% Maximum = 3,5%
  - Jahr t(4): Minimum = 0,5% wahrscheinl. Wert = 2,5% Maximum = 3,0%
  - Jahr t(5): Minimum = 0,5% wahrscheinl. Wert = 2,0% Maximum = 2,5%
- Umsatzwachstum: Das Umsatzwachstum weist eine Expertenverteilung mit den folgenden Eingabewerten auf:
  - Jahr t(1): Minimum = 1,0% wahrscheinl. Wert = 3,0% Maximum = 3,5%
  - Jahr t(2): Minimum = 1,0% wahrscheinl. Wert = 3,0% Maximum = 3,5%
  - Jahr t(3): Minimum = 1,0% wahrscheinl. Wert = 3,0% Maximum = 3,5%
  - Jahr t(4): Minimum = 0,5% wahrscheinl. Wert = 2,5% Maximum = 3,0%
  - Jahr t(5): Minimum = 0,5% wahrscheinl. Wert = 2,0% Maximum = 2,5%

Inhalt

Die Quantifizierung von Risiken und deren Aggregation im Kontext der Unternehmensplanung ist eine betriebswirtschaftliche Aufgabe von besonders hoher Bedeutung, bei der Corporate Finance und Risikomanagement zusammenwirken sollten. Zur quantitativen Beschreibung eines Risikos kann eine Wahrscheinlichkeitsverteilung genutzt werden, die die Ergebnisauswirkungen eines Risikos in einer Periode (z. B. einem Jahr) beschreibt.

Die wichtigsten Verteilungsfunktionen im Rahmen des Risikomanagements sind Binomialverteilung, Normalverteilung und Dreiecksverteilung. Diese Verteilungen beschreiben die monetären Auswirkungen des Risikos in einem Jahr und damit integriert die Häufigkeit des Eintretens und die Höhe der Auswirkungen des Risikos.

Die **Binomialverteilung** findet in der Praxis häufig Verwendung. Sie beschreibt ein Risiko nur durch Schadenshöhe und Eintrittswahrscheinlichkeit. Diese Verteilung ist angemessen, wenn man „ereignisorientierte Risiken" mit sicherer Wirkung betrachtet. Bei diesen kann man näherungsweise davon ausgehen, dass das entsprechende Risiko genau einmal in einem Jahr mit der Wahrscheinlichkeit p eintritt und dann einen Schaden zur Konsequenz hat. Typische Anwendungsfälle sind der Verlust eines Schlüsselkunden, der Brand in einer Fabrik oder der Ausfall einer

Maschine. Ereignisorientierte Risiken sind damit entweder „Chance" oder „Gefahr“ - aber nicht beides zugleich. Kann ein Ereignis mehr als einmal innerhalb eines Jahres eintreten, benötigt man dagegen die Poisson-Verteilung oder eine allgemeine Binomialverteilung ($n > 1$).

Risiken, die Chance und Gefahr zugleich darstellen, kann man z. B. durch die **Normalverteilung** beschreiben. Für ihre Spezifikation benötigt man den Erwartungswert, der als Lageparameter aussagt, was „im Mittel“ passiert, und die Standardabweichung, die den Umfang „üblicher“ positiver oder negativer Abweichungen spezifiziert. Die Normalverteilung findet insbesondere zur Beschreibung von Risiken Anwendung, die man als Verdichtung vieler einzelner kleiner (und unabhängiger) Einzelereignisse auffassen kann, wie z. B. für Nachfrageschwankungen, Umsatzschwankungen, Zinsänderungs- und Währungsrisiken sowie Rohstoffpreisänderungen (speziell also für „marktbezogene“ Risiken).

Für die Beschreibung von asymmetrischen Risiken, die entweder einen Chancen- oder einen Gefahrenüberhang aufweisen, kann man im einfachsten Fall die sogenannte **Dreiecksverteilung** verwenden. Bei dieser wird eine betrachtete risikobehaftete Größe (z. B. die Kosten eines Projektes) beschrieben durch (a) Mindestwert, (b) wahrscheinlichsten Wert und (c) Maximalwert. Beispiele: risikobedingt mögliche Bandbreite der Investitionshöhe. Eine Alternative zur Dreiecksverteilung ist die **PERT-Verteilung** (PERT = Program Evaluation and Review Technique), bei der ebenfalls drei Werte angegeben werden (minimaler Wert, wahrscheinlichster Wert (Modus), maximaler Wert). Im Gegensatz zur Dreiecksverteilung betont die PERT-Verteilung weniger stark die Ränder, sondern weist eine Verdichtung um den wahrscheinlichsten Wert auf. Das bedeutet, dass wir bei Anwendung der PERT-Verteilung dem wahrscheinlichsten Wert „trauen“, und wir davon ausgehen, dass der zukünftige Wert nahe dem wahrscheinlichsten Wert sein wird. Wenn man davon ausgeht, dass viele Phänomene normalverteilt sind, besteht die Attraktivität der PERT-Verteilung darin, dass sie eine ähnliche Kurve wie die Normalverteilung generiert, ohne dass die genauen statistischen Parameter der Normalverteilung (Erwartungswert und der Standardabweichung) bekannt sein müssen.

Dieser kleine Überblick über Wahrscheinlichkeitsverteilungen ist natürlich nicht abschließend. In der Literatur findet man Erläuterungen zu einer Vielzahl weiterer in der Praxis wichtiger Wahrscheinlichkeitsverteilungen, wie z. B. der Lognormalverteilung, der Exponential-Verteilung, der Poisson-Verteilung (für die Beschreibung der Häufigkeit eines Risikoeintritts), der Gleichverteilung (für Situationen, in denen keine Informationen über die Eintrittswahrscheinlichkeiten vorliegen) und der Pareto-Verteilung, die geeignet ist, Extremereignisse (wie Naturkatastrophen oder Börsen-Crashs) zu modellieren.

Wichtige Formeln

fx

Für die vorbereitenden Maßnahmen bedarf es keines speziellen Formelwissens. Relevant sind die Eingaben in Excel und die gewählten Monte-Carlo-Simulations-Software.

Vorbemerkung: Wir führen hier die Monte-Carlo-Simulation beispielhaft mit dem Softwareprogramm Risk-Kit durch. Jede andere geeignete Software kann selbstverständlich auch verwendet werden. Es ist hier wiederum anzumerken, dass die Ergebnisse der Monte-Carlo-Simulation nur angezeigt werden, wenn die entsprechende Software auch auf dem Computer installiert ist.

- Ihnen liegt ein Businessplan der Real Estate Group in Excel vor. Dieser besteht aus den folgenden Arbeitsblättern:
  - Annahmen
  - GuV

- Bilanz Aktiva
- Bilanz Passiva

- Im ersten Schritt erstellen Sie die Annahmen für die Monte-Carlo-Simulation in einem neuen Arbeitsblatt und benennen es `Monte Carlo Parameter`.
- Die erste Gruppe von Risikoparametern betrifft den Umsatz und die damit verbundenen Kosten (Zellen `B7:J21`).
- Der erste relevante Risikoparameter ist das Umsatzwachstum (Zellen `B8:J11`).
- Das Umsatzwachstum weist eine Dreiecksverteilung mit den folgenden Eingabewerten auf:
  - Jahr t(1): Minimum = 1,0% wahrscheinl. Wert = 3,0% Maximum = 3,5%
  - Jahr t(2): Minimum = 1,0% wahrscheinl. Wert = 3,0% Maximum = 3,5%
  - Jahr t(3): Minimum = 1,0% wahrscheinl. Wert = 3,0% Maximum = 3,5%
  - Jahr t(4): Minimum = 0,5% wahrscheinl. Wert = 2,5% Maximum = 3,0%
  - Jahr t(5): Minimum = 0,5% wahrscheinl. Wert = 2,0% Maximum = 2,5%
- Wählen Sie in Risk-Kit unter `Eindimensionale Verteilungen` ➲ `Triangular` ➲ `Einzelne Zufallszahl` die Dreiecksverteilung aus und geben Sie für die Dreiecksverteilung die Eingabewerte für das Umsatzwachstum folgende Werte pro Jahr ein:
  - A: minimale Wachstumsrate
  - B: wahrscheinlichste Wachstumsrate
  - C: maximale Wachstumsrate des Umsatzes ein.
- Markieren Sie das Umsatzwachstum für alle Jahre (Zellen `F8:J8`) als Input-Zellen für die Monte-Carlo-Simulation. Gehen Sie dazu in Risk-Kit auf `Eingabe`. Die Input-Zellen erhalten eine grüne Hintergrundfarbe.
- Der zweite relevante Risikoparameter ist der Materialaufwand (Zellen `B13:J15`): Die Herstellungskosten weisen für die Jahre t(1) bis t(5) eine Normalverteilung mit einem Erwartungswert von 0% und einer Standardabweichung von 5% auf.
- Der dritte relevante Risikoparameter ist der Personalaufwand (Zellen `B16:J18`): Die Vertriebskosten weisen für die Jahre t(1) bis t(5) eine Normalverteilung mit einem Erwartungswert von 0% und einer Standardabweichung von 3% auf.
- Der vierte relevante Risikoparameter ist die Bewertung von Investment Properties (Zellen `B19:J21`): Die allgemeinen Verwaltungskosten weisen eine Normalverteilung mit einem Erwartungswert von 0% und einer Standardabweichung von 2% auf.
- Wählen Sie in Risk-Kit unter `Eindimensionale Verteilungen` ➲ `NormalD` ➲ `Einzelne Zufallszahl` die Normalverteilung aus und geben Sie für die Normalverteilung die folgenden Eingabewerte pro Jahr ein:
  - `Mu`: den Erwartungswert
  - `Sigma`: die Standardabweichung
- Markieren Sie den Materialaufwand, Personalaufwand und Bewertung von Investment Properties für alle Jahre als Input-Zellen für die Monte-Carlo-Simulation. Gehen Sie dazu in Risk-Kit auf `Eingabe`. Die Input-Zellen erhalten eine grüne Hintergrundfarbe.
- Die zweite Gruppe von Risikoparametern betrifft die sonstigen betrieblichen Aufwendungen (Zellen `B23:J47`): Die sonstigen betrieblichen Aufwendungen sind umsatzabhängig, können aber auch durch Ausfälle von Forderungen oder Verluste von Großmietern beeinflusst werden.

- Der erste Risikoparameter in dieser Gruppe betrifft den Ausfall von Forderungen (Zellen B24:J41). Dabei wird zwischen kleinen Ausfällen, mittleren Ausfällen und großen Ausfällen unterschieden.
- Alle Schäden weisen eine Gleichverteilung auf mit folgenden Parametern:
  - Kleiner Ausfall: hat eine Schadenswahrscheinlichkeit von 30%. Wenn die bei der Monte-Carlo-Simulation gezogene Zufallszahl kleiner gleich 30% ist, führt dies zu einer Schadenshöhe von 0,5% des Umsatzes F29=WENN(F24<=F27;F28;0).
  - Mittlerer Ausfall: hat eine Schadenswahrscheinlichkeit von 5%. Wenn die bei der Monte-Carlo-Simulation gezogene Zufallszahl kleiner gleich 5% ist, führt dies zu einer Verlusthöhe von 1% des Umsatzes F35=WENN(F30<=F33;F34;0).
  - Großer Ausfall: hat eine Schadenswahrscheinlichkeit von 1%. Wenn die bei der Monte-Carlo-Simulation gezogene Zufallszahl kleiner gleich 1% ist, führt dies zu einer Schadenshöhe von 3% des Umsatzes F41=WENN(F36<=F39;F40;0).
- Der zweite Risikoparameter in dieser Gruppe betrifft den Verlust von Großmietern (Zellen B42:J47). Er besitzt ebenfalls eine Gleichverteilung. Wenn die bei der Monte-Carlo-Simulation gezogene Zufallszahl kleiner gleich 5% gezogen wird, führt dies zu einer Verlusthöhe von 2% des Umsatzes F47=WENN(F42<=F45;F46;0).
- Markieren Sie die kleinen, mittleren, großen Ausfälle und den Verlust von Großmietern für alle Jahre als Input-Zellen für die Monte-Carlo-Simulation. Gehen Sie dazu in Risk-Kit auf Eingabe. Die Input-Zellen erhalten eine grüne Hintergrundfarbe.
- Wählen Sie in Risk-Kit unter Eindimensionale Verteilungen ➲ Uniform ➲ Einzelne Zufallszahl die Gleichverteilung aus und geben Sie für die Gleichverteilung die folgenden Eingabewerte pro Jahr ein:
  - A: minimale Eintrittswahrscheinlichkeit
  - B: maximale Eintrittswahrscheinlichkeit
- Der erste relevante Risikoparameter ist das Umsatzwachstum und kann auch durch eine PERT-Verteilung (Zellen P8:T11) oder eine Expertenverteilung angegeben werden. (Zellen P15:T18).
- Das Umsatzwachstum weist eine PERT-Verteilung mit den folgenden Eingabewerten auf:
  - Jahr t(1): Minimum = 1,0% wahrscheinl. Wert = 3,0% Maximum = 3,5%
  - Jahr t(2): Minimum = 1,0% wahrscheinl. Wert = 3,0% Maximum = 3,5%
  - Jahr t(3): Minimum = 1,0% wahrscheinl. Wert = 3,0% Maximum = 3,5%
  - Jahr t(4): Minimum = 0,5% wahrscheinl. Wert = 2,5% Maximum = 3,0%
  - Jahr t(5): Minimum = 0,5% wahrscheinl. Wert = 2,0% Maximum = 2,5%
- Wählen Sie in Risk-Kit unter Eindimensionale Verteilungen ➲ Triangular ➲ Einzelne Zufallszahl die PERT-Verteilung aus und geben Sie für die PERT-Verteilung die Eingabewerte für das Umsatzwachstum folgende Werte pro Jahr ein:
  - A: minimale Wachstumsrate
  - B: wahrscheinlichste Wachstumsrate
  - C: maximale Wachstumsrate des Umsatzes ein.
- Der erste relevante Risikoparameter ist das Umsatzwachstum und kann auch durch eine Expertenverteilung angegeben werden. (Zellen P15:T18).
- Wählen Sie in Risk-Kit unter Eindimensionale Verteilungen ➲ Triangular ➲ Einzelne Zufallszahl die Expert-Verteilung aus und geben Sie für die Expertenverteilung die Eingabewerte für das Umsatzwachstum folgende Werte pro Jahr ein:

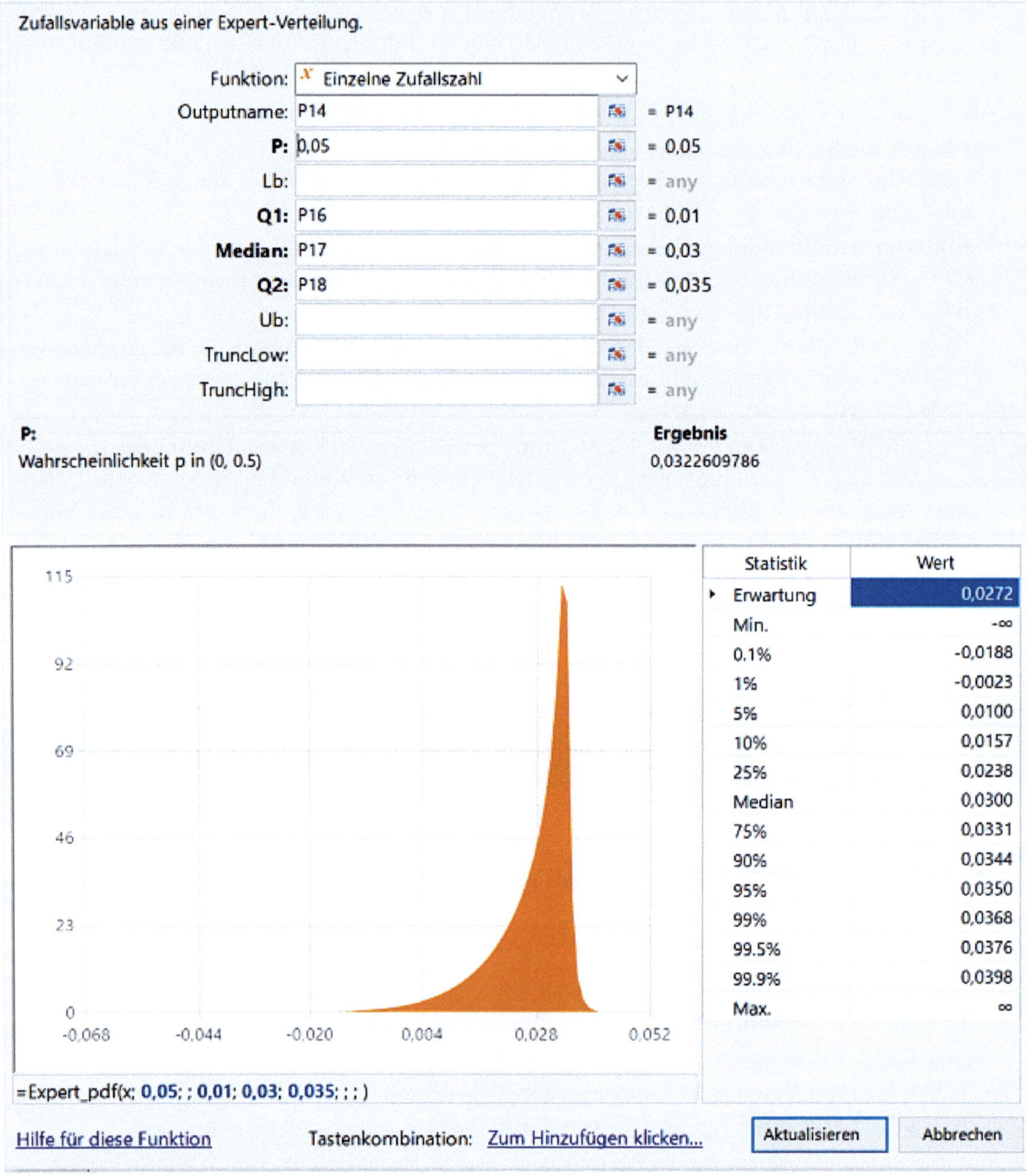

Abbildung 99: Expertenverteilung

Ergebnis

Risikoparameter	Plan t_1	Plan t_2	Plan t_3	Plan t_4	Plan t_5
Dreiecksverteilung	Verteilung	Verteilung	Verteilung	Verteilung	Verteilung
Umsatzwachstum	3,01%	2,61%	2,51%	2,00%	1,54%
- Minimumwert	1,00%	1,00%	1,00%	0,50%	0,50%
- Wahrscheinlichster Wert	3,00%	3,00%	3,00%	2,50%	2,00%
- Maximumwert	3,50%	3,50%	3,50%	3,00%	2,50%
Normalverteilung	Verteilung	Verteilung	Verteilung	Verteilung	Verteilung
Materialaufwand	-10,58%	5,06%	-7,25%	-11,12%	-0,03%
- Erwartungswert	0,00%	0,00%	0,00%	0,00%	0,00%
- Standardabweichung	5,00%	5,00%	5,00%	5,00%	5,00%
Personalaufwand	0,10%	-1,00%	1,74%	0,25%	-1,38%
- Erwartungswert	0,00%	0,00%	0,00%	0,00%	0,00%
- Standardabweichung	3,00%	3,00%	3,00%	3,00%	3,00%
Bewertung von Investment Properties	-0,44%	-0,77%	-2,90%	-1,97%	0,67%
- Erwartungswert	0,00%	0,00%	0,00%	0,00%	0,00%
- Standardabweichung	2,00%	2,00%	2,00%	2,00%	2,00%
Gleichverteilung	Verteilung	Verteilung	Verteilung	Verteilung	Verteilung
Sonstige betriebliche Aufwendungen					
- Kleine Ausfälle	87,31%	44,22%	37,82%	17,87%	85,84%
Eintrittswahrscheinlichkeit (minimal)	0,00%	0,00%	0,00%	0,00%	0,00%
Eintrittswahrscheinlichkeit (maximal)	100,00%	100,00%	100,00%	100,00%	100,00%
Wahrscheinlichkeit eines Schadens	30,00%	30,00%	30,00%	30,00%	30,00%
Schadenshöhe in % des Umsatzes	0,50%	0,50%	0,50%	0,50%	0,50%
Erwartete Schadenshöhe in % des Umsatzes	0,00%	0,00%	0,00%	0,50%	0,00%
- Mittlere Ausfälle	52,15%	50,56%	33,04%	39,34%	75,06%
Eintrittswahrscheinlichkeit (minimal)	0,00%	0,00%	0,00%	0,00%	0,00%
Eintrittswahrscheinlichkeit (maximal)	100,00%	100,00%	100,00%	100,00%	100,00%
Wahrscheinlichkeit eines Schadens	5,00%	5,00%	5,00%	5,00%	5,00%
Schadenshöhe in % des Umsatzes	1,00%	1,00%	1,00%	1,00%	1,00%
Erwartete Schadenshöhe in % des Umsatzes	0,00%	0,00%	0,00%	0,00%	0,00%
- Große Ausfälle	9,38%	90,23%	8,16%	29,56%	76,09%
Eintrittswahrscheinlichkeit (minimal)	0,00%	0,00%	0,00%	0,00%	0,00%
Eintrittswahrscheinlichkeit (maximal)	100,00%	100,00%	100,00%	100,00%	100,00%
Wahrscheinlichkeit eines Schadens	1,00%	1,00%	1,00%	1,00%	1,00%
Schadenshöhe in % des Umsatzes	3,00%	3,00%	3,00%	3,00%	3,00%
Erwartete Schadenshöhe in % des Umsatzes	0,00%	0,00%	0,00%	0,00%	0,00%
- Verlust von Großmietern	91,88%	93,52%	26,39%	63,27%	81,81%
Eintrittswahrscheinlichkeit (minimal)	0,00%	0,00%	0,00%	0,00%	0,00%
Eintrittswahrscheinlichkeit (maximal)	100,00%	100,00%	100,00%	100,00%	100,00%
Wahrscheinlichkeit eines Schadens	5,00%	5,00%	5,00%	5,00%	5,00%
Schadenshöhe in % des Umsatzes	2,00%	2,00%	2,00%	2,00%	2,00%
Erwartete Schadenshöhe in % des Umsatzes	0,00%	0,00%	0,00%	0,00%	0,00%

PERT-Verteilung	Verteilung	Verteilung	Verteilung	Verteilung	Verteilung
Umsatzwachstum	2,9%	1,8%	3,4%	1,9%	2,4%
- Minimumwert	1,00%	1,00%	1,00%	0,50%	0,50%
- Wahrscheinlichster Wert	3,00%	3,00%	3,00%	2,50%	2,00%
- Maximumwert	3,50%	3,50%	3,50%	3,00%	2,50%

Expertenverteilung	Verteilung	Verteilung	Verteilung	Verteilung	Verteilung
Umsatzwachstum	0,0268379	0,0239853	0,02983144	0,02621872	0,02041567
5%	1,00%	1,00%	1,00%	0,50%	0,50%
- Wahrscheinlichster Wert	3,00%	3,00%	3,00%	2,50%	2,00%
95%	3,50%	3,50%	3,50%	3,00%	2,50%

Abbildung 100: Monte-Carlo-Risikoparameter

Literatur und Verweis auf das Excel-Tool

Ernst, D., Häcker, J. (2021): Risikomanagement im Unternehmen Schritt für Schritt, UTB, Course 3 – Assignment 18

Siehe Excel-Datei `Case Study Risikomanagement Teil 3`, Excel-Arbeitsblatt `Monte Carlo Parameter`

Assignment 20: Generierung von Verteilungsfunktionen durch Expertenbefragungen

Aufgabe

- Erstellen Sie basierend auf den Angaben von vier Experten eine aggregierte Wahrscheinlichkeitsverteilung für das Umsatzwachstum des Unternehmens.
- Öffnen Sie dazu Excel-Datei Case Study Risikomanagement Teil 3.
- Verwenden Sie die folgenden Parameter als Risiko-Input-Variablen:

Experte 1: Das Umsatzwachstum weist eine Dreiecksverteilung mit den folgenden Eingabewerten auf:

- Jahr t(1): Minimum = 1,25 % wahrscheinl. Wert = 3,0 % Maximum = 3,5 %
- Jahr t(2): Minimum = 0,75 % wahrscheinl. Wert = 2,5 % Maximum = 3,0 %
- Jahr t(3): Minimum = 0,50 % wahrscheinl. Wert = 2,0 % Maximum = 2,5 %
- Jahr t(4): Minimum = 0,25 % wahrscheinl. Wert = 1,5 % Maximum = 2,0 %
- Jahr t(5): Minimum = 0,25 % wahrscheinl. Wert = 1,0 % Maximum = 1,5 %

Experte 2: Das Umsatzwachstum weist eine Dreiecksverteilung mit den folgenden Eingabewerten auf:

- Jahr t(1): Minimum = 2,00 % wahrscheinl. Wert = 2,5 % Maximum = 2,75 %
- Jahr t(2): Minimum = 1,50 % wahrscheinl. Wert = 2,0 % Maximum = 2,25 %
- Jahr t(3): Minimum = 0,50 % wahrscheinl. Wert = 1,5 % Maximum = 1,75 %
- Jahr t(4): Minimum = 0,50 % wahrscheinl. Wert = 1,0 % Maximum = 1,25 %
- Jahr t(5): Minimum = 0,25 % wahrscheinl. Wert = 1,0 % Maximum = 1,25 %

Experte 3: Das Umsatzwachstum weist eine PERT-Verteilung mit den folgenden Eingabewerten auf:

- Jahr t(1): Minimum = 2,0 % wahrscheinl. Wert = 2,75 % Maximum = 3,0 %
- Jahr t(2): Minimum = 1,5 % wahrscheinl. Wert = 2,25 % Maximum = 2,5 %
- Jahr t(3): Minimum = 0,5 % wahrscheinl. Wert = 1,75 % Maximum = 2,0 %
- Jahr t(4): Minimum = 0,5 % wahrscheinl. Wert = 1,25 % Maximum = 1,5 %
- Jahr t(5): Minimum = 0,5 % wahrscheinl. Wert = 1,25 % Maximum = 1,5 %

Experte 4: Das Umsatzwachstum weist eine Normalverteilung mit den folgenden Eingabewerten auf:

- Jahr t(1): Erwartungswert = 2,5 % Standardabweichung = 1,5 %
- Jahr t(2): Erwartungswert = 2,0 % Standardabweichung = 1,5 %
- Jahr t(3): Erwartungswert = 1,5 % Standardabweichung = 1,5 %
- Jahr t(4): Erwartungswert = 1,0 % Standardabweichung = 1,5 %
- Jahr t(5): Erwartungswert = 1,0 % Standardabweichung = 1,5 %

Den Einschätzungen der Experten werden folgende Gewichte zugeordnet:

- Experte 1: 45 %
- Experte 2: 25 %

- Experte 3: 20 %
- Experte 4: 10 %

- Berechnen Sie das aggregierte Umsatzwachstum als gewichteten Durchschnitt der Experteneinschätzungen.
- Führen Sie eine Monte-Carlo-Simulation durch und berechnen Sie den Mittelwert aus den Simulationsergebnissen.
- Kalibrieren Sie die Ergebnisse der Monte-Carlo-Simulation und leiten Sie eine stetige Verteilungsfunktion ab.

Inhalt

Entscheidend für den Erfolg einer Monte-Carlo-Simulation sind aussagekräftige Monte-Carlo-Parameter. Wir müssen die Situation „Garbage in, Gargabe out" vermeiden, da die Monte-Carlo-Simulation dazu helfen soll, bessere Entscheidungen zu treffen. Dazu bedarf es valider Aussagedaten über die Risikoparameter. Unternehmen fehlt es häufig an einer empirischen Datengrundlage. Gründe hierfür sind, dass

- das Unternehmen neu ist (z.B. Startup-Unternehmen) bzw. ein schwer vergleichbares Geschäftsmodell besitzt (Unternehmen in einer Nische),
- die für die Simulation benötigten internen Daten in der Vergangenheit vom Unternehmen nicht erhoben wurden,
- die vorliegenden Daten unzureichend oder nur von qualitativer Natur sind,
- die in der Vergangenheit erfassten Daten für die Zukunft nicht mehr aussagekräftig und prognoserelevant sind (bspw. durch Veränderung des Geschäftsmodells, technischer Wandel, Veränderung der Nachfrage etc.)
- die Kosten für die Datenbeschaffung in keinem angemessenen Kosten-Nutzenverhältnis zueinanderstehen,
- die für die Datenbeschaffung und Auswertung benötigten Kompetenzen im Unternehmen nicht vorhanden sind.

Als einziger Ausweg zur Generierung aussagekräftiger Daten im Sinne von Verteilungsfunktionen für Risikoparameter bleiben nur **Expertenbefragungen**. Expertenbefragungen ermitteln durch strukturierte Interviews mit Fachleuten Wissen, das anderweitig nicht generierbar ist. Diese Expertenbefragungen basieren auf der persönlichen Erfahrung und er Intuition der Experten. Dies bedeutet aber nicht, dass diese Informationen eine geringere Aussagekraft haben als historische Daten. Häufig ist das Gegenteil der Fall, da die Experten das Unternehmen und seine Entwicklung besser einschätzen können als es durch historische Daten zum Ausdruck kommt. Desweiteren ist es auch möglich, vergangenheitsorientierte, empirische Daten-Sample mit zukunftsgerichteten Expertenmeinungen zu kombinieren.

Im Rahmen der Experteninterviews empfiehlt es sich, zur Ermittlung der Risikobandbreiten ausschließlich auf leicht interpretierbare Wahrscheinlichkeits- und Dichtefunktionen zurückzugreifen. Diese sollten flexibel und leicht durch den jeweiligen Experten anzupassen sein. Damit scheiden jene Verteilungstypen aus, deren Parameter keine unmittelbare Verbindung zu der Verteilungsform besitzen.

Die von den Experten erstellten Wahrscheinlichkeitsverteilungen werden durch eine Monte-Carlo-Simulation aggregiert und zu einer Gesamtwahrscheinlichkeitsverteilung zusammengefasst. Somit können die verschiedenen Expertenschätzungen zusammengefasst genutzt werden. Dabei werden mögliche Experteneinschätzungen zufällig ausgewählt und kombiniert. Anschließend wird mit der so gewählten Verteilung eine Ausprägung der Zufallsvariable, also ein mögliches Umsatzwachstum berechnet. Die unsichere Variable Umsatz kann nun durch eine vorgegebene Verteilung beschrieben werden, deren Parameter selbst unsicher sind (Wahrscheinlichkeitsverteilung 2. Ordnung). Die so bestimmte Wahrscheinlichkeitsverteilung erfasst die Unsicherheit der Schätzung des Umsatzwachstums der einzelnen Experten, aber auch die Divergenz der Schätzung verschiedener Experten. Abschließend kann durch eine Kalibrierung aus dem Histogramm des Umsatzwachstums eine stetige Verteilung des Umsatzwachstums ermittelt werden.

Wichtige Formeln

Für die folgenden Berechnungen bedarf es keines speziellen Formelwissens. Relevant sind die Eingaben in Excel und die gewählte Monte-Carlo-Simulations-Software.

Vorgehensweise

Vorbemerkung: Wir führen hier die Monte-Carlo-Simulation beispielhaft mit dem Softwareprogramm Risk-Kit durch. Jede andere geeignete Software kann selbstverständlich auch verwendet werden. Es ist hier wiederum anzumerken, dass die Ergebnisse der Monte-Carlo-Simulation nur angezeigt werden, wenn die entsprechende Software auch auf dem Computer installiert ist.

- Erstellen Sie für Experte 1 und Experte 2 mit den Assignment-gegebenen Daten eine Dreiecksverteilung (Zellen `F59:J59` und Zellen `F64:J64`), für Experte 3 eine PERT-Verteilung (Zellen `F69:J69`) sowie für Experte 4 eine Normalverteilung (Zellen `F74:J74`).
- Markieren Sie die Experteneinschätzungen für das Umsatzwachstum für alle Jahre (Zellen `F59:J59`; `F64:J64`, `F69:J69`, `F74:J74`) als Input-Zellen für die Monte-Carlo-Simulation. Gehen Sie dazu in Risk-Kit auf `Eingabe`. Die Input-Zellen erhalten eine grüne Hintergrundfarbe.
- Fügen Sie die Gewichte für die Aussagen der Experten ein (Zellen `E59`, `E64`, `E69`, `E74`).
- Berechnen Sie das aggregierte Umsatzwachstum aus den Expertenmeinungen `F78=$E$59*F59+$E$64*F64+$E$69*F69+$E$74*F74`. Output-Zellen für die Monte-Carlo-Simulation werden in Risk-Kit über `Ausgabe` aktiviert und haben in Risk-Kit eine dunkelgelbe Hintergrundfarbe.
- In den Zellen `F78:J78` wird der Mittelwert des Umsatzwachstums aus der Simulation berechnet. Dieser Annahmewert ist ein erwartungstreuer Wert, da er alle Szenarien aus der Monte-Carlo-Simulation und damit alle möglichen positiven und negativen Abweichungen vom Mittelwert berücksichtigt. Dieser erwartungstreue Annahmewert kann daher „im Mittel" als richtig angesehen werden.
- Starten Sie die Monte-Carlo-Simulation, indem Sie auf das Symbol Simulation drücken.
- WICHTIG: Nach Durchführung der Monte-Carlo-Simulation wird bei den Berechnungsoptionen die Arbeitsmappenberechnung automatisch wieder auf `Manuell` zurückgesetzt. Bitte stellen Sie dies wieder auf `Automatisch` um.
- In den Zellen `F89:J5088` werden die Ergebnisse der Monte-Carlo-Simulation aufgeführt. Die Werte stammen aus dem Arbeitsblatt `Output` und werden aus diesem kopiert.
- Abbildung 104 zeigt beispielhaft die Häufigkeitsverteilung der Simulationsergebnisse für das Jahr t(1). Die Grafik wird wie folgt erstellt:

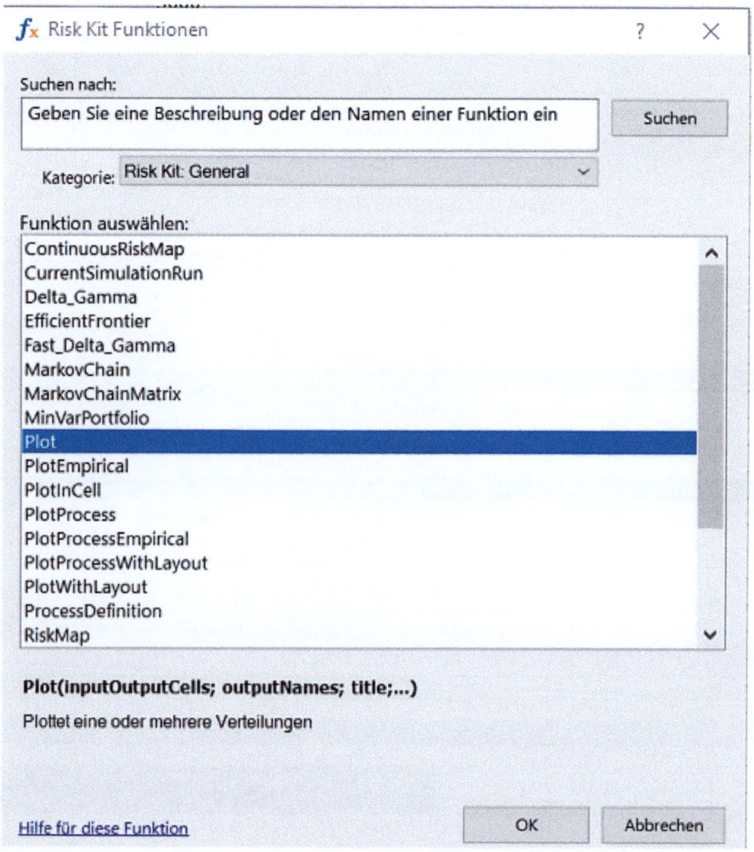

Abbildung 101: Plot-Funktion

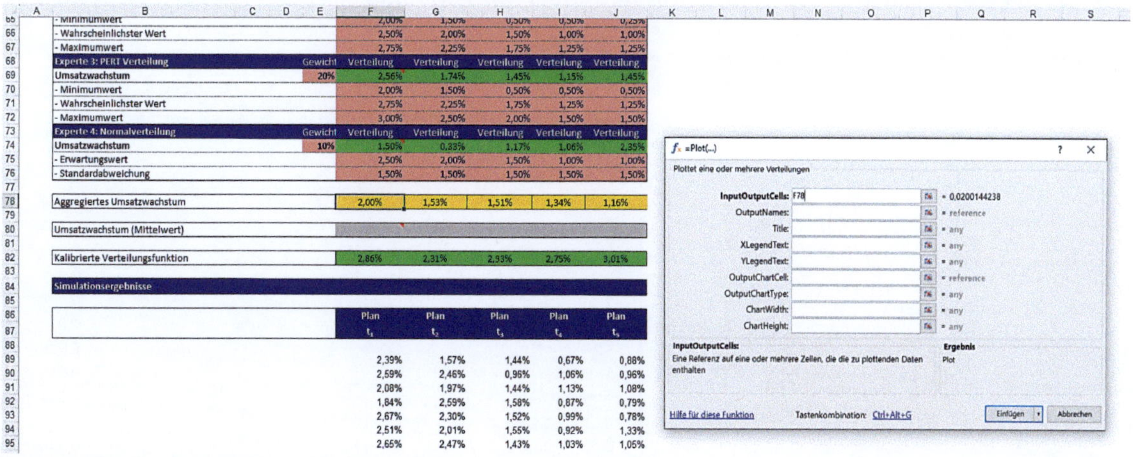

Abbildung 102: Input-Zelle Plot

- Diejenige Zelle, die die Funktion enthält, muss als Grafikzelle über die Toolbar markiert sein. Die Zelle färbt sich in diesem Fall dunkelorange.

Abbildung 103: Darstellung Plot

- Nach einem Neustart der Simulation wird die Grafik erzeugt.

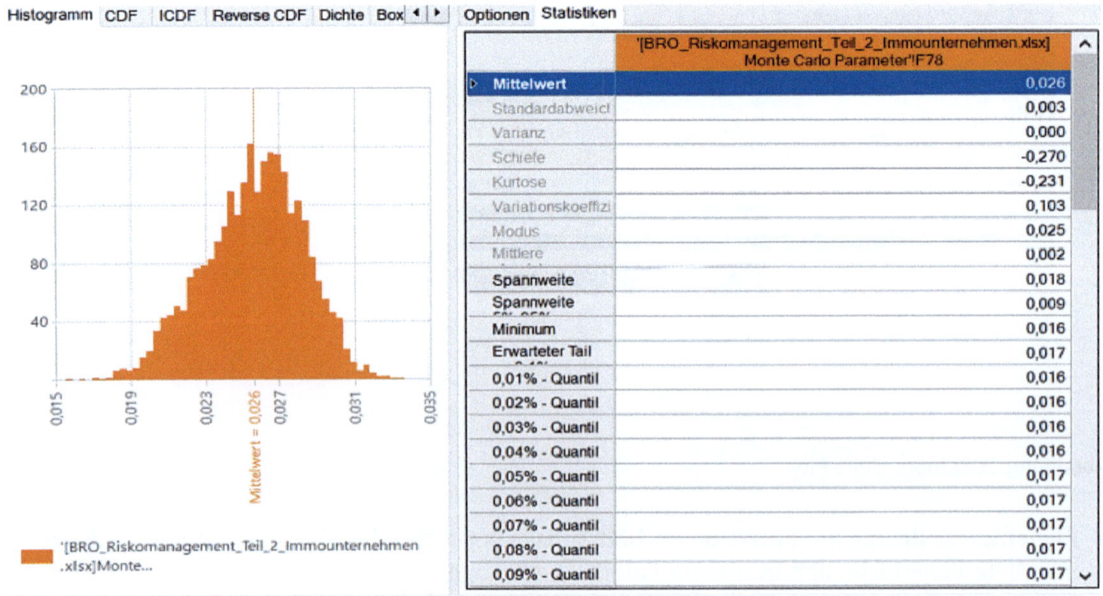

Abbildung 104: Histogramm der Simulationsergebnisse

- Durch Kalibrierung kann aus den Simulationsergebnissen auch eine stetige Verteilungsfunktion abgeleitet werden.
- Hierzu drücken wir das Symbol 

und wählen `Eindimensionale Verteilungen kalibrieren`.

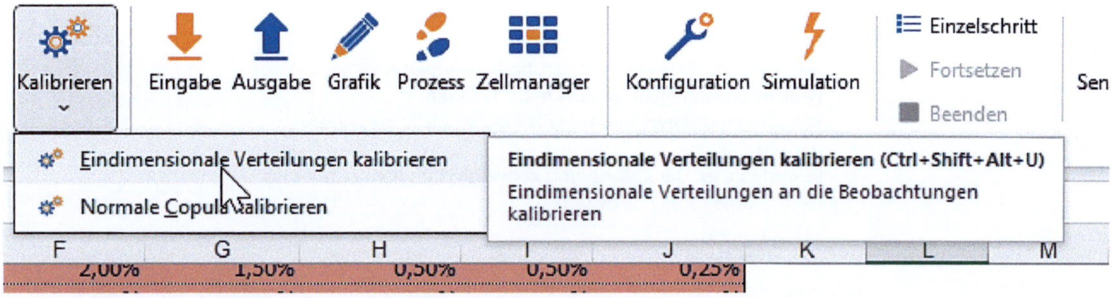

Abbildung 105: Eindimensionale Verteilungen kalibrieren

- Daraufhin öffnet sich ein Fenster, in welchem wir folgende Einstellungen vornehmen. Danach wird die Kalibrierung durchgeführt.

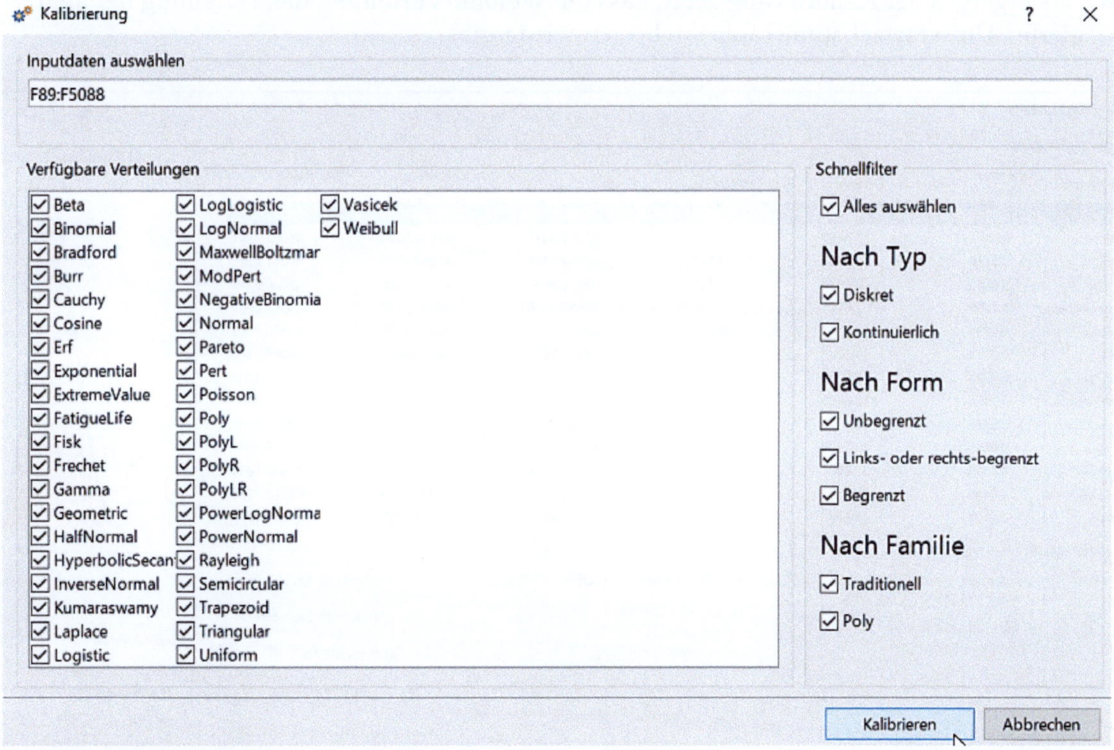

Abbildung 106: Kalibrierung

- Es erscheint nun folgendes Fenster, in welchem Sie auf OK drücken.

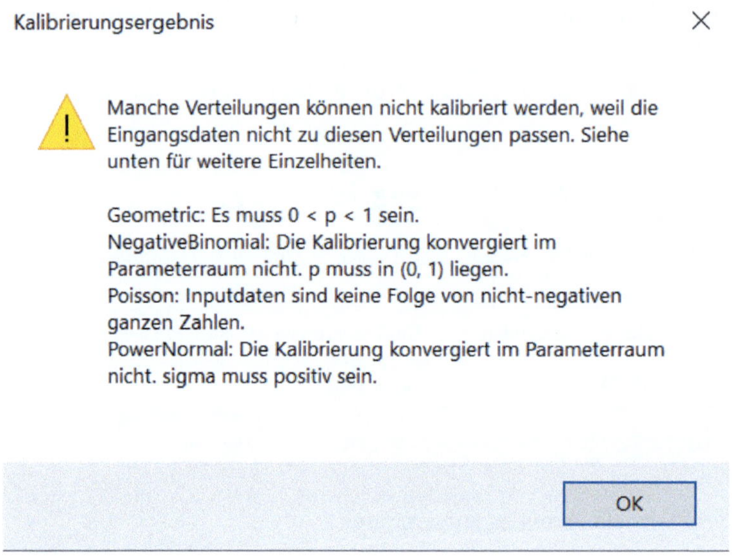

Abbildung 107: Hinweis zum Kalibrierungsergebnis

- Das Ergebnis der Kalibrierung zeigt, dass die Weibull-Verteilung die Verteilung der aggregierten Umsatzwachstumsraten am besten wiedergibt.

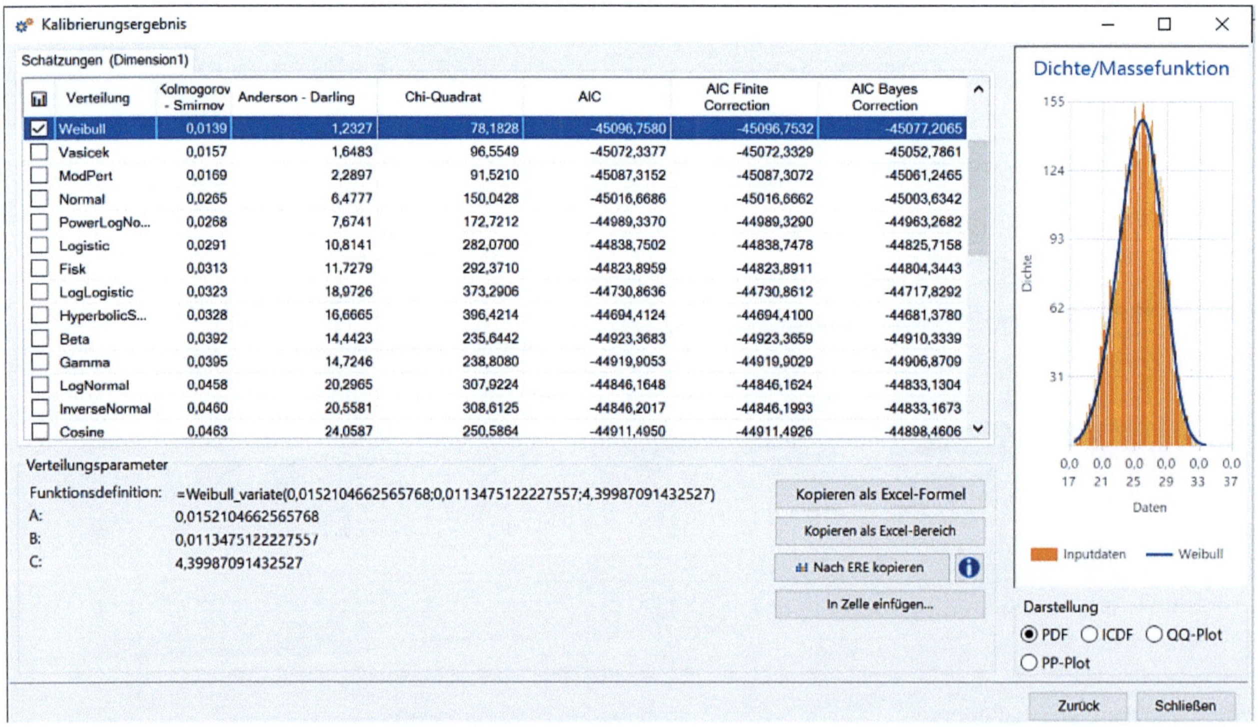

Abbildung 108: Kalibrierungsergebnis

- Wählen Sie nun das Feld `In Zelle einfügen` ... und geben Sie danach die Zelle `F82` ein.

Abbildung 109: Wählen Sie eine Zelle

- In den Zellen `F82:J82` befinden sich nun aggregierte Schätzungen der Experten für das Umsatzwachstum. Diese können nun für die folgenden Assignments verwendet werden. Aus Vereinfachungsgründen arbeiten wir aber mit der Dreiecksverteilung in den Zellen `F8:J8` weiter. Wie gesagt, können Sie aber auch die Zellen `F82:J82` verwenden.
- Platzieren Sie den Cursor auf der Zelle `F78` und wählen Sie die **Mean** Funktion aus der Kategorie `Statistics`.

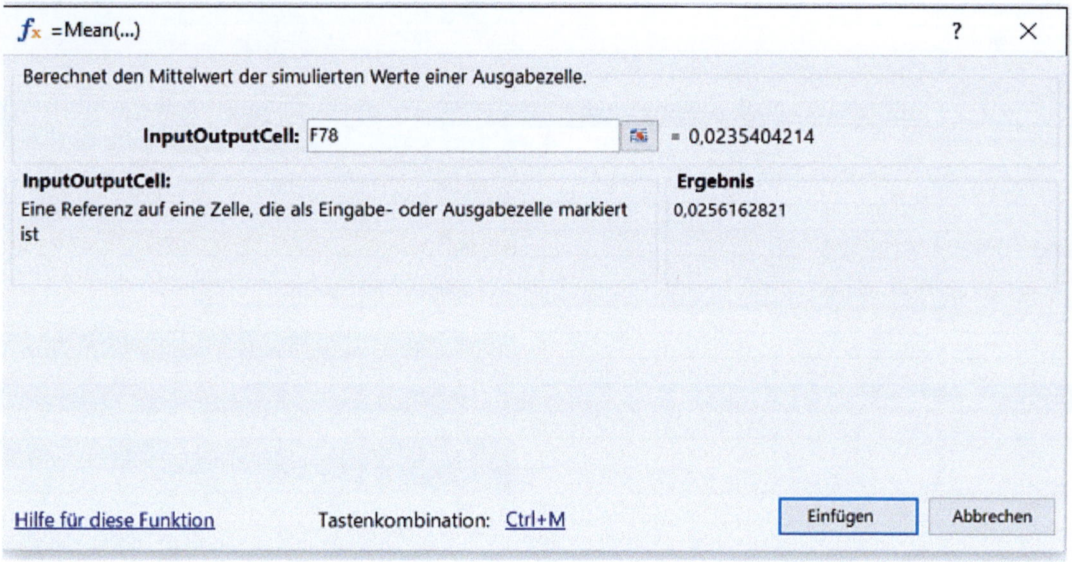

Abbildung 110: Wählen Sie eine Zelle

Ergebnis

Risikoaggregation bei Expertenbefragung						
		Plan t_1	Plan t_2	Plan t_3	Plan t_4	Plan t_5
Experte 1: Dreiecksverteilung	Gewicht	Verteilung	Verteilung	Verteilung	Verteilung	Verteilung
Umsatzwachstum	45%	2,29%	2,37%	1,65%	1,36%	0,73%
- Minimumwert		1,25%	0,75%	0,50%	0,25%	0,25%
- Wahrscheinlichster Wert		3,00%	2,50%	2,00%	1,50%	1,00%
- Maximumwert		3,50%	3,00%	2,50%	2,00%	1,50%
Experte 2: Dreiecksverteilung	Gewicht	Verteilung	Verteilung	Verteilung	Verteilung	Verteilung
Umsatzwachstum	25%	2,69%	2,09%	1,19%	0,81%	0,77%
- Minimumwert		2,00%	1,50%	0,50%	0,50%	0,25%
- Wahrscheinlichster Wert		2,50%	2,00%	1,50%	1,00%	1,00%
- Maximumwert		2,75%	2,25%	1,75%	1,25%	1,25%
Experte 3: PERT Verteilung	Gewicht	Verteilung	Verteilung	Verteilung	Verteilung	Verteilung
Umsatzwachstum	20%	2,77%	1,85%	1,00%	1,34%	1,15%
- Minimumwert		2,00%	1,50%	0,50%	0,50%	0,50%
- Wahrscheinlichster Wert		2,75%	2,25%	1,75%	1,25%	1,25%
- Maximumwert		3,00%	2,50%	2,00%	1,50%	1,50%
Experte 4: Normalverteilung	Gewicht	Verteilung	Verteilung	Verteilung	Verteilung	Verteilung
Umsatzwachstum	10%	5,03%	1,62%	3,24%	1,21%	2,44%
- Erwartungswert		2,50%	2,00%	1,50%	1,00%	1,00%
- Standardabweichung		1,50%	1,50%	1,50%	1,50%	1,50%
Aggregiertes Umsatzwachstum		2,76%	2,12%	1,56%	1,20%	1,00%
Umsatzwachstum (Mittelwert)		2,56%	2,04%	1,52%	1,12%	0,96%
Kalibrierte Verteilungsfunktion		2,98%	2,63%	2,75%	2,64%	2,63%

Simulationsergebnisse					
	Plan t_1	Plan t_2	Plan t_3	Plan t_4	Plan t_5
	2,39%	1,57%	1,44%	0,67%	0,88%
	2,59%	2,46%	0,96%	1,06%	0,96%
	2,08%	1,97%	1,44%	1,13%	1,08%
	1,84%	2,59%	1,58%	0,87%	0,79%
	2,67%	2,30%	1,52%	0,99%	0,78%

Abbildung 111: Ergebnis der Aggregation von Expertenmeinungen

Literatur und Verweis auf das Excel-Tool

Gleißner, W. (2008): Erwartungstreue Planung und Planungssicherheit – Mit einem Anwendungsbeispiel zur risikoorientierten Budgetierung, in: Controlling, Heft 02/2008, S. 81-87.

Klein, M. (2010): Monte-Carlo-Simulation und Due Diligence: Ein methodischer Ansatz zur computergestützten Aggregierung von Wahrscheinlichkeitsverteilungen aus Expertenbefragungen, Working Papers in Accounting Valuation Auditing 2010-5, Friedrich-Alexander Univertity Erlangen-Nuremberg, Chair of Accounting an Auditing.

Siehe Excel-Datei `Case Study Risikomanagement Teil 2`, Excel-Arbeitsblatt `Monte Carlo Parameter`

Assignment 21: Simulationsbasierte Planung: Übernahme der Risikoparameter für die Monte-Carlo-Simulation in den Businessplan

Aufgabe

Definieren Sie im Arbeitsblatt `GuV` folgende Risiko-Input-Variablen:

- Umsatzerlöse
- Materialaufwand
- Personalaufwand
- Bewertung von Investment Properties
- Sonstige betriebliche Aufwendungen

Fügen Sie für jede Risiko-Input-Variable Zeilen mit folgenden Bezeichnungen ein:

- Planzufallswert
- Erwartungstreuer Planwert
- Zielwert
- Risikowert

Verbindung der Monte-Carlo-Parameter mit der Planungsrechnung:

- Verbinden Sie die Parameter der Monte-Carlo-Simulation mit der GuV-Planung.
- Für jede Risiko-Input-Variable werden der Planzufallswert, der erwartungstreue Planwert, der Zielwert und der Risikowert berechnet.
- Passen Sie die gesamte Planung (GuV, Bilanz und Kapitalflussrechnung) so an, dass mit Planzufallswerten und nicht mit Zielwerten gerechnet wird.

Inhalt

Im Rahmen einer simulationsbasierten und erwartungstreuen Planung werden die Wahrscheinlichkeitsverteilungen, die wir für die relevanten, nicht-abgesicherten Risiko-Input-Variablen festgelegt haben, in den **Businessplan** integriert. Hierzu werden die Wahrscheinlichkeitsverteilungen mit den Positionen der GuV-Planung verbunden. Als Ergebnis erhalten wir eine erwartungstreue Planung mit zwei Ausprägungen für die risikounterlegten GuV-Positionen.

Für jede Risiko-Input-Variable werden folgende Werte berechnet:

- Planzufallswert: Der Zufallswert ist gewissermaßen das Ergebnis eines einzigen Durchlaufs der Monte-Carlo-Simulation
- Erwartungstreuer Planwert: Der erwartungstreue Planwert ist der Wert, der im Mittel über alle risikobedingten, möglichen Zukunftsszenarien eintritt. Er wird als Mittelwert der Planzufallswerte berechnet.

Danach werden die Zielwerte aufgeführt:

- Zielwert: Der Zielwert ist derjenige Wert, der vom Controlling im Rahmen der Unternehmenssteuerung vorgegeben wird und erreicht werden soll.

Danach werden erwartungstreue Planwerte und Zielwerte gegenübergestellt und die Risikowerte ermittelt:

- Risikowert: Das Risiko ist die Abweichung des erwartungstreuen Planwerts vom Zielwert.

Wichtige Formeln

Für die Berechnung der Planzufallswerte, erwartungstreuen Planwerte, Zielwerte und Risikowerte bedarf es keines speziellen Formelwissens.

Vorgehensweise

Fügen Sie für folgende Zeilen ein:

- Umsatzerlöse (Planzufallswert) (Zeile 7)
- Umsatzerlöse (erwartungstreuer Planwert) (Zeile 8)
- Umsatzerlöse (Zielwert) (Zeile 9)
- Umsatzerlöse (Risikowert) (Zeile 10)

- Bruttoergebnis vom Umsatz (Planzufallswert) (Zeile 13)
- Bruttoergebnis vom Umsatz (erwartungstreuer Planwert) (Zeile 14)
- Bruttoergebnis vom Umsatz (Zielwert) (Zeile 15)
- Bruttoergebnis vom Umsatz (Risikowert) (Zeile 16)
- Bewertung von Investment Properties (Planzufallswert) (Zeile 18)
- Bewertung von Investment Properties (erwartungstreuer Planwert) (Zeile 19)
- Bewertung von Investment Properties (Zielwert) (Zeile 20)
- Bewertung von Investment Properties (Risikowert) (Zeile 21)
- Materialaufwand (Planzufallswert) (Zeile 25)
- Materialaufwand (erwartungstreuer Planwert) (Zeile 26)
- Materialaufwand (Zielwert) (Zeile 27)
- Materialaufwand (Risikowert) (Zeile 28)
- Personalaufwand (Planzufallswert) (Zeile 30)
- Personalaufwand (erwartungstreuer Planwert) (Zeile 31)
- Personalaufwand (Zielwert) (Zeile 32)
- Personalaufwand (Risikowert) (Zeile 33)
- Sonst. betriebliche Aufwendungen (Planzufallswert) (Zeile 43)
- Sonst. betriebliche Aufwendungen (erwartungstreuer Planwert) (Zeile 44)
- Sonst. betriebliche Aufwendungen (Zielwert) (Zeile 45)
- Sonst. betriebliche Aufwendungen (Risikowert) (Zeile 46)

- EBIT (Planzufallswert) (Zeile 49)
- EBIT (erwartungstreuer Planwert) (Zeile 50)
- EBIT (Zielwert) (Zeile 51)
- EBIT (Risikowert) (Zeile 52)

- Ergebnis vor Steuern (EBT) (Planzufallswert) (Zeile 61)

- Jahresergebnis (Planzufallswert) (Zeile 63)

- Konzernergebnis (Planzufallswert) (Zeile 67)

- Thesaurierte Gewinne (Planzufallswert) (Zeile 71)

- Die Umsatzerlöse (Planzufallswert) (Zellen F7:J7) werden mit den Monte Carlo Parametern „Umsatzwachstum" (Zellen F8:J8) verlinkt. Die Umsatzerlöse (Planzufallswert) in t_1 (Zelle F7) werden mit den Umsatzerlösen aus den dem Jahr t_0 verlinkt F7=E9*(1+'Monte Carlo Parameter'!F8). Ab dem Jahr t_2 werden die Umsatzerlöse mit den Umsatzerlösen (Zielzufallswert) aus dem Vorjahr verbunden G7=F7*(1+'Monte Carlo Parameter'!G8), was dazu führt, dass die Entwicklung der Umsatzerlöse sowohl von der Zufallsvariablen „Wachstumsrate" als auch von der Zufallsvariablen „Umsatzerlöse (Planzufallswert)" abhängig sind. Dadurch entsteht eine höhere Volatilität gegenüber der Situation, bei der die Umsatzerlöse (Planzufallswert) von dem Zielwert der Umsatzerlöse abhängig sind. Die Umsatzerlöse (erwartungstreue Planwerte) ergeben sich als Mittelwert über die Planzufallswerte F8=Mean(F7). In Zeile 9 (F9=E9+(E9*Annahmen!F144)) finden sich die Zielwerte aus der Unternehmensplanung, die auf keiner stochastischen Planung beruhen. Die Abweichungen zwischen erwartungstreuen Planwerten und Zielwerten ergeben die Risikowerte, die sich für die Umsatzerlöse in Zeile 10 (F10=F8-F9) befinden. Die Aufteilung in Planzufallswerte, erwartungstreue Planwerte, Zielwerte und Risikowerte wird auch für die folgenden GuV-Positionen angewendet.
- Der Materialaufwand (Planzufallswert), Personalaufwand (Planzufallswert) und die Bewertung von Investment Properties (Planzufallswert) werden jeweils in einer ähnlichen Weise modelliert. Der Materialaufwand in t_1 (Zelle F25) werden beispielsweise modelliert, indem die Umsatzerlöse (Planzufallswert) mit der Materialaufwandsquote (Materialaufwand (in % Umsatzerlöse)) und dem Zufallsparameter aus den Monte Carlo Parametern multipliziert werden F25=F7*Annahmen!F150*(1+'Monte Carlo Parameter'!F13).
- Die Formel für Sonstige betriebliche Aufwendungen ist komplexer und beinhaltet die Schäden durch kleine Ausfälle, mittlere Ausfälle und große Ausfälle sowie Verluste durch den Ausfall eines Großmieters. Für t_1 lautet die Formel: F43=F7*Annahmen!F162+F7*'Monte Carlo Parameter'!F29+F7*'Monte Carlo Parameter'!F35+F7*'Monte Carlo Parameter'!F41+F7*'Monte Carlo Parameter'!F47.
- Die Formel besteht aus folgenden Faktoren:
  - Sonstige betriebliche Aufwendungen ohne außergewöhnliche Schadensfälle: F7*Annahmen!F162
  - Schäden aus kleinen Ausfällen: F7*'Monte Carlo Parameter'!F29
  - Schäden aus mittleren Ausfällen: F7*'Monte Carlo Parameter'!F35
  - Schäden aus großen Ausfällen: F7*'Monte Carlo Parameter'!F41,
  - Verluste durch Ausfall eines Großmietern: F7*'Monte Carlo Parameter'!F47
- Die Aufstellung ist für die PERT-Verteilung und die Expertenverteilung der Umsatzerlöse zu wiederholen.

Ergebnis

Gewinn- und Verlustrechnung

(Absolute Zahlen in Mio. €)	Ist t_{-2}	Ist t_{-1}	Ist t_0	Plan t_1	Plan t_2	Plan t_3	Plan t_4	Plan t_5	Plan t_1	Plan t_2	Plan t_3	Plan t_4	Plan t_5	Plan t_1	Plan t_2	Plan t_3	Plan t_4	Plan t_5
				Dreiecksverteilung					PERT-Verteilung					Expertenverteilung				
Umsatzerlöse (Planzufallswert)				[illegible]	[illegible]	[illegible]	[illegible]	5.639	[illegible]	[illegible]	[illegible]	[illegible]	[illegible]	[illegible]	[illegible]	[illegible]	[illegible]	[illegible]
Umsatzerlöse (erwartungstreuer Planwert)				5.127	5.256	5.388	5.495	5.637	5.139	5.280	5.426	5.548	5.650	5.138	5.278	5.421	5.542	5.642
Umsatzerlöse (Zielwert)	3.927	5.160	5.002	5.152	5.307	5.466	5.602	5.715	5.152	5.307	5.466	5.602	5.715	5.152	5.307	5.466	5.602	5.715
Umsatzerlöse (Risikowert)				-25	-51	-78	-107	-77	-13	-27	-40	-55	-65	-14	-29	-44	-61	-72
Bruttoergebnis vom Umsatz (Planzufallswert)				5.164	5.340	5.433	5.554	5.639	5.142	5.298	5.473	5.601	5.719	5.154	5.330	5.483	5.569	5.681
Bruttoergebnis vom Umsatz (erwartungstreuer Planwert)				5.127	5.256	5.388	5.495	5.637	5.139	5.280	5.426	5.548	5.650	5.138	5.278	5.421	5.542	5.642
Bruttoergebnis vom Umsatz (Zielwert)	3.927	5.160	5.002	5.152	5.307	5.466	5.602	5.715	5.152	5.307	5.466	5.602	5.715	5.152	5.307	5.466	5.602	5.715
Bruttoergebnis vom Umsatz (Risikowert)				-25	-51	-78	-107	-77	-13	-27	-40	-55	-65	-14	-29	-44	-61	-72
- Ergebnis aus der Bewertung von Investment Properties (Planzufallswert)				678	796	811	764	763	675	789	808	771	774	676	794	809	767	769
- Ergebnis aus der Bewertung von Investment Properties (erwartungstreuer Planwert)				769	725	727	765	768	770	728	725	754	759	776	745	752	791	785
- Ergebnis aus der Bewertung von Investment Properties (Zielwert)	7.394	-1.178	-10.651	-12.130	-13.813	-15.730	-17.914	-20.400	-12.130	-13.813	-15.730	-17.914	-20.400	-12.130	-13.813	-15.730	-17.914	-20.400
- Ergebnis aus der Bewertung von Investment Properties (Risikowert)				12.839	14.538	16.457	18.678	21.168	12.839	14.541	16.455	18.668	21.159	12.906	14.558	16.483	18.704	21.185
+ Aktivierte Eigenleistungen	663	673	470	532	602	681	770	871	532	602	681	770	871	532	602	681	770	871
- Materialaufwand (Planzufallswert)				-2.147	-2.521	-2.569	-2.422	-2.419	-2.138	-2.501	-2.560	-2.443	-2.454	-2.143	-2.517	-2.564	-2.429	-2.437
- Materialaufwand (erwartungstreuer Planwert)				-2.438	-2.298	-2.304	-2.423	-2.435	-2.439	-2.308	-2.298	-2.390	-2.406	-2.460	-2.361	-2.384	-2.506	-2.487
- Materialaufwand (Zielwert)	-1.671	-2.446	-2.101	-2.147	-2.521	-2.569	-2.422	-2.419	-2.138	-2.501	-2.560	-2.443	-2.454	-2.143	-2.517	-2.564	-2.429	-2.437
- Materialaufwand (Risikowert)				-291	223	265	-1	-16	-301	194	262	53	47	-317	156	180	-77	-50
- Personalaufwand (Planzufallswert)				-2.147	-2.521	-2.569	-2.422	-2.419	-2.138	-2.501	-2.560	-2.443	-2.454	-2.143	-2.517	-2.564	-2.429	-2.437
- Personalaufwand (erwartungstreuer Planwert)				-2.438	-2.298	-2.304	-2.423	-2.435	-2.439	-2.308	-2.298	-2.390	-2.406	-2.460	-2.361	-2.384	-2.506	-2.487
- Personalaufwand (Zielwert)	-682	-714	-766	-429	-240	-135	-75	-42	-429	-240	-135	-75	-42	-429	-240	-135	-75	-42
- Personalaufwand (Risikowert)				-2.009	-2.058	-2.169	-2.348	-2.393	-2.010	-2.068	-2.163	-2.315	-2.364	-2.031	-2.120	-2.249	-2.431	-2.445
- Abschreibungen und Wertminderungen	-3.873	-1.180	-411	-393	-376	-360	-344	-329	-393	-376	-360	-344	-329	-393	-376	-360	-344	-329
+ sonstige betriebliche Erträge	277	190	243	256	269	283	297	313	256	269	283	297	313	256	269	283	297	313
- Wertminderungsaufwendungen aus finanziellen Vermögenswerten	-39	-50	28	7	2	0	0	0	7	2	0	0	0	7	2	0	0	0
- Ergebnis aus der Ausbuchung von zu fortgeführten Anschaffungskosten bewerteten finanziellen Vermögenswer	-3	-3	-2	-2	-3	-3	-4	-5	-2	-3	-3	-4	-5	-2	-3	-3	-4	-5
- sonstige betriebliche Aufwendungen (Planzufallswert)				-442	-462	-475	-481	-480	-445	-458	-473	-481	-468	-446	-461	-474	-482	-463
- sonstige betriebliche Aufwendungen (erwartungstreuer Planwert)				-442	-449	-460	-446	-456	-443	-451	-459	-440	-450	-446	-461	-476	-461	-465
- sonstige betriebliche Aufwendungen (Zielwert)	-389	-381	-434	-396	-362	-331	-302	-276	-396	-362	-331	-302	-276	-396	-362	-331	-302	-276
- sonstige betriebliche Aufwendungen (Risikowert)				-46	-87	-129	-143	-180	-46	-89	-128	-137	-174	-50	-99	-145	-159	-189
EBIT (Planzufallswert)				1.500	1.125	1.291	1.713	1.954	1.496	1.120	1.289	1.721	1.970	1.438	1.124	1.290	1.716	1.962
EBIT (erwartungstreuer Planwert)				377	1.429	1.648	1.688	1.930	988	1.436	1.698	1.802	1.996	947	1.334	1.531	1.578	1.838
EBIT (Zielwert)	5.604	73	-8.622	-9.558	-11.138	-12.699	-14.392	-16.573	-9.549	-11.119	-12.689	-14.412	-16.608	-9.554	-11.134	-12.694	-14.398	-16.591
EBIT (Risikowert)				10.928	13.060	14.947	16.799	19.352	10.929	13.046	14.987	16.933	19.453	10.893	12.960	14.825	16.696	19.278
- Ergebnis aus nach der Equity-Methode bilanzierten Finanzanlagen	16	-437	-76	-241	-769	-2.450	-7.807	-24.877	-241	-769	-2.450	-7.807	-24.877	-241	-769	-2.450	-7.807	-24.877
+ Zinsertrag	22	116	228	235	242	249	256	264	235	242	249	256	264	235	242	249	256	264
- Zinsaufwand	-412	-367	-810	-841	-873	-906	-941	-976	-841	-873	-906	-941	-976	-841	-873	-906	-941	-976
+ Sonstiges Finanzergebnis	-137	10	150	154	159	164	168	174	154	159	164	168	174	154	159	164	168	174
Ergebnis vor Steuern (EBT) (Planzufallswert)				2.335	1.471	-4	-4.897	-21.683	2.330	1.466	-6	-4.889	-21.667	2.333	1.469	-5	-4.894	-21.675
- Steuern auf Einkommen und Ertrag	-2.652	30	2.577	1.850	1.328	953	684	491	1.850	1.328	953	684	491	1.850	1.328	953	684	491
Jahresergebnis (Planzufallswert)				485	143	-956	-5.581	-22.174	480	138	-959	-5.572	-22.158	483	142	-958	-5.578	-22.165
- davon entfällt auf andere Gesellschafter	2.252	-644	-6.285	-10.145	-16.376	-26.433	-42.666	-68.869	-10.145	-16.376	-26.433	-42.666	-68.869	-10.145	-16.376	-26.433	-42.666	-68.869
Konzernergebnis (Planzufallswert)				10.630	16.519	25.476	37.085	46.696	10.626	16.514	25.474	37.094	46.712	10.628	16.517	25.475	37.088	46.704
Dividende				244	244	244	244	244	244	244	244	244	244	244	244	244	244	244
Thesaurierte Gewinne (Planzufallswert)				10.386	16.274	25.232	36.841	46.452	10.381	16.269	25.229	36.849	46.467	10.384	16.273	25.231	36.844	46.460

Abbildung 112: GuV mit Planzufallswerten, erwartungstreuen Planwerten, Zielwerten und Risikowerten

Literatur und Verweis auf das Excel-Tool

Gleißner, W. (2008): Erwartungstreue Planung und Planungssicherheit – Mit einem Anwendungsbeispiel zur risikoorientierten Budgetierung, in: Controlling, Heft 02/2008, S. 81-87.

Siehe Excel-Datei `Case Study Risikomanagement Teil 2`, Excel-Arbeitsblatt `GuV`

Assignment 22: Simulationsbasierte Planung: Risikoaggregation mit Hilfe der Monte-Carlo-Simulation und Risikoanalyse

Aufgabe

- Führen Sie die Monte-Carlo-Simulation mit 10.000 Ziehungen durch.
- Verarbeiten Sie die Ausgabewerte der Monte-Carlo-Simulation für das EBIT der Jahre t(1) bis t(5), indem Sie diese in das Arbeitsblatt `Risikoanalyse (1)` übertragen.
- Berechnen Sie die Abweichungen, die sich im Planungszeitraum aus der Differenz zwischen dem simulierten EBIT und dem geplanten EBIT ergeben.
- Berechnen Sie den Value-at-Risk (= Relativen Value-at-Risk) als Abweichung des EBIT vom Planwert für ein Konfidenzniveau von 95% und für eine Laufzeit von einem Tag basierend auf den EBIT-Werten im Planungszeitraum.
- Berechnen Sie den Conditional Value-at-Risk (Expected Shortfall) für eine Laufzeit von einem Tag basierend auf den EBIT-Werten im Planungszeitraum.

Inhalt

Aus den identifizierten und in den Businessplan integrierten Risikoparametern kann nur abgeleitet werden, welche Risiken für sich allein den Bestand eines Unternehmens gefährden. Es sind meist aber gerade die Kombinationseffekte mehrerer Einzelrisiken, die Krisen oder sogar eine Insolvenz auslösen. Um zu beurteilen, wie groß der Gesamtrisikoumfang ist (und damit die Wahrscheinlichkeit der Insolvenz durch die Menge aller Risiken), wird eine sogenannte Risikoaggregation erforderlich. Die Risikoaggregation ist die einzige Möglichkeit, das Gesamtrisiko zu berechnen. Risikoaggregation wird in den Grundsätzen ordnungsgemäßer Planung (GoP) und allen relevanten Standards zum Risikomanagement zwingend gefordert. Eine Alternative dazu gibt es nicht.

Zielsetzung der **Risikoaggregation** ist die Bestimmung der Gesamtrisikoposition eines Unternehmens sowie die Ermittlung der relativen Bedeutung der Einzelrisiken unter Berücksichtigung von Wechselwirkungen (Korrelationen) zwischen diesen. Gefordert wird also die Aggregation aller (wesentlichen) Risiken über alle Risikoarten und auch über die Zeit. Da nur quantifizierte Risiken auch aggregiert werden können, ist das Gebot der Quantifizierung sämtlicher Risiken nur konsequent. Durch eine Aggregation der quantifizierten Risiken im Kontext der Planung – Chancen und Gefahren als Ursache möglicher Planabweichungen – muss untersucht werden, welche Auswirkungen diese auf den zukünftigen Ertrag, die wesentlichen Finanzkennzahlen, Kreditvereinbarungen (Covenants) und das Rating haben. So ist beispielsweise zu untersuchen, mit welcher Wahrscheinlichkeit durch den Eintritt bestehender Risiken (z. B. Konjunktureinbruch in Verbindung mit einem gescheiterten Investitionsprojekt), das durch Finanzkennzahlen abschätzbare zukünftige Rating des Unternehmens unter ein für die Kapitaldienstfähigkeit notwendiges Niveau (B-Rating) abfallen könnte.

Bei einem integrierten unternehmensweiten Risikomanagement müssen Risikoaggregationsverfahren gewählt werden, die

- durch beliebige Wahrscheinlichkeitsverteilungen beschriebene Risiken erfassen können,
- dabei auch nicht additive (z. B. multiplikative) Verknüpfungen der Risiken berücksichtigen können, und
- den Kontext zur Unternehmensplanung und zum zukünftigen Rating herstellen.

Dadurch können im Risikomanagement die Planungssicherheit und der Liquiditäts- und Eigenkapitalbedarf eines Unternehmens konsistent zur Planung aufzeigt werden. Hintergrund ist, dass Illiquidität meist dann eintritt, wenn durch die kombinierte Wirkung mehrerer Risiken Covenants reißen oder ein Mindest-Rating von „B" nicht mehr erreicht wird.

Die genannten Anforderungen erfüllt nur die Risikosimulation (**Monte-Carlo-Simulation**), weil Risiken - anders als Kosten und Umsätze - nicht addierbar sind. Diese Simulationsverfahren sind die Weiterentwicklung bekannter Szenario-Analyse-Techniken. Mittels Computersimulation wird bei der Risikoaggregation eine große repräsentative Anzahl risikobedingter möglicher Zukunftsszenarien (Planungsszenarien) berechnet und analysiert. Auf diese Weise wird eine realistische Bandbreite der zukünftigen Erträge und der Liquiditätsentwicklung aufgezeigt, also die Planungssicherheit bzw. der Umfang möglicher negativer Planabweichungen dargestellt. Unmittelbar ableiten kann man die Wahrscheinlichkeit, dass Covenants verletzt werden oder ein notwendiges Ziel-Rating zukünftig nicht mehr erreicht wird.

fx Wichtige Formeln

Analog zu den bereits durchgeführten Monte-Carlo-Simulationen beziehen sich die hier notwendigen Formeln bei Anwendung der Monte-Carlo-Simulation ebenfalls nicht auf die Generierung der Wahrscheinlichkeitsverteilung der Zielgröße, sondern auf die Berechnung des Value at Risk bzw. Conditional Value at Risk. Das Ergebnis der Monte-Carlo-Simulation ist wiederum eine diskrete Wahrscheinlichkeitsverteilung für das EBIT im Planungszeitraum. Von den Simulationswerten wird der Planwert des EBIT des jeweiligen Planjahrs abgezogen. An diesen Werten, die das Risiko einer Abweichung vom Planwert darstellen, werden die bereits bekannten Formeln für den Value at Risk und Conditional Value at Risk bei einer diskreten Wahrscheinlichkeitsverteilung angewendet.

Formal gesehen ist der Value at Risk der Randwert des Quantils einer Verteilung zum Konfidenzniveau p. Die Formel für die Berechnung des Value at Risk als Rendite bei einer diskreten Wahrscheinlichkeitsverteilung lautet:

$$VaR_p(R) = RVaR_p(R) = |Q_\alpha(R)|$$

Formel 101

R	= Risikowert = erwartungstreuer Planwert minus Zielwert
$VaR_p(R)$	= Value at Risk zum Konfidenzniveau p für den Risikowert
$RVaR_p$	= Relativer Value at Risk zum Konfidenzniveau p für den Risikowert
$Q_\alpha(R)$	= Quantil der Verteilung zum Konfidenzniveau p für den Risikowert

Die Formel für die Berechnung des Conditional Value at Risk als Rendite bei einer diskreten Wahrscheinlichkeitsverteilung lautet:

$$CVaR_p(R) = \left|E\left(R \middle| R < Q_\alpha(R)\right)\right|$$ Formel 102

$CVaR_p(R)$ = Conditional Value at Risk zum Konfidenzniveau p für den Risikowert

Arbeitsmappe: `Case Study Risikomanagement Teil 3` ➲ Arbeitsblatt: `Risikoanalyse (2)`

Berechnung des Value at Risk (= Relativer Value at Risk) der Abweichung des erwartungstreuen Planwerts vom Risikowert in Excel:

Excel-Beispiel: `C10=ABS(MIN(SVERWEIS(C8;'Risikoanalyse (1)'!F5:G10004;2;0);0))`

Berechnung des Conditional Value at Risk (Expected Shortfall) der Abweichung des erwartungstreuen Planwerts vom Risikowert in Excel:

Excel-Beispiel: `C13= ABS(MITTELWERT('Risikoanalyse (1)'!G5:G504))`

Vorgehensweise

Vorbemerkung: Wir führen hier die Monte-Carlo-Simulation beispielhaft mit dem Softwareprogramm Risk-Kit durch. Jede andere geeignete Software kann selbstverständlich auch verwendet werden. Es ist hier wiederum anzumerken, dass die Ergebnisse der Monte-Carlo-Simulation nur angezeigt werden, wenn die entsprechende Software auch auf dem Computer installiert ist. Bitte stellen Sie sicher, dass folgende Einstellungen in Risk-Kit gewählt wurden. Wichtig ist, dass im Simulationsmodus `Aktive Arbeitsmappe` gewählt wurde.

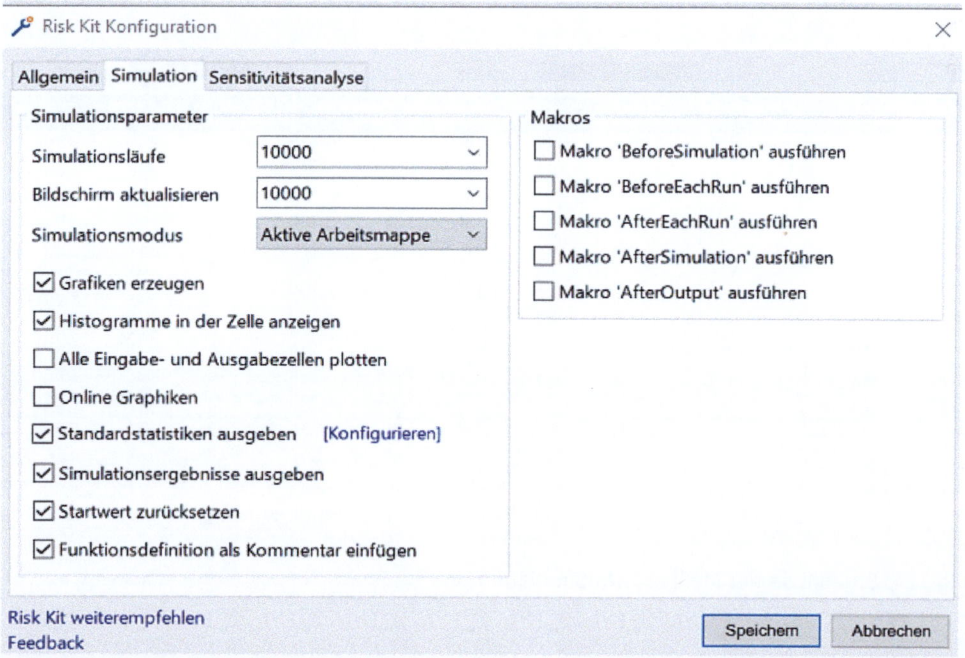

Abbildung 113: Risk Kit Konfiguration

- Im ersten Schritt wird die Monte-Carlo-Simulation mit 10.000 Ziehungen durchgeführt. Stellen Sie sicher, dass die Ergebnisse der Monte-Carlo-Simulation, d. h. die 10.000 Output-Werte des EBIT, ausgewiesen werden. Diese Werte werden dann in das Arbeitsblatt `Risikoanalyse(1)` kopiert. Für das Jahr t1 befinden sich die EBIT-Werte in den Zellen `C5:C10004`.
- Im nächsten Schritt werden die Abweichungen vom Planwert ermittelt `D5=C5-$D$2`. Diese Abweichung ist das Risiko, dass der angestrebte Planwert nicht erreicht wird.
- Die Abweichungen vom Planwert werden nun in den Spalten `F:G` in aufsteigender Reihenfolge wiedergegeben `G5=KKLEINSTE($D$5:$D$10004;F5)`.
- Die weitere Risikoanalyse erfolgt im Arbeitsblatt `Risikoanalyse(2)`. Auf Grundlage dieser Liste wird bei der Ermittlung des Value at Risk bei einer diskreten Wahrscheinlichkeitsverteilung die Anzahl der α-% kleinsten Werte ermittelt. In unserem Beispiel sind es die 5% kleinsten Werte. Das sind bei 10.000 vorliegenden Renditen 500 Werte. Das 5% -Quantil liegt nach statistischer Definition beim 5000-niedrigsten Wert. Bei unserem VaR-Ansatz verwenden wir den 500sten Wert der geordneten Liste in Spalte `G` des Arbeitsblattes `Risikoanalyse(1)`. Dies wird mit der Funktion `C8=ABRUNDEN((C6)*ANZAHL('Risikoanalyse(1)'!G5:G10004);0)` berechnet.
- Darauffolgend wird die Rendite des 500-kleinsten Wertes bestimmt. Dies erfolgt für das 5%-Quantil mit der Funktion `C10=ABS(MIN(SVERWEIS(C8;'Risikoanalyse(1)'!F5:G10004;2;0);0))`. Der ermittelte Value at Risk (= Relativer Value at Risk) beträgt 10.604 €.
- Abschließend kann der Conditional Value at Risk berechnet werden `C13=ABS(MITTELWERT('Risikoanalyse 1)'!G5:G504))`. Er beträgt 10.604 €.

Ergebnis

	B	C	D	F	G	I	J	K	M	N	P	Q	R	T	U
1															
2	Zielwert	EBIT t(1)	- 9.567 €			Zielwert	EBIT t(1)	- 9.560 €			Zielwert	EBIT t(1)	- 9.569 €		
3	Umsatzerlöse Dreicksverteilung					Umsatzerlöse PERT-Verteilung					Umsatzerlöse Expertenverteilung				
4	Versuchswerte	EBIT t(1)	zum Zielwert		Abweichungen sortiert	Versuchswerte	EBIT t(1)	zum Zielwert		Abweichungen sortiert	Versuchswerte	EBIT t(1)	zum Zielwert		Abweichungen sortiert
5	1	1.184 €	10.751	1	10.530	1	1.180 €	10.740	1	10.524	1	1.196 €	10.765	1	10.537
6	2	1.360 €	10.927	2	10.530	2	1.360 €	10.920	2	10.524	2	1.357 €	10.926	2	10.537
7	3	991 €	10.557	3	10.530	3	989 €	10.549	3	10.524	3	976 €	10.545	3	10.537
8	4	1.364 €	10.931	4	10.530	4	1.365 €	10.925	4	10.524	4	1.345 €	10.913	4	10.537
9	5	1.469 €	11.036	5	10.530	5	1.476 €	11.036	5	10.524	5	1.480 €	11.048	5	10.537
10	6	1.449 €	11.016	6	10.530	6	1.468 €	11.028	6	10.524	6	1.466 €	11.035	6	10.537
11	7	964 €	10.530	7	10.530	7	964 €	10.524	7	10.524	7	969 €	10.537	7	10.537
12	8	964 €	10.530	8	10.530	8	964 €	10.524	8	10.524	8	969 €	10.537	8	10.537
13	9	964 €	10.530	9	10.530	9	964 €	10.524	9	10.524	9	969 €	10.537	9	10.537
14	10	964 €	10.530	10	10.530	10	964 €	10.524	10	10.524	10	969 €	10.537	10	10.537
15	11	964 €	10.530	11	10.530	11	964 €	10.524	11	10.524	11	969 €	10.537	11	10.537
16	12	964 €	10.530	12	10.530	12	964 €	10.524	12	10.524	12	969 €	10.537	12	10.537
17	13	964 €	10.530	13	10.530	13	964 €	10.524	13	10.524	13	969 €	10.537	13	10.537
18	14	964 €	10.530	14	10.530	14	964 €	10.524	14	10.524	14	969 €	10.537	14	10.537
19	15	964 €	10.530	15	10.530	15	964 €	10.524	15	10.524	15	969 €	10.537	15	10.537
20	16	964 €	10.530	16	10.530	16	964 €	10.524	16	10.524	16	969 €	10.537	16	10.537
21	17	964 €	10.530	17	10.530	17	964 €	10.524	17	10.524	17	969 €	10.537	17	10.537
22	18	964 €	10.530	18	10.530	18	964 €	10.524	18	10.524	18	969 €	10.537	18	10.537
23	19	964 €	10.530	19	10.530	19	964 €	10.524	19	10.524	19	969 €	10.537	19	10.537
24	20	964 €	10.530	20	10.530	20	964 €	10.524	20	10.524	20	969 €	10.537	20	10.537
25	21	964 €	10.530	21	10.530	21	964 €	10.524	21	10.524	21	969 €	10.537	21	10.537
26	22	964 €	10.530	22	10.530	22	964 €	10.524	22	10.524	22	969 €	10.537	22	10.537
27	23	964 €	10.530	23	10.530	23	964 €	10.524	23	10.524	23	969 €	10.537	23	10.537
28	24	964 €	10.530	24	10.530	24	964 €	10.524	24	10.524	24	969 €	10.537	24	10.537
29	25	964 €	10.530	25	10.530	25	964 €	10.524	25	10.524	25	969 €	10.537	25	10.537

Abbildung 114: Ergebnisse der Monte-Carlo-Simulation

Umsatzerlöse Dreiecksverteilung

Jahr	t(1)	t(2)	t(3)	t(4)
Konfidenzniveau	95%	95%	95%	95%
Alpha	5%	5%	5%	5%
Anzahl der Werte	500	500	500	500
VaR = relativer VaR	10.604 €	12.342 €	14.110 €	16.096 €
Expected Shortfall	10.604 €	12.341 €	14.110 €	16.094 €

Umsatzerlöse PERT-Verteilung

Jahr	t(1)	t(2)	t(3)	t(4)
Konfidenzniveau	95%	95%	95%	95%
Alpha	5%	5%	5%	5%
Anzahl der Werte	500	500	500	500
VaR = relativer VaR	10.641 €	12.374 €	14.107 €	16.070 €
Expected Shortfall	10.641 €	12.373 €	14.107 €	16.069 €

Umsatzerlöse Expertenverteilung

Jahr	t(1)	t(2)	t(3)	t(4)
Konfidenzniveau	95%	95%	95%	95%
Alpha	5%	5%	5%	5%
Anzahl der Werte	500	500	500	500
VaR = relativer VaR	10.651 €	12.394 €	14.110 €	16.071 €
Expected Shortfall	10.651 €	12.394 €	14.109 €	16.069 €

Abbildung 115: Value at Risk und Expected Shortfall

Literatur und Verweis auf das Excel-Tool

Ernst, D., Häcker, J. (2021): Risikomanagement im Unternehmen Schritt für Schritt, UTB, Course 3 – Assignment 6.

Siehe Excel-Datei `Case Study Risk Management Teil 2`, Excel-Arbeitsblätter `Risikoanalyse (1)` und `Risikoanalyse (2)`

Course Unit 4: Investitionsrechnung

Assignment 23: Investitionsplanung bei Immobilien: Investitionsbewertung von Projektentwicklungen

Aufgabe

Sie sind Head of Risk Management bei der Real Estate Group. Ihnen wird die Investition in eine Projektentwicklung namens „CityLounge Arcaden“ angeboten. Das Grundstück liegt in guter City-Lage in einem prosperierenden Markt in Baden-Württemberg. Momentan ist das Grundstück mit einem ehemals industriell genutzten Gebäude überbaut. Die Immobilie soll zu hochwertigen Wohnungen umgenutzt und weiterveräußert werden. Weitere Informationen entnehmen Sie den folgenden Ausführungen.

a) Treffen Sie eine Aussage, zu welchem Preis das Grundstück unter den folgenden Rahmenbedingungen angekauft werden kann. Nutzen Sie hierfür die Residualwertmethode.
b) Alternativ überlegen Sie, die Wohnungen in den Bestand zu übernehmen und zu vermieten. Mit welcher Anfangsrendite (statisch) können Sie rechnen? Gehen Sie von einem Mietausfallwagnis (MAW) von 2 % und Bewirtschaftungskosten von 20 % aus.
c) Sie behalten das Objekt weitere vier Jahre im Bestand (Projektentwicklungszeitraum zwei Jahre). Nach sechs Jahren (Periode 5) können Sie die Immobilie mit einem Wertzuwachs von 10 % (Gesamtinvestition) verkaufen. Zwei Jahre nach Erstvermietung können Sie die Mieten für die Wohnungen und Gewerbeeinheiten sowie Carports um 5 % erhöhen. Beurteilen Sie die Investition nach der Kapitalwertmethode (KW) unter der Annahme der Anfangsrendite als Kalkulationszinsfuß. Wie verändert sich der KW bei einem angenommenen Kalkulationszinsfuß von 5,5 %?
d) Stellen Sie unter den im Aufgabenteil c) beschriebenen Annahmen einen vollständigen Finanzplan auf und berechnen Sie den Endwert in Periode 5. Die Grundstückskosten in Periode 0 finanzieren Sie mit 1,0 Mio. €, die Kosten für die Gebäudesanierung mit 3,0 Mio. € Eigenkapital. Die jeweilige Differenz finanzieren Sie mit Fremdkapital zu einem Zinssatz von 5,5 %. Ermitteln Sie die VOFI-Rendite.

Rahmenbedingungen

- Das Grundstück hat eine Größe von 2.500 m².
- Die Gesamtwohnfläche beträgt 1.800 m².
- Es sind 10 Carports vorgesehen.
- Die Abbruchkosten betragen 50.000 €.
- Die geschätzten Baukosten belaufen sich auf 1.500 €/m².
- Die Baunebenkosten sind mit 15 % der Baukosten angesetzt.
- Die Kosten für behördliche Genehmigungen werden auf 20.000 € geschätzt.
- Die Kosten für das Marketing werden mit 3 % der Verkaufserlöse berechnet.
- Die Makler-Courtage für den Vertrieb der Wohnungen und der Carports beträgt 5,8 %.
- Als Unvorhergesehenes werden 3 % der Baukosten angesetzt.
- Als Gewinn werden 10 % der Gesamterlöse eingeplant.
- Es wird mit einer Bauzeit von einem Jahr gerechnet, die Zwischenfinanzierung beträgt 5 %.
- Als Zwischenfinanzierungskosten für das Grundstück werden 6 % angesetzt.
- Es wird von einem Entwicklungszeitraum (Grundstücksankauf bis vollständigen Abverkauf bzw. Erstvermietung der Wohnungen) von zwei Jahren ausgegangen.
- Die Grunderwerbsteuer ist mit 5 % festgesetzt.
- Die Kosten für Grundbucheintragungen und Notar werden auf weitere 1,5 % beziffert.

Preis

- Das Unternehmen strebt eine Hochpreisstrategie an, wobei alle Kaufpreise Festpreise sind und sich die Fälligkeit in Raten nach dem Baufortschritt richtet.
- Die Preise bewegen sich zwischen 389.000 € (133 m²) und 952.000 € (292 m²).
- Die Mieterlöse werden auf durchschnittlich 10,00 €/m² Wohnfläche prognostiziert.
- Die Wohnungen haben einen Verkaufspreis von 3.200 € pro m².
- Die Carports haben einen Verkaufspreis von 13.000 €/Stück und eine monatliche Miete von 60 €.

Inhalt

Die **Residualwertmethode** wird im Rahmen der Immobilienbewertung zur Ermittlung des maximalen Bodenkaufpreises verwendet. Von dem ermittelten Verkehrswert werden alle notwendigen Kosten subtrahiert, damit ein Residual erreicht wird. Insbesondere wenn eine Umnutzung bevorsteht, wird dieses Verfahren angewendet. Somit findet eine quantitative Einbeziehung der Daten aller Teilbereiche statt.

Im Rahmen der **Developmentrechnung** werden die Entstehungskosten den prognostizierten Verkaufserlösen gegenübergestellt, um auf eine zu erwartende Rendite schließen zu können.

Die **Kapitalwertmethode** (Net Present Value-Method) bildet die Preisobergrenze für ein Investitionsprojekt ab. Ein Investitionsprojekt gilt als vorteilhaft, wenn der Kapitalwert größer als Null ist (KW>0). Bei mehreren Investitionsalternativen ist diejenige mit dem größten Kapitalwert zu wählen. Die Kapitalwertmethode eignet sich besonders zur Beurteilung von Einzelinvestitionen, da sie dem Entscheidungsträger zeigt, ob das Investitionsprojekt die von ihm geforderte Mindestverzinsung erreicht (KW=0). Das Ziel der Kapitalwertmethode ist es, die Wirtschaftlichkeit eines Investitionsprojekts zu beurteilen, indem Ein- und Auszahlungen auf den heutigen Zeitpunkt abgezinst werden. Der Entscheidungsträger kann somit erkennen, für welchen Kalkulationszinssatz ein Investitionsprojekt nach der Kapitalwertmethode akzeptabel ist. Zu beachten ist, dass aus unterschiedlich auftretenden Risken in den einzelnen Branchen und Unternehmen Abweichungen in der Höhe des Kalkulationszinssatzes entstehen. Des Weiteren sind subjektiv unterschiedliche Einschätzungen dieser Risiken und variierende Sicherheitsbedürfnisse (Risikobereitschaft) der Entscheidungsträger zu berücksichtigen, welche zu großen Unterschieden in der Höhe des Kalkulationszinssatzes führen. Beispielsweise können Risikoaufschläge aufgrund von Standortrisiken oder Nutzungsrisiken entstehen. Für die Höhe der Risikozuschläge gibt es keine festen, theoretisch begründbaren Regeln.

Die **Endwertmethode** versteht sich als Verdichtung vollständiger Finanzpläne (VoFi) auf sämtliche durch ein Investitionsprojekt zusätzlich verursachten, künftigen Ein- und Auszahlungen. Dabei werden Zinseszinswirkungen auf das Ende des Planungshorizonts, d.h. auf das Ende der erwarteten Nutzungsdauer bezogen. Die Differenz zwischen dem (zum Habenzins) aufgezinsten Einzahlungsüberschüssen und den (zum Sollzins) aufgezinsten Auszahlungsüberschüssen wird dabei als Endwert der Investition betrachtet. Nach dem Endwert als Entscheidungskriterium gilt ein Investitionsprojekt als vorteilhaft, wenn es einen positiven Endwert aufweist. Bei mehreren Investitionsalternativen ist diejenige mit dem größten Endwert zu wählen. Die Endwertmethode weist gegenüber den „klassischen", dynamischen Entscheidungskalkülen (Kapitalwert- und Annuitätenmethode) den Vorteil auf, dass sie die Aufstellung vollständiger Finanzpläne verlangt. Es ist damit möglich, insbesondere projektbezogene Finanzierungsannahmen zu berücksichtigen, die von der Kapitalwert- oder Annuitätenmethode nur in impliziter Form, d. h. (im Grundmodell) über die Annahme eines einheitlichen Kalkulationszinssatzes, erfasst werden. Die Eigenkapitalrentabilität des vollständigen Finanzplans gibt an, mit welchem Zinssatz das eingesetzte Eigenkapital verzinst werden muss, um den Vermögenswert zu erreichen. Eine Investition gilt nach dieser Zielgröße als vorteilhaft, wenn sie eine positive Eigenkapitalrendite hat. Bei mehreren Investitionsalternativen ist die Alternative am vorteilhaftesten, die über die höchste Eigenkapitalrendite verfügt.

Wichtige Formeln

Endwert

$$ENDW = \sum_{t=0}^{n} (e_t - a_t) \cdot (1+i)^{n-t}$$

Formel 103

e_t = Einnahmen zum Zeitpunkt t
a_t = Ausgaben zum Zeitpunkt t
i = risikofreier Kalkulationszinssatz
n = Nutzungsdauer des Investitionsprojekts

VOFI-Rendite

$$r_{VOFI} = \sqrt[n]{\frac{ENDW}{EK}} - 1$$

Formel 104

Residualmethode

Residuum1

$$\begin{aligned} &Residuum1 = Verkaufserlöse \\ &- Baukosten\ (DIN276) \\ &-Baunebenkosten(DIN276) \\ &-Vertriebskosten \\ &-Bauzeitzinsen\ (50\ \%\ der\ Baukosten, BNK, Vertrieb) \\ &-Gewinn \\ &-Abbruchkosten \end{aligned}$$

Formel 105

Residuum 2

$$\begin{aligned} &Residuum\ 2\ (Grundstückskaufpreis) \\ &= Residuum\ 1 \\ &- Nebenkosten\ (Grunderwerbsteuer, Notar, Grundbuch, \\ &Finanzierungskosten\ \ Grundstück) \end{aligned}$$

Formel 106

Bodenwert

$$Bodenwert = \frac{Residuum2}{Grundstücksfläche\ in\ m^2}$$

Formel 107

Developmentrechnung

Jahresnettomiete

$$Jahresnettomiete = Jahresbruttomiete - Bewritschaftungskosten - Mietausfallwagnis$$

Formel 108

Herstellungskosten

$$Herstellungskosten = Nebenkosten(Grunderwerbsteuer, Notar, Grundbuch) + Baukosten(DIN276) + Baunebenkosten(DIN276) + Bauzeitzinsen\ (50\%\ der\ Baukosten, Baunebenkosten) + Abbruchkosten$$

Formel 109

Anfangsrendite

$$Anfangsrendite = \frac{Jahresnettomiete}{Herstellungskosten}$$

Formel 110

Kapitalwertmethode

$$KW_0 = -a_0 + \sum_{t=0}^{n} (e_t - a_t) \cdot (1+i)^{-t} + Rn(1+i)^{-n}$$

Formel 111

e_t = Einnahmen zum Zeitpunkt t

a_t = Ausgaben zum Zeitpunkt t

a_0 = Anschaffungsauszahlung der Investition im Zeitpunkt 0

n = Nutzungsdauer des Investitionsprojekts

R_n = Restwerterlös im Zeitpunkt t=n

i = risikofreier Kalkulationszinssatz

Vorgehensweise

a. Residualmethode

Arbeitsmappe: `Case Study Risikomanagement Teil 3` ➲ Arbeitsblatt: `Bodenwert`

Für die Berechnung des Bodenwerts mit der Residualmethode werden zuerst die allgemeinen Informationen hinterlegt. Danach wird der Ertragswert des Gebäudes ermittelt. `G12=F12*B12` und `G15=F15*B15`. Die Gesamterlöse werden in `G17=SUMME(G12:G15)` abgebildet und betragen 5.890.000,00 €.

Die Herstellungskosten des Gebäudes werden im nächsten Schritt ermittelt.

- Baukosten G23=F23*B23.
- Baunebenkosten G27=G24*B27/100 und G29=SUMME(G27:G28).
- Marketingkosten G32=F32*B32/100 und G33=F33*B33/100.
- Unvorhergesehenes G37=G24*B37/100
- Zwischenfinanzierung G41=E41*B41/100 und F41=SUMME(G38;G34;G29;G24)/2. Aus den Positionen 1-4 ist der Durchschnitt zu bilden, dies wird durch die Berücksichtigung der hälftigen Baukosten (50 %) ermittelt.
- Gewinn G44=F44*B44/100.

Daraufhin ist die Summe aller Kosten in der Zelle G47 zu bilden. Die Herstellungskosten betragen 4.406.428,00 €

Das Residuum 1 ergibt sich aus den Erlösen abzüglich der Herstellungskosten und Freimachungs-/Abbrucharbeiten. G54=G51-G52-G53. Der Gewinn des Projekts beträgt 1.433.572,00 €. Der Grundpreis und die Finanzierungsnebenkosten sind bei dieser Methode enthalten.

Das Residuum 2 und damit die Tragfähigkeit des Bodenwerts ergeben sich unter zusätzlicher Berücksichtigung der Finanzierungskosten des Grundstücks und der Erwerbsnebenkosten. H60=G54*12/112 und H61=(G54*100/112)*F61/(100+F61) sowie H62=G54-H60-H61. Das Residuum 2 und somit der maximale Betrag für den Grundstücksankauf beträgt gerundet 1.210.000,00 €.

Der Bodenwert H64=H63/F64 ergibt sich aus der Tragfähigkeit des Bodenwerts dividiert mit der Grundstücksfläche. Der Wert des Grundstücks beträgt 484 €/m².

b. Developmentrechnung

Arbeitsmappe: Case Study Risikomanagement Teil 3 ➲ Arbeitsblatt: Development

Mit der Developmentrechnung kann die Anfangsrendite (G60=G56/G58*100) ermittelt werden. Die Vorgehensweise ist analog der Bodenwertrechnung; allerdings werden hier die Marketingkosten und der Gewinn nicht berücksichtigt, da es sich um eine Vermietung handelt. Dafür sind die Kosten des Grundstücks einzubeziehen (G30=G27+G28+G29). Die Anfangsrendite beträgt 3,6 % und stellt das Verhältnis der Kosten zu den jährlichen Mieteinnahmen dar. Die Rendite hängt von vielen unterschiedlichen Faktoren ab, sollte aber mindestens 4 % betragen.

c. Kapitalwertmethode

Arbeitsmappe: Case Study Risikomanagement Teil 3 ➲ Arbeitsblatt: Kapitalwert

Der Kapitalwert ergibt sich aus den Mittelabflüssen und den Mittelzuflüssen und somit den Überschüssen, welche abgezinst werden. G18=C18*(1+G24)^-1 und H18=D18*(1+H24)^-1. Der Kapitalwert bildet zusammen mit der Anschaffungsauszahlung die Preisobergrenze für ein Investitionsprojekt. In unserem Fall beträgt, bei Anwendung der oben ermittelten Anfangsrendite von 3,6%, der Kapitalwert 377.758,05 €. Dies bildet die erste Betrachtung ab. Das Investitionsprojekt gilt als vorteilhaft, bei einem positiven Kapitalwert. Der Entscheidungsträger kann erkennen, für welchen Kalkulationszinssatz *i* eine Investition nach der Kapitalwertmethode akzeptabel ist. In unserem Beispiel wird der Einfluss der Wahl des Kalkulationszinssatzes auf die Vorteilhaftigkeit einer Investition verdeutlicht. Bei der zweiten Betrachtung wird von einem Kalkulationszinssatz in Höhe von 5,5% ausgegangen, um die Entwicklung des Kapitalwerts bei steigendem Kalkulationszinssatz darzustellen. Bei der zweiten Betrachtung ist der Kapitalwert auf 17.263,18 € gesunken, aber dennoch positiv G23=SUMME

`(G17:G22)` und `H23=SUMME(H17:H22)`.Ein steigender Kalkulationszinssatz führt somit zu einer Senkung des Kapitalwerts.

d. Endwert

Arbeitsmappe: `Case Study Risikomanagement Teil 3` ➲ Arbeitsblatt: `Endwert`

Der Endwert ergibt sich aus den Ergänzungsfinanzierungen, welche sich aus den Einzahlungen und Überschüssen ergeben. `C9=(+C7+C8)*-1` und `D9=(C9*(1+Annahmen!D55))*-1` sowie `D10=(+D8+D7)*-1`.Die Eigenkapitalrentabilität des vollständigen Finanzplans (VOFI-Rendite) ergibt sich aus dem Endwert und dem eingesetzten Eigenkapital. `C19=POTENZ(C22/C21;5/1)`. In unserem Fall wird eine Eigenkapitalrentabilität von 3,80 % ermittelt. Das eingesetzte Eigenkapital in Höhe von 4.000.000 € muss mit diesem Zinssatz verzinst werden, um den Vermögensendwert zu erreichen. Die Investition ist aufgrund des positiven Werts vorteilhaft. Bei einem Projektentwickler wäre ein höherer Wert (ca. 10 %) besser, da sich die Laufzeit aufgrund von beispielsweise fehlenden Baugenehmigungen oder Bauverzögerungen verlängern könnte. Der Zeitfaktor spielt hier eine entscheidende Rolle.

Ergebnis

a) Ermittlung des tragfähigen Bodenwertes mit der Residualwertmethode

	A	B	C	D	E	F	G	H	I
1		Bodenwertberechnung mit der Residualmethode							
2		Vergleichsdaten							
3		Bodenrichtwertkarte	Stichtag:	02.01.2024	baufreies Land	540	EUR/m^2		
4		Maßgeblicher Vergleichsbodenwert				540	EUR/m^2		
5									
6		Grundstück							
7		Grundstücksfläche				2.500	m^2		
8									
9		Prognostiziertere Verkaufserlöse							
10		Ertragswert Gebäude							
11				Bezeichnung					
12		1800	m^2 Wfl.	Wohnungen	á	3.200,00 €	5.760.000,00 €		
13		0	m^2 Wfl.	Wohnungen	á	- €	- €		
14		0	m^2 Wfl.	Wohnungen	á	- €	- €		
15		10	Stk.	Carports	á	13.000,00 €	130.000,00 €		
16									
17		prognostizierte Gesamterlöse					5.890.000,00 €		
18									
19									
20		Herstellungskosten Gebäude							
21									
22		1. Baukosten							
23		1800	m^2 Wfl.	Gesamtumbaukosten	á	1.500,00 €	2.700.000,00 €		
24		Summe Baukosten					2.700.000,00 €		
25									
26		2. Baunebenkosten							
27		15	%	Baukosten	aus	2.700.000,00 €	405.000,00 €		
28				Behördenleistungen			20.000,00 €		
29		Summe Baunebenkosten					425.000,00 €		
30									
31		3. Marketingkosten							
32		5,8	%	Maklercourtage	aus	5.890.000,00 €	341.620,00 €		
33		3	%	Marketingkosten	aus	5.890.000,00 €	176.700,00 €		
34		Summe Marketingkosten					518.320,00 €		
35									
36		4. Unvorhergesehenes / Risikopuffer							
37		3	%	der Baukosten			81.000,00 €		
38		Summe Unvorhergesehenes					81.000,00 €		
39									
40		5. Zwischenfinanzierung							
41		5	%	aus 1-4 (50 %) á 12 Monate		1.862.160,00 €	93.108,00 €		
42									
43		6. Gewinn/Wagnis des Bauträgers							
44		10	%	der Gesamterlöse			589.000,00 €		
45		Summe Gewinn/Wagnis des Bauträgers					589.000,00 €		
46									
47		Summe aller Kosten					4.406.428,00 €		
48									
49									
50		Residuum 1: Erlöse - Kosten							
51		Erlöse					5.890.000,00 €		
52		Kosten					4.406.428,00 €		
53		abzüglich Freimachungs-/Abbrucharbeiten					50.000,00 €		
54		Residuum 1					1.433.572,00 €		
55									
56									
57		Residuum 2: Tragfähigkeit Bodenwert							
58									
59		24	Monate	Gesamtprojektdauer					
60				Finanzierungskosten Grundstück	á	6	%	153.597,00 €	(2 Jahre somit 12 %)
61				Erwerbsnebenkosten	á	5,5	%	66.728,55 €	
62		Residuum 2: Tragfähigkeit Bodenwert						1.213.246,45 €	
63							gerundet	1.210.000,00 €	
64									
65		Bodenwert				2.500	m^2	484	€/m^2

Abbildung 116: Bodenwert mit der Residualwertmethode

b) Ermittlung der Anfangsrendite mit der Developmentrechnung

	A	B	C	D	E	F	G	H
1				**Developmentrechnung**				
2								
3		Projekt		CityLounge Arcaden				
4		Grundstücksfläche		2500	m^2			
5		Gesamtwohnfläche		1800	m^2			
6		Anzahl Parkierungen		10	Stk.			
7								
8								
9		Einnahmen/Jahr						
10				**Bezeichnung**				
11		1800	m^2 Wfl.	Wohnungen	á	10,00 €	216.000,00 €	
12		0	m^2 Wfl.	Wohnungen	á	- €	- €	
13		0	m^2 Wfl.	Wohnungen	á	- €	- €	
14		10	Stk.	Carports	á	60,00 €	7.200,00 €	
15								
16		**Bruttomieten/ Jahr**					**223.200,00 €**	
17								
18		**abzüglich Bewirtschaftungskosten**		20	%	**223.200,00 €**	**44.640,00 €**	
19		**abzüglich Mietausfallwagnis**		2	%	**223.200,00 €**	**4.464,00 €**	
20								
21		**Nettomieten/ Jahr**					**174.100,00 €**	
22								
23								
24		Herstellungskosten						
25								
26		1. Kosten des Grundstücks						
27		2500	m^2	Grundstücksfläche	484	€	1.210.000,00 €	
28		Grunderwerbsteuer			5	%	60.500,00 €	
29		Notar-/Grundbuchkosten			1,5	%	18.150,00 €	
30		**Summe Kosten des Grundstücks**					**1.288.650,00 €**	
31								
32		1. Baukosten						
33		1800	m^2 Wfl.	Gesamtumbaukosten	á	1.500,00 €	2.700.000,00 €	
34		**Summe Baukosten**					**2.700.000,00 €**	
35								
36		3. Baunebenkosten						
37		15	%	Baukosten	aus	2.700.000,00 €	405.000,00 €	
38				Behördenleistungen			20.000,00 €	
39		**Summe Baunebenkosten**					**425.000,00 €**	
40								
41		4. Unvorhergesehenes / Risikopuffer						
42		3	%	der Baukosten		2.700.000,00 €	81.000,00 €	
43		**Summe Unvorhergesehenes**					**81.000,00 €**	
44								
45		5. Zwischenfinanzierung						
46		5	%	aus 1-4 (50 %) á 12 Monate		1.603.000,00 €	80.150,00 €	
47		6	%	aus 1 á 24 Monate		1.288.650,00 €	154.638,00 €	
48		**Summe Zwischenfinanzierung**					**234.788,00 €**	
49								
50		**Kosten für Freimachung und Abbruch**					**50.000,00 €**	
51								
52		**Summe aller Kosten**					**4.779.438,00 €**	
53						gerundet	**4.780.000,00 €**	
54								
55		**Anfangsrendite**						
56				Nettomieten/Jahr			174.100,00 €	
57								
58				Summe aller Kosten			4.780.000,00 €	
59								
60		**Anfangsrendite**					**3,6**	%

Abbildung 117: Development-Rechnung

c) Ermittlung des Kapitalwertes

Kapitalwertrechnung

Überschüsse

Mittelabfluss Grundstück Jahr 0:	1.288.650,00 €
Mittelabfluss Herstellungskosten Gebäude Jahr 1:	3.490.788,00 €
Mieteinnahmen Jahr 2+3	223.200,00 €
Bewirtschaftungskosten Jahr 2+3	- 44.640,00 €
Mietausfall Jahr 2+3	- 4.464,00 €
Überschüsse Jahr 2+3	174.100,00 €
Mieteinnahmen Jahr 4+5	234.360,00 €
Bewirtschaftungskosten Jahr 4+5	46.872,00 €
Mietausfall Jahr 4+5	4.687,20 €
Überschüsse Jahr 4+5	182.800,80 €
Mittelzufluss Verkauf Immobilie Jahr 5	5.257.381,80 €

	Betrachtung 1	Betrachtung 2
Anfangsinvest	- 1.288.650,00 €	- 1.288.650,00 €
Überschuss 1 (U1)	- 3.490.788,00 €	- 3.490.788,00 €
Überschuss 2 (U2)	174.100,00 €	174.100,00 €
Überschuss 3 (U3)	174.100,00 €	174.100,00 €
Überschuss 4 (U4)	182.800,80 €	182.800,80 €
Überschuss 5 (U5)	5.440.182,60 €	5.440.182,60 €

	Betrachtung 1	Betrachtung 2
Anfangsinvest	- 1.288.650,00 €	- 1.288.650,00 €
Barwert 1	- 3.369.486,49 €	- 3.308.803,79 €
Barwert 2	162.210,61 €	156.420,57 €
Barwert 3	156.573,95 €	148.265,94 €
Barwert 4	158.686,17 €	147.559,87 €
Barwert 5	4.558.423,81 €	4.162.470,60 €
Kapitalwert	**377.758,05 €**	**17.263,18 €**
Kalkulationszinssatz	**3,6%**	**5,5%**

Abbildung 118: Kapitalwert

d) Ermittlung des Endwerts (VOFI)

Endwert

Zeitpunkt (t)	**0**	**1**	**2**	**3**	**4**	**5**
Eigenkapital	1.000.000,00 €	3.000.000,00 €				
Soll-Zins	0,055	0,055	0,055	0,055	0,055	0,055
Haben-Zins	0,036	0,036	0,036	0,036	0,036	0,036
Einzahlung	1.000.000,00 €	3.000.000,00 €				
Überschüsse	-1.288.650,00 €	-3.490.788,00 €	174.100,00 €	174.100,00 €	182.800,80 €	5.440.182,60 €
Ergänzungsfinanzierung 0	288.650,00 €	- 304.525,75 €				
Ergänzungsfinanzierung 1		490.788,00 €	-691.881,34 €			
Ergänzungsfinanzierung 2			-517.781,34 €	-546.259,31 €		
Ergänzungsfinanzierung 3				372.159,31 €	-392.628,08 €	
Ergänzungsfinanzierung 4					209.827,28 €	- 217.381,06 €
Endvermögen						**5.222.801,54 €**

Ermittlung der VOFI-Rendite

rVOFI:	**3,80**	%

Eigenkapital	4.000.000,00 €
Endwert	5.222.801,54 €

Abbildung 119: Endwert

Literatur und Verweis auf das Excel-Tool

Götze, Uwe (2008): Investitionsrechnung. Modelle und Analyse zur Beurteilung von Investitionsvorhaben, 6. Aufl., Berlin, Heidelberg.

Kofner, Stefan (2024): Investitionsrechnung für Immobilien, 6. akutalisierte und erweiterte Aufl., Haufe, Hamburg.

Kruschwitz, L. (2014): Investitionsrechnung, 14. Aufl., De Gruyter Oldenbourg, München.

Siehe Excel-Datei `Case Study Risk Management Teil 3`, Excel-Arbeitsblätter: `Bodenwert`, `Development`, `Kapitalwert` und `Endwert`

Assignment 24: Investitionsplanung bei Immobilien: Investitionsbewertung im Bestandsmanagement

Aufgabe

Sie sind Head of Risk Management bei der Real Estate Group. Ziel des Unternehmens ist die nachhaltige Erneuerung des Bestandes durch Sanierung. Ihre Bau-Fachabteilung hat eine Bestandsentwicklungsuntersuchung für ein Mehrfamilienhaus mit 30 Wohneinheiten aufgestellt. Durch eine umfangreiche Kernsanierung sollen an den heutigen Wohnverhältnissen angepasste Wohnungen entstehen. Da Sie für breite Bevölkerungsschichten preiswerten Wohnraum anbieten wollen, bieten Sie die Wohnungen über einen Zeitraum von 10 Jahren 0,50 €/m²-Wohnfläche unterhalb der ortsüblichen Vergleichsmiete an. Als Gegenleistung erhalten Sie von der Gemeinde einen Zuschuss zu Ihrer Investition.

Weitere Informationen zum Konzept entnehmen Sie der folgenden Auflistung.

a) Errechnen Sie in einem ersten Schritt die Höhe der Subvention, die Sie von der Gemeinde erhalten müssten, um die Mietreduzierung wirtschaftlich kompensieren zu können.

b) Führen Sie eine Wertermittlung nach dem Ertragswertverfahren durch.

c) Stellen Sie über einen angemessenen Zeitraum (20 Jahre) eine Cashflow-Betrachtung (DCF) auf und untermauern Sie Ihre Investitionsentscheidung durch die Ermittlung der EK-Verzinsung auf Basis des Internen Zinsfuß und den Deckungsbeitrag aus den Herstellungskosten und dem Marktwert.

   Als Grundlage für Ihre Berechnungen nehmen Sie einen Diskontierungszinssatz von 5,0 % und einen Kapitalisierungszins von 6,0 % an.

d) Berechnen Sie für das Investitionsprojekt den Kapitalwert nach Ertragsteuern unter Zugrundelegung des Standardmodells und der Veranlagungssimulation.

   Gehen Sie dabei von den folgenden Annahmen aus:

   - Der gewerbesteuerliche Hebesatz liegt bei 410 %.
   - Gewerbesteuermesszahl 3,5 %
   - Körperschaftsteuersatz 15 %
   - Solidaritätszuschlag 5,5 %
   - Als Kalkulationszins werden 9 % vor Steuern unterstellt.
   - Es entsteht kein Veräußerungsgewinn.
   - Das Investitionsprojekt ist linear über 20 Perioden abzuschreiben.

Daten

- das Grundstück hat eine Größe von 2.500 m².
- der Bodenwert wurde auf 350 €/m² ermittelt.
- es wurde ein Erbbaurechtsvertrag über 99 Jahre geschlossen, der Erbbauzins beträgt jährlich 2 % aus dem Bodenwert.
- die Gesamtwohnfläche beträgt 2.600 m².

Investition

- die geschätzten Baukosten belaufen sich auf 3.500.000,00 €.
- die Baunebenkosten sind mit 17 % der Baukosten angesetzt.
- weitere Baunebenkosten für Mieterumsetzungen und Leerstand während der Maßnahme werden mit 200.000,00 € veranschlagt.

Einnahmen

- Marktmiete: 10,00 €/m²/Wfl.
- Geplante Subvention: 0,50 €/m²/Wfl.
- Mietausfallwagnis: 2 % der Mieterträge
- Es wird von einer Anpassung der Marktmiete von jährlich 1 % ausgegangen, die subventionierte Miete wird über den Zeitraum von zehn Jahren festgeschrieben.

Ausgaben

- Die Instandhaltungskosten werden in den ersten zehn Jahren auf 5,00 €/m²/Wfl./Jahr kalkuliert, in den folgenden zehn Jahren wird von einer Anpassung auf 10 € (nach fünf Jahren) und 15 €/m²/Wfl./Jahr ausgegangen.
- Die Verwaltungskosten sind mit 2 % der Nettokaltmiete aber mindestens 800 €/Monat kalkuliert.
- Bei den Ausgaben wird eine Preissteigerung von 2 % jährlich angenommen.

Finanzierung

- Die Investition soll mit 40 % Eigenkapital finanziert werden.
- Der Rest der Investition wird über Fremdkapital und über einen Zuschuss (Subvention) abgedeckt.
- Die Zinsen für das Fremdkapital können über einen Zeitraum von 10 Jahren auf 4,5 % festgeschrieben werden, die Zinsleistungen für die Anschlussfinanzierung werden auf 6 % kalkuliert.
- Die Tilgung beträgt 1 % pro Jahr.

Ertragswert der baulichen Anlagen

- Baujahr des Gebäudes 1987
- Gesamtnutzungsdauer 70 Jahre
- Liegenschaftszinssatz 5,50 %
- Berücksichtigung der Marktlage mit 300.000 €

Inhalt

Im Rahmen einer simulationsbasierten Investitionsrechnung bei Immobilien wird sich der Discounted Cashflow (DCF)-Methode bedient. Die DCF-Methode ist ein Ertragswertverfahren, welches auf der dynamischen Investitionsrechnung beruht. Die DCF-Methode ist eine Grenzwertbetrachtung, bei welcher die Gegenwartswerte der Nettoerträge im Mittelpunkt stehen.

Das DCF-Verfahren wird in der Immobilienwirtschaft für den Vergleich von Investitionsalternativen verwendet und somit zur Bewertung von Immobilien im Besonderen für Kapitalanleger. Hierbei werden unterschiedliche Diskontierungssätze verwendet. Bei Immobilienbewertungen stellt sich dies durch Liegenschaftszinssätze dar, welche vom Markt abgeleitet sind.

Der Betrachtungszeitraum von fünf bis 15 Jahren stellt dabei den Planungshorizont dar. Für die Folgeperioden wird der Cashflow als konstant angenommen.

Das Standardmodell geht von einer einheitlichen Bemessungsgrundlage für die Körperschaftsteuer und die Gewerbesteuer aus. Damit werden gewerbesteuerliche Hinzurechnungen und Kürzungen nach §§ 8 und 9 Gewerbesteuergesetz im Standardmodell nicht berücksichtigt. Demzufolge fließen Finanzierungsaspekte nicht in das Standardmodell ein. Es kann so mit einem einheitlichen Ertragssteuersatz gerechnet werden. Die Veranlagungssimulation, d. h. die ausführliche und exaktere Einbeziehung von Steuerwirkungen, geht von getrennten Bemessungsgrundlagen für die Körperschaftsteuer und die Gewerbesteuer aus. In die gewerbesteuerlichen Bemessungsgrundlagen fließen Hinzurechnungen und Kürzungen nach §§ 8 und 9 Gewerbesteuergesetz ein.

fx Wichtige Formeln

Bestimmung des Diskontierungsfaktors

$$(1+i)^{-n}$$

Formel 112

Bestimmung der Bemessungsgrundlage für die Gewerbesteuer

$$GewSt. = e_t - a_t - AfA_t - (1-0{,}25) \cdot Zinsen_t$$

Formel 113

(1-0,25) Hinzurechnungen „ein Viertel der Summe aus Entgelte für Schulden“ § 8 Abs. 1 S.2 GewStG
e_t = Einnahmen zum Zeitpunkt *t*
a_t = Ausgaben zum Zeitpunkt *t*

Bestimmung des effektiven Gewerbesteuersatzes

$$GewSt. - s_{eff} \cdot \left(e_t - a_t - AfA_t - \left((1-0{,}25) \cdot Zinsen_t\right)\right)$$

Formel 114

(1-0,25) Hinzurechnungen „ein Viertel der Summe aus Entgelte für Schulden“ § 8 Abs. 1 S.2 GewStG
e_t = Einnahmen zum Zeitpunkt *t*
a_t = Ausgaben zum Zeitpunkt *t*

Bestimmung der Bemessungsgrundlage für die Körperschaftssteuer

$$BMG\ KSt. = e_t - a_t - AfA_t - Zinsen_t$$

Formel 115

e_t = Einnahmen zum Zeitpunkt *t*
a_t = Ausgaben zum Zeitpunkt *t*

Bestimmung des effektiven Körperschaftssteuersatzes

$$KSt_t - s_k \cdot (e_t - a_t - AfA - Zinsen_t)$$

Formel 116

e_t = Einnahmen zum Zeitpunkt *t*
a_t = Ausgaben zum Zeitpunkt *t*

Bestimmung des steuermodifizierten Kalkulationszinssatz

$$i_s = (1 - s) \cdot i$$

Formel 117

Bestimmung des Kapitalwerts nach Steuern

$$KW_s(i_s) = -a_0 + \sum_{t=1}^{n} [Z_t - s \cdot (Z_t - D_t)] \cdot (1 + i_s)^{-t} + [R_n - s \cdot (R_n - BW_n)] \cdot (1 + i_s)^{-n}$$

Formel 118

Z_t = Zahlungsüberschuss in Periode t
D_t = steuerliche Abschreibung in t
s = einheitlicher Ertragssteuersatz
i_S = steuermodifizierter Kalkulationszinssatz
R_n = Restwerterlös in n
BW_t = steuerlicher Restbuchwert in t

Vorgehensweise

a) Ermittlung des Subventionsbetrages

Arbeitsmappe: `Case Study Risikomanagement Teil 4` ➲ Arbeitsblatt: `Subvention`

Der erste Schritt ist die Ermittlung des Subventionsbetrags. Hierfür müssen die Barwerte der einzelnen Perioden ermittelt werden. Diese erhält man aus dem Arbeitsblatt `Annahmen` `C80=C78*$I$75^-1` und `C81=C79*$I$75^-1`.

Die Summe der Differenzen zwischen den Barwerten ergibt dann den Subventionsbetrag `C14=M11-M12`. Dieser beträgt 221.768,90 €.

b) Bodenwert und Ertragswert

Arbeitsmappe: `Case Study Risikomanagement Teil 4` ➲ Arbeitsblatt: `Bodenwert und Ertragswert`

Für die Ertragswertberechnung ist zuerst der Bodenwert im Arbeitsblatt `Bodenwert` zu ermitteln. Hierfür ist der Bodenrichtwert aus der Aufgabenstellung zu entnehmen und mit der Grundstücksfläche zu multiplizieren `G19=E19*G18`. Der Bodenwert der gesamten Grundstücksfläche beträgt 875.000 €.

Darauffolgend ist im Arbeitsblatt Ertragswert der Jahresrohertrag `(H5=F5*12)` zu ermitteln und davon die nicht umlagefähigen Bewirtschaftungskosten `H27=(WENN(Annahmen!D37<Annahmen!C6;Annahmen!C6*12;Annahmen!D37*12))+(Annahmen!C34*Annahmen!C12)+(H13*Annahmen!D28)` abzuziehen. Es ergibt sich ein Jahresreinertrag `H30=H13-H28`in Höhe von 283.160 €.

Der Bodenwert ist mit dem Liegenschaftszinssatz zu verzinsen `H32=Bodenwert!G21*Annahmen!E109/100`. Dadurch ergibt sich der Gebäudeertragsanteil. Dieser ist wiederum mit dem Barwertfaktor zu multiplizieren `H44=H34*E43`. Das Ergebnis ist der Gebäudeertragswert. Er beträgt 3.503.008,22 €.

Der Gebäudeertragswert ist mit dem Bodenwert zu addieren H48=H44+H46. Dies ergibt den Ertragswert vor Sonderwerten, welcher hier gerundet 4.378.000,00 € beträgt. Dieser Wert wird um objektspezifische Merkmale korrigiert H54=H50-H52. Der Ertragswert liegt somit bei 4.078.000,00 €.

c. DCF

Arbeitsmappe: Case Study Risikomanagement Teil 4 ➲ Arbeitsblätter: DCF

Für das DCF-Verfahren müssen zunächst die jährlichen Einnahmen und Ausgaben ermittelt werden. Die Einnahmen werden durch die Erträge aus den Mieten generiert D7=Annahmen!$C$79. Dabei sind die auch fehlenden Mieteinnahmen zu berücksichtigen E13=E10*Annahmen!$D$28.

Bei den Ausgaben ist auf die Veränderung der Instandhaltungskosten innerhalb der 20 Jahre zu achten und auf deren Wert in der Zukunft D20=Annahmen!C34*Annahmen!C12, N21=Annahmen!C35*Annahmen!C12*(Annahmen!E35+1)^10, S22=Annahmen!C36*Annahmen!C12*(Annahmen!E35+1)^15.

Bei den Ausgaben sind die Verwaltungskosten D24=WENN(D7/12*Annahmen!$E$37<Annahmen!$C$6;Annahmen!$C$6*12;DCF!D7*Annahmen!$E$37) und die Erbbauzinsen D27=Annahmen!D40 sowie die Annuität D30=Annahmen!C67*(Annahmen!$E$67+Annahmen!$F$67) und N30=(Annahmen!C67-SUMME(Standardmodell!E16:E22))*(Annahmen!H67+Annahmen!F67) zu beachten.

Die Vorberechnungen werden für die DCF-Bewertung wie folgt zusammengefasst:

- positive Einnahmen D35=D10
- fehlende Einnahmen D36=D15
- Ausgaben D37=D31
- Periodenüberschüsse (Cashflow) D38=D35-D36-D37
- Barwert Periodenüberschüsse D42=D38*D41

Der Marktwert W45=X42+W43 der Immobilie liegt bei 5.080.815,71 €.

Der interne Zinsfuß C67=IKV(C62:W62) liegt bei 8,89 %. Der interne Zinsfuß ist derjenige kritische Zinssatz, der den Kapitalwert einer Investition genau Null werden lässt. Die Bedeutung der Kapitalwertfunktion liegt darin, dass erkennbar ist, für welchen Kalkulationszinssatz eine Investition akzeptabel ist.

Der Deckungsbeitrag berechnet sich aus den Herstellungskosten abzüglich des Marktwerts. F72=F71-F70.

d. Standardmodell

Arbeitsmappe: Case Study Risikomanagement Teil 4 ➲ Arbeitsblatt: Standardmodell

Die Einzahlungsüberschüsse sind in Reihe 4 aufgeführt und werden wie folgt berechnet: D4=DCF!D35-DCF!D36-DCF!D37

Die Abschreibung (AfA) erfolgt linear (D6=$C$5/Annahmen!$E$104) und beträgt somit 61.357,14 € pro Jahr.

Die Ertragssteuerzahlungen (D8=-D7*$D$13) für die erste Periode betragen 57.035,23 €. Bei steigendem Ertragssteuersatz steigen die Steuerzahlungen und der Kapitalwert nach Steuern fällt. Bei steigendem Ertragssteuersatz sinkt der Kalkulationszinssatz.

Der Kapitalwert im Standardmodell ist negativ und beträgt -2.551.436,80 € `C10=C9+(D9/(1+D15)^1)+(E9/(1+D15)^2)+(F9/(1+D15)^3)+(G9/(1+D15)^4)+(H9/(1+D15)^5)+(I9/(1+D15)^6)+(J9/(1+D15)^7)+(K9/(1+D15)^8)+(L9/(1+D15)^9)+(M9/(1+D15)^10)+(N9/(1+D15)^11)+(O9/(1+D15)^12)+(P9/(1+D15^13))+(Q9/(1+D15)^14)+(R9/(1+D15)^15)+(S9/(1+D15)^16)+(T9/(1+D15^17))+(U9/(1+D15)^18)+(V9/(1+D15)^19)+(W9/(1+D15)^20)`. Gemessen am Kriterium des Kapitalwerts nach Steuern empfiehlt es sich, auf die Investition zu verzichten. Die Berücksichtigung von Steuern führt in der Regel zur Minderung der Vorteilhaftigkeit des Investitionsprojekts. Dies gilt insbesondere unter der Annahme, dass eine lineare steuerliche Abschreibung vorliegt, wenn in keinem Jahr ein Verlust erwirtschaftet wird.

e. Veranlagungssimulation

Arbeitsmappe: `Case Study Risikomanagement Teil 4` ➲ Arbeitsblatt: `Veranlagungssimulation`

Die Bemessungsgrundlage der Gewerbesteuer wird in Zeile `12` dargestellt `D12=SUMME(D5;D7;(D9*0,75);D11)`. Die Gewerbesteuer wird in Zeile `13` berechnet `D13=D12*$N$21`.

Die Bemessungsgrundlage Körperschaftsteuer wird in Zeile `14` dargestellt `D14=SUMME(D5;D7;D9)`. Körperschaftsteuer wird in Zeile `15` berechnet `D15=D14*$N$22`.

In den Bemessungsgrundlagen der Körperschaftsteuer und der Gewerbesteuer werden Projektfinanzierungen in Form der Fremdkapitalzinsen berücksichtigt. Dabei werden die Fremdkapitalzinsen in der körperschaftsteuerlichen Bemessungsgrundlage zu 100 % angesetzt. In die gewerbesteuerliche Bemessungsgrundlage gehen 75 % der Fremdkapitalzinsen ein. Dies ist in der Hinzurechnung von 25 % der Fremdkapitalzinsen begründet § 8 Abs. 1 S.2 GewStG.

Die Ertragssteuerzahlungen `D16=D13+D15` liegen in der ersten Periode bei 25.158,37 €. Bei sinkendem Ertragssteuersatz verringern sich die Steuerzahlungen und der Kapitalwert nach Steuern steigt. Bei sinkendem Ertragssteuersatz steigt der Kalkulationszinssatz. Steigt der Kalkulationszinssatz, sinkt der Kapitalwert nach Steuern.

Der Zahlungsüberschuss nach Steuern und nach Finanzierung `D17=D10-D13-D15` beträgt in der ersten Periode 34.318,78 €.

Der effektive Gewerbesteuersatz `N22=Annahmen!C114*Annahmen!C115` beträgt 14,4%. Der effektive Körperschaftsteuersatz `N23=Annahmen!C116*(1+Annahmen!C117)` beträgt 15,8%.

Der steuermodifizierte Kalkulationszinssatz `N26=Annahmen!C118*(1-N24)` beträgt 6,28%.

Der Kapitalwert bei der Veranlagungssimulation C19= C17+(D17/(1+N26)^1)+(E17/(1+N26)^2)+(F17/(1+N26)^3)+(G17/(1+N26)^4)+(H17/(1+N26)^5)+(I17/(1+N26)^6)+(J17/(1+N26)^7)+(K17/(1+N26)^8)+(L17/(1+N26)^9)+(M17/(1+N26)^10)+(N17/(1+N26)^11)+(O17/(1+N26)^12)+(P17/(1+N26^13))+(Q17/(1+N26)^14)+(R17/(1+N26)^15)+(S17/(1+N26)^16)+(T17/(1+N26^17))+(U17/(1+N26)^18)+(V17/(1+N26)^19)+(W17/(1+N26)^20)ist weiterhin negativ und beträgt -1.477.433,37 €. Gemessen am Kriterium des Kapitalwerts nach Steuern empfiehlt es sich auf die Investition zu verzichten.

Ergebnis

a) Ermittlung des Subventionsbetrages

Berechnung des Subventionsbetrags

Wohnfläche	2600	m²
Marktmiete	10,00	€/m²
tatsächliche Miete	9,50	€/m²
Diskontierungszins	5,00	%

Periode	**1**	**2**	**3**	**4**	**5**	**6**	**7**	**8**	**9**	**10**	**Summe**
1. Marktmiete gesteigert	312.000,00 €	315.120,00 €	318.271,20 €	321.453,91 €	324.668,45 €	327.915,14 €	331.194,29 €	334.506,23 €	337.851,29 €	341.229,81 €	
2. tatsächliche Miete	296.400,00 €	296.400,00 €	296.400,00 €	296.400,00 €	296.400,00 €	296.400,00 €	296.400,00 €	296.400,00 €	296.400,00 €	296.400,00 €	
Barwerte 1)	297.142,86 €	285.823,13 €	274.934,63 €	264.460,93 €	254.386,23 €	244.695,32 €	235.373,60 €	226.406,98 €	217.781,96 €	209.485,50 €	2.510.491,13 €
Barwerte 2)	282.285,71 €	268.843,54 €	256.041,46 €	243.849,01 €	232.237,16 €	221.178,24 €	210.645,95 €	200.615,19 €	191.062,08 €	181.963,89 €	2.288.722,23 €
Differenz	14.857,14 €	16.979,59 €	18.893,16 €	20.611,92 €	22.149,07 €	23.517,08 €	24.727,65 €	25.791,80 €	26.719,87 €	27.521,61 €	
Summe Differenz	**221.768,90 €**										
(Subventionsbetrag)											

Abbildung 120: Subventionsbetrag

b) Ertragswertverfahren

Bodenwertberechnung

1. Vergleichsdaten						
Bodenrichtwertkarte BORIS	Stichtag:	01.01.2023	baufreies Land		350	EUR/m²
Maßgeblicher Vergleichsbodenwert					**350**	**EUR/m²**
2. Bodenwertableitung zum Stichtag						
Grundstücksfläche			2.500	m²	2.500,00	m²
BRW gem. GAA			350	EUR/m²		
Anpassung augrund Stichtag			0	EUR/m²		
Anpassung aufgrund Nutzung			0	EUR/m²		
Anpassung aufgrund baulichem Maß/ Grundstücksgröße			0	EUR/m²		
Anpassung aufgrund Grundstückszuschnitt			0	EUR/m²		
Anpassung aufgrund Erschließungsbeiragsstand			0	EUR/m²		
Anpassung aufgrund Rechte/Lasten			0	EUR/m²		
Anpassung aufgrund Sonstiges			0	EUR/m²		
objektspezifische Anpassungen			**0**	**EUR/m²**		
Bodenwert objektspezifisch			350	EUR/m²	350	EUR/m²
Bodenwert gesamte Grundstücksfläche			**2.500**	**m²**	**875.000**	**EUR**
+- Rundung					-	EUR
Bodenwert (gerundet)					**875.000**	**EUR**
3. Kennwerte						
Bodenwert je m² Grundstücksfläche			2.500,00	m²	350	EUR/m²
Bodenwert je m² Nutzfläche			0	m²	0	EUR/m²
Bodenwert in % des Ertragswerts vor Sonderwerten			0	EUR	0	%
Bodenwert in % des Verkehrswerts			0	EUR	0	%

Abbildung 121: Bodenwertberechnung

	A	B	C	D	E	F	G	H
1					Ertragswertberechnung			
2								
3		1. Jahresrohertrag/ Marktmiete						
4		**Nutzungsbereich**	**Nutzung**	**Einheit m² oder Stück**	**Ertrag p.m. [EUR/Einheit]**	**Ertrag p.m. [EUR]**	**Ertrag p.a. [EUR/Einheit]**	**Ertrag p.a. [EUR]**
5		Wohnung	WE	2.600,00	10,00	26.000,00	120,00	312.000,00
6		Gewerbefläche	GE			-	-	-
7		Sonstige Flächen	SO			-	-	-
8		Lager	L			-	-	-
9		Industriefläche	I			-	-	-
10		**Jahresrohertrag - m²**		**2.600,00**	**10,00**	**26.000,00**	**24,00**	**312.000,00**
11		Stellplätze Außenbereich	StPl.	-	0	-	-	-
12		**Jahresrohertrag -StPl.**		**-**	**0**	**-**	**-**	**-**
13		**Jahresrohertrag (JRohE)**		**2.600,00**	**5,00**	**26.000,00**	**12,00**	**312.000,00**
14								
15		2. Nicht umlagefähige Bewirtschaftungskosten						
16		**Bezeichnung**			**Ansatz**			**Aufwand p.a. [EUR]**
17		Instandhaltungskosten		m²/(Stück)	EUR/m² bzw. Stück p.a.		EUR p.a.	
18		Kindertagesstätte					0	
19		Stellplätze (vermietbar)						
20		Instandhaltungskosten Mobiliar		Neupreis ca.	AfA-Satz - 1/15tel p.a.		EUR p.a.	
21		AfA/Rücklage Mobiliar bei 15 a Nutzungsdauer						
22		Mietausfallwagnis		m²/(Stück)	EUR/m² bzw. Stück p.a.		EUR p.a.	
23		Gewerbe (KiTa)			3,00 % des JRohE			
24		Lager						
25		Sonstige Flächen						
26		Industriefläche						
27		nicht umlagefähige Betriebskosten			0,50 % des JRohE			28.840,00 €
28		Bewirtschaftungskosten		0	Summe der Prozente			28.840,00 €
29								
30		3. Jahresreinertrag (JRE)						**283.160,00 €**
31								
32		4. Bodenwertverzinsung (Bsp.: 5,50 %)						**48.125,00 €**
33								
34		5. Jahresreinertrag der baulichen Anlagen						**235.035,00 €**
35								
36		6. Liegenschaftszinssatz						
37		objektspezifischer Liegenschaftszinssatz						5,50
38		7. Ertragswert der baulichen Anlagen						
39		Gesamtnutzungsdauer			70	Jahre		
40		Alter			38	Jahre		
41		wirtschaftliche Restnutzungsdauer			32	Jahre		
42		Liegenschaftszinssatz			5,50	%		
43		Barwertfaktor			14,90 €	-fach		
44		**Ertragswert der baulichen Anlagen**						**3.503.008,22 €**
45								
46		8. Bodenwert						**875.000,00 €**
47								
48		9. Ertragswert vor Sonderwerten						**4.378.008,22 €**
49		+- Rundung						- 8,22 €
50		Ertragswert vor Sonderwerten (gerundet)						**4.378.000,00 €**
51								
52		Korrektur: Berücksichtigung der Marktlage und Instandsetzungsarbeiten						300.000,00 €
53								
54		angepasster Wert						**4.078.000,00 €**

Abbildung 122: Ertragswertberechnung

c) Ermittlung des Internen Zinsfuß, Marktwert und Deckungsbeitrag

	A	B	C	D	E	F	G	H
69		**Ergebnis**						
70		Betrachtungszeitraum in Jahren	20		Herstellungskosten	4.295.000,00 €		
71		Terminal Value/ Liquidationswert	4.827.645,95 €		Marktwert	5.080.815,71 €		
72		EK-Rendite (IZF)	8,89%		**Deckungsbeitrag**	**785.815,71 €**		
73								

Abbildung 123: Ergebnis DCF

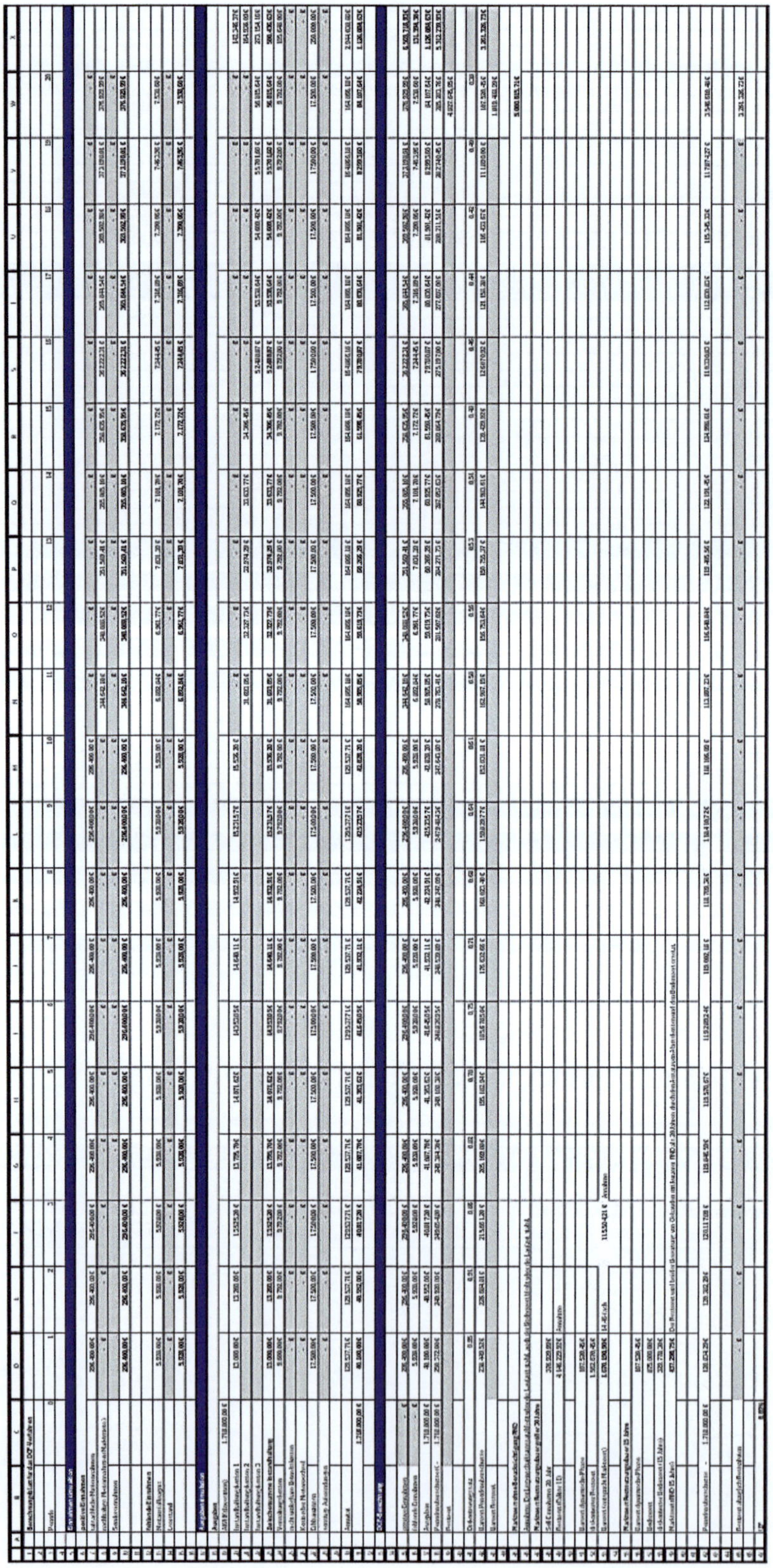

Abbildung 124: DCF-Verfahren

d) Standardmodell und Veranlagungssimulation

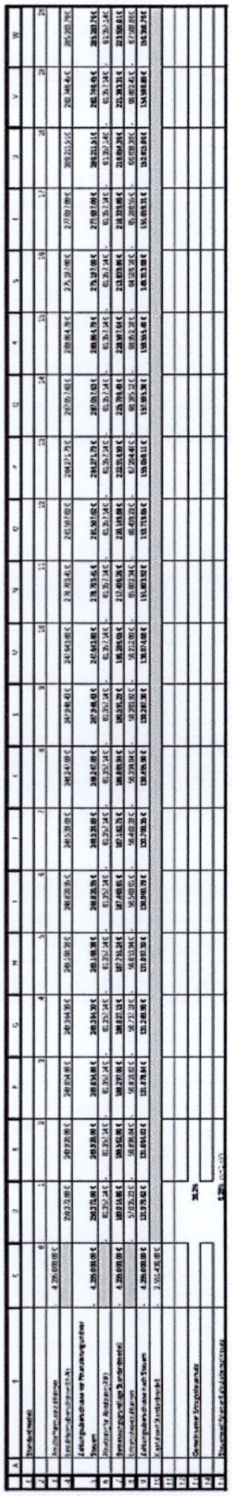

Abbildung 125: Standardmodell

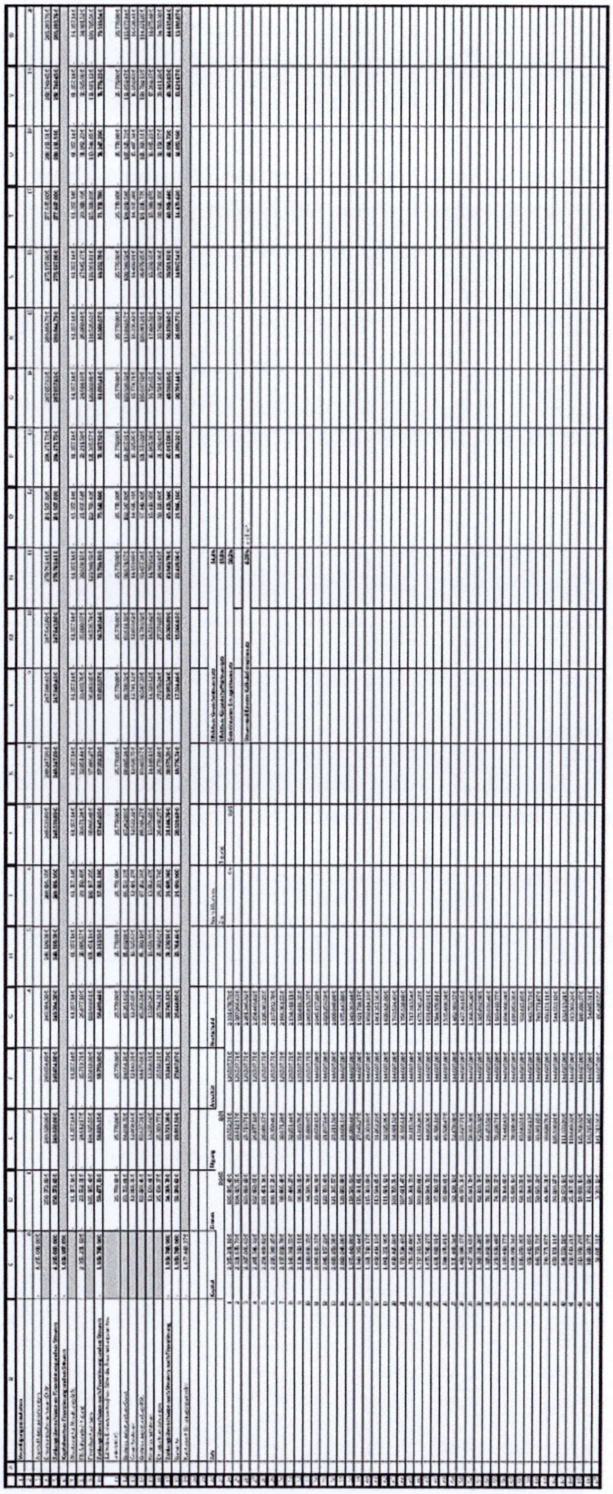

Abbildung 126: Veranlagungssimulation

Literatur und Verweise auf das Excel-Tool

GewStG: Gewerbesteuergesetz in der Fassung der Bekanntmachung vom 15. Oktober 2002 (BGBl. I S. 4167), das zuletzt durch Artikel 19 des Gesetzes vom 27. März 2024 (BGBl. 2024 I Nr. 108) geändert worden ist.

Götze, Uwe (2008): Investitionsrechnung. Modelle und Analyse zur Beurteilung von Investitionsvorhaben, 6. Aufl., Berlin, Heidelberg.

Gondring, Hanspeter (2013): Immobilienwirtschaft: Handbuch für Studium und Praxis. 3. Aufl.. Verlag Franz Vahlen, München. S. 686-762.

Kofner, Stefan (2024): Investitionsrechnung für Immobilien, 6. akutalisierte und erweiterte Aufl., Haufe, Hamburg.

Kruschwitz, L. (2014): Investitionsrechnung, 14. Aufl., De Gruyter Oldenbourg, München.

KStG: Körperschaftsteuergesetz in der Fassung der Bekanntmachung vom 15. Oktober 2002 (BGBl. I S. 4144), das zuletzt durch Artikel 18 des Gesetzes vom 27. März 2024 (BGBl. 2024 I Nr. 108) geändert worden ist.

Siehe Excel-Datei `Case Study Risk Management Teil 4`, Excel-Arbeitsblätter: `Subvention`, `Bodenwert`, `Ertragswert`, `DCF-Vorbereitung`, `DCF`, `Standardmodell` und `Veranlagungssimulation`

Assignment 25: Kennzahlen und Kennzahlensysteme

Aufgabe

Ermitteln Sie bitte die folgenden Kennzahlen für die Bewertung der Investition aus der vorangehenden Aufgabe.

Annahmen für die Eigenkapitalkosten				DAXSubsectorRealEstate	
Marktrendite	2,00%	Endwert-Anfangswert/Anfangswert		29.12.2023	476,25 Pkt.
Staatsanleihe	2,49%			02.01.2024	466,93 Pkt.
Rendite der Anlage	6%				
Beta	3,20				

- interner Zinsfuß
- Return on Investment
- dynamische Amortisationsdauer
- Liquidität of default
- Eigenkapitalquote
- Fremdkapitalquote
- Eigenkapitalkosten
- Fremdkapitalkosten
- Steuerquote
- WACC
- Gewinnmarge
- Annuität
- kalkulatorische Zinsen
- durchschnittliche Kapitalbindung ohne Restwerterlös
- Verschuldungskoeffizient
- Kapitalkosten
- Eigenkapitalrentabilität
- Gesamtkapitalrentabilität

Inhalt

Kennzahlen sind Zahlen, die quantitativ erfassbare Sachverhalte in verdichteter und entscheidungszweckentsprechender Form abbilden.

Charakteristische Merkmale von Kennzahlen:

- Informationscharakter
- Frühwarnindikatoren
- Handlungsorientierung
- Ganzheitlichkeit und Ausgewogenheit (Abbildung der gesamten Informationsbasis)
- Benchmarking-Fähigkeit
- Quantifizierbarkeit
- Zuordnung von Zielen
- leichte Verständlichkeit (einfache Darstellung komplexer Sachverhalte)
- skaliert

Eine Klassifizierung von Kennzahlen kann nach den folgenden Kriterien erfolgen:

- Zielorientierung
- Objektbereich
- Informationsbasis
- Handlungsbezug
- statistische Form (Absolutzahlen oder Verhältniszahlen)

Bezogen auf die Auswahl von Kennzahlen zur Unterstützung von Entscheidungen gilt: Es sollte stets eine Entscheidungs- und Handlungsorientierung im Fokus stehen. Weniger ist mehr.

Die Anwendungsbereiche nur einzelner Kennzahlen sind begrenzt. Aussagefähigkeit können sie meist lediglich im Vergleich mit anderen Kennzahlen erlangen. Kennzahlen sind damit auch die Basis für die Durchführung von Benchmarkingprozessen.

Kennzahlensysteme sind definiert als eine Ansammlung mehrerer Kennzahlen, die in einer sachlich sinnvollen Beziehung zueinanderstehen. Die Funktion von Kennzahlensystemen besteht im Wesentlichen in der Informationsbereitstellung für Zwecke der Planung, Steuerung und Kontrolle sowie der entscheidungsbezogenen Informationsverdichtung. In Kennzahlensystemen kommen die Ziele von Unternehmen zum Ausdruck.

Der Weighted Average Cost of Capital (WACC) ist ein unternehmensbezogener gewichteter (risikoadjustierter) Gesamtkapitalkostensatz. Die Bestimmung der Eigenkapitalkosten erfolgt durch die Verwendung des Capital Asset Pricing Model (CAPM).

Das CAPM beruht auf den Prämissen der Portefeuille-Theorie, auf deren Grundlage die Nachfrage der einzelnen Kapitalmarktteilnehmer modelliert wird. Zudem wird die Annahme homogener Erwartungen der Investoren eingeführt. Die Grundaussage des CAPM ist, dass das Kaptialmarktgleichgewicht dem Erwartungswert der Rendite eines Wertpapiers (Unternehmens) dem risikolosen Zinssatz zuzüglich einer Risikoprämie entspricht.

Die Risikoprämie ergibt sich aus der Differenz der erwarteten Rendite des Marktportefeuilles und dem risikolosen Zinssatz, gewichtet mit dem β -Faktor des Wertpapiers (Unternehmens) als Maßstab für die relative Risikohöhe.

Da die WACC-Formel sich auf das Unternehmen als Ganzes bezieht, ist ihre Anwendung auf Investitionsprojekte beschränkt, welche weder das Unternehmensrisiko noch die durchschnittlichen Kapitalkosten beeinflussen. Unter den Voraussetzungen, dass sich der Marktwert des bereits früher aufgenommenen Fremdkapitals nicht ändert, von jeder Kapitalart zu konstanten Kapitalkosten weiteres Kapital beschafft werden kann und das Risiko des gesamten Unternehmens konstant bleibt, erhöht die Durchführung eines Investitionsprojektes genau dann den Shareholder Value, wenn der Kapitalwert der erwarteten Cashflows aus dem Projekt, berechnet anhand des WACC, positiv ist.

Es werden insbesondere folgende Möglichkeiten zur Ableitung des Kalkulationszinssatzes diskutiert:

- Durchschnittliche Unternehmensrentabilität: Hier erfolgt eine Orientierung an der im Unternehmen bisher erzielten Rendite des eingesetzten Gesamtkapitals. Dabei wird impliziert, dass das zu beurteilende Projekt keine zusätzlichen Kredite beansprucht, sondern aus Mitteln finanziert wird, die bei anderweitiger Anlage die durchschnittliche Unternehmensrendite erbringen könnten; Rückflüsse aus dem Projekt können ebenfalls zu dieser Rendite reinvestiert werden.
- Durchschnittlicher Sollzinssatz für langfristige Kredite
- Subjektiv gewünschte Mindestverzinsung: Sie lässt sich – entscheidungstheoretisch begründet – nach dem Opportunitätskostenprinzip als risikoadjustierter Zinssatz – ermittelt aus dem sogenannten landesüblichen Zinssatz (im Sinne eines risikofreien Alternativertragssatzes) und einem subjektiven Risikozuschlag (Risikoprämie) – festlegen.
- Der Ermittlung einer Mindestverzinsung im Rahmen eines kapitalmarktbezogenen Asset Managements dient auch der WACC-Ansatz. Hierbei wird ein unternehmens- beziehungsweise unternehmensbereichsbezogener gewichteter risikoadjustierter Gesamtkapitalkostensatz (Weighted Average Cost of Capital: WACC) berechnet. Dabei wird zur Bestimmung der Eigenkapitalkosten das Capital Asset Pricing Model (CAPM) herangezogen. Auf Basis des WACC wird eine Zielrendite festgelegt, die häufig nach Unternehmensbereichen, gegebenenfalls auch nach spezifischen Risikomerkmalen von Investitionsprojekten, differenziert wird.

fx Wichtige Formeln

Bestimmung der CAPM / Eigenkapitalkosten

$$\mu[r] = r_f + \beta \cdot (\mu[M] - r_f) \qquad \text{mit } \beta = \frac{Cov}{Var}$$

Formel 119

$\mu[r]$ = Erwartungswert der Rendite des Wertpapiers (Unternehmens)

r_f = risikofreier Zins

β = Beta-Faktor als Messgröße für das systematische Risiko (Marktrisiko) des Wertpapiers (Unternehmens)

$\mu[M]$ = erwartete/geforderte Rendite des Marktportfolios M, gemessen an der erzielten Rendite eines repräsentativen Aktienindex

Cov = Kovarianz der Wertpapierrendite mit der Rendite des Marktportefeuilles

Var = Varianz der Rendite des Marktportefeuilles

Bestimmung des WACC (Kapitalkostensatz)

$$WACC = [r_f + \beta \cdot (\mu[M] - r_f)] \cdot \frac{EK}{GK} + k \cdot (1 - s) \cdot \frac{FK}{GK}$$

Formel 120

k = durchschnittliche Fremdkapitalkosten

s = Grenzsteuersatz des Unternehmens
EK = Marktwert des Eigenkapitals
FK = Marktwert des Fremdkapitals
EG = Marktwert des Gesamtkapitals
r_f = risikofreier Zins

Bestimmung Gewinnmarge

$$Gewinnmarge = \frac{Gewinn}{Umsatz}$$ Formel 121

Bestimmung der Eigenkapitalquote

$$Eigenkapitalquote = \frac{Eigenkapital}{Gesamtkapital}$$ Formel 122

Bestimmung der Fremdkapitalquote

$$Fremdkapitalquote = \frac{Fremdkapital}{Gesamtkapital}$$ Formel 123

Bestimmung der Fremdkapitalkosten

$$Fremdkapitalkosten = k \cdot (1 - s)$$ Formel 124

Bestimmung des Verschuldungskoeffizient

$$Verschuldungskoeffizient = \frac{Fremdkapital}{Eigenkapital}$$ Formel 125

Bestimmung Kapitalkosten

$$Kapitalkosten = WACC$$ Formel 126

Die Eigenkapitalkosten können mit dem CAPM geschätzt werden. Die Fremdkapitalkosten können durch den Marktzinssatz für ähnliche Schulden bestimmt werden. Der Steuersatz ist der effektive Steuersatz, den das Projekt auf seinen Gewinn zahlen muss.

Bestimmung operativer Free Cashflow

$$\begin{aligned} &Operativer\ Free\ Cashflow \\ &\quad = Operativer\ Gewinn \\ &\quad - Steuern + Abschreibungen \\ &\quad - Nettoinvestition \end{aligned}$$ Formel 127

Der operative Gewinn ist der Gewinn vor Zinsen und Steuern (EBIT). Die Steuern sind der Betrag, den das Projekt auf seinen operativen Gewinn zahlen muss. Die Nettoinvestition sind die Zahlungsmittel, die das Projekt für die Aufrechterhaltung oder Erweiterung seines operativen Geschäfts ausgibt oder erhält.

Bestimmung Liquidität of default

$$Liquidität\ of\ default = \frac{Zinszahlungen - Operativer\ Free\ Cashflow}{Gesamtschulden}$$

Formel 128

Bestimmung der durchschnittlichen Kapitalbindung ohne Restwerterlös

$$Durchschnittliche\ Kapitalbindung\ ohne\ Restwerterlös = \frac{Anschaffungswert}{2}$$

Formel 129

Bestimmung der kalkulatorischen Zinsen

$$Kalkulatorische\ Zinsen = \frac{Anschaffungswert - Restwerterlös}{2} \cdot Kalkulationszinssatz$$

Formel 130

Bestimmung des Return on Investment

$$RoI[\%] = \frac{durchschnittlicher\ Projektgewinn\ (operativer\ Free\ Cashflow)}{durchschnittlich\ gebundenes\ Kapital\ (Investitionssumme)}$$

Formel 131

Bestimmung der Annuität

$$ANN = \frac{KW \cdot (i \cdot (1+i)^n)}{(1+i)^n - 1}$$

Formel 132

Bestimmung des internen Zinsfußes

$$\sum_{t=0}^{n} (e_t - a_t) \cdot (1+i)^{-t} = 0$$

Formel 133

Bestimmung der dynamischen Amortisationsdauer

$$Dynamische\ Amortisationsdauer = t + \frac{Restwert}{Endwert}$$

Formel 134

t = letzte Periode, in der der kumulierte Barwert der Zahlungsströme negativ ist.
Restwert = der negative kumulierte Barwert am Ende der Periode *t*
Endwert = der positive Barwert der Zahlung am Ende der Periode *t+1*

Die Bestimmung der Eigenkapitalrentabilität gibt die prozentuale Angabe über die Verzinsung des Eigenkapitals an.

$$Eigenkapitalrentabilität = \frac{Cashflowkapitaldienst}{investiertes\ Eigenkapital}$$

Formel 135

Die Bestimmung der Gesamtkapitalrentabilität gibt die interne Verzinsung an und dienst als wichtige Kennzahl für Banken bei der Vergabe neuer Kredite.

$$Eigenkapitalrentabilität = \frac{Cashflow}{investiertes\ Gesamtkapital}$$

Formel 136

Vorgehensweise

Erstellen Sie ein neues Arbeitsblatt mit dem Namen `Kennzahlen` geben Sie die oben in der Aufgabe aufgeführten Kennzahlen in der Spalte `A` ein und berechnen diese in der Spalte `B`.

Arbeitsmappe: `Case Study Risikomanagement Teil 4` ➲ Arbeitsblatt: `Kennzahlen`

Ergebnis

Kennzahlen

Bezeichnung	Ergebnis
WACC (Weightd Average Cost of Capital)	7,98%
Steuerquote	30,18%
Eigenkapitalkosten /CAPM	13,94%
Eigenkapitalquote	40%
Fremdkapitalkosten	6,28%
Fremdkapitalquote	55%
Verschuldungskoeffizient	137%
Kapitalkosten	8%
Liquidität of default	-60,09%
Interner Zinsfuß	8,89%
kalkulatorische Zinsen	193.275,00 €
durchschnittliche Kapitalbindung ohne Restwerterlös	2.147.500,00 €
Return on Investment ersten 20 Jahre	0,89%

30	Annuität	- 47.095,20 €
31		
32	dynamische Amortisationsdauer	38,70
33		
34	Eigenkapitalrentabilität	-6%
35		
36	Gesamtkapitalrentabilität	-1%
37		
38	Gewinnmarge ersten 20 Jahre	11,64%

Abbildung 127: Kennzahlen

Der Weighted Average Cost of Capital (WACC) `C4=C10*C8+C14*C12*(1-C6)` in Höhe von 7,98 % ist ein unternehmensbereichsbezogener gewichteter Gesamtkapitalkostensatz. Da die WACC-Formel sich auf das Unternehmen als Ganzes bezieht, ist ihre Anwendung auf Investitionsprojekte beschränkt. Der Vorteil des WACC-Ansatzes besteht in seiner unmittelbaren Orientierung am Shareholder Value. Zu beachten ist allerdings, dass das Konzept nur auf Investitionsprojekte mit bestimmten Voraussetzungen angewendet werden kann, wie beispielsweise handeln ohne Transaktionskosten und risikoaversen Investoren.

Die Steuerquote `C6=Veranlagungssimulation!N24` gibt Auskunft über die zu zahlende Gewerbesteuer und Körperschaftssteuer. Mit 30,18 % liegt diese im normalen Rahmen.

Das Capital Asset Pricing Model (CAPM) basiert auf relativ restriktiven Modellprämissen (Bsp.: heterogene Erwartungen der Investoren). Im Kapitalmarktgleichgewicht entspricht der Erwartungswert der Rendite dem risikolosen Zinssatz zuzüglich einer Risikoprämie, die sich aus der Differenz der erwarteten Rendite des Marktportfolios und dem risikolosen Zinssatz, gewichtet mit dem β-Faktor als Maßstab für die relative Risikohöhe ergibt `C8=J8+J10*(J9-J8)`. Der β-Faktor soll das systematische Risiko (Marktrisiko) messen, indem er die Sensitivität der Rendite erfasst. Der β-Faktor bestimmt also das Ausmaß der Veränderungen der Einzelrendite bei Veränderung der Marktrendite.

Die Eigenkapitalquote `C10 =Annahmen!C62/Annahmen!C59` von 40 % gibt den Anteil des Gesamtkapitals am Eigenkapital an und ist mit 40 % als solide zu bewerten.

Die Fremdkapitalkosten `C12=Veranlagungssimulation!N26` liegen mit 6,28 % im normalen Durchschnitt.

Die Fremdkapitalquote `C14=Annahmen!C67/Annahmen!C59` gibt den Anteil des Gesamtkapitals am Fremdkapital an und ist mit 55 % eher hoch aber noch im Rahmen.

Der Verschuldungskoeffizient `C16=Annahmen!C67/Annahmen!C62` liegt bei 137 %. Dieser Wert sollte das Verhältnis 2:1 nicht überschreiten. Je höher der Wert, desto höher das finanzielle Risiko und die Abhängigkeit von Fremdkapital.

Die Kapitalkosten `C18=(C8*C10)+(C12*C14)*(1-C6)` entsprechen dem WACC, betragen 7,98 % und liegen somit zwischen den Richtwert von 5-10 %.

Die Liquidität of default `C20=SUMME(SUMME(Veranlagungssimulation! D9:W9);SUMME(Veranlagungssimulation!D17:W17))/Veranlagungssimulation!C8` sollte einen positiven Wert aufweisen. Wir erhalten -60,09 %.

Der interne Zinsfuß `C22=DCF!C67` gibt an, wann sich ein Kapitalwert von Null ergibt. Damit sind die Anschaffungsausgaben gedeckt und eine bestimmte Verzinsung erreicht. In unseren Fall bei 8,89 %. Der interne Zinsfuß gibt die effektive (tatsächliche) Verzinsung des investieren Kapitals an. Der interne Zinsfuß kann somit als kritischer Wert interpretiert werden.

Die kalkulatorischen Zinsen `C24=(('DCF-Vorbereitung'!C53-0)/2)*Annahmen!C118` stellen einen Wert dar, den das Unternehmen erwirtschaftet hätte, wen es das Eigenkapital in den Kapitalmarkt und nicht in die Investition getätigt hätte. Hier sind es 193.275 €.

Die durchschnittliche Kapitalbindung `C26='DCF-Vorbereitung'!C53/2` ohne den Restwerterlös der Investition liegt bei 2.147.500 € und somit sehr hoch.

Der Return on Investment (ROI) `C28=MITTELWERT(Veranlagungssimulation!D17:W17)/-Veranlagungssimulation!C3` der ersten 20 Jahre liegt bei 0,89 %. Umso höher der ROI, desto rentabler ist die Investition. Ein ROI von Null stellt dar, dass die Investition zu 100 % erwirtschaftet wurde.

Die Annuität `C28=Veranlagungssimulation!C19*((Annahmen!E67*(1+Annahmen!E67)^Annahmen!H19)/((1+Annahmen!E67)^Annahmen!H18-1))` stellt die durchschnittlichen Tilgungen und Zinszahlungen dar.

Die dynamische Amortisationsdauer `C30=(AT33+(AV35/AU35))` liegt in unserem Fall bei 39 Jahren. Dies ist der Zeitraum, in dem das investierte Kapital über die Erlöse wieder in das Unternehmen zurückfließt.

Die Eigenkapitalrentabilität `C37=(SUMME(Veranlagungssimulation!D17;Veranlagungssimulation!D8;Veranlagungssimulation!D9))/'DCF-Vorbereitung'!C58` liegt bei -6 % und gibt die Verzinsung des Eigenkapitals an. Ein Wert von ca. 10 % bis 20 % ist erstrebenswert.

Die Gesamtkapitalrentabilität `C39=Veranlagungssimulation!D17/Veranlagungssimulation!C3` liegt bei -1% und stellt die interne Verzinsung dar. Diese Kennzahl sollte positiv sein und bei 7 % bis 10 % liegen.

Die Gewinnmarge der operativen Free Cashflows `C41=MITTELWERT(Veranlagungssimulation!D17:W17)/MITTELWERT(DCF!D10:W10)` liegt bei 11,64 %. Der Wert sollte über 8 % sein. Dies ist hier der Fall.

Literatur und Verweis auf das Excel-Tool

Brealy, R.A./Myers, S.C.,/Marcus, A. J. (2023): Fundamentals of Corporate Finance. McGraw-Hill.

Deutsche Bundesbank (2024): Tägliche Renditen der jeweils jüngsten Bundeswertpapiere URL: https://www.bundesbank.de/de/statistiken/geld-und-kapitalmaerkte/zinssaetze-und-renditen/taegliche-renditen-der-jeweils-juengsten-bundeswertpapiere-772218. Abruf der HTML-Datei am 27.08.2024.

Drosse, V. (1999): Dynamische Investitionskalküle. In: Investition Intensivtraining. MLP Repetitorium: Repetitorium Wirtschaftswissenschaften. Gabler Verlag. URL: https://doi.org/10.1007/978-3-322-84752-2_3. Abruf der HTML-Datei am 30.08.2024.

Kofner, Stefan (2024): Investitionsrechnung für Immobilien, 6., akutal. und erw. Aufl., Haufe, Hamburg.

Ropeter, S. (1998): Investitionsanalyse für Gewerbeimmobilien. Köln: Müller.

Sindt, R. P. (1998): Real Estate Investment: Analysis and Applications. Prentice Hall.

Siehe Excel-Datei `Case Study Risk Management Teil 4`, Excel-Arbeitsblatt `Kennzahlen`

Course Unit 5: MaRisk

Assignment 26: Mindestanforderungen an das Risikomanagement – MaRisk

Aufgabe

Sie sind Head of Risk Management bei der Real Estate Group. Sie werden gebeten, eine Risikostrategie und ein Stresstestszenario zu erstellen, um der MaRisk gerecht zu werden.

Inhalt

Die MaRisk sind eine Sammlung von Vorschriften, die von der Bundesanstalt für Finanzdienstleistungsaufsicht (BaFin) erlassen wurden, um die Anforderungen des Kreditwesengesetzes (KWG) an das Risikomanagement von Kreditinstituten und Finanzdienstleistungsinstituten zu konkretisieren. Die MaRisk gliedert sich in allgemeine und spezielle Anforderungen an das Risikomanagement, die sich an den verschiedenen Risikoarten orientieren, denen die Institute ausgesetzt sind.

Zu den allgemeinen Anforderungen gehören unter anderem die Einrichtung einer unabhängigen Risikocontrolling-Funktion, die Festlegung einer Risikostrategie, die Durchführung einer Risikoinventur und die Implementierung eines Notfallkonzepts.

Zu den speziellen Anforderungen gehören unter anderem die Berücksichtigung von Marktpreis-, Kredit-, Liquiditäts- und operationellen Risiken sowie Reputationsrisiken. Desweiteren sind Risikomessverfahren und -grenzen sowie die Einhaltung von Eigenkapitalanforderungen und die Berichterstattung an die BaFin gefordert.

Die MaRisk sind für alle Kreditinstitute und Finanzdienstleistungsunternehmen verbindlich, die der Aufsicht der BaFin unterliegen, unabhängig von ihrer Größe, Rechtsform oder Geschäftstätigkeit. Die MaRisk sollen dazu beitragen, die Risikofähigkeit, die Stabilität und die Wettbewerbsfähigkeit der Institute zu gewährleisten. Außerdem wird das Vertrauen der Kunden, der Öffentlichkeit und der Aufsichtsbehörden in die Finanzbranche gestärkt.

Die MaRisk sind insbesondere für Immobilienunternehmen relevant, die als Kredit- oder Finanzdienstleistungsinstitute eingestuft werden oder mit diesen kooperieren. Beispielsweise müssen diese Unternehmen über angemessene Risikostrategien, Risikotragfähigkeitskonzepte, Risikocontrollingprozesse und Notfallpläne verfügen, welche auch die Immobilienrisiken berücksichtigen. Desweiteren müssen die Institute eine transparente und nachvollziehbare Bewertung ihrer Immobilienbestände vornehmen, die auf validen Daten und Methoden basiert. Die MaRisk tragen somit dazu bei, die Qualität und die Sicherheit der Immobiliengeschäfte zu erhöhen und die potenziellen Risiken für die Unternehmen und Kunden zu minimieren.

Die Implementierung der MaRisk in einem Immobilienunternehmen erfordert eine systematische Analyse der Bewertung der relevanten Immobilienrisiken, sowie die Etablierung eines angemessenen Risikomanagementsystems.

Mögliche Schritte zur Umsetzung der MaRisk sind:

- Die Festlegung einer Risikostrategie, die die Ziele, Grundsätze und Grenzen des Immobiliengeschäfts definiert sowie die Verantwortlichkeiten für das Risikomanagement festlegt.
- Die Entwicklung eines Risikotragfähigkeitskonzepts, das die Risikotragfähigkeit des Unternehmens unter verschiedenen Szenarien bestimmt und die Risikokapitalallokation steuert.
- Die Einrichtung eines Risikocontrollings, das die Identifikation, Messung, Steuerung, Überwachung und Berichterstattung der Immobilienrisiken umfasst.
- Die Implementierung von Frühwarnindikatoren, Risikolimiten und Maßnahmenplänen.
- Die Erstellung von Notfallplänen, die die möglichen Krisensituationen und entsprechenden Gegenmaßnahmen beschreiben, sowie die regelmäßige Durchführung von Stresstests und Simulationen.
- Die Sicherstellung einer transparenten und nachvollziehbaren Immobilienbewertung, die auf validen Daten und Methoden basiert, sowie die Dokumentation und Prüfung der Bewertungsprozesse und -ergebnisse.

Vorgehensweise

Für die Risikostrategie werden die Zielsetzung des Risikomanagements, die Risikodefinition, die wesentlichen Risiken, die Risikokonzentration und die Verantwortlichkeit benötigt.

Für die Stresstestszenarien werden verschiedene Kennzahlgruppen benötigt, beispielsweise Stresstest der Liquidität und Stresstest des NAV.

Diesen Gruppen werden Kennzahlen zugeordnet, beispielsweise Liquidität allgemein, Liquiditätsbelastung Zinserhöhung, Liquiditätsreichweite Mieterausfall, Marktpreisrisiko, Mietertrag, Reinerträge.

Daraufhin werden die Stressfaktoren, deren Berechnungsformel sowie der Rhythmus festgelegt.

Ergebnis

Risikostrategie

1. Zielsetzung des Risikomanagements

Die Risikostrategie hat folgendes Ziel:

Chancennutzung: Es wird erkannt, dass Risiken Chancen bergen können. Es wird angestrebt, Chancen zu identifizieren und zu nutzen, um den Wert zu steigern.

2. Risikodefinition

Risiko wird als jegliche Unsicherheit definiert, die die finanzielle Stabilität des Unternehmens gefährden kann.

3. Wesentliche Risiken für Immobilien
   - Marktrisiken: Hierbei handelt es sich um Risiken, die sich aus Veränderungen in den Immobilienmärkten und den allgemeinen Wirtschaftsbedingungen ergeben.
   - Liquiditätsrisiken: Diese Risiken beziehen sich auf die Fähigkeit, Vermögenswerte bei Bedarf zu liquidieren.
   - Operationelle Risiken: Risiken im Zusammenhang mit Prozessen, Systemen und menschlichem Versagen. Unterrisiken sind rechtliches Risiko, Betrugsrisiko, Systemausfallrisiko, ESG-Risiken und externe Risiken wie beispielsweise Naturkatastrophen.

4. Risikokonzentration

Ertragskonzentration als Teil der Gesamtrisikosituation, bezieht sich darauf, dass ein erheblicher Teil der Gesamterträge aus einer spezifischen Quelle stammt. Eine hohe Ertragskonzentration stellt ein finanzielles Risiko dar, insbesondere wenn Erträge stark von einzelnen Assetklassen oder Mietern abhängen. Dies kann durch verschlechtere Marktbedingungen und regulatorische Veränderungen verursacht werden.

5. Verantwortlichkeit

Nicht nur die Geschäftsleitung, sondern auch die Mitarbeiterinnen und Mitarbeiter sind dieser Risikostrategie verantwortlich. Die Geschäftsleitung wird im Rahmen ihrer aktiven Personalpolitik darauf achten, dass die Mitarbeiterinnen und Mitarbeiter ein entsprechendes Risikobewusstsein entwickeln und über die erforderlichen Markt- und Produkterkenntnisse sowie über ein ausreichendes Verständnis für die Risikosituation verfügen.

Diese Risikostrategie ist nicht abschließend und ist für jedes Unternehmen separat zu definieren. Sie stellt in diesem Zusammenhang lediglich ein Beispiel dar.

Stresstestszenarien

Kennzahl Gruppe	Kennzahl	Beschreibung	Stress-faktor	Berechnungsformel	Rhythmus
Stress-test Liquidität	Liquidität allgemein	Zinsaufwand und betriebl. Aufwendungen werden gestresst.	Zuschlag + 15 %	1-((Liquidität-(Zinsaufwand+betriebl. Aufwand) * Stressfaktor/ Liquidität	pro Quartal
Stress-test NAV	Marktpreis-risiko	Der Markpreis bildet den Wert der Sachanlagen der gesamten Objekte ab.	Abschlag -15 %	1-((NAV-VKW * Stress-faktor)/NAV)	pro Quartal

Tabelle 4: Ergebnis Stresstestszenarien

Literatur

BaFin (2023): Rundschreiben 05/2023 (BA) - Mindestanforderungen an das Risikomanagement – MaRisk. URL: https://www.bafin.de/SharedDocs/Veroeffentlichungen/DE/Rundschreiben/2023/rs_05_2023_MaRisk_BA.html. Abruf der HTML-Seite am 16.08.2024

BaFin (2024): Risiken im Fokus 2024: URL. https://www.bafin.de/SharedDocs/Downloads/DE/RIF/Risiken_im_Fokus_2024.pdf;jsessionid=73AD4748902B52C6484CE89D100CC23A.internet952?__blob=publicationFile&v=7. Download der PDF-Datei am 16.08.2024.

Stichwortverzeichnis

Schritt für Schritt

Die Bände der Reihe *Schritt für Schritt* führen – wie der Name sagt – schrittweise und leicht verständlich in den jeweiligen Themenbereich ein. Sie erscheinen im XL-Großformat und bieten zahlreiche Übersichten, Merksätze, Zusammenfassungen und Aufgaben. Oftmals umfassen sie digitale Zusatzmaterialien, die – je nach Thema – Übungen, Lernfragen in Frage-Antwort-Stil oder buchbegleitende Software umfassen.
Die Reihe richtet sich an Studierende des jeweiligen Fachgebietes, die sich in das Thema etappenweise einarbeiten wollen.

Bisher sind erschienen:

Frühere Bände finden Sie unter:
https://www.narr.de/wirtschaft/reihen/schritt-fur-schritt/

Sebastian Prexl
Excel für BWLer Schritt für Schritt
Arbeitsbuch
2016, 200 Seiten
ISBN 978-3-8252-8640-8

Justus Engelfried
Nachhaltiges Umweltmanagement Schritt für Schritt
2016, 264 Seiten
ISBN 978-3-8252-8671-2

Thomas Barth, Dietmar Ernst
Kosten- und Erlösrechnung Schritt für Schritt
Arbeitsbuch
2017, 334 Seiten
ISBN 978-3-8252-8658-3

Marcus Deininger, Thomas Kessel
Java Schritt für Schritt
Arbeitsbuch
2018, 242 Seiten
ISBN 978-3-8252-5063-8

Dietmar Ernst, Joachim Häcker
Risikomanagement im Unternehmen Schritt für Schritt
Professionelle Excelmodelle leicht erklärt
2021, 224 Seiten
ISBN 978-3-8252-5692-0

Thieß Petersen
Mikroökonomie Schritt für Schritt
2021, 201 Seiten
ISBN 978-3-8252-8794-8

Thieß Petersen
Makroökonomie Schritt für Schritt
Lernbuch
2022, 210 Seiten
ISBN 978-3-8252-8807-5

Dietmar Ernst, Joachim Häcker
Derivate: Optionen und Futures Schritt für Schritt
Professionelle Excel-Modelle leicht erklärt
2022, 187 Seiten
ISBN 978-3-8252-5666-1

Gerald Pilz
Online-Marketing Schritt für Schritt
Arbeitsbuch
2022, 278 Seiten
ISBN 978-3-8252-5823-8

Antje Ries
Projektmanagement Schritt für Schritt
Arbeitsbuch
2022, 184 Seiten
ISBN 978-3-8252-5973-0

Anja Blatter, Sean Bradbury, Pascal Bruhn, Dietmar Ernst
Risikomanagement bei Banken und Versicherungen Schritt für Schritt
Arbeitsbuch
2023, 217 Seiten
ISBN 978-3-8252-6002-6

Serge Ragotzky, Frank Andreas Schittenhelm, Süleyman Torasan
Business Plan Schritt für Schritt
Arbeitsbuch mit eLearning-Kurs
2023, 206 Seiten
ISBN 978-3-8252-6061-3

Sebastian Prexl, Thomas Kaiser
Financial Management Schritt für Schritt
Arbeitsbuch
2023, 200 Seiten
ISBN 978-3-8252-4898-7

Alexander Hennig
Marketing Schritt für Schritt
Arbeitsbuch mit eLearning-Kurs
2023, 161 Seiten
ISBN 978-3-8252-8823-5

Gerald Pilz
Controlling Schritt für Schritt
Arbeitsbuch mit eLearning-Kurs
2023, 154 Seiten
ISBN 978-3-8252-8825-9

Gerald Pilz
Personalwirtschaft Schritt für Schritt
Arbeitsbuch mit eLearning-Kurs
2023, 164 Seiten
ISBN 978-3-8252-8826-6

Jörg Wöltje
Jahresabschluss Schritt für Schritt
Arbeitsbuch
2023, 266 Seiten
ISBN 978-3-8252-8827-3

Jörg Wöltje
Buchführung Schritt für Schritt
Arbeitsbuch
2023, 266 Seiten
ISBN 978-3-8252-8828-0

Dietmar Ernst, Hanspeter Gondring,
Joachim Häcker, Beatrice Rohloff
Risikomanagement in der Immobilienwirtschaft Schritt für Schritt
Arbeitsbuch
2025, 240 Seiten
ISBN 978-3-8252-6539-7